Economic History of China

Takashi Okamoto
岡本隆司………【編】

中国経済史

名古屋大学出版会

凡　例──序に代えて

1．本書は古代から現代を通じた中国経済の歴史を述べるテキスト・概説書である。コンパクトな概説ながら，中国の経済通史は本邦戦後初の試みといってよい。
2．本書を編んだ目的は，発展・成長がつづき，わが国に大きな影響をあたえる中国経済の由来や過去の姿を，学問的に知りたい人々のニーズにこたえることにある。
3．そのため，中国・経済を専門にする学生・研究者にかぎらず，一般の知識人・読書人も抵抗なく読め，なおかつ理解を深めていけるように，構成の工夫をほどこしてみた。
  (i)　先史時代から20世紀末の「改革開放」にいたる経済事象の概略を，5章にわたる本論として，時系列的な叙述にまとめた。この本論はあくまで，あらすじを摑むためのものであって，専門・研究に立ち入った，精細な学説や知識を供する目的は有さない。
  (ii)　もっとも中国の歴史には，わかりにくい術語や事象が少なくないため，それらを簡潔明瞭に解説し，あわせて関連する問題を論じる「テーマ」を各章末に配した。個別特定のトピックに関わる具体的な説明，学問的な情報は，そこで得られるようにしてある。
  (iii)　それぞれの叙述で依拠した文献は，著者名と刊行年をくみあわせて「加藤1952」という表記で示した。そのくわしい書誌情報は，一括して末尾の文献目録に掲出する。またその目録にも索引をつけ，文献の著者名・論著名から，その内容の一端をさぐり出せるようにした。
  (iv)　目録に掲げた文献のうち，学術的にお勧めの研究書は，とくにとりあげて解題を附した。
　　以上をまとめると，流れだけ知りたい，個別の細かい事柄に関心のない向きは本論のみ，さらにくわしく知りたい方は「テーマ」も合わせて読んでいただき，もっと専門的にとりくんでみたくなったなら，文献目録・解題に掲げた論著を繙かれたい，という塩梅である。
　　書物の読み方は読者の自由であって，その権利を侵すつもりは毛頭ない。けれども，本書をつくった側の意図や配慮は，あらかじめ知っておいていただいて損

表1　歴代度量衡一覧

	前漢・新	後漢	魏	晋	東晋	北斉	隋	唐	宋	元	明	清
尺 (cm)	23.1	23.6	24.2	24.2	24.5	30	29.5	大尺 31.1 小尺 24.6	30.7	30.7	31.1	32
歩 (m)	(6 尺) 1.38	1.41	1.45	1.45	1.47	1.79	1.77	(5 尺) 1.56	1.54	1.54	1.56	1.6
里 (m)	(300 歩) 414	414	434	434	440	539	531	(360 歩) 560	553	553	560	576
畝 (a)	4.61	4.61	5.03	5.03	5.17	7.76	7.52	5.8	5.66	5.67	5.8	6.14
両 (g)	15	15	13.9	13.9	13.9	27.8	41.8	37.3	37.3	37.3	37.3	37.3
斤 (g)	(16 両) 240	240	222.7	222.7	222.7	445.5	668.2	596.8	596.8	596.8	596.8	596.8
石・担 (kg)	(120 斤) 28.8	28.8	26.7	26.7	26.7	53.6	80.2	71.6	71.6	71.6	71.6	71.6
升 (ml)	199.7	199.7	202.3	202.3	202.3	396.3	594.4	594.4	664.1	948.8	1073.7	1035.5

出典）前漢～後漢：万 1958，その他：呉 1937。換算数値は概数。
注）1 尺 = 10 寸，1 丈 = 10 尺，1 頃 = 100 畝，1 斗 = 10 升，1 石・斛 = 10 斗。

　　はないと思う。
4．（　）は注記，説明をあらわす。年号は原則として西暦を記し，必要に応じて元号を（　）で附記した。また人名の敬称は，いっさい省略した。
5．本書がカヴァーする期間の度量衡の単位は，上掲の表にまとめたとおりである。必ずしも厳密，網羅的ではない。文中で適宜，訂正補足もほどこした。

目　次

凡　例——序に代えて　i

序　章　中国の経済と歴史 …………………………………… 1

　1　中国と「経済史」　2
　2　舞台の設定——中原と江南　9
　3　場面の構成——人口・聚落・階層　19

　　テーマ：**1** 黄土　33／**2** 水利・治水　35／**3** 農業技術　38／**4** 漕運　41／**5** 救荒　43／**6** 馬政　45／**7** 遊牧国家の季節移動　48

第1章　先史時代〜秦漢 ……………………………………… 51
　　——古代帝国の形成と分解（〜3世紀）

　1　文明の誕生と王権の形成（〜前2000年紀）　52
　2　邑制国家の統合（前17世紀〜前5世紀）　58
　3　中国本土の形成と拡大（前4世紀〜前1世紀）　64
　4　拡大の停頓から地方分立へ（前1世紀〜後3世紀）　73

　　テーマ：**8** 戸籍　79／**9** 度量衡の統一とその展開　81／**10** 徭役（漢以前）　82／**11** 塩鉄　84／**12** 貨幣（漢以前）　86／**13** 均輸・平準　88／**14** 貨殖列伝と平準書と食貨志　90

第2章　魏晋南北朝〜隋唐五代 ……………………………… 93
　　——南北分立から南北分業へ（3〜10世紀）

　1　古代帝国の崩壊と江南経済の成立（魏晋〜南朝）　94
　2　南北経済の再結合（五胡北朝〜唐前期）　99

3　「南北分業」の形成（唐中期〜五代）　109

　　　　テーマ：**15** 豪族と貴族　118／**16** 江南の開発と経済発展　120／**17** 田制　121／**18** 唐代の会計　124／**19** 常平　125／**20** 和糴　126／**21** 両税法　127／**22** ソグド商人と東西交易　129

第3章　宋遼金〜元　………………………………………………………131
　　　　——北方からの衝撃と経済重心の南遷（10〜14世紀）

　　1　多国体制と経済社会の新展開——契丹（遼）・北宋（10〜12世紀）　132
　　2　加速する経済重心の南遷——金・南宋（12〜13世紀）　143
　　3　ユーラシア統合のなかの中国経済——モンゴル時代（13〜14世紀）　152

　　　　テーマ：**23** 銅銭（魏晋南北朝〜清代）163／**24** 塩政（唐〜元）166／**25** 佃戸　168／**26** 新法　170／**27** 紙幣　171／**28** 投下領　173／**29** モンゴル時代の東西交易　175

第4章　明　清　……………………………………………………………177
　　　　——伝統経済の形成と変遷（15〜19世紀）

　　1　明朝の制度デザイン（14〜15世紀）　178
　　2　転換の時代（15〜16世紀）　182
　　3　明清交代（16〜17世紀）　189
　　4　「盛世」（18世紀）　196
　　5　西洋近代との対峙（19世紀）　201

　　　　テーマ：**30** 塩政（明以降）209／**31** 山西商人と徽州商人　210／**32** 行会（行）211／**33** 銀銭二貨制　214／**34** 税・役からみた中国の国家と社会　217／**35** 地丁銀　218／**36** 海禁と朝貢　220／**37** 互市　223／**38** 関税と海関　224／**39** 釐金　226／**40** 買辦　227／**41** 国産アヘン　228／**42** アヘン禁止運動と国際問題　230／**43** 移民と華僑　232／**44** 満洲の経済開発　235

第5章　近現代　……………………………………………………………237
　　　　——国民国家形成の試みと経済発展（20世紀〜現代）

　　1　清末の近代化（20世紀初〜1911年）　238

2 中華民国の成立（1912〜1928年）　243
   3 国民政府の統治（1928〜1949年）　248
   4 社会主義体制の形成（1949〜1956年）　255
   5 中国モデル社会主義の帰結（1956〜1978年）　262

   テーマ：45 金融　270／**46** 近代的企業　273／**47** 経済統計　275／**48** 浙江財閥　276／**49** 資源委員会と戦時動員　277／**50** 土地改革　279／**51** 重工業　281／**52** 人民公社　283／**53** 三線建設　285／**54** 五小工業　286／**55** 郷鎮企業　288／**56** 女性の教育と就労　289／**57** 香港　291／**58** 台湾の経済開発　294／**59** 日中経済関係の100年　296

文献目録　299
文献解題　317
テーマ一覧　330
図表一覧　332
索　引　335

序 章

中国の経済と歴史

岡本 隆司

1　中国と「経済史」

言行不一致の中国

　最近ようやく減速が目につきはじめたとはいえ，なお驚異的な経済成長を続けている 21 世紀の中国。2010 年には，ひさしく経済大国といわれてきた日本を GDP で凌駕するまでになった。

　およそ半世紀前の 1960 年代，日本の高度経済成長も「奇跡」とよばれて，多くの謎に満ちている，とみなされたものである。では，昨今の中国の経済発展はどうか。かつての日本に比べて勝るとも劣らず，いな，はるかに謎が多いといわざるをえまい。

　そんな謎を解き明かすため，中国経済に対する研究は大きな高まりをみせ，おびただしい成果が公になってきた。その多くは，最新の開発経済学もふくめ西洋起源の経済学，なかんずくマクロ経済学で中国を理解しようとする試みである（たとえば中兼 2012）。現代中国経済のかなりの部分が，実際に西洋近代が形づくった経済の枠組・論理・機構で動いているのは，否定できない事実だから，そうした試みが最も妥当な方法であることにまちがいはない。

　しかし現実の中国経済は，それだけでわりきれない部分があるのも，また確かである。それをどのように解き明かすか。むしろそこにこそ，中国経済を理解する鍵があろう。

　中国は言行が一致しない国である。つまりいっていることとやっていることが著しくちがう。統一した国民国家だといいながら，大きな民族問題をかかえること，かくれもない。社会経済の方面からいっても，つい最近まで二重貨幣であったし，いまなお二重戸籍である（⇒テーマ 8「戸籍」〈p. 79〉）。公式に発表される各種統計に，経済の実勢と乖離しているものが少なくない。「社会主義市場経済」という経済体制も，矛盾に満ちた概念である。いずれも大いなる言行不一致であって，主義・主張と実態・施策が一致していないといってよい。

そんな言行不一致を西洋生まれの理論で見るから，わりきれないのである。経済学で解けない事象があっても，それはやはり事実にほかならない。学理を強いてあてはめるのではなく，なぜ中国では言行不一致が生じ，経済学の論理と常識が通用しないのか。まずそれをみすえる態度と努力が必要だろう。

経済学の理解

中国の言行不一致は，別にいま始まったことではない。それに類することは，中国史上いくらでもあった。だからこそ，王陽明の「知行合一」説も生まれたのである。それはむしろ，経済にとどまらない，歴史が形づくってきた中国の本質のひとつだとみなすほうが正しいかもしれない。

以上のような現状と発想から，本書は中国経済史の理解を，歴史学の立場で試みてみたい。そのあたり，もう少し説明が必要である。中国の経済史を考えるにあたって，歴史学は経済学を生かしていない，両者は「完全に分離してきた」という批判がある（中兼編著 2010：10）からであり，歴史学として反省すべきところ，決して少なくはない。

そうはいっても，マルクス経済学を「応用」して失敗した経験を，日本の中国史学はすでに有している（谷川編著 1993）。「真に経済学的視角から研究ならびに分析」し，「経済学の理論的枠組みを応用」する（中兼編著 2010：10）ことで，中国史上の経済事象を把握し，理解するのが，ほんとうに可能なのか。そこから問わなくてはなるまい。

ごく端的にその答えをいえば，史料から分析をくみあげてゆく歴史学が中国を相手にすると，「経済学的視角から」の「分析」にはなりにくい，それが史料およびそれを生み出す中国社会のありようだ，ということである。

「経済学」が視野に収めているのは，現代からさかのぼっておおむね民国期まで，統計的数値が得られ，計量分析が可能にみえる時期と範囲の「歴史」にすぎない。そしてその民国期以後の研究が，それ以前の「歴史」をよく知らない，という現実も厳存する。「経済学の理論的枠組み」のために，かえってあつかう時期・視野が限られてしまうのである。

「旧中国と新中国は決して別々のものではないということ，これは，どちらの側からの研究者も常に意識していなければならない」とは，中国法制史の大家・滋賀秀三の言である（坂野ほか編 1974：277）。何をいまさら，ごくあたりまえ

の話だ，とみる向きもあろうし，また違う分野からの発言だから，関係ない話だ，とも解されかねない。けれどもこれは，とりわけ中国経済を考えるにあたって，実践が不十分だったことではなかろうか。

「旧中国と新中国」といえば，1949年の前後を貫通させる問題意識とその実践は，決して少なくない。しかしそれはやはり民国前後の時期，しかも計量化できそうな領域にとどまる（久保 2009a, 中兼編著 2010, 木越 2012, 久保編 2012）。「旧中国」というなら，そこから漏れているところも，劣らず重要なのであり，その解明には，もっと長期的・包括的にみなくてはならない。20世紀・民国以後とはるか以前とをつなぐ努力が不可欠だろう。

アジアの「経済史」

アジア地域では往々にして，いかにさかのぼっても16世紀以後しか「経済史」として認知されない。しかもごく限られた地域のみにおいてである。その典型は日本であろう。象徴的なものとして，「日本経済史」と銘打つ叢書・論集・通史・教科書がいくつもあるし，単著すら存在する（杉山 2012）けれど，タイムスパンとしては，やはりかわらない。

日本の江戸時代が「経済学的視角からの」経済史研究の対象になりうるのは，多かれ少なかれ，定量化が可能な史料を豊かに残しているからであり，またそうした社会が，西洋に近似しているからである。それは逆説的に，西洋こそが「経済史」である，という西洋中心主義，数量化できなければ，学問として経済にはなりえない，という前提の存在をうかがわせる。

経済学を生みだし，その経済学で経済事象を説明できる社会構成と歴史過程は，たしかに西洋しかないのかもしれない。そしてその西洋と関わってきてはじめて，ほかの世界も「経済」たりうる，というのは，確かにひとつの考え方ではある。

ただそれだけで，「経済（economy）」ということばのあらわす内容をすべて説明できるだろうか。世人が経済と耳にして想起するものとは，ずいぶん隔たっているのではなかろうか。economyとは語源的にも「家の管理（oikonomia）」という意味で，元来もっと身近なもののはずである。

「経済」という漢語は，もともと「経世済民」の縮約で，まったく別の意味だった。いまの中国語の「経済」はeconomyの翻訳語で日本漢語の輸入だが，かつてそれを「生計」と翻訳した時期がある。古来の字義からしても，われわれの

感覚でいっても,「生計」では経済のある部分しか指しておらず,適訳とは思えない。それでも,その語を思いつく心理,そう表記した思考は,漢語の成り立ち,economy の語源を考え合わせても,納得できなくはないのである。

経済の枢要とは古今東西,日々の暮らしで実感できる,「生計」的な社会生活に直結する事象を指すのではないか。それは各々に形態・構成・性質が異なっても,世界史で普遍的に存在したし,今もなお存在しているものにほかならない。経済史とはやはりそれを明らかにする叙述になるべきだろう。

社会と経済

社会経済史ということばがある。狭義には,マルクス史学における「下部構造」の歴史の謂である。筆者は中国史家として,マルクスの関心・方法・結論には必ずしも賛成できないけれども,経済を社会と切り離して考えない用意・視座に,間然するところはない。社会構成が経済活動を生み出す,経済のありようから社会を解する,という見方はまったく正しいと思う。

逆にいえば,世界各地の社会とそれが由って来たるところを見ずに,経済を明らかにすることは不可能である。そうした用意を忘れた定量化とその相互比較は,無前提に日常生活の感覚と社会構成の個性を没却するものであって,誤る可能性が高い。

中国の長期的な GDP を推計したマディソン(Maddison 2007)などは,その典型であって,この「推計」は数量経済史の専門家が,その責任において,最新の研究成果にもとづき徹底的に点検,批判しなければならないのではなかろうか。また筆者の専門に近いところでいえば,18 世紀までの西欧経済と中国経済の発展水準を同等に評価し,19 世紀初頭に両者の「分岐」をみるポメランツ(Pomeranz 2000)など,いわゆるカリフォルニア学派も,それにあてはまる。

日本の研究が安易にそうした方向へ流されていないのは,意を強くするところである。西洋中心の経済発展史像に対する自己批判ともいうべきカリフォルニア学派の研究成果は,グローバル・ヒストリー研究隆盛の潮流にも乗って,英語圏を中心に世界で圧倒的な影響力を誇る(たとえば Rosenthal & Wong 2011)ものの,日本人の中国史研究者はほとんどこれに応じる動きをみせていない。それは後述するように,日本には豊かな中国社会経済史研究の伝統と蓄積があるからであり,学問的にいって,まったく正当なことだと考える。

西洋の経済学で描かれるのとは異質に映る経済事象，およびそれを生み出す社会構成の歴史。そうしたものが存在するなら，ぜひ説明しなくてはならないし，「西洋」と関わって「経済」となるなら，その変化のありようは，ぜひ考えなくてはならない。しかしそれは中国の場合，必ずしも十分に見えてこなかった。従前の経済学・経済史の視角と研究方法でうまく説明できない経済事象が少なくないからである。

　日々の生活生存と必ずしも不可分のかかわりをもたない，たとえば文学や哲学などの人文学と同様の学問であるなら，見えなくても，説明できなくとも，別にかまわない。しかし実学を標榜し，企業人・ビジネスマンを養成し，その思考・行動を基礎づける学問が経済学であるなら，中国とその歴史過程を知ることに懶惰であってはなるまい。それはいまや経済の現場で，西洋・日本のそれに勝るとも劣らない位置をしめているはずだからである。

先行研究

　それでは，中国の経済事象の歴史に研究蓄積はないのであろうか。そんなことはない。厖大な成果をもつ学術的な中国の歴史研究が，よく知られていないだけである。これは欧米志向の強い知識人の勉強不足に根本的な原因があろうが，中国史「研究」の側にも責任はまぬかれまい。普通の知識人が読んでもわかるように書いてきたであろうか。

　小説や漫画あるいは概説・随筆で読む中国史はおもしろいけれども，中国史の研究は難しくてわからない，という声は少なくない。中国史の研究は難解であるがゆえに，敬遠，もっといえば忌避されている。そしてそれは，専門用語がおびただしく出てくる経済史研究において，とりわけ甚だしい。

　ごく普通の経済学あるいは経済そのものでも，社会が複雑になってくればわかりにくく，一般の人には縁遠い。われわれに直接つながらない過去の経済，異質な経済，つまり外国の経済史となれば，いよいよ関心は低くなる。関心が低いのに，よくわからない語句ばかりでは，誰も相手にしないだろう。

　かつて社会経済史は，中国史学の代名詞だった。中国史ばかりではない。世界どの地域でも，社会経済史でなければ歴史の研究ではない，という時代があったのである。筆者などは中国史の勉強をはじめた当初，社会経済史を志しておらず，それだけで物知らずだと恥ずかしい思いをした。恥ずかしくないように，と思っ

て，少し囓りかけると，今度は中身がよくわからないので，いよいよ恥ずかしい思いをした。そしてやっと自分なりに納得しかけた今になってみると，すっかり周囲の空気はかわっていた。

　時代はうつるもので，いまや中国史学で，経済史の研究にとりくもうとする人はほとんどいない。マルクス史学が後退すると，その動機・基盤そのものが失われてしまったからである。かつて全盛だったその余沢で，かろうじて研究が存続しているばかり，絶滅危惧種だといっても過言ではない。しかし豊饒な研究成果はある。それを少しでも，継承発展させてゆかねばなるまい。

　従前の研究は，既成の経済史・経済学の理論・概念・方法を用いてきた。それが無意識裏の前提だった。昨今の中国社会経済史学の退潮は，その限界を自覚した所産でもある。西洋中心主義の相対化は，カリフォルニア学派を待つまでもなく，日本の学界がつとに模索していた。しかしそこでは，以下のような情況が生じている。

　西洋製の枠組では解けないため，そこからひとまず離脱して，中国史独自の論理で分析，説明しようとする。したがって史料分析では，原語の漢語を多用しつつも，その表現説明にあたっては，最終的にどうしても西洋由来の概念と論理を使わざるをえない。学問が西洋に起源する以上，そうしなくては学術ではない，という前提があるからである。そこに無理，矛盾が生じて，ますます晦渋，難解になるのをまぬかれなかった。「比喩」によるイメージ喚起で理解しやすくしようとする試みがある（岸本 2006）のも，そうした事情を逆説的に物語る。

本書のスタンス

　上にもふれたように，中国の歴史にはそもそも「経済」という概念がなかった。これに近いことばは「国計民生」だが，あくまで複合語であって，「国」と「民」は別個で，切り離されている。データの存在形態からして，そうである。中国史料は，そのほとんどが皇帝政治に関連することがらしか記述していない。そのほかは無価値だとの観点であって，そうしたものしか，後世に残らないのである。これまでも使われてきた「中国経済史」というタームも，そうした史料的な制約から，「民生（民間生活）」と必ずしも密接には関わってこない「国計（政府財政）」に偏った内容にならざるをえなかった。

　そんな狭い狭い範囲でさえ，記録が難解であり，かつ信用できない。経済とい

うのはその要素の多くが数量化できるから，それなりに客観的な学問たりうるものだが，史上の中国は数値がそもそも適用できない。

　Chinese accuracy ということばがある。これは要するに，いたずらに細かいだけで，信用のおけない数値の譬えである。統計じたいがそもそも嘘をつくものだけれど，中国という世界は，いまにいたるまで，短く数えても 1,000 年の間，その極端な典型例だった。

　度量衡も時代と空間によって，まちまちである（⇒テーマ 9「度量衡の統一とその展開」〈p. 81〉）。「丈」「尺」など，同じ字句で示す単位も，中身は異なっているから，辞書には必ず，歴代の度量衡表を載せ，本書の凡例にもつけてあるけれども，これも厳密には信用できない（中砂 2006）。しかも同時代の地域偏差は，捨象してある。同じ 1 両，1 元でも，天津と上海で値段が違うのは，戦前の日本人には常識だった。第 2 章にも言及するとおり，帳簿でちがう単位の数量を足し合わせたりすることも，しばしばである。

　そのため，「経済学的視角から」の理解に必須の統計的データに即した「分析」，あるいは定量的な説明は，近代・20 世紀のある時期までは，絶望的に不可能だといっても過言ではない（岸本 1997）。ある方面ではいま現在でさえ，それは厳然たる事実であろう。たとえ正確な数値の統計が存在しても，それが中国の経済世界全体をカヴァーすることはありえない。どの時代においても，程度の差こそあれ，統計が関わらない，あるいは捕捉できない厖大な領域があるからである（⇒テーマ 47「経済統計」〈p. 275〉）。

　中国の事象はしばしば，通例の学問分析でははかりしれない。その最たるものが経済事象である。ところが中国に見慣れてしまうと，そのあたりの感覚が鈍麻し，あたりまえだと思って説明に意を用いない。これがほかの世界・地域・国々の経済史と，溝を深めてしまった主因だといえよう。

　中国学のなかだけで自足するのなら，溝が横たわったままでもよい。しかし中国経済史の研究成果を，現代の関心から一般の人がわかるように，他分野でも生かしてもらえるようにするなら，この溝を埋めなくてはならない。

　以上は書き手が当然に心得ておくべきことだが，読み手にもわきまえておいてほしいことである。中国を理解しようとするとき，頭から日本や西洋の常識・概念で決めてかかってもらっては困る。たとえばマルクス史学は，典型的な西洋的思惟であるが，それで中国史上の経済事象を十全に説明できなかった。現在の中

国史研究は，その反省から出発している。

　中国経済をあつかう経済学・歴史学ともに，たがいの方法と成果を知らないまま，相手に利用してもらっていない，と不満をつのらせているのが，おそらく現状なのであろう。だとすれば，それぞれが相手を尊重しつつ協働する，その具体的な接点を見いだすため，自他の長所と限界を着実正確に把握してゆくほかあるまい。まずはその材料を歴史学の立場から示したいと思う。

　要するに，既成の知識・理論による予断をもって，本書を読まないでほしい，まずはここに書いてあることを，虚心に理解してほしい，というのが書き手からの要望である。そのうえでご批判いただけるなら，ぜひご教示をうけたいと思う。

　過去の中国経済のありようを示すことは，経済成長いちじるしい中国を説明する十分条件ではないにしても，それに不可欠な前提作業である。そのための環境・条件が整っているとは，まだまだいいがたいけれども，誰かがはじめなければ始まらない。

　本書はそこで，中国をひとつの経済圏＝文明圏＝歴史世界として，その出発から，現在に直接する「改革開放」の始動にいたる経済事象を通観する。そのさいモデル・理論・学説の紹介や適用，吟味ではなく，事実の叙述に重点を置いた。

　もっともそれは，「経済界」の姿を明らかにしはじめる戦国時代から数えても，およそ 2,500 年の長きに及ぶ。いきなり個別具体的な論述に入っては，各々の関連や位置づけがつかみにくいかもしれない。先に全体を体系づける輪郭と骨格を示しておくのが便宜であろう。

2　舞台の設定──中原と江南

地理的範囲

　経済活動は，いかなる事象にもまして，人為が自然にはたらきかける部分の大きいものであり，そこから逆に，自然環境にも規制される。中国の経済史をみるにあたっても，まずは大づかみに中国の自然地理と生態環境を知っておかなくてはならない。

　われわれが「中国」とよぶ地理的・空間的な範囲は，人・時・場合によってまちまちで，厳密には一定していない。けれどもここでは，おおむね通例のイメー

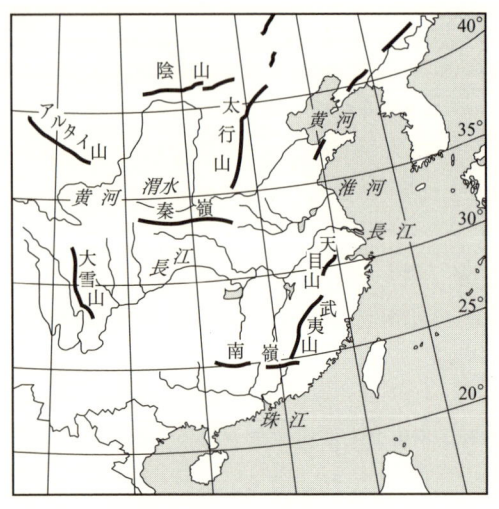

地図1 主要な山系と水系
出典）斯波 2002 より作成。

ジ・用法で理解してもらえばよい。つまり万里の長城以南，黄海・東シナ海より西，南シナ海の北，青海・チベット高原以東，いいかえれば，欧米人がチャイナ・プロパーとよぶ範囲であり，そこを中心にしつつ，必要に応じて隣接する地域にも及んでゆく，という感じである。そこで本書では，ややくどく「中国本土」という呼称も用いている。

地勢はいわば西高東低，そのため主要な河川は東流する。黄河と長江がその代表なのは，贅言するまでもない。この世界有数の二大河川の流域こそ，中国経済史の主要舞台であり，中国経済史の展開も，あくまでこうした舞台設定を前提とする。

主要河川が同じ東方向に流れるから，同一河川の上流と下流は同じ緯度帯，換言すれば，類似した気候の圏域にふくまれる。河川が違えば，それも同じではなくなり，植生をはじめとする生態系も，著しく異なってくる。中間を流れる淮河を境界として，それより北の黄河流域と南の長江流域とでは，経済の環境・条件，そして動向がまるで違うわけである。

中原世界の環境

黄河の流域のうち，上で限定した地理的範囲と直接に密接な関わりをもつのは，まず支流である渭水に沿う盆地，ついで，その渭水との合流点附近で黄河が屈曲し，東に向かった先に，これまた支流の洛水沿いからひろがる地域，そこからさらに東流し山地を出てから，渤海に注ぐまでの平原にあたる。

華北という地理概念とほぼ重なる以上の地域を，本書では「中原」とよぶ。その本来の語義は文明の中心地，「中華」とほぼひとしい。中国でまず文明＝経済が誕生した地を含み，その中心の地位をしめつづけ，そしてある時期からは，そ

うではなくなる，という歴史経過を集約して示すために，あえてこのように称する。

この中原地域のいずれにも共通するのは，雨量が少ないことである。最も多いところでさえ，日本の3分の1にも満たない。しかも夏季・秋季に集中し，年による変動が激しい。古来「中原の田，夏は旱にして秋は潦」といったり，「春旱久しく雨をおもい，夏潦たびたび晴を望む」と称した。春夏の旱魃と夏秋の大雨をたえず恐れなくてはならなかったのであり，われわれの感覚からすれば，かなり厳しい自然条件であろう。

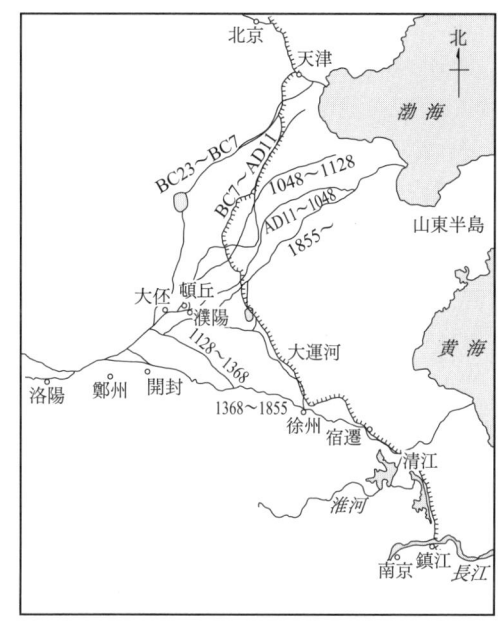

地図2 黄河河道の変遷
出典）松田2001より作成。

そこで黄河では，氾濫が頻発した。降水が一定しないことから，その流量も安定しなかったからである。しかも河水の半分以上を泥土がしめ，水位が容易に地面より高くなってしまう河川であって，有史以来，しばしば流路をも変えた。

統治にあたった歴代の王朝政権は，もとよりそれに悩まされた。しかし黄河そのものは，少なくとも近代以前の人力で，十分なコントロールができる存在ではなかった，と考えるほうが正しい。莫大な労力と費用をつぎこみ，堤防の構築，浚渫，決壊の補修などをくりかえしても，なお最低限の制御さえおぼつかなかった（⇒テーマ2「水利・治水」〈p. 35〉）。

その黄河が運び形づくった黄土層の大地（⇒テーマ1「黄土」〈p. 33〉）は，人が居住しはじめた太古の昔には，鬱蒼とした森林に覆われていたとともに，またより多くの草原があったはずである。かつて黄土の代名詞だった肥沃さというのは，元来の土壌成分としては，必ずしも事実でない。森林を切り開き，草原で家畜を飼育することで，施肥しつつ双方を農地化し，人口を増やしていったプロセ

スが，いわゆる黄河文明の発祥と展開であろう（原 1998）。

　黄河の氾濫をいっそう重大にしたのも，そうした農地化の進展，とくにたび重なる森林の濫伐だったことは，想像に難くあるまい。その最後・最大の波が，第4章に言及する明清時代の山林開発の流行であり，ここで森林を蕩尽した，現在の景観が決定づけられた。

灌漑事業

　黄河本流はコントロールできない，となれば，農地化を営んだ人々の生活空間は，黄河に注ぎ込む支流の流域を中心とせざるをえない。そこでまた不可避的に，主要な支流とその分水嶺に沿って経済的，ひいては政治的な地帯構造ができあがった。

　その区域はおよそ3つに分けることができる。渭水流域の関中盆地，洛水流域の洛陽盆地とその周辺にひろがる地域。そして華北平原に出て太行山脈に沿う地方である。政治的なブロックも，おおむねそれに沿って形成されるが，いずれも河川域のまとまりであることにかわりない。たとえば，五胡十六国時代の政権割拠のありよう，境界線はそうした事情を政治的に表現するものとして，参考になる（地図3）。

　そうした土地で家畜を養いながら，黍・粟・麦・豆などを栽培収穫する，というのが，いまも続く中原農民の営為である。もとより降水の少ない気候条件は厳しい。そこで絶対に欠かすことのできないのが灌漑であった。

　権力というものは，税収をあげるにも治安を維持するにも，軍隊を養わねばならない。なかんずく中国史では，それが真理である。中国歴代の王朝政権は，もっぱら軍事力を維持するために財政を運営している，といっても過言ではない。清代に歳出の大半を軍事費に費やしていたのは有名だが，それは多かれ少なかれ，通時代的にいえることである（岩井 2004a：32～33）。

　軍隊を養うには，農地の収穫高を維持増大し，食糧を安定的に供給することが，まず何より不可欠の前提である。中原を支配統治する政権にとって，そのために水利灌漑は重要関心事とならざるをえない。歴代の史書にも，「溝洫志（こうきょくし）」「河渠（かきょ）志（し）」というセクションを設けて，そのことを系統立てて詳細に記す慣例がある。

　したがって中国でいちはやく公権力を形成した中原で，やはり最もはやく灌漑による水利事業を中核とした開発が進展した（⇒テーマ2「水利・治水」〈p.35〉）。

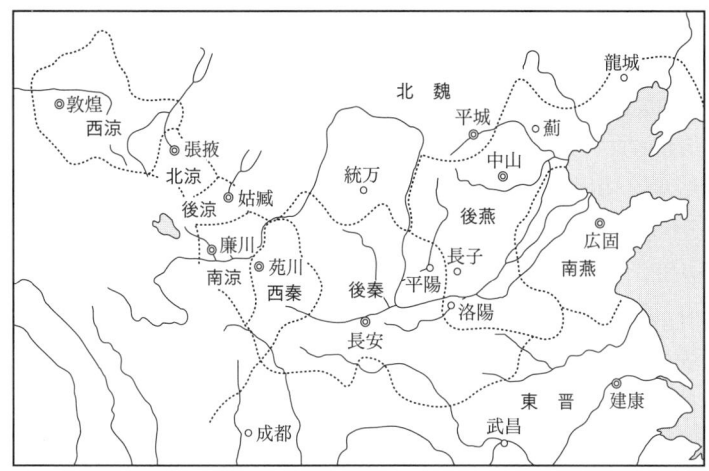

地図 3 五胡十六国時代（4 世紀末）の中原
注）関中盆地を地盤とする後秦と河北平原の後燕が，洛陽盆地と山西地方を争って対峙している。

典型は関中盆地である。漢・唐という中国史上屈指の統一王朝が，いずれも長安（現在の西安）という国都をおいた地域で，国都が抱える官僚・軍隊などの厖大な人口を養うために，その農地開発をゆるがせにできなかったからである。

司馬遷の『史記』は，漢の国富の 6 割を関中がしめると称するが，それもたび重なる大規模な灌漑事業のたまものであった（⇒テーマ 1「黄土」〈p. 33〉）。その趨勢は唐代になっても，かわらない。より土木技術が高度となったのだろう，漢代では不可能だった水利も施されており，これは顧炎武も龍門を例にとって，特筆大書するところである（『日知録』巻 12「水利」）。

権力の側もこうした大規模な工事を行えるだけの労働力を，すぐ編成できる体制を整えておかねばならなかった。同じことは，黄河本流の治水にもいえるだろう。漢から唐までの人民支配が労働力徴発の徭役を根幹にしていた事情（⇒テーマ 10「徭役（漢以前）」〈p. 82〉）は，こうした側面からも説明できる。

とはいえ，どれほど灌漑設備が整い，農地が拡がろうとも，またいかに技術が進んで生産性が高まっても，ひとたび天候不順になれば，凶作は起こる。生産力があがって平時に多くの人口が養える分，有事のさいのダメージはそれだけ大きくならざるをえない。その救済も対処を誤ると，内乱になりかねないから重大な問題だった（⇒テーマ 5「救荒」〈p. 43〉）。

局地的に食糧困難になれば、流民が発生する。運輸事情のよくない昔であればあるほど、凶作地に大量の穀物をとりよせるのは難しいからであり、人のほうが食を求めて移動した。それは庶民にかぎらない。王朝政府そのものが、本拠地の食糧事情悪化で、移動することもしばしばであった。唐朝が首都の長安をしばしば離れたのも、関中盆地が開発増産の限界に近づいていたからである。

食糧確保のため、人が動くのではなく穀物をとりよせる。これを「漕運」という。その発想はもとより古くからあった。けれども実現には、別の穀倉地帯の開発、交通・運輸の改善など、新たな経済上の条件が必要である。政治・軍事といった消費の中心も、交通に便利な平野に置かなくてはならない。それが可能になったとき、中国経済史は新たな段階に入る。端的にいえば、南方の開発進展と比重増大であり、中原一元的な世界から南北二元的な世界への変化である。そこでわれわれも、目を南方に転じなくてはならない。

江南世界の環境

チベット高原北東部・黄河の源流とさほど隔たらないところから流れ出す長江は、いうまでもなく中国最大最長の河川である。流水量は中国全河川の4割近く、当然そのエネルギーも巨大であって、運搬する土砂の量は黄河に及ばないものの、有史以後も河口に広大なデルタを形成した。

この巨大な河川は、しかしおとなしい印象がある。黄河ほど氾濫したり、流路を変えたりしないからであり、それは中原とちがって流域の地形が複雑で、中下流に附着する湖沼が多いからである。中国最大級の湖、洞庭湖・鄱陽湖もその例にもれず、さながら天然のダムのように、長江の水位を調節してきた。そのために、本流と支流をくみあわせた交通路として水運を利用できるのも、長江水系の特徴であり、これが大きな意味をもってくる。

中原が雨量の少ない乾燥気候で、日本人にはむしろ違和感のある自然環境なのに対し、こちらはなじみのある世界である。日本列島と同じモンスーン地帯に属し、高温多湿の気候で、したがって植生・生態系も、中原よりはるかに日本に近い。こうした長江流域およびそれ以南を、ここでは江南とよぼう。

江南は日本に類似する気候条件なのだから、その農耕が日本と同じ水稲栽培であるのも、みやすい道理であろう。そうした稲作にもとづく文明は、江南にも発生展開しており、中国の古代文明は黄河文明ばかりではない。

しかしながら経済力が支える人口・武力・文化などを総合した政治力で，江南は中原に対抗しつつも，けっきょくは圧倒され，従属せざるをえなかった。「江南」とは，天下の中心にひとしい「中原」からみた一地方名にすぎない。春秋・戦国・秦漢の歴史経過は，そういう命名・認識・事象が固定してゆく過程だったのである。

江南の開発

それは中原の開発と経済力伸張が先んじ，江南のそれが遅れたことを意味する。逆にいえば，後者にはそれだけ「のびしろ」があるということであり，人口稀薄で未開地のひろがる江南の開発と経済力の増進が，以後の歴史の主旋律となった。中国経済史とは江南開発史だといいかえても，あながちまちがいではない。

もちろん中原の開発増産を無視してよいわけではない。しかしそれは遅くとも10世紀までに，ほぼ限界に近づき，以後は相対的な地位を低下させていった。その間に開発が進んだ江南は，やがて中原を凌駕し，中国経済史の主役に躍り出る。

江南は稲作地帯であるから，その開発はまずその水稲栽培の普及と生産性の向上が指標となる。3世紀の三国呉の建国あたりは，その画期になろうし，100年ほど後の晋朝の南渡も，中原からいっそう多くの移民をともなっていて，画期とみなせる。以後の中国は六朝とよぶ，長い政治的な南北分立の時代に入った。南の江南がその経済力で，中原に対峙する政権を長期にわたって支えつづけたわけである。

江南とはいいながら，その中心は一貫して，現在の南京周辺にあった。呉以来，歴代王朝の首都がおかれた地であり，そこの開発がもっとも進展したことは想像にかたくない。天目山系を分水嶺とするやや高い扇状地であり，中原から逃れてきた人々も，身につけていたその技術で，開発しやすいところだったのであろう。いっぽうこの時期，長江河口の低湿地，江南デルタとよばれる地域の開発は，あまり進んでいない。海に近い低湿地を水田にするだけの技術力がなかったのである（北田 1999）。

それでも，六朝期に培った江南の経済力は，もはや無視できなくなっていた。南北分立を克服した隋朝政権が，長江水系の水運を利用して大運河を開削し，江南を中原に結びつけて漕運の便をはかったのは，そうした趨勢の必然的な結果で

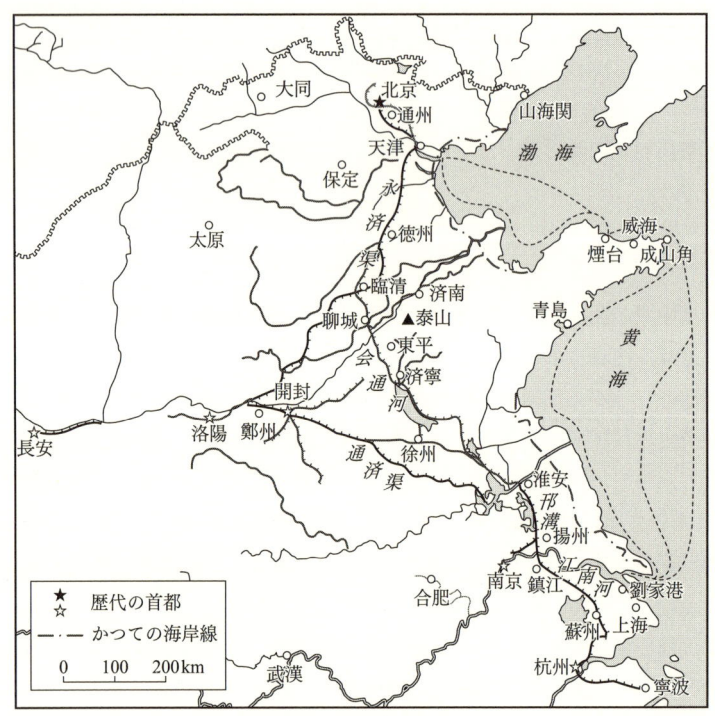

地図 4　大運河関係図

出典）李孝聡 2009 より作成。

ある（地図 4，⇒テーマ 4「漕運」〈p. 41〉）。

　江南デルタの低湿地開発は，さらに時代が下った 10 世紀から宋代に本格化，加速化する。そこで最も土地の低い太湖の水を海に排出する水路を開削し，その周辺にクリークをつくって，湿地を干拓していった（⇒テーマ 2「水利・治水」〈p. 35〉，3「農業技術」〈p. 38〉）。

　江南の開発史はいうまでもなく，これで終わらない。さらに時代が下ると，なお未開地にひとしかった長江中流域，あるいは支流の流域にも，開発が進んで人口も増えてゆく。こうして江南も，中原と同じく河川域ごとにまとまりができあがった。現在も湖南を「湘」，江西を「贛」というように，支流の名前を省の別称とするのは，その間の事情をよくあらわしている。そうした地域の区分は，10 世紀はじめの十国政権の分立が初期の表現をなし，その国境が現在の省境にもお

おむね重なり合う。

対外関係

　中原にせよ江南にせよ，開発と生産だけでは，経済活動は成り立たない。宋代の江南デルタにおける水稲栽培が「人類史最初の巨大モノカルチャー」と評されるように，開発と生産はつねに消費市場の存在を前提とする（北田1999）。南北が大運河の漕運でむすびついたこと自体，そうした事情を雄弁に物語っていよう。そこに商業が勃興する契機もあった。

　中原と江南との間はもとより，それぞれの内部でも，商業は日常的に営まれた。それ

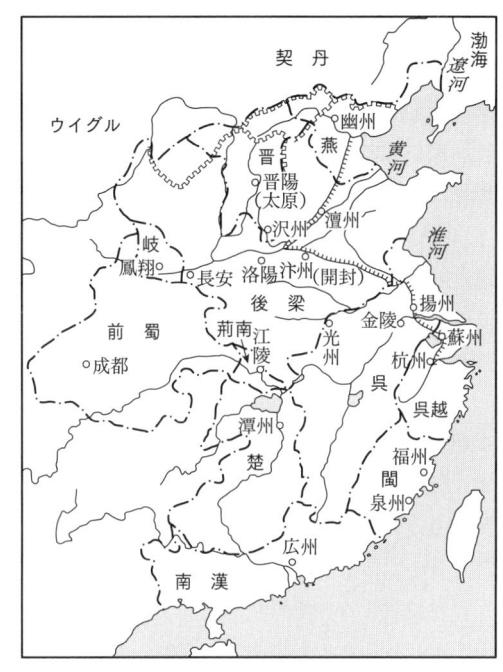

地図5　唐滅亡直後の形勢
注）江南の国々が現在の省にほぼ相当することに注意。

も時代によって異同・消長があり，その動向が生産をも特徴づける。同じく権力的な主導で商業がさかんになった漢代と唐代でも，その内容は異なるし，やはり同じく江南の開発が著しく進展し，それが商業の活発化をうながした宋代と明代でも，そのしくみは同じでない。開発・生産の推移とそうした商業との関係をさぐり，位置づけることで，中国経済史の時期区分を施すことができる。

　そのためには，中原・江南の中核地ばかりに気をとられてはならない。おとらず重要なのは，その開発や経済の発展を左右する外界との接触と交渉にある。そこで注目すべきは中核地に隣接し，外界との橋渡しをする，いわば外郭的な地域である。

　中原でいえば，まず関中盆地につながる甘粛回廊。山岳と砂漠で交通困難な西方で，かろうじて外界との通路をなすオアシス地帯である。いわゆるシルクロードの出入口にあたり，古来もっとも大口の貿易取引相手だった「西域」，つまり

中央アジア・西アジア世界と中原の中核地をむすびつけてきた。

　洛陽盆地周辺では，北に接する現在の山西省が，その要衝をなす。また河北平原は，黄河から長城線まで，ほぼ交通の障碍がない。いずれも，長城以北の「遊牧国家」との関係がきわめて密接である。季節の変化に応じて移動しつつ，農耕地帯に物資を求める「遊牧国家」のありよう（⇒テーマ7「遊牧国家の季節移動」〈p. 48〉）から，中国は平和時には貿易，さもなくば掠奪・戦争という形で，遊牧民との関係をとりむすんできた。史上しばしば，山西省や河北省の地方が政治的に独立して，大きな存在感を示すのは，背後に遊牧地帯を控える要衝にあるためである。遼・金・元・明・清が北京を都としたのも，同じ理由である。

　「南船北馬」ということばがある。中原は水が乏しく，また黄河が水運に使えないために，交通は陸運にならざるをえない。またこのように，和戦いずれにせよ，「遊牧国家」との関係も深いため，軍事的にも経済的にも，馬がきわめて重要であった。歴代の王朝政府も，「馬政」という軍馬専門の行政をおこなっていたくらいである（⇒テーマ6「馬政」〈p. 45〉）。

　これに対する「南船」は，贅言を要しまい。江南では長江水系による水運が主流であり，そもそも中原とつながる大運河がその最たるもの，上流の四川，中流の湖北・湖南・江西・安徽，いずれもしかりである。

　ただしここで忘れてはならないのは，長江の水系からはずれた地域の存在である。南から数えて珠江・閩江・銭塘江の流域であり，現在の省でいえば，それぞれ広東広西・福建・浙江省の東部である。浙江省のうち銭塘江より西は，史上「浙西」といい，むしろ江南デルタに該当するので，省いたほうがよい。

　これらの地域に共通するのは，いずれも海に面し，良港に恵まれているということである。しかも隔絶孤立してはいない。江南デルタに近い浙江東部はいわずもがな，ほかの地方も，長江流域と別水系でありながら，分水嶺さえ越えれば，相互の連絡は可能だった。つまりこれらの地方は，海洋を通じて海外諸国との関係が深く，なおかつそれを江南の中核地とつなぐ役割を担っていた。

　たとえば，海上貿易は時代が下るにつれ，江南の発展との密接な関わりが顕著になっている。もちろん日本も，そうした貿易相手の例にもれない。第4章で詳述する明清時代の歴史経過は，その典型である。

　もっともそうした事情は，明清の時期・江南の地域に限るまい。むしろ古来より南北いずれも，その開発や経済の発展は外界と深く関わっていたとみるほうが

自然である。経済ばかりにとどまらない。政治・軍事・文化いずれもしかり，自然環境からして，乾燥気候の中原は草原地帯と，湿潤気候の江南は海域と親和的だとみることさえ可能である。

だとすれば，中原は南よりむしろ北と，江南は北よりも南との結びつきがいっそう強いはずであり，中原と江南が一体になるのがあるべき中国だ，と思うのは，ミスリーディングな先入観なのかもしれない。

中国の政治的・経済的な対内的統合の欲求・機運はつねにありながら，それがときに成就し，ときに挫折したのは，対外的な関係がそれをうながし，あるいはさまたげる駆動力としてはたらいてきたからである。それが中国経済史全体を通じた動向であり，近代・20世紀に入っても，また目前の中国においても，やはり真理である。

民国の国家統一が困難だったのも，そうした歴史的所産であったし，毛沢東時代は対外経済から孤立的だったから，国内を統合できた，といっても過言ではない。そして「改革開放」は，各地が外との結びつきを強めるために，中国の統合が揺らぎかねず，いよいよ政治的思想的な統制を強化せざるを得なくなるわけである。

3　場面の構成──人口・聚落・階層

人口の推移

ついで，こうした経済空間に暮らす人々の動態をみよう。人口の推移を1950年までごく粗いグラフにした。多くは史書の「戸籍」にもとづく数値や推計で，王朝政府の利害からする把握数にほかならない（⇒テーマ8「戸籍」〈p.79〉）。はじめにも述べたように，今日的な見地で使用できるデータではないので，このグラフも客観的に正しい数値を出そうとしたものではない。おおまかなトレンドを一目瞭然に視覚できれば十分である。

秦の統一以来，伸長した人口は紀元前後にひとつのピークをむかえ，その後，前漢末の戦乱で減少し，2世紀にふたたび同じレヴェルまでもちなおした。その人口規模は，史料の数字では，およそ6,000万といわれる。

これが3世紀に激減した。いわゆる「三国志」の時代であり，それから人口が

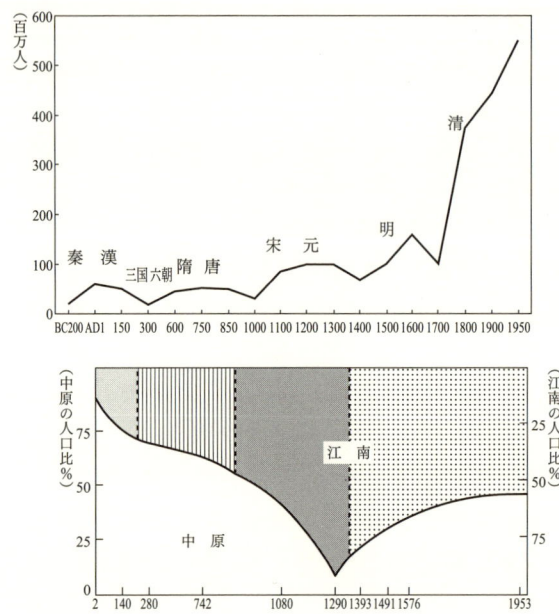

図1 中国の人口動態（上）と人口分布の南北比（下）
出典）（上図）姜 1993, 路 2000 より作成。（下図）Elvin 1973 より作成。

漢代の規模に回復するのに，8世紀の唐の玄宗朝までかかっている。安史の乱でまたもや減少に転じたが，9世紀には5,000万の推計があって，平時にはもちなおしている。

唐末五代の戦乱で減った人口は，11世紀以後，宋代に迎えた平和のなか，それまでの水準をこえて増加した。この趨勢はモンゴル帝国の時期まで継続する。規模としては唐代の倍近く，最大で9,000万と推計されている。

ところがまた，14世紀に激減をきたす。元朝崩壊・明朝成立の時期である。これが15世紀には回復基調に入り，16世紀に宋元の水準を凌駕した。1億6,000万の推計値がある。

もっとも，この数字は安定しなかった。17世紀になると，また激減を迎えたからである。それが明清交代の時代にほかならない。1億弱にまで減った人口は，18世紀以後，4倍の爆発的な増加をへて，清末民国・19世紀から20世紀前半にその速度が鈍った。

1950年以降，共産党政権下での人口激増は，周知のことだろうし，これには従前とは異なる要素も考えねばならないので，ひとまず除外しておく。

　こうした長期的な人口変動は，中国の伝統的な史観でいう「一治一乱」の現象に重なりあう。騒乱のなかから，社会を安定させる力量をもつ勢力・政権が勝ち抜いて，中国を支配して長期の平和を実現する。そこで人口も増加する。やがて内外の矛盾が蓄積されて，王朝末期には騒乱が起こり，人口も急激に減り，王朝政権もそのなかで亡んでゆく。要するに，人口増減の動きだけみれば，王朝隆替のサイクルにほとんどひとしく，確かに通例の中国史の，断代史的な叙述とあまりかわらない。

　けれどもここで着目すべきは，人口の規模がそのサイクルを経るにしたがい，更新拡大しているところにある。ここに「一治一乱」というだけではすまされない，社会経済史的な考察をおよぼす余地があり，ここまでの論旨とも大いに関わってくる。

変動の導因

　その第一の波は，漢代から2世紀まで，灌漑水利を通じた中原の開発と経済力発展の時期に相当する。畜力の利用や農具の改良など新たな技術も普及して（⇒テーマ3「農業技術」〈p.38〉），多くの人口が養えるようになった所産が，6,000万という数字にあらわれている，と見ればよい。

　それにつづく第二の波は，唐末10世紀まで。3・4世紀は世界史的にみても，動乱の時代である。その根本的な導因が気候の寒冷化にあることも，つとに指摘されてきた。中国経済史もその例外ではない。既存の生産方式だけでは，それまでと同規模の人口を維持できなくなった。そのなかで，400年にわたる統一王朝の漢も，滅んでゆくのである。

　そこで人々が求めた活路が，江南の開発であり，唐代に漢代なみの人口規模を回復しえたのも，それを抜きに考えることはできない。三国六朝にはじまり，五代十国にいたる，いわゆる中国の「分裂」，南北の並立と二元化が，この時期の基調をなすのも，そのためである。江南の生産力・経済力はそのなかで，絶対的にも相対的にも高まり，さらに次の時代の準備を整える。

　第三は10世紀から14世紀，いわゆる宋元時代にあたる。10世紀の唐から宋への交代は，すでに学界でひろく認められているとおり，中国史上第一の社会変

革期であり，経済も当然このとき大きく変貌した。このいわゆる唐宋変革は，上でも述べたように，江南デルタで水田稲作が普及して，多くの人が養えるようになったばかりではない。以後の中国経済史展開の特徴は，ほとんどこの間に出現したものである。

たとえば，それ以前の王朝政府の人民支配・財政運営は，労働力を直接に徴発することを基礎にしていた（渡辺 2010）。軍事力をまかなう兵役は，その典型であって，さながら徴兵制にみまがう体制だったといってよい。ところが唐代の後半期，それが募兵制に改められると，財政のコンセプトは根本的に変化し，職業的な傭兵を財力で養うものに転換した。漕運をはじめ，財政活動が商業ベースでおこなわれるようになるのも，そのためであり，それは唐末からはじまり，宋代に完成する。

また技術革新の多くも，やはりこの時期に起こった。農業技術や内陸水運は，くりかえさない。そのほかにも，木材から石炭への燃料転換と消費エネルギーの増大，それにともなう銅・鉄など金属の大量生産，磁器や茶など特産品の開発。そうした諸々があいまって，内外にまたがる商業の発達をうながしてゆく。

もちろん，貨幣経済も盛行した。第3章にもふれるとおり，政府は銅銭をおびただしく鋳造しながら，十分な全国通貨とはなしえなかったため，民間では銀地金の使用が流行する。そうした情況は，やがて紙幣の流通をも生みだし，モンゴル帝国ではそれが法定の通貨にさえなる（⇒テーマ23「銅銭」〈p. 163〉，27「紙幣」〈p. 171〉）。こうした経済の革新と成長が，ひいては人口の増加を支えた。

ところがこの動向は，世界史的ないわゆる「14世紀の危機」で一大頓挫をきたす。10世紀以来，温暖に転じていた世界的な気候は，ふたたび寒冷化し，それにともなって，疫病も蔓延した。ヨーロッパのペスト流行はよく知られたところだが，それほど有名明白でなくとも，世界各地で多かれ少なかれ共通した現象を呈しており，モンゴル帝国もそのなかで崩壊してゆく。

第四の波はそれにつづく15世紀から19世紀。元末明初の大乱が起こり，経済がどん底にまで落ち込んだところから，明朝は出発した。以後の特徴は，海外需要の増大とあいまった江南の産業構造転換を通じて，その経済リハビリが進んだことにある。海外需要とは主として，大航海時代とそれ以後のヨーロッパ拡大であること，いうまでもあるまい。人口規模が宋元時代の数倍に拡大したことは，その富力の飛躍的な増大を物語っている。そうした趨勢は，世界的な異常気象と

飢饉で不況に見舞われた17世紀の中断期をはさみながら，一貫したものであった。

　増加のすえ社会経済の許容量を超過すれば，やはり人口の調節が必要となる。19世紀の内憂外患を迎えねばならなかったゆえんであり，中国経済史はそのなかで，機械制工業や資本主義など，近代的な産業や技術，経済制度を摂取して，次の時代の準備をはじめた。

　新たな土地・物産や産業の開発によって，より多くの富が生産できるようになると，それに乗じて，人口が増える。そして養いうる限界を越えると，そのたびに貧困・疫病，さらには災害・戦乱で，死亡率が急上昇し，結果として経済・社会の容量にかなう人口規模への調節がなされた。以上の人口変動はそうした歴史経過をあらわしており，中国経済史はたえず，潜在的な収容能力を上回る人口の増加に直面してきたことをも意味する（Elvin 1973，青木 2009）。「現代化」と「改革開放」をへた今，その「パターン」がどう変化したのかは，歴史学にとっても経済学にとっても，考察に値する問題ではなかろうか。

都市化の様相

　このように増減する人口は，それではいかに暮らしていたのか。そのすべてを時代ごとにミクロな規模で描出することは，もとより不可能だし，本章の任でもない。しかし，全体的なスケッチででも時系列的にたどれば，時代の変遷を理解する一助になる。その手がかりが聚落形態である。

　上古の中国では，第1章に述べるとおり，人々は城郭をめぐらした空間に集住するのが，普通であった。日本人は史上こうした聚落形態をもった経験がないので，そのありようを実感，理解しづらい。こうした密集聚落とその周囲の土地が，「邑(ゆう)」と称する古代人の生活空間であって，それぞれが自立し，「邑制国家」ともよばれる時代もある。各々の「邑」が独立を失っても，そうした聚落形態は秦漢時代を通じて存続した（図2）。

　そのうち主要なものは，「県」という行政城郭都市として，以後の歴史過程にも残存してゆく。その一方で，「県」よりも小さい零細な規模の密集聚落は，3世紀初めまでにほぼ消滅して，別の聚落形態が生まれた。それが「村」である。読んで字のとおり，家屋まばらで住居が散在する日本の村落をイメージすればよい。集住から散居への変化である。

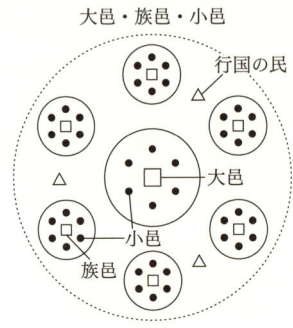

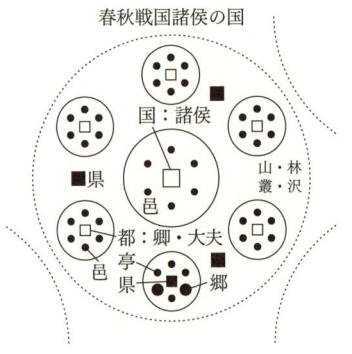

図2 邑と県

出典）斯波 2002。

以後は城郭をめぐらせた都市の機能は，ほぼ行政・軍事に特化し，その経済機能は，ごく一部の区画の「市」にしか存在しない。その典型は唐の長安であり，それをモデルにした日本の平城京や平安京を想起すれば，わかりやすいだろう。商業区域にあたる「市」が局限されていることで，当時の商業衰退をうかがうことができる。農業ベースの自給自足的な生活が経済の主体となり，それはほぼ，村が担った。こうした変化が，同じ時期の人口激減と新たな開発に応じていたのはいうまでもあるまい。

このように，3世紀から10世紀にいたる聚落形態は，城郭都市と村落の二本立てであった。それが顕著に変わってくるのが，やはり唐宋変革の時期にあたる。この二本立てのほかに，従前は城郭内の一区画に押し込められていた「市」が，あるいは外にあふれだし，あるいは独立の聚落として発達するようになった。それまでなかった，いわば無城郭の商業都市の勃興であり，発展に転じた商業のありようをうかがうことができる。

これを当時のことばで「市」とか「鎮」とか称したので，ここでも「市鎮」とよぼう。中国の聚落形態はここに，行政機能をもつ城郭都市，商業機能の市鎮，農業機能の村落という三本立てになった。

以上が14世紀までの展開である。それ以後19世紀まで，いわゆる明清時代も，三本立てという基本的な構成はかわらない。しかしながら15世紀以降も変化が生じた。市鎮の増加である。11世紀はじめ北宋時代には，1県あたり2の割合を越えなかった市鎮の数は，明清時代にその十倍を数えたといわれ，県あたり50～60という試算もある（斯波 2002）。

この時期は上に述べたとおり，おびただしく人口が増した。県の数にはこれに

見合った増加がないから，増えた人口は農村と市鎮に吸収されたわけで，この時期に進展した都市化は，行政機能をもたない市鎮の増殖というにひとしい（図3）。これは中国経済史独自の展開であって，たとえば日本では起こっていない事象である。これが以後，日中がたどった歴史のちがいにもむすびつく（岡本 2011）。

以上は人口の変動があらわす時代のまとまり・転換とパラレルな動向を示している。人々の居住生活が産業の隆替，いいかえれば社会経済の変容とも密接に関わって，シンクロするわけである。

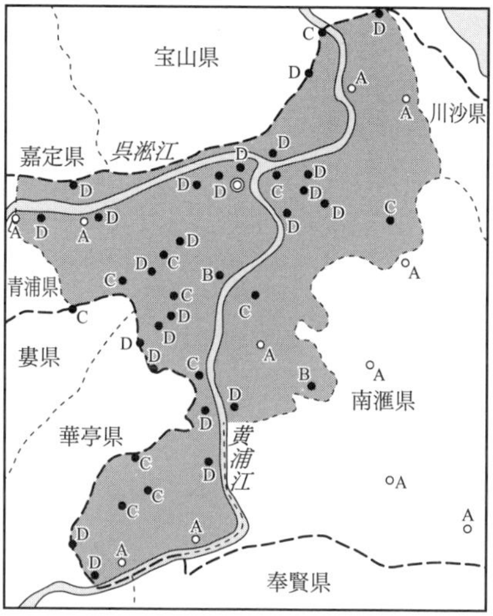

図3 市鎮の増殖（上海県附近）
出典）Elvin 1973 より作成。
注）◎は上海県城。○A は 1470 年当時の市鎮，●のうち，B は 1600 年，C は 1750 年，D は 1860 年までに増加したもの。

社会構成と「士」「庶」概念

人が集まれば，社会ができる。そこで人々はどのような関係をとりむすび，いかに役割を分担したか。前述のとおり，そうした社会構成を把握することが，経済を考える前提となる。

中国では紀元前の周の時代に，封建制が行われていたといわれる。身分制の時代だったわけだが，それは永続せず，漢代までになくなる。そしていったん消滅した世襲身分制は，以後の中国で復活することはなかった。

もっとも社会上の身分は，社会的分業の一端であるから，時代によって程度の差こそあれ，厳然として存在する。その区別を中国史は「士」「庶」という概念でおこなった。史上ほとんどの時期，中国社会は「士」と「庶」からなる二重構造であり，それは現在も，形をかえて生き残っている，といっても過言ではない。

「士」「庶」とはそれぞれ，社会の指導層・被支配者層，エリート・非エリートの意味あいを有する文字である。同じ漢字を使う日本では，これをたとえば「士農工商」の類推で考えがちだが，それは誤りを犯しかねない。「士」は決して武士ではないし，世襲の身分でも職業でもない。「庶」も同じである。「農工商」と

イコールで結べる概念ではない。

「士」「庶」という字面は、中国の歴史を通じて、ほぼ変わらなかった。けれども各々の内実と相互の関係を歴史的にたどってみると、やはり変化がある。

両者の隔たりが近接したのが、戦国から前漢にかけての時代で、かつては「フラット」な社会関係と形容された。その近かった距離は、時代を下るにつれ開いてゆき、3世紀に入り、三国六朝の時代になると、貴族制とも称される社会が形成される（⇒テーマ15「豪族と貴族」〈p.118〉）。「士」といえば家柄のよい門閥、「庶」はそうではない人々を意味し、この両者のあいだには、貧富も貴賤も雲泥、天地ただならぬ懸隔ができた。こうした推移を『宋書』恩倖伝序は、

> 漢代以前は、賢者だから愚者を使役しえた。三国六朝では、貴人が賤民を使役する。貴・賤は士・庶で分かれ、判然と明白な区別がある。

と表現する。さらに関係の実体だけではなく、観念上も根深い差別意識が生じた。士族は庶民を「非類」と蔑み、近よることさえ憚かったのである。

「士」「庶」という階層区分と差別意識は、以後ほとんど永続的になって、その名辞も20世紀まで消滅しなかった。しかし上のいわゆる貴族制が、一貫してその実質だったわけではない。「士」と「庶」を門閥で判別する慣例・通念は、唐代あたりから大きく動揺し、宋代になるとまったく転換する（宮崎1997）。社会的地位は個人の才力によって、決定するのが当然になった。その典型が官吏登用試験たる科挙である。原則として誰でも、科挙に合格すれば、高貴な「士」として遇され、徭役・課税を免ぜられる特権階級になれた。

以後こうした特権階層を士大夫・紳士、あるいは読書人とよぶ。「読書」とは肉体労働に従事せず、経書・史書を読み、文章を書き、社会の師表となり、統治に参画貢献することができる、という意味であり、いまの中国語でも、勉学のことを「読書」という。日本語の「読書」「読書人」とは重なり合う面はあっても、決して同じ概念ではない。

「士」「庶」のゆくえ

科挙制度と「士」「庶」の観念でできあがったのは、エリートたる特権階層と非エリートの被搾取階層が構成する、懸隔いちじるしい二元的な重層社会である。二元的な社会であるがゆえに、上層・下層を仲介する人々が、往々にして重要な

役割をしめ，また多大の勢力も有した。政治では，官僚と人民の間にいた「胥吏」が有名だが，経済でも，地主と小作農の間には「小租主」，資本家と経営者の間に「夥計」がおり，厳密にいえば，「士」にも「庶」にも属していない。こうした存在は中国史独特のものであり，それを見のがしては，経済のみならず中国の歴史全体が理解できない。

　こうした重層社会の骨格は，15世紀以降も基本的にはかわらない。それでも，まったく不変だったわけではない。明清時代は上述のように，人口も市鎮もおびただしく増加した一方で，統治機構・官僚制度は量的にも質的にも，大きな変動はなかった。政府の直接支配はそれだけゆきとどきにくくなる。その間隙を埋めたのが，いわゆる「郷紳」であった。士大夫・紳士でありながら，任官せず郷里にとどまって，地域社会の指導層になった人々であり，その活動と勢力が顕在化したのが，宋元時代と異なる明清時代の特徴だといってよい。これは市鎮の増殖と密接に関わっている。ほかならぬ郷紳たちが，そのリーダーだったからである。

　かれらは王朝政権が実施する科挙でその特権・地位を獲得していたから，ひとまずは権力を支持する。けれども地域社会に根ざした存在なので，その利害が第一であって，それに矛盾すれば，官・政府に背くことも辞さない。かれらは大多数の「庶」の人々に最も近接した「士」であり，その掌握動員も難しくなかった。政権からすれば，その支持を得れば統治しやすいが，失えばたちまち社会から浮き上がってしまう。まさしく両刃の剣のような存在だった。そして王朝末期は，後者の現象が顕著になる。17世紀の明末・20世紀の清末，いずれもそうだった。そこに対外関係が深く関わっていたことも，両者共通する。

　われわれは普通に国家・国民という。いずれもnationの訳語であり，そういった翻訳になるのは，西洋の近代国家に国と民は一体だという理念と構造がそなわっているからである。経済もその例外ではない。王朝中国ではそれに対し，国と民は一体ではなく，乖離していた。統治機構を担う「士」と，民の大多数をしめる「庶」とを隔てる断層が，ひいては国家と社会との距離が，きわめて大きかったからである。中国の知識人が19世紀末に西洋諸国を実見してまず驚いたのも，国と民が一体化した「上下一心」「官民一体」の構造であり，そのうえに成り立つ国民国家だった。

　中国革命とは，その国民国家を創出する試みである。華人を「散沙（バラバラ

の砂）」とよんだ孫文は，そのナショナリズムの欠如をなげき，「中国（人）」というnationの創出を終生の念願とした。それには，「士」「庶」の二元構造を解消しなくてはならない。それをもっとも強力に推し進めたのが，毛沢東である。農業政策でいえば，土地改革や集団化が，それに相当するだろう（⇒テーマ50「土地改革」〈p. 279〉）。

20世紀の革命をへた中国では，たしかに「士」「庶」の概念も区別もなくなった。しかしエリートと非エリートの乖離と断層，前者が後者を一方的に使役搾取する構造は，確乎として残存しているようである。「改革開放」の進展と急速な経済成長は，それをいよいよ顕在化させた。近年問題となっている，出稼ぎの「農民工」や国営企業優遇の「国進民退」も，たんに格差拡大という今日的な要因によるだけではあるまい。「士」「庶」の二元構造・重層社会という歴史過程にその源を発する，と考えたほうが説得的ではなかろうか。

時代の区分

以上たどってきた歴史的な推移を組み合わせてまとめよう。まず地理的にいえば，中国経済の重心は，北の中原から南の江南へ，つまり乾燥地から湿潤地へ，という方向に移った。これを垂直的にみれば，水は低きに就くから，高地から低地へ，いいかえれば，内陸から沿海へ，西から東へ，にもひとしい。それはまた，長安→洛陽→開封→北京という歴代の首都変遷とも符節を合する。

つぎに人的なまとまりでいえば，(1)城郭都市の集住のみから，(2)村落の散居との二本立てとなり，さらに(3)城郭をもたない市鎮がそこに加わった。こうした段階変化は，人口の量的変動とも，ほぼ軌を一にしている。

さらにその時期を区切って説明しよう。(1)の時期は人々が一カ所に集住しているから，政治と経済は同じところで行われ，ほぼ一元化する。両者を具体的に媒介統合したのが軍事であり，これを独占することで，統一政権ができあがった。秦漢古代帝国がそれである。

政治も経済も中原が一元的に主導し，中心は西・内陸にあった。黄河流域に灌漑水利を施してゆくことで，生産力を高め，人口を増やし，政権を強化したのが，中国経済史の第一期，3世紀あたりまでの過程である。そのピークが前漢の武帝代あたりになろうか。

次の段階に入るのは，3世紀から4世紀にかけて。気候変動と戦乱で経済は落

ち込み，人口も激減するなか，社会は(2)の都市と村落の二元的な構成となって，前者が政治を，後者が経済を分担した。村落の主導で生産の回復と再開発が進んだものの，それは中国全土で一様，統合的に進展したわけではない。きわめて分散的，ムラのあるもので，本格化した江南の開発と発展は，その突出した典型である。そのために政権も多元化して，隋唐の統一はありながらも，南北分立を基調とする歴史過程がつづいた。

都市と村落の分離は，消費と生産の分業でもある。両者を互いにつなぎ，かきたてるのは，運輸であり流通であり商業である。生産・消費が回復増進，多様化すれば，商業の勃興がはじまる。(3)の段階，いわゆる唐宋変革で登場する市鎮は，商業都市にほかならず，各地で分担する消費と生産を結びつけた。

かつて一元化していた政治と経済も，ここで分離分業の傾向を強める。その最たるものが軍事であって，兵役負担から募兵にかわったのは，社会の分業化を典型的に示している。その軍隊を維持するために，財政をも商業的に運営せざるをえなかった。

ここに南北の分立は，南北の分業に転化する。中原は政治軍事，江南は経済，その両者を連結する漕運が，死活的な重要性を帯びるようになる。江南の産物を中原にとりよせ，政治軍事を運営して権力を生み出し，その権力でえた財貨を江南に還元して，ふたたび産物をえる，という循環が成り立って，それを中核に南北一体の中国経済史が展開した。

10世紀以降に確立したこのしくみは，基本的に19世紀の末まで変わらない。しかしながらその間，14世紀を大きな境として，転換がおこっている。人口の規模と市鎮の数は，その前と後とで大きく異なっており，飛躍的な量的拡大となった。その主たる要因は，江南の富力増進にある。具体的にいえば，産業再編と未開地の開発，それにともなう地域間分業の深化と流通の活発化がもたらした事態だった。

富裕さを増すなかで，文化の中心も最終的に江南へ移る。学問・芸術の分野でも，江南は圧倒的な優位にたった（中砂 2002）。文化を主導したこの江南のパワーは，やがて西洋列強との関係深化を通じ，政治に転化して中国革命の担い手となる。政治経済の西洋化をめざしたその革命がまた，中国の経済に大きな影響をおよぼす。

中国経済史の位置づけ――本書の構成

　以上から，約2,500年におよぶ中国経済史を大きく段階的に時期区分すれば，次のようになろう。これがそのまま，本書の章別編成をなす。

　第一期は中国に文明が発祥してから，漢王朝という古代帝国ができあがり，そして解体してゆく3世紀までの時期である。小さな城郭聚落からはじまった政治権力が強大化し，中国全域の軍事を掌握して，中原に誕生した経済をその全域にひろげ，農業生産と商業流通を発展させていった過程である。こうした拡大過程は，しかし2世紀には停頓が明らかとなり，次の時代を予感させる。

　第二期がそれから10世紀まで。3世紀の世界的な寒冷化で，中国でも生産力が低下し，人口も激減，旧来の経済構造を改めなければならなかった。義務労働制の強化と江南の開発で経済回復をはかるが，それは同時に，南北の分立と軍事力の割拠をもたらした。権力再編のくりかえしと江南の生産力増進は，次第に現物経済からの脱却と南北の結合をうながし，ついに唐宋変革という転換を迎える。

　第三期は10世紀から14世紀。江南の開発がいっそう進展し，その経済上の比重が決定的に高まるとともに，大きな技術革新があいついだ時代である。軍事主導の財政経済から出発しながらも，分業化が深まり商業社会の様相を濃厚にした。モンゴル帝国の成立で，そうした趨勢はピークを迎えたけれども，まもなく14世紀の地球規模の寒冷化を迎えて，その商業社会は危機に瀕し，再編を余儀なくされる。

　第四期は15世紀から19世紀，王朝名でいえば，明清時代。大航海時代にはじまる西洋近代の世界経済形成との関係から，中国独自の経済構造，次代の前提条件を生成した時期である。厖大な人口と豊饒な生産，海外貿易への依存，政治と経済・権力と社会の乖離という中国世界の特徴は，このときに決定づけられた。われわれはそうした特徴をもつ構造・条件を往々にして「伝統」と称する。

　そして20世紀・現代，つまり清末・中華民国・人民共和国という「革命」の時代。その「革命」とは西洋化，国民経済への志向を意味する。清朝最末期の「変法」「新政」にせよ，国民政府の「経済建設」にせよ，毛沢東時代の「計画経済」にせよ，そしていまに続く「改革開放」にせよ，いずれも西洋化で「伝統」経済の構造と桎梏を脱却克服しようとする試行錯誤の過程にほかならない。

　これらの画期はじつに，世界史の動向と密接に関わっている。3世紀に顕著と

なる中国経済の下降は，西方におけるゲルマン民族の大移動・ローマ帝国の解体と時期を同じくする。気候の寒冷化による不作・不況と，それに応じて中央ユーラシアでおこった民族移動とが，東西共通の導因をなしていた。

10・11世紀の技術革新を通じた中国経済の上昇も，農業革命を果たし，十字軍を発動した中世ヨーロッパの強盛化とパラレルな現象である。温暖化に転じた気候変動が，そこに大きな影響を与えていた。この時期に草原地帯の「遊牧国家」が強力で，やがてモンゴル帝国がユーラシア大征服をはたしたのも，究極的には同じ理由からであろう。

この温暖化と経済の上昇は，14世紀に途絶する。地球規

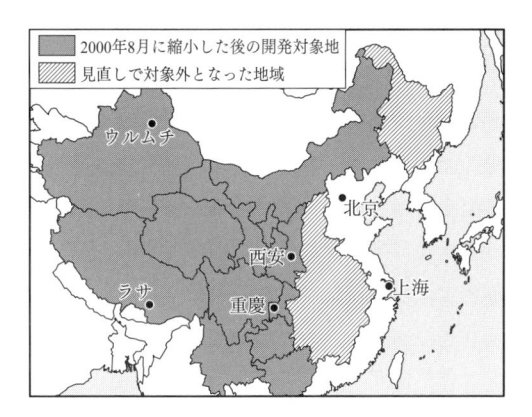

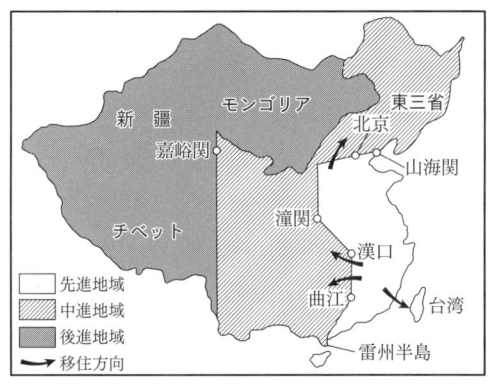

地図6 「西部大開発」と清代中国
出典）(上図) 池田ほか 2009 より作成。(下図) Wang 1973 より作成。

模で寒冷化に転じた気候は，世界各地に大きな被害をもたらした。ペストが蔓延したヨーロッパ，大乱がおこった東アジアも，もちろん例外ではない。けれども最も深刻な事態に陥ったのは，おそらく中央ユーラシアの草原地帯である。それまで世界商業の幹線をなし，中枢を担ってきた中央ユーラシアは，この打撃からついに立ち直れず，往年の繁栄を回復することはなかった。

それに取って代わったのが，ヨーロッパの海洋勢力である。大航海時代・環大西洋革命を通じて，グローバルな世界経済を始動させた西欧諸国は，やがて東アジアにも大きな影響をおよぼした。中国経済が明清時代に回復のみならず，飛躍的な量的拡大をとげるのも，海との結びつきによっている。またそれは北から南

へ・西から東へ・内陸から沿海へ，という中心地シフトの最終局面でもあった。

　ヨーロッパの勃興は，産業革命でさらに加速する。19世紀の末それに直面した中国経済の対応は，あくまで旧来の経験と構造をベースにしたものだった。20世紀に入っての，新しい経済理論・経済政策の適用も，100年単位でさかのぼれる歴史的な課題の対策であることも少なくない。

　たとえば地図6に示した2000年の「西部大開発」は，「改革開放」による格差拡大を是正する目的だと説明されるのが普通である。しかし実は，経済中心の移動にともなって生じた東西の格差拡大という，遅くとも19世紀以来の課題であり，国民国家の形成をはかる国民政府の時代から企画されてきた事業にほかならない（吉澤 2005）。しかもそれをめぐる問題は，現在もなお深刻化するばかり，ほとんど解決をみていないのである。

　ことほどさように，中国経済には歴史の刻印が深い。しかも歴史が長いだけに，かえってわかりづらいのである。それを理解するには，やはり実地に歴史の経過をたどってみるしかない。以下各章の叙述がささやかながら，その端緒となるはずである。

テーマ 1

黄　土

　黄土とは中国北方の内陸部から沿海部に広がる黄土地帯を形成する細かい粒子の「黄色い土」である。この黄色い土は，タクラマカン砂漠等から飛来した砂が200万年以上かけて太行山脈や秦嶺山脈に遮られ堆積して形成されたものである。黄土が堆積した場所を黄土地帯，とくに深く堆積した土地を黄土高原とよぶ。そこは春先に日本に飛来する黄砂の発生源のひとつである。黄土高原の中央に黄河が流れ，その下流域は黄土が堆積した沖積平野が形成されている。長安や洛陽，周原，鄭州，殷墟（安陽）などの古都はみな黄土地帯に位置し，黄土と黄河が中国古代文明を生んだといっても過言ではない。

　20世紀初頭，リヒトホーフェン（Ferdinand von Richthofen）ら西洋人によって，黄土は水さえあれば豊かな農業生産が約束される「肥沃な土」，自己培養力を有する世にも稀な土であるという幻想が広まった。現代の土壌学では「黄土」という土壌は存在しない。私たちが「黄土」とよんでいる黄色い土は，黄綿土・黄潮土・壌土などに分類される。黄綿土（黄色黄土質土壌）は粒子が細かく粘り気のないサラサラな土で，黄土高原西北部に分布する。ゴビ砂漠やムウス砂漠などに接した地域で，砂漠化の最前線である。年間降水量400ミリのこの地では，多くの人々が「ヤオトン（窰洞）」とよばれる横穴式住居に住み，農耕・牧畜を生業としている。2,000年前この地には森林と草原が広がっていたと考えられている。秦漢王朝は北方遊牧民の匈奴と黄土高原をめぐって抗争し，防御のための万里の長城や黄土高原を通って前線と首都とを南北につなぐ幹線道路である直道を建設した。これら大土木工事は盛られた黄土の両側に木の枠をつくり，人が上からつき固める「版築」という工法によって造られた。これは乾燥するとレンガのように固くなるという黄土の特性を利用したもので，建設材料として黄土は活用された。匈奴の力が弱まった後漢時代には無定河流域に漢人が入植し牛犂耕による農地開発をすすめた。その風景は当時の墓の画像石（レリーフ）に残されている。その後，五胡十六国時代や北朝期には遊牧民が南下し黄土高原を支配するが，明清時代にいたると，人口増加によって多くの農耕民が辺境の最前線基地である黄土高原に移住した。急速な農地化は森林と草原を消滅させ，黄綿土の大地が形成されたのである。近年，砂漠化対処のために退耕還林・封山育林といった政策がとられているが，粗放で過度な農地開発や過放牧といった自然に対する過度な人間の介入がなければ黄土高原の草地や森林の再生は可能である。

　黄潮土（黄色湿草地土）は黄河が運んだ黄土が堆積した土壌で，黄河下流域に分布する。黄土高原から流れ出した黄土は，黄河を下り，傾斜の少ない下流域の河底に堆積する。そのため，黄河は河底が堤防の外の土地よりも高くなる天井川となり，たびたび氾濫が発生することとなる。漢代の武帝の時代には瓠子において大規模な黄河の洪水が発生したが，武帝は有効な手立てを施さず，20年以上にわたって放置した。その結果，被災地の黄河下流域の大商人・豪族の力が弱まり，武帝の中央集権体制の確立に寄与したのである。黄河は中国古代帝国の支配に大きな影響を与えた。その後の後漢時代から唐代にかけての1,000年間は黄河の氾濫は少なく，安定して流れていた時期である。こ

れは黄土高原を遊牧民が支配したため，農耕民による森林の伐採が進まず，黄土の浸食が抑えられ，黄河下流域での土砂の堆積が減少し，天井川化が進行しなかったことによると考えられている。黄土高原のマネージメントが黄河下流域の環境に大きな影響を与えるのである。20世紀末においても，黄河上流での農業・工業用水の過度な利用や黄土高原の砂漠化によって，黄河が河口にまでいたらない「断流」という現象が発生したことは，現代においても黄土高原・黄河の一体的な管理が必要であることを意味している。

　壊土（施肥黄土質土壌）は，黄綿土を2,000年以上にわたって農地として利用し，継続的に施肥し続けたことによって人工的に形成された土壌で，黄土高原南部の関中平原や汾河流域に分布する。これが水さえあれば作物が育つ世にも稀な土といわれた黄土である。土壌に含まれる粘土鉱物によって植物の養分となる陽イオンが集められ，また，保水しやすい団粒構造という状態がつくり出されているため，土壌そのものが養分と水を確保でき，水さえあれば農作物が育つ土壌と理解された。しかし，その前提には，継続的な養分の補給，すなわち人間による施肥が不可欠であった。つまり，壊土の分布する地域は，現在にいたるまで農耕がおこなわれている土地ということになる。関中平原では始皇帝の時代に建造された鄭国渠以来，漢代の白渠や唐代の鄭白渠，清代の龍洞渠，現在の涇恵渠にいたるまで，渭水の支流の涇水の水を灌漑用水として利用する「引涇灌漑」が2,000年間にわたっておこなわれてきた。これによって壊土が生成したのである。涇水の水には多くの黄土が含まれており，この泥によって地表の塩分を押し流す効果も有していた。引涇灌漑は，結果として塩害の防止の機能も有していたのである。近年，関中平原では化学肥料の利用が増加しており，将来的に土壌が壊土ではなくなる可能性も懸念されている。このことは砂漠化や断流とともに黄土をめぐる新たな問題となるだろう。

（村松　弘一）

【参考文献】上田 1999，原 2005，深尾・安冨編 2010，村松 2013

テーマ2

水利・治水

　水利とは重力によって高きより低きに流れる水を人為的にコントロールすることで，生命を維持し，経済活動を行うための適正な水量を確保する行為である。その内容は給水・排水・治水・貯水・航運（⇒テーマ4「漕運」〈p. 41〉）・発電などに分かれるが，これらが組み合わされた多目的な事業として実施される場合が多い。中国においては，西高東低の地勢と東南沿海部からのモンスーンの吹きこみによって生じる地域間の降水量の差はきわめて大きい。時期的・地域的な偏りこそが中国の水資源の特徴であり，人間活動によって自然環境を改変し，水資源の多少をいかに調整し配分するかが問題解決の鍵を握ることとなる。

　中国史上における水利の意義をマクロにとらえ，政治・経済に対する重要性を指摘したのはウィットフォーゲル（K. A. Wittfogel）と冀朝鼎（きちょうてい）である。ウィットフォーゲルの「水の理論」は，大規模な治水灌漑事業への労働力の大量動員を可能とするべく，中央集権的な専制国家が成立したと説いた（ウィットフォーゲル 1991）。これに対しては，手段と原因とを混同した論理的矛盾や中国社会停滞論へと導きかねない論理展開を批判する声が強い（濱川 2009）。一方，冀朝鼎の議論のユニークさは，黄河流域から淮河（わい）流域および長江以北へ，さらに江南デルタへと移りゆく経済的核心地域の変遷に河川灌漑，ため池灌漑，クリーク灌漑という異なるタイプの灌漑技術を対応させた点にある（冀 1941）。以下，上掲の三地域ごとに代表的な施設を挙げながらそれぞれの灌漑の類型について述べていく。

　降水量が少なく乾燥度の高い黄河流域では，堰（せき）を設けて水量の調整を行う河川灌漑が一般的である。戦国時代の関中では鄭国によって涇水から水路が開削され，灌漑用水と豊かな養分をふくむ泥土が耕地に供給された。これにより，塩類を多くふくむ土壌は改良され，飛躍的に生産量を増大させた秦は全国の統一をなしとげる。以降，歴代の国家により水路の維持・整備が続けられ，民国期にはアメリカ人技師のトッド（O. Todd）と李儀祉（りぎし）によって開閉機能を備えた鉄製水門をもつ涇恵渠が開削された（川井 1995）。ただし，20世紀初期の段階においても灌漑用水の過度な供給と排水不良により生じる再生アルカリ化という問題は，依然として解決されることはなかった。

　1950～1960年代の大躍進政策を牽引したのも灌漑水利工事であった。厖大な労働力を投入して大型の水路が開削されたが，整備不良と過剰な水供給によって塩類集積が発生し，土地の荒廃をひきおこした。こうした塩類集積の危険性は，大規模灌漑事業に目を奪われがちな傾向に修正をせまるものである。また，実際には黄河など超大型の河川から直接に水を引いて灌漑を行える地域は相当に限定される。文献史料には現れにくいが，華北における天水農業の広がりとその重要性を常に考慮しつつ，さらには灌漑地の多くが中小規模の河川，湖，ため池，泉，井戸水を水源とし，これに天水を組み合わせることで必要な水量を確保してきたことを見過ごしてはならない。

　平野と沼沢地がつらなる淮河流域および長江以北では，前漢武帝期より貯水・養魚などを目的としたため池の建造が盛んとなる。陂・塘・湖とよばれるため池には，河谷扇

状地において上流と下流をせき止めて人造湖を作るタイプと地下水が湧出する窪地を堤防で囲いこむタイプがある。淮河中流域において沢池を堤防で取り囲んで造成された芍陂は，石造の水門によって引水・排水を行うとともに，遊水池としての機能をも果たした。三国時代には魏の曹操によって屯田の開発と連動して修復がなされた。

南北に国家が対峙する時代において，淮河流域の堤防を備えた大小のため池が連なる空間は，軍事的な防衛機能も果たした。これは遼と北宋の対峙期において，国境が設定された華北平原北部に人工的なため池である塘泊が連ねられたこととも通じる。戦乱による堤防の破壊やメンテナンスの不備，さらに泥土の堆積といった自然条件によってため池は縮小したが，とくに干拓を通して湖田が造成された影響が大きい。

江南デルタに特徴的なのは排水・水運とリンクしたクリーク灌漑である。宋代以降，長江下流域が農業先進地域となった背景には，低湿地において余剰水を排泄し海水の侵入を防ぐ技術革新が存在した。堤防を造成して水の流入を禦ぎ，その中に網の目のようにクリークを通して給排水を行い，水門で水量を調整する圩田や囲田とよばれる水利田（⇒テーマ3「農業技術」〈p. 38〉）の開発が進んだ。

江南デルタは東部の浙西と西部の江東に分かれる。窪地が広がる浙西に分布する囲田が排水と水運を目的とするクリーク網を核とするのに対して，氾濫原地帯の江東に分布する圩田では天目山系からの出水を防ぐための堤防が重視された。圩田を維持するためには堤防を修築し，クリークを浚い，排水を恒常的に行う必要がある。龍骨車を用いた排水は水利共同体構成員の共同作業とされ，20世紀初頭には洋龍船とよばれた電動ポンプがあらわれた（渡部・桜井 1984）。

宋代には水利田開発の進展と表裏して，水利思想面における水学の成立という情況が生まれた。11世紀に制度改革（⇒テーマ26「新法」〈p. 170〉）を推進した王安石ら新法党は，全国的に水利田の開発を推進した。これに連なる郟亶・郟僑父子は治田を優先課題として高大な堤防の造成を主張する治田主義を唱えた。一方，水害防止のために排水を優先すべきとする治水主義を唱えた蘇軾・単鍔・趙霖らが旧法党に属するなど，水学上の論争は新旧両党の対立を反映していた（長瀬 1983）。

この江南（呉中）水学はモンゴル時代の任仁発や明代の帰有光に継承される一方で，都が置かれた大都（北京）周辺の水利開発を推進して生産性を向上させ，江南への食糧依存率を低下させようとする虞集らの西北水利の議を生み出した。明代の丘濬・徐貞明らよって提唱された畿輔（華北）水学は，その対象を甘粛・寧夏にまで拡大し，清末の林則徐の「畿輔水利議」や周盛伝による天津小站の水田開発へとつながっていく。

畿輔水学は宋代の江南水学の興隆を直接の契機としたが，その背景には古代以来の黄河治水の伝統という伏流が存在した。黄土高原を流れる間に大量の黄土（⇒テーマ1「黄土」〈p. 33〉）を包含した黄河は，低平な華北大平原にいたると，流速をゆるめ土砂を河床に堆積させて天井川となる。春季の解氷時におけるアイスジャムの発生や夏季の集中降雨によって水位が高まると，しばしば堤防を決壊させ河道を変移させた。洪水の発生により，河道より低所に位置する流域内の都市や村落，耕地は水浸しとなり甚大な損害を被った。

毎年のように繰り返された黄河の氾濫は，大規模なものだけでも6～7回を数える歴史的な河道の変化をひきおこした（地図2〈p. 11〉）。なかでも巨大な変化をみせたのが12世紀における黄河の南流である。1128年，金の侵攻を阻止するため，宋の杜充は人

為的に黄河を決壊させた。これにより，それまで北流して渤海湾に注いでいた黄河は南に流れを変えて淮河へと流れ込んだ。さらに変移を重ねた後，12世紀末には北流は完全に途絶え，南流に一本化されることで形勢が定まった。この状態は1855年の氾濫によってふたたび北流を始めるまで650年間以上にわたって続いた（鄭 1983）。

前漢の賈譲や後漢の王景からモンゴル時代の賈魯にいたる治水策は，黄河本流から水路を開削して水勢を削ぎ，河床に堆積した泥土を取り除き，枝分かれした支川を塞ぎ止めることを主眼とした。この伝統的な方法を一新したのが，17世紀に治水にあたった潘季馴である。その要点は高く堤防を築いて河道を狭め，黄河の流れを一本化して水勢を強めることで水流によって堆積した泥土を海へと排出することにあった。

ただし，黄河の包泥量を減少させるという抜本的解決策がとられない以上，氾濫を防いで河道を安定させることは困難であった。王景による治水策が功を奏した背景には，遊牧民の南下にともなう黄土高原の牧地化によって植生が回復し，土壌流出に歯止めがかかったとする議論もあるほどである。黄河の泥砂堆積は貯水・発電を目的として1960年に完成した三門峡ダムを数年のうちに機能不全に陥らせるほどであった。

長江では黄河のような大規模な河道の変移こそみられなかったものの，泥土の堆積と夏季の増水によって中流域にて氾濫をくりかえした。15世紀以降，江南デルタにかわって穀倉地帯となった湖南・湖北では，長江に接した外堤と内堤（垸堤）という二重の堤防が築かれ，内部には垸田が造成された。長江下流の河口付近には海水の逆流氾濫を防ぐための江塘が築かれ，浙江・江蘇の沿海地域には海水の浸入を防ぐための海塘が設けられた（森田 1974）。

黄河の南流によって淮河にもたらされた大量の泥土は，河床中に堆積するとともに流域中の湖を淤塞させ，洪水をひきおこす原因となった。民国時代に開始された淮河流域の湖の干拓と疏通工事は，1950年代より農工業用水の供給，洪水防止および発電などを目的とした複合的な開発事業として継承された。

歴史上，大規模水利事業に国家や公権力の果たした役割は確かに大きいが，水の利用および管理運営にかんして民間の水利組織が担った役割を看過することはできない。1950年代より水利組織や「水利共同体」にかんする研究が活発化し，国家権力・水利組織・村落の三者の関係をめぐって議論が交わされた（森田 1974）。論争は明確な共通認識を得るにはいたらなかったものの，水利用を社会的結合の接点とする水利社会の研究へと道を開いた。

近年，現地調査の進展によって水冊や水利碑などの新たな文字資料がみいだされ，信仰や伝説などにかんする口述資料が続々と整理・公開されつつある。水利用という切り口から，政治・経済や制度・組織といったハード面にとどまらず，思想・観念・文化・象徴から日常生活にいたるソフト面に着目し，社会の全体像を描きだす水利社会史に注目が集まる。また，自然環境の対象化という観点から水利をとらえ，地理情報システムや自然科学諸分野の成果を利用した研究が進みつつある。

（井黒 忍）

テーマ3

農業技術

　農業生産の発展を支えてきた技術には大きく2つの要素がある。ひとつは生産の過程で使われるさまざまな道具＝農具であり，もうひとつは作物を育てる容器としての農地にかんする技術で，地力の維持・増強の技術である。この両者が歴史的に発達し，一体となって農業生産を向上させてきた。以下，それらの歴史的発展のあり方をみていこう。

　まず農具である。各種の農具のうちとくに耕起用具が重要な意味をもっている。それらは作物栽培の基礎となる農地を良好な状態（これを団粒構造という）に整える役割を果たす。具体的にいえば，農地を耕すことによって，作物の根の張りを良くする環境に変え，土中に酸素を取り込んで有機物の分解を促進するなどの役割である。さらに後述の華北乾地農法では水分の保持をはかる役割もある。こうした農具の発達は，人力用農具と畜力用農具とに分けて研究されてきた。

　初期の農業で使われた農具はいうまでもなく人力用農具で，その代表的なものは耒と耜である。「耒耜」は，後世，農具の総称となった。耒は先端が二股に分かれたフォーク状の農具で，木製のものが多い。耜はスコップ状の農具で，棒の先に石や骨などをくりつけたものもあった。

　この耒・耜に改良が加えられたのは春秋戦国期である。教科書などにみえる〈鉄製農具の登場〉である。しかしこの鉄製農具とは何かについて，ほとんど説明がない。そのため全体が鉄でできた農具が使われるようになったと誤解されているかもしれない。鉄製の小型農具ももちろんあったが，注目すべきは鉄を用いた耒・耜の改良であった。その形態を出土資料でみると，耕起部の先端に鉄製のカバーを取り付けていたことがわかる。鉄製農具の登場とは，このような鉄を用いた農具の改良だった。農具の先端を硬く鋭くすることによって土は深く耕されるようになり，団粒構造はより厚みを増した。また作業効率も格段に上がった。これが春秋戦国期の生産力発展を支えた重要な要因であった。

　その後，耒型の農具は使われなくなり，耜型の農具に改良が加えられていった。唐代には踏犂とよばれる農具が登場した。これは手元に横木を附けてひねる力を加えやすくした農具で，耕起部の根元には足をかけて踏む部分も設けられていた。この改良によって作業効率が向上した。このほか，唐代以降，水稲作の技術が発達するとともに，泥質土壌の耕作に適する農具が活躍の場を与えられた。耕起部が四本の鋭い釘状に分かれている鉄搭（鍬）である。こうして耕起作業に用いる人力用農具の基本型が出そろうこととなった。

　では畜力用農具はどのように発達したであろうか。畜力用の耕起用具は犂とよばれ，世界各地で使われていた。その型式には多くのヴァリエーションがあり，比較研究も行われている。中国の犂は，牛にひかせる，長床犂という型式のものが主体であった（天野 1979）。ここにいう「床」とは犂先に続く部材で（以下の部材の名称については図8〈p. 75〉を参照），犂の操縦の安定をはかるとともに，耕した土を鎮圧する役割も与えられていた。この長床犂では土を深く耕すことはできないが，畜力を利用すること

で速くそして広く耕すことができた。雨水の蒸発を防ぐために速さが求められた華北乾地農法には，もっとも適した犂であった。

犂の起源についてみれば，中国の研究者は殷代にすでに使われていたとする。各地で出土した三角形の平板な石を犂先と認定し，復元図も示されている。しかしこの復元の根拠は弱いといわざるを得ず，犂は春秋戦国時代になって登場したものとみられる。ここに登場した犂は牛1・2頭が引き，鉄製の犂先をもつものもあった。

ところで，一説では，春秋戦国期に登場した長床犂が生産力を飛躍的に発展させたと高く評価する。確かにこの時期に犂が登場したことは確認できるものの，普及した段階だとみなすことはできない。高度な製作技術を要する犂は生産力の評価に影響を与えるほどには普及していなかった。登場と普及では生産力を考えるさいにまったく意味が異なっている。犂が普及し農業経営の中核となるのは漢代になってからである（渡辺1986）。

漢代の犂はレリーフなどに描かれており，その型式は明瞭である。鉄製の犂先と撥土板（耕起した土を反転させる働きをもつ）を装着した長床犂で，牛1・2頭で牽引している。また犂を貫く轅はまっすぐである。その後，唐代末期にいたるまでに改良が加えられた。牛1頭が引き，轅が湾曲して力学的効率が向上した小型の犂である。これは稲作用の犂で，畑作用から応用されたものである。この長床犂は日本にも伝わり，中世の稲作において大きな役割を果たした。他方，元代には牛3・4頭で引く，畑作用の大型犂も登場する。こうして経営規模の大小や畑・稲作の用途にあわせた犂が出そろうこととなった。

次に地力の維持・増強要因についてみよう。前提となるのは華北乾地農法である。それは現存する最古の農書『斉民要術』（6世紀，賈思勰著）に基本的な体系が叙述されていた（西山・熊代1969）。端的にいえば，春・夏の雨水の効率的活用をはかる農法であり，牛耕による耕起・整地過程（春）と人力による中耕・除草過程（夏）の結合であった（西山1969）。中耕とは作物の根元を耕すことによって，水分の蒸発を防ぎ，根の張りを助け，また肥料分の分解を早める作業である。これは人力に頼らざるを得なかった。より具体的にいえば，牛を使って犂で耕起し，耙・耮で整地するという一連の春の作業と，夏の人力による作業とを結合し，一貫した体系として定式化したのである。それが『斉民要術』であった。

この農法のもと各種の地力維持・増強の技術が発達した。ここでは肥料，輪作体系および新田開発の問題を取り上げる。

まず肥料である。肥料が使用されるようになったのは春秋戦国期である。その詳細は不明であったが，『斉民要術』には作物ごとの肥料が詳しく記述されるようになっていた。ただしこの段階では，野菜類と主穀類に対する施肥の記述に差があった。野菜類には肥料の種類が特定され，施肥の時期も指定されるなど，きめ細かな配慮がなされていた。一方，主穀類にたいしては肥料の種類が少なく量も不充分であった。その理由はよくわからないが，『斉民要術』が近郊農業を意識して書かれていたためかもしれない。

主穀類とくに稲に対する施肥への配慮がわかるのは宋代である。陳旉『農書』（12世紀）には発酵肥料の製造・施肥法までもが詳しく述べられている（大澤1993）。さらに元代の王禎『農書』（14世紀）には肥料の全体像が記され，その技術の交流と活用が奨励されている。これによって商業的農業以前の肥料技術の到達点が理解できる。

商業的農業が展開したのは明代後半期である。ここで肥料の使用は一段と進む。商品となる作物を大量に作るために相当量の肥料が必要になり、自家生産で賄うことは不可能になったのである。このため肥料の大部分は購入に頼らざるを得ず、それは金肥とよばれた（足立 2012）。これは近代的な肥料技術につながるものであった。

肥料が多用される以前の地力維持技術では、輪作体系の発展に注目されてきた。畑作では二年三毛作の開始時期をめぐって論争がおこなわれた。二年三毛作とは2年間にコムギ・アワ・豆類の栽培および休閑を組み合わせる技術で、豆類と休閑を組みこむことで地力の維持がはかられた。この方式は唐代に開始されたという説があったが、戦国期までさかのぼるという批判が出された（米田 1989）。しかし、その決定的な史料は示されなかった。その後、唐代初期の史料の存在が指摘されたものの、それは「貧家」層が採用している技術であった（大澤 1996）。このため生産力発展の評価に与える意義は小さいとの批判が出された（李 1999）。同様に、稲作にかんしては稲－麦二毛作の問題がある。唐代後半期以降、江南にコムギ栽培が広がったことなどからその実施がうかがわれるが（周藤 1962、大澤 1996）、これも決定的な史料はみつかっていない。ともあれ地力を維持しつつ多毛作を続けようとするならば、近代の肥料技術の登場を待たねばならなかった。

最後に江南の新田開発の問題をみる。江南の稲作では漢代以来「火耕水耨（かこうすいどう）」とよばれる、進んだ技術と粗放な農法が併存する状態が続いていた（渡辺 1987）。それが唐代後半期になると、稲作の生産性が注目され、新田開発が積極的におこなわれるようになった。この動きがより明確になるのは宋代である。太湖から東側一帯の、いわゆるデルタ地域では囲田・圩（う）田とよばれる新田が盛んに造られた。これは低湿地を堤防で囲んで排水し、水田を造成する技術の成果であった。またそこでの栽培に適した、環境適応性の高い占城稲（インディカ種）も導入された。

こうした動向の中で「蘇湖熟すれば天下足る」という諺が生まれた。一般にこの諺は蘇・湖州周辺のデルタ地域が穀倉地帯になった事実を表すと理解されてきた。しかし当時の新田は造成されてから日も浅く、灌漑・排水設備が未整備なうえ、施肥の条件も整っていなかった。造成された直後は乾土効果（湛水状態にあった土壌を乾燥させると窒素分が増加する現象）によって豊作になったが、それは持続しなかった。新田はいまだ不安定な耕地であった。したがってさきのような解釈は妥当ではなく、雨量など気候条件が整った場合にのみ豊作になると解釈すべきなのである。新しい農地が増えたことは事実であるから、条件が整えば「天下足る」、つまり国庫を満たすことができたのである。宋代のデルタ地域はまだ穀倉地帯とはいえなかった。むしろ古くから開発されてきた浙江省中・南部などの水田の方が生産力は高かったとみられる（足立 2012、大澤 1996）。デルタ地域が穀倉地帯となるのは、明代以降におこなわれる水田の分割・再編以後だったのである。

（大澤　正昭）

テーマ4

漕運

　漕運とは，中国の歴代王朝が租税や買い上げにより収取した穀物を，水路によって国都や軍事的前線地帯に輸送するために設けた制度である。
　その起源は古く，最初の統一国家が出現した秦・漢時代，都が置かれた関中の咸陽や長安を支えるため東方から穀物を運搬したことに始まる。その重要性がより高まったのは，大運河（のちの京杭運河）が開削された隋・唐以後である。三国・南北朝時代から中原が戦乱で荒廃する一方で，東南の開発が進んだ。南北を統合した隋は，東南の経済力を取り込むために運河の整備を行った。
　中国は西北に高く東南に開けた地形的特徴から，大河川の大半は西から東へ流れている。隋代の文帝のときに山陽瀆（邗溝）を改修し，煬帝がさらに通済渠（のちの汴河）・江南河・永済渠（のちの衛河）を開削して銭塘江・長江・淮河・黄河・白河の五大河川を南北に連結する大運河が完成した。北からいえば，永済渠～通済渠～山陽瀆～江南河というルートである（⇒地図4〈p.16〉参照）。その結果，北は現在の北京附近の涿郡（幽州）から南は杭州にいたるまでの全長約1,800キロが水路で結ばれ，大規模な倉庫群（含嘉倉・回洛倉）が設置された洛陽は，全国の物流の中心となった。
　唐代でも大運河は漕運に利用され，東南の米穀は洛陽まで水路で運ばれ，そこから都の長安へは陸路で運搬した。しかし洛陽～長安間の輸送がいったん滞ると，長安は途端に食糧難に陥ったので，皇帝自ら百官を引き連れ洛陽に赴いて食にありついた話はよく知られている。大運河は都への穀物輸送だけでなく，次第に国内経済の大動脈となり，国運を左右するまでになった。
　国費が膨張した玄宗時代には，水路の要地に倉庫を設け，政府が船を雇い河川の水量をみながら順送りに転送する転搬法が採用された。安史の乱後には，塩鉄転運使劉晏が漕運法改革を行った。塩の専売（⇒テーマ24「塩政（唐～元）」〈p.166〉）の利益を漕運運営の費用に充て，政府が徭役労働に替えて運夫を雇用し漕船を建造するようにした。しかし唐末には，藩鎮勢力の跋扈によってふたたび漕運が途絶したため，五代では，後唐を除き後梁・後晋・後漢・後周がいずれも漕運の便を考慮し，大運河に直結する汴州（のちの開封）に都を遷した。北宋も引き続き開封に都を定めた。宋では発運司を設置し，毎年各地で徴税と買い入れで調達した600万石の上供米を江南から開封まで輸送させた。当初は唐制を踏襲して転搬法を行ったが，のちに軍隊や民間の商船を利用した。金と南宋を併合して中国の南北をふたたび統合した元は，会通河（山東の東平～臨清）や通恵河（通州～北京）などの運河を開削し，河運により江南の米麦を大都（現在の北京）まで運んだが安定せず，1282（至元19）年に海運を採用して長江河口の劉家港から直沽（現在の天津）まで運搬した。元の海運盛行は，内陸河川から海上交通へという変化の趨勢を先取りするものであった。
　明初にも海運が引き続き行われたが，倭寇による掠奪被害や海難事故の多発に苦しんだ。永楽帝は北京への遷都プロジェクトを進める中で，会通河（済寧～臨清）を改修し，1415（永楽13）年河運に一本化した。その方法は，当初の糧長を中心にした糧戸と衛

所の運軍が分担する支運法から、糧戸が運賃（脚米）と損失分（耗米）を出して運軍が運搬を担当する兌運法、改兌運法に切り替えられて漕運制度が確立した。1451（景泰2）年、総督漕運を設けて漕運総兵官とともに統括した。清朝も明の制度をほぼ踏襲した。漕運総督を淮安に駐在させ、運軍を削減し民間の水手を雇用するなど、全体として組織の簡略化をはかった。1848（道光28）年以降は海運が発展し、のちに汽船も利用される一方で、制度疲労が積み重なっていた漕運は、1901（光緒27）年7月、各地から河運や海運で運搬される税糧を一律に折色徴収に改めることを政府が決定して、全面的に廃止された。1912年、天津から南京対岸の浦口までほぼ大運河に沿うようにして敷設された津浦鉄道が全線開通すると、鉄道輸送が新たに南北の物流を支えることになる。

大運河によって維持された漕運制度が、政治や経済に与えた影響は絶大であった。この点は、唐末以後の歴代王朝の都が北宋の開封、南宋の杭州、金・元・明・清の北京、明初の南京というように大運河の沿線上に置かれたことによっても明らかである。閻崇年は、中国の歴代王朝が前半には東西に移動し、後半は南北に移動したというような「大十字形遷移」モデルを提起した（閻 1989）。後者の南北移動を規定していたのが、王朝財政と北辺防衛に密接に関係する漕運制度であった。

また漕運制度の維持が、経済の南北結合に果たした役割も重要である。中国本土は、黄河と長江の間を流れる淮河により地理的に北と南に分けられる。年降水量1,000ミリを境に、これを下まわる淮河以北は粟や小麦を中心とした旱地農法地帯であり、これを上まわる淮河以南は稲作地帯が広がる。この地理的差異のほかに唐末以来の北方遊牧民の台頭という歴史的要因も加わって、南北分立の情況が再現していた。かくして中国社会は長期にわたって軍事力にまさる「北」と生産力の「南」というように政治・軍事と経済との乖離を余儀なくされた。

唐滅亡から数えれば、300年以上にわたって続いた「第二次南北朝」ともいわれる分立の形勢は、世祖クビライ率いるモンゴル元朝によって領土的な統合が成し遂げられた。とはいえ、南宋併合から90年たらず強力な施策を採れなかった元朝治下では、華北と江南、それぞれに前王朝の遺制が温存された。このため、南北で異なる経済・社会の結合という課題は、モンゴル支配に終止符を打った明朝政権に引き継がれることになった（新宮 2003）。

河運は海運に比べて、輸送コストや所要日数、いずれの点でも劣っている。にもかかわらず明朝政権が河運を選択したことは、結果として南北結合の課題をある程度解決することになった。とくに第二次南北朝から元明交替までくりかえされた戦乱によって山東・河南地域は極度に疲弊しており、王朝を揺るがす民衆叛乱の温床となっていた。河運による漕運に従事した約12万人の運軍には、俸給として月糧と行糧が支給された。また漕船を牽引する牽夫、閘門通過のさいには閘夫など、さらに多くの雇用を創出した。くりかえされる運河の改修工事は、貧民救済の公共事業でもあった。こうした河運の維持に不可欠な厖大な費用は、地域経済に還流した。商品生産が展開した明代後半以降には、大運河沿いの各地で中小市鎮が叢出して都市化が進展し、天津や臨清のような大都市が出現した。

（新宮 学）

【参考文献】星 1963・1971

テーマ5

救 荒

　中国において「荒」は農作物の不作を意味し，凶作や飢饉から人民を救済するための施策・事業を「救荒」，もしくは「荒政」とよんだ。広大な領域に多様な地勢と気象の条件をかかえた中国では，毎年必ずどこかで水害・旱害・地震・蝗害などの災害が起こり，飢饉に見舞われるため，救荒政策が発達した。

　直接の飢饉対策は穀物の提供，穀物価格の調整，暴動や掠奪を防ぐ治安維持などであったが，ほかに救荒政策は除災のための祈禱，被害情況の調査と租税の減免，災害・凶作を防ぐための治水・水利（⇒テーマ2「水利・治水」〈p. 35〉）と農業の振興，飢饉後の復興にまでわたっており，勧農業務とも重なる。南宋の董煟が嘉泰年間（1201～1204年）に著した『救荒活民書』3巻・拾遺1巻は，歴代王朝と宋代名臣の救荒策を解説するとともに，自らの地方官の経験をもとに効果的な救荒の施策を論じており，その後の救荒政策の範となった。

　飢饉時の穀物提供は「賑済」とよばれ，その方法には低価格での販売（賑糶），低利での貸与（賑貸），無償給付（賑給）があった。歴代の王朝は，"少なくとも3年分，原則として9年分の食糧を備蓄すべし"という『礼記』「王制」以来の理念のもとに穀物の備蓄に努め，穀物価格の調整や穀物を提供するための倉儲制度を実施した。主要なものをあげれば，豊年に購入した穀物を備蓄して凶年に販売する常平倉（漢代に起源⇒テーマ19「常平」〈p. 125〉），租税とともに納入させた穀物を備蓄して凶年に無償給付する義倉（隋代に起源），余剰穀物を備蓄して凶年の賑済と穀物価格の調整を行う預備倉（明代に起源）などである。倉儲制度によっても穀物が不足する場合には，地方官が富裕な人戸への穀物提供の勧奨（勧分）や商人の誘致（招商）などの策を講じて，穀物の調達と価格の調整を行った。飢饉時の賑済活動は，社会の側でも地域の指導者・富裕な人戸によって行われた。それは，六朝期の富豪層が親族と周辺の小農民に対して行った穀物の無償給付（渡辺 1978），宋代以降の地主層が自家所有地の小作人＝佃戸（⇒テーマ25「佃戸」〈p. 168〉）に対して行った端境期の糧食の貸与（森 1968）などに典型的にみられる。

　勧農業務の基調は，秦・漢期における人戸への耕地の支給（行田）や作付け時期の種籾の貸与といった生産手段の物的援助に始まり，北宋末以降は先進的な農業生産の技術と経営の指導，さらに元代には租税・徭役負担を義務づける教化へと農民たちの成長に応じて変化していった（伊藤 2010）。効果的な救荒のあり方もこれと同様に歴史的に変化してゆく。南宋期以降は，王朝の倉儲制度よりも，かの朱熹が整備した郷村社会が運営する倉儲制度の社倉，富裕な人戸への穀物提供の勧奨，商人の誘致による穀物価格の調整などが効果的な救荒策となっていった。

　社倉は，春の作付け時期に糧食を20％程度の低利で貸与し，秋の収穫後に回収するものである。地方官によって設立される場合や純粋に郷村社会の力で設立される場合があったが，備蓄穀物の管理と貸与・回収などの日常的業務を郷村社会の人々が担った点が従来の倉儲制度にはない社倉の社倉たるゆえんである。社倉が創出され普及した理由

は，王朝の倉儲制度が往々にして官僚や胥吏たちの不正・横領の餌食となり，十分に機能しないからであった。しかし，社倉もまたその管理人等の不正によって短期間のうちに弊害を生み，機能停止・解体に陥ってゆくのが一般的であり，社倉が十全に機能したのは在野の読書人（士大夫・士人）が献身的に活動する場合か，救荒に熱意ある地方官が介入・調整する場合に限られていた（戸田 1990）。

近代以前において人民の救済・再生産保障の施策を王朝の制度として発達させた点は，他の社会にはみられない中国の大きな特徴である。それは，中国の社会関係――人と人の結びつきのあり方に規定された現象であろう。西欧・日本を典型とする封建制社会を構成した村落共同体や自律的団体が中国社会には存在しないことを改めて明らかにした点は，1980年代半ば以降の日本の中国史研究の重要な成果のひとつである。中国社会では，村落共同体や自律的団体とは異質な結合関係――中核となる特定個人の提唱と実践に依存して人々が結集する形態の結合関係が存在した。こうした結合関係は，一時的に強力な共同性を発揮するものの，本来的に安定性・永続性をもたない。中核となる特定個人の提唱と実践は偶然に存在する個人の自発的意志によるものであり，また中核となる人物を喪失した場合には解体に向かわざるを得ないからである。それゆえ，結合関係や組織・事業の安定化・永続化には王朝権力の関与が求められてゆく（伊藤 2010）。

富裕な人戸による穀物提供や社倉の例が端的に示すように，救荒政策が社会の側で安定的に組織・維持されることなく，地方官の関与・調整が必要とされ，さらに歴代の王朝が倉儲制度を実施していった背景には，こうした中国の社会関係の特質があった。しかし，太平天国を経た19世紀後半には，人民の再生産保障に備えてきた倉儲制度は潰え，王朝によって救荒政策が主導されることもなくなってゆく（堀地 2011）。これは，中国の王朝権力が解体に向かったことを意味した。

（伊藤 正彦）

【参考文献】今堀 1995

テーマ6

馬　政

　近代以前に陸上で最速の乗物だった馬は，遠距離間の人・モノの移動を格段に容易にして，人類史上に大きな役割を果たした。なかでも重要なのは，機動力に由来する馬の軍事的な威力である。

　馬の軍事的な使用は，まず戦車の牽引にはじまる。紀元前2000年紀前半に西アジアで流行した戦車が家畜化した馬とともに中原に伝来したのは紀元前14世紀ごろのこととされる。馬と戦車の使用は長距離の軍事行動を可能とし，殷後期から周にかけて王権の及ぶ空間的範囲の拡大をもたらした。当時中原は気候の寒冷化・乾燥化で草原が広がり牧畜に適した環境となっており，軍備増強につとめる王や諸侯は自ら牧場を設けて馬の牧畜を盛んにおこなった。

　紀元前10世紀ごろになると，中央ユーラシアの草原地帯で騎乗技術が普及し，騎馬遊牧民が誕生する。騎馬遊牧民の勢力拡大とともに，騎乗技術はユーラシア各地に広がり，戦場での主役は徐々に戦車部隊から騎馬軍団へと移行していく。中国への伝播はやや遅れて戦国時代のことで，紀元前4世紀後半に趙の武霊王が北隣の遊牧民の服装と騎馬戦術（胡服騎射）を模倣して軍制改革をおこなった故事が名高い。

　その後，秦漢時代には騎馬軍団が次第に軍事力の中核をしめるようになる。以後の歴代王朝政府は一貫して彪大な費用をかけて馬を調達・飼育することに意を用いてきた。その制度全般を包括してとくに「馬政」とよぶ。歴代の馬の調達方法は大きく2つに分類することができる。第一が王朝の領域内で馬を生産する方法である。これは，政府自らが牧場を経営する官牧と，民に牧畜させて政府がそれを収取する民牧とに大別される。馬の飼養には放牧と厩舎飼いの二種があり，草原で草を食ませる前者のほうが飼料の調達を必要とする後者より低コストであるうえに，生産馬の質も上だった。第二が中原の北辺などで遊牧民との交易をつうじて馬を買い付ける方法（市馬）である。馬は古くから貴重な交易品として中央ユーラシア各地の遊牧民からその周辺の農耕民へと高値で売られていたが，中国王朝の市馬もそうした交易の一種だった。歴代王朝の馬の調達方法は以上の2つを組み合わせることが多いが，その比重は王朝の出自や版図，周辺勢力との関係によって変化する。とくに重要なのは王朝政府が中国周辺の主要な馬の産地にアクセスできるかどうかであった。具体的には大興安嶺東麓のマンチュリア平原，内モンゴル草原，大同盆地からオルドスを経て六盤山・隴山にいたる中原北辺一帯，チベット東北部の青海一帯，河西回廊の祁連山麓といった馬の牧養に好適なすぐれた草原を有する地域である。

　漢代は官牧が盛んな時代であった。秦の制度を踏襲して車馬を掌る太僕という役所を置き，中原の西北辺に36カ所の官営牧場を設け，30万頭もの馬を牧養するようになった。武帝時代には匈奴との戦争のために馬の生産に力を入れ，数度にわたり数十万規模の騎兵がゴビを越えてモンゴル高原の匈奴の本拠地へ出撃した。対匈奴戦争は大きな戦果を収めたが，漢側の損害も少なくなく，軍馬の損失は甚大だった。そのため馬の不足が深刻化し，民間からの徴発がしきりにおこなわれた。武帝の馬にたいする飽くなき探

求から，中央アジアの大宛（フェルガナ）遠征もおこなわれ，汗血馬とよばれる名馬をふくめ大型の大宛馬3,000頭が漢へともたらされた。

　前漢末から後漢にかけて，重要な馬の産地だった河西回廊が羌族の侵攻を受けたこともあり，官牧は衰えていく。中原内地については，戦国時代以来の農本主義の浸透もあり農地の開墾が進み，牧地が減少する趨勢にあった（宮川 1947）。こうして，馬の調達方法は前漢の官牧中心から後漢の市馬中心へと変化する。

　2世紀の後漢末以後5世紀あたりにかけては，遊牧民の大規模な南下とともに北方から大量の家畜が中原へ流入し，中原北辺で牧畜が盛んにおこなわれた（⇒テーマ1「黄土」〈p. 33〉）。平城（現在の大同）一帯を拠点とした北魏では，オルドスを中心に官民あわせて200万頭もの馬を牧養していた。北魏にはじまる一連の「拓跋国家」では官牧による馬の生産が盛んで，北斉・北周・隋では，官営牧場を管轄する太僕寺のもとに馬をはじめとする家畜の牧養を担当する部署が置かれた。唐代には官牧のひとつの完成形である監牧制がおこなわれた。中原西辺の六盤山・隴山一帯を中心に監牧（官営牧場）が設けられ，最盛期には48カ所の監牧で70万頭もの馬が飼養された。各監牧の長官として牧監，その上に複数の監牧を監督する監牧使が置かれ，隴右群牧使が全体を統轄した。牧監や諸監牧を統轄する使職には，涼州（武威）や原州（固原）で代々馬の生産や交易に従事していたソグド人一族を任じた事例がみられる（⇒テーマ22「ソグド商人と東西交易」〈p. 129〉）。唐の監牧制は，ソグド人のような牧馬に長じた集団に委託することにより，大きな成果をあげたのである（山下 2008）。

　その後，安史の乱以後の唐代後半になると，監牧の置かれた地域が吐蕃の侵攻によって奪われ，監牧制は崩壊した。深刻な馬不足に苦しんだ唐はその穴を埋めるべく，モンゴル高原に覇を唱えていたウイグルから大量の馬を輸入した。唐の絹でウイグルの馬を買い付けたので「絹馬貿易」とよばれる（松田 1986，齋藤 1999）。唐が滅んで沙陀軍閥を中心とする政権が中原をおさえた時代（五代），軍馬調達の中心は引き続き市馬だった。契丹と対立した中原政権は，馬を東北の靺鞨・女真，西北の吐蕃・タングトなどから調達し，とくに後者が重要だった。この情況は北宋初期まで続く。

　北宋では中原の牧監（官営牧場）での養馬や新法の一環として民に馬を飼養させる保馬法や戸馬法などが試みられたが（⇒テーマ26「新法」〈p. 170〉），いずれも成果は芳しくなかった。そうすると周辺から馬を買い付ける必要が出てくる。しかしながら，11世紀には中原に隣接する産馬地帯は契丹と西夏がおさえ，禁輸品の馬を北宋が入手する術は密貿易のみであった。そこで甘粛・青海一帯に居住するチベット系遊牧民の青唐から馬を輸入するべく，11世紀半ばには馬の購入資金として四川の茶の専売（榷茶）収益を充てるしくみを完成させ（茶馬貿易），新法政権のもとで都大提挙茶馬司を置いて年間1万5,000頭もの馬を調達することに成功した（梅原 1973）。

　続く南宋は中原を失ったため国内での馬の生産は絶望的だった。そこで青海産の秦馬，四川西部産の川馬，雲南産の広馬など，四川の茶や絹を元手にして年間1万頭ちかい馬を買い付けた。これらの馬は大軍が駐屯する金との国境地帯や国都臨安など東方へと運ばれた。陸路による馬の長距離輸送は困難をきわめ，江南の湿潤な風土の影響もあり馬の死損も少なくなかった（曽我部 1974）。

　一方遊牧が盛んだった契丹（遼）では，官営牧場が設けられて群牧司がそれを統轄した。金も契丹を踏襲して群牧司を置いた。養馬の担い手は主に契丹人であり，内モンゴ

ル草原が主な産地だった。

　13世紀に遊牧民の騎馬軍事力でユーラシアを統合したモンゴルは，それまでの中国王朝をはるかに越える規模の大量の馬を生産し保有した。中国を統一した大元ウルス（元朝）では，各遊牧集団が自前で馬の牧養をおこなったほか，東は朝鮮半島の沖に浮かぶ耽羅（済州島），北はモンゴル高原，西は甘粛の祁連山麓，南は雲南にいたるまで，すぐれた草原のある地方に数多くの官営牧場を設けた。モンゴル支配下の中原は，モンゴル王侯の投下領として分割された結果（⇒テーマ28「投下領」〈p.173〉），前代よりも牧畜が盛んにおこなわれ，農地と牧地が隣接する風景が多くみられた。クビライ時代以後，モンゴル高原や中央アジア方面でたびたび起こったモンゴル同士の戦闘にさいしては，中原でも民間馬の買い付け（和買）や徴発（括馬）がおこなわれた。

　明朝は北辺に長城を築いてモンゴルと対峙し，国境防備のために大量の軍馬を必要とした。官牧は失敗に帰し，中原での民牧が馬政の中心となった。明代の民牧は，馬戸（馬の養育を指定された民戸）の育成した馬が太僕寺に送られ，都の北京や辺境へ軍馬として供給されるというしくみである。15世紀半ばの土木の変以後，毎年太僕寺に送られる馬は2万頭に定められた。しかし，馬を放牧する草地の減少などで馬の質が低下したこともあって，徐々に馬戸に馬の替わりに銀を納め（折銀）させるようになり，民牧は次第に衰えた。一方，国初より北辺でのモンゴル・女真・チベット系諸集団との交易による市馬もおこなっていた（⇒テーマ37「互市」〈p.223〉）。とくに重要なのは北宋と同様，陝西での茶馬貿易で，その数は明末には年間1万頭に達した。茶馬貿易には民間商人も参入し，かれらが買い付けた馬が中原内地まで流通した。明末には太僕寺がこうした馬を買って民牧不振による不足分を補った（谷 1972）。

　清朝を建国した満洲（女真）族は，馬の産地のマンチュリア平原を根拠地とし，もとより馬との関わりが深い。清朝は拡大の過程で内モンゴルの遊牧民集団を取りこみ，遊牧に好適なチャハルなど内モンゴルの豊かな草原地帯が主な馬の産地となった。中原内地での馬の生産は不要となり，治安上の理由から馬の飼養が禁止されることさえあった。また明代より受け継がれた陝西での茶馬貿易も廃れていった。皇帝専用の御馬と政府が管理する官馬はそれぞれ内務府管下の上駟院と太僕寺の牧廠（官営牧場）で生産されたが，主要な牧廠はいずれも内モンゴル草原にあり，モンゴル人が牧養にあたった。清朝の軍馬は最盛期で20万強と推計されるが，軍事力の中核をなす北京や地方に駐留する八旗（京旗・駐防八旗）精鋭部隊の主力軍馬は内モンゴル産の馬で，官牧のほか市馬によっても調達された。そのほか，清朝の領域拡大とともに甘粛や新疆にも牧廠が設けられ，そこで生産された馬は西方の駐屯部隊の軍馬として用いられた。19世紀後半になり，火器銃砲を装備した淮軍などの義勇軍・軍閥の勢力伸長によって，八旗軍の比重は低下したものの，20世紀前半まで戦争における馬の重要性が減ずることはなかった。民国期以後も清代以来の内モンゴルにおける馬の生産が重視され続けたのである。

〔古松 崇志〕

Theme 6　馬政

【参考文献】謝 1959

テーマ7

遊牧国家の季節移動

　乾燥が優越する中央ユーラシアの草原地帯では，古くから遊牧がおこなわれてきた。遊牧とは，冬営地と夏営地を中軸に毎年ほぼ定期的に数度の移動をくりかえして牧畜する営みである。遊牧生活では長く厳しい冬を越す冬営地がとりわけ重要で，ここを共有する家族を基礎に部族や氏族とよばれる集団が形成された。そうした遊牧集団が複数連合し，有力部族の族長を君主に推戴して「遊牧国家」と称すべき政治権力が生まれる。遊牧国家に属する各遊牧集団は，君主から配下の牧民・牧地を安堵されるか，あるいは新たに分配されるかして，自己の遊牧圏を保有し，そこで遊牧生活を送る。そして君主自らも根拠地で遊牧生活を送るのが通例であった。一方，遊牧国家を構成する遊牧集団は戦時には騎馬軍団に変貌する。機動力に富んだ騎馬軍団は，およそ3,000年前に騎乗技術が普及して以後，長い間最強の軍事力であり続けた（⇒テーマ6「馬政」〈p.45〉）。これを武器とした遊牧国家は，しばしばオアシス農耕民など周辺勢力を支配下に置くようになった。

　中央ユーラシアの東部に位置するモンゴル高原は，歴史上中国本土とのかかわりが深い。ここは卓越した大草原があり，紀元前3世紀の匈奴の勃興以来，鮮卑・柔然・突厥・ウイグル・モンゴルといった強力な遊牧国家の揺籃の地として名高い。これらの遊牧国家が勢力を拡大したときには，南に隣接する中原を脅かすことが多かった。それゆえ漢と匈奴の並立以来，中原の「中国王朝」とモンゴル高原の「遊牧国家」の南北対峙がユーラシア東部の歴史展開の基調となった。また，中原とモンゴル高原の境界地帯は農耕民と遊牧民の双方が入り混じる「農牧境界地帯」であり，この一帯を足がかりに遊牧民の集団が南下して中原内部へ流入したり，遊牧国家が中国本土に進出したりすることが歴史上何度もみられた（森安 2007）。

　遊牧民の中原への南下は，弱体化した匈奴の後漢への臣属とその後の後漢末の動乱により本格化し，そのなかから鮮卑族拓跋部を中核とする北魏が台頭し，5世紀前半に中原を統一するにいたる。北魏の君主は，漢化政策が進む洛陽遷都（494年）までは中国向けに「皇帝」，遊牧民向けに「カガン（遊牧君主の称号）」を称した。都の平城（山西省大同市）を中心に，夏～秋に陰山や河西（黄河南流部以西）へ，冬～春に山東へと季節移動をくりかえし，行幸先では狩猟や射撃をおこない，遊牧君主としての武威を誇った。北魏以後の隋・唐にいたる一連の王朝は，いずれも鮮卑族拓跋部に出自をもつことから最近では「拓跋国家」と総称されている。長安に都を置いた唐朝皇帝はもはや遊牧生活を送ることはなかったが，都から外出することが多く，関中での食糧不足のさいには百官を引き連れて糧食の得やすい東都の洛陽まで行幸することも頻繁にあった。皇帝が食糧を求めて移動するという発想は中国王朝の伝統にはなく，機動性に富む遊牧民の風習に由来する可能性が高い。ここに北魏から唐にいたる「拓跋国家」の連続性を垣間みることができよう（藤井 2005）。

　10世紀に契丹（遼）が勃興し，モンゴル高原東南部を根拠地に，その版図は中原北部（北京・大同地区）にまで広がった。契丹の支配集団は毎年季節移動する遊牧・狩猟

生活を送り，皇帝の滞在地は契丹語で「捺鉢(ナボ)」とよばれた（傅 1984）。契丹で注目されるのは，草原地帯の皇帝や王侯の遊牧地に漢人など移住者を入植させて生産拠点となる城郭都市を建設したことである。これは次のモンゴル時代に継承される。

13世紀にクビライが建国した大元ウルス（元朝）は，大都（北京）を冬の都に，上都（内モンゴル正藍旗）を夏の都に定め，モンゴル皇帝（カアン：カガンの音が変化したもの）は毎年宮廷と軍隊を引き連れておよそ350キロある両都間を往還した。大都・上都を結ぶモンゴル朝廷の移動圏は，さまざまな生産都市や倉庫，軍事拠点，官営牧場が設けられるなど，軍事・政治・経済の中枢機能が集中する一種の首都圏となった。モンゴル高原・中原各地に分封されたモンゴル王侯も同様に遊牧圏を保有し，夏営地と冬営地には城郭都市を築いて拠点とすることが多かった（杉山 2004）（⇒テーマ28「投下領」〈p. 173〉）。

契丹やモンゴルの皇帝（カン，カアン）の住居は，中央ユーラシアの多くの遊牧国家と同様に，トルコ語やモンゴル語で「オルド」とよばれる移動式の天幕であり，皇帝が城郭都市の中に住むことはなかった。皇帝の所在地こそが朝廷であり，皇帝はそこから命令文書を各地へ発給して統治をおこなった。宿営地には壮麗な帳幕を設け，后妃・王侯・臣僚を一堂に会する朝会・宴会儀礼を挙行し，外国使節の謁見もおこなわれた。皇帝の宿営地は多くの人々が集まってくる場で，必然的にさまざまな物資や商品が必要となるため，商人や職人が集められて移動式の市場が開設された。

なお清朝については，皇帝は明朝以来の北京の紫禁城に居住し，王朝の中核軍団である八旗を北京城内外に集住させ，一族分封をおこなっていないので，モンゴルのような遊牧国家とは明らかに異なる。しかし，清朝は拡大の過程で内モンゴルの牧民集団を配下に取りこみ，モンゴル王家とは通婚など密接な関係を取り結んでおり，モンゴルの政治文化の大きな影響を受けていた。そのことは康熙・乾隆両皇帝の季節移動によく現れている。すなわち，元の上都に程近い木蘭(ムラン)（河北省囲場）に皇帝専用の狩り場を設け，その南方の承徳には避暑山荘を築き，皇帝は毎年夏には涼を求めて行幸し，配下のマンジュ・モンゴル軍団とともに巻狩をおこなった。皇帝は紫禁城では「中華」の天子として臣民に君臨した。その一方で承徳ではモンゴル遊牧民の族長を集め，1,000人は収容できるという「シラ・オルド（黄金の帳幕）」とよばれるモンゴル伝統の巨大な帳幕を設営し，朝会儀礼や宴会をおこなうなど，「遊牧君主」たるハーン（カアンの音が変化したもの）としてふるまったのである（岩井 1991, Millward 2004）。　　　（古松 崇志）

【参考文献】杉山 1997

第 1 章

先史時代～秦漢
―古代帝国の形成と分解（～3世紀）―

宮宅 潔

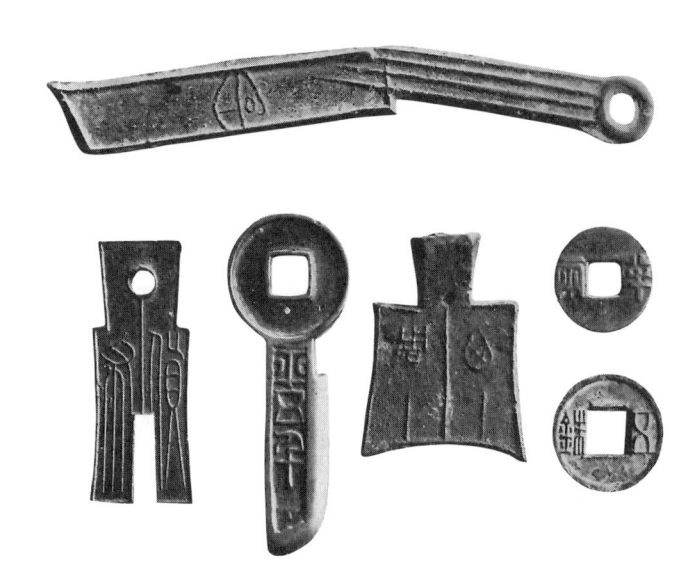

1　文明の誕生と王権の形成（〜前2000年紀）

農耕の開始と階層分化

　いまから約1万年前に氷河期が終わると，地球の気候は次第に温暖へと向かい，黄河流域ではアワ・キビなどの雑穀を土器で煮炊きし，食用にすることが始まった。栽培化されたアワ・キビの発見は前6000年ごろまでさかのぼる。こうした畑作による雑穀栽培地域では，連作障害を避けるために絶えず耕作地を移動せねばならず，当初は聚落の存続期間が短かったが，やがて前5000年紀になると大規模な聚落もあらわれる。複数の雑穀栽培と，狩猟・採集や家畜の飼育などとを組み合わせ，多角的な生業形態が営まれ，長期にわたる定住が可能となったのである（甲元 2001，⇒テーマ1「黄土」〈p. 33〉）。

　一方，長江流域ではイネの存在が早くから確かめられる。それが野生種なのか栽培種なのかは定かでないが，前1万年ごろにはすでにイネの利用自体は始まっており，前6000年紀に降ると，稲作の開始がほぼ確実視される。ただし遺跡は河川や湖沼に面し，石製漁労具の出土も多く，淡水魚の捕獲にも食糧源を大きく依存していた。その後，前5000年紀になって人工的な水田が営まれるようになると，連作障害のおそれがなくなり，生産力の発展にともなって周囲に城郭をめぐらした聚落が出現する。

　初期の聚落では，周りに環濠が掘られ，家屋の入り口が中央の広場に向けられるなど，外部とは一定の緊張関係をもちつつ，内部では強い連帯が求められたことがうかがえる。連帯の中心には，なにがしかの統率者がいたとも考えられるが，まだ明確な階級差は存在していなかった。ところが前3000年紀になると，はっきりとした階層分化が認められる。

　たとえば長江下流域の良渚遺跡では巨大な城郭が発見され，その内外に多数の玉器を副葬した大型の墳丘墓が存在する。これら墳丘墓は特定集団の成員の墓が集まったものと考えられ，一般民が埋葬された共同墓地とは別の場所に作られ

ていた。いわば家系単位での身分差が生じていたといえる。また作成に高度な技術を要する玉器の登場（図4）は，それを専業とする工人集団がすでに形成されていたことを示している。

　同じころ，黄河流域でも城郭聚落があらわれ，そこでの階層分化がみてとれるようになる。たとえば山西省の陶寺遺跡では700余基の墓葬からなる共同墓地が発見されているが，副葬品の豊かな大型墓は全体の1％，中型墓が10％，残る90％近くを副葬品や葬具をもたない小型墓がしめる。少数の支配者層の下，ピラミッド状の階層構造が形成されていたものと考えられる。また陶寺遺跡の周囲には小規模な遺跡が散在し，聚落の間にも支配―従属の関係が生まれつつあった。

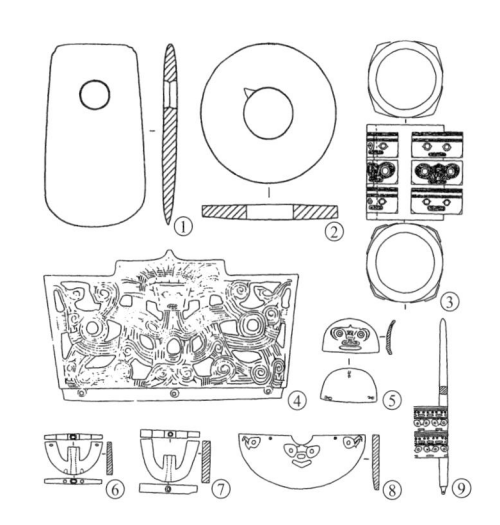

図4　良渚遺跡反山墳丘墓出土の玉器
注）①鉞，②璧，③琮，④冠状飾，⑤半円形冠状飾，⑥⑦三叉形冠飾，⑧璜，⑨錐形飾．
出典）宮本2005．

　城郭聚落の出現，さらには殺傷用に特化した石製の鏃の登場や，暴力的に殺された遺体の出土例が増加することは，前3000年紀の黄河流域が戦乱の時代にあったことを物語る（岡村2008）。また陶寺の大型墓からの出土品は，儀礼に用いる器具がそのほとんどをしめており，祭祀が重要性をまし，かつそれが支配者層により執り行われていたことが知られる。軍事と祭祀とを掌る酋長が出現し，それら支配者層や専業集団を支え得るだけの，余剰生産も生まれていたといえる。

交易と交流

　前3000年紀には，特定の物資が広い範囲で交換されるようになり，それにともなう文化の交流も認められる。代表的なのが玉器の贈与・分配である。

　中国では，玉に対する崇拝が先史時代から存在し，儀式のさいには神の依り代として，あるいは参加者の装身具として重要な役割を果たした。とくに良渚文化では玉璧・玉琮・玉鉞などの特徴ある玉器が生みだされ，独特の玉文化が形成さ

れていた。周辺地域の酋長墓からも良渚の玉器が発見され，そこでは形式や数において格差が認められる。何らかの政治的関係の下に従属する中小の酋長に玉器の贈与がなされ，酋長たちの間での序列化が進んでいたとおぼしい。また良渚の玉器は黄河流域でも数多く発見され，その広がりは陝西省北部にまで及ぶ。聚落内の祭祀坑から出土することもあり，それが共同の祭祀に用いられる場合もあったらしい。一方，良渚のものを模倣するなどして，各地で独自に作成された玉器も存在し，その受容・使用のされ方は，地域ごとにさまざまであった。

　玉が東南地域から北，ないしは西へと伝わっていったのにたいし，西方から東へと広がっていったものとしては，ムギやヒツジが挙げられる。西アジアに起源し，前3000年紀に中国に伝播したムギは，前2000年紀後半のうちに黄河下流域まで広がった。同じく西アジア起源で，前4000年紀には黄河上流域にあらわれたヒツジは，前3000年紀に華北平原に広まった。ヒツジの伝播と前後して「卜骨」，すなわち動物の骨を熱して，そこに生じた亀裂の形で吉凶を占う風習が黄河上流に出現しており，その材料にはヒツジの骨が選択的に用いられている。ヒツジの飼育と卜骨の風習とは西方から同時に伝播し，拡大したと考えられる（岡村 2008）。

　そのほか，タカラガイ（子安貝）やトルコ石といった貴重な威信材，さらには専業集団によって大量に作成されるようになっていた土器も，すでに「商品」として流通していたとみられる。前3000年紀に城郭聚落があらわれ，階層分化が進んだ一因は，こうした物資を保管し交換するための「場所」と，それを管理する特定の「階層」とが必要とされたためであるともいわれる（小澤ほか 1999）。交易や人の移動の増加が情報量の増大を生み，社会になんらかの刺激を与えたのは確かであろう。

　ただしこの時期の交易・交流は，ひとつの中心地から一方的に広がってゆくものではなく，いくつかの中核をもつ，双方向的なものであった。ところが前3000年紀末から前2000年紀の初めにかけて，良渚文化をはじめとした長江流域の文化や，華北東部の山東龍山文化などが相次いで衰退し，数千年にわたって各地で発展してきた地域文化は大きく様変わりしてしまう。こうしてかつてのネットワークが解体すると，それに代わって黄河中流域が核となり，そこから放射線状に文化が発信されるという，新しいパターンが生まれる（岡村 2008）。

二里頭文化――「夏王朝」の誕生

　前2000年紀，黄河中流域に二里頭文化が出現した。その標準遺跡となる河南省偃師市の二里頭遺跡は，黄河支流である洛河の南，伊河の北に位置する。遺跡の中心部近くには宮殿区とされる一帯があり，その周辺に住居址や墓，さらには青銅器・土器作成址がみつかっている。全容が知られている2つの宮殿址のうち，一号宮殿（図5）は約100メートル四方の基壇をもち，

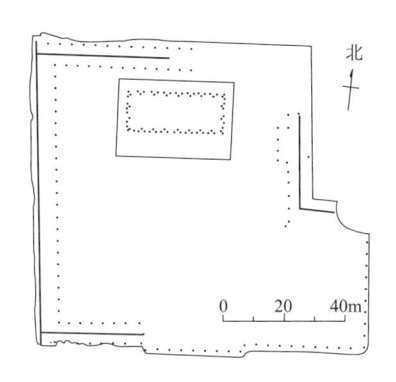

図5　二里頭一号宮殿址
出典）小澤ほか1999。

周囲には回廊がめぐらされ，その内側北寄りに正殿，南には中庭が広がっていた。ここからは生活の痕跡を示すものが発見されず，中庭に多くの参加者を集めて祭祀・儀礼を執り行う，政治・宗教施設であったと考えられる。

　二里頭文化の時代には青銅器の作成が始まっており，武器や酒器などが鋳造されていた。後者は外型と内型の両方を必要とし，すでに相当の陶范技術が開発されていたといえる。一方で青銅製農耕具はほとんど発見されず，青銅器は日常生活の中にはまだ浸透していなかった。青銅器の作成は支配者に独占され，宮殿内での飲酒儀礼など，おもに儀式の場で用いられたのであろう。

　儀式において重要な役割を果たした玉器にも，新たな展開がみられる。良渚のそれをはじめとした各地の玉文化がいったん衰退した後，玉璋・玉刀・玉斧・玉戈などといった二里頭独特の玉器があらわれ，このうち，短冊形で上部が刀のようになった玉璋は，二里頭文化から周辺に広がり，非常に広い範囲で出土している（図6）。

　玉璋以外の祭器も各地に広がった。3本の袋状の足と取っ手を持つ「盉」は，もともと山東地方に起源をもつが，二里頭文化ではこれを青銅で作成するなどして，特別な酒器として発展させた。この盉もまた，北は遼河流域，南は長江下流域や四川省にいたるまで，広い範囲で出土例がみられる。それらは，表面の文様が二里頭のそれと相違する場合もあり，明らかに直接持ち込まれたのではなく，器形についての情報を元に，あるいは現物を模作することによって広まったものである。

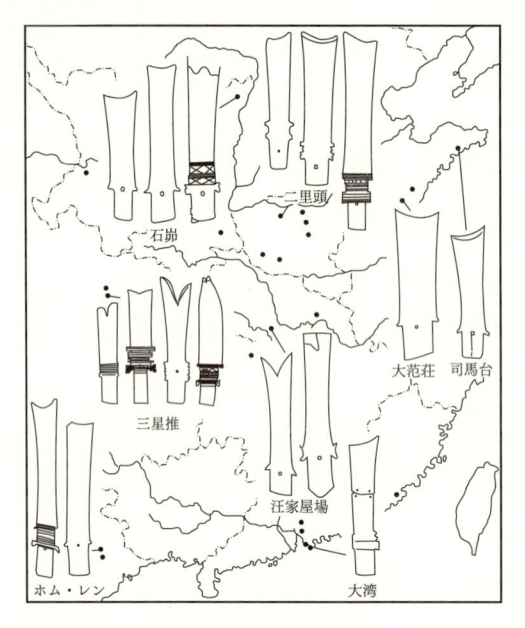

図6 玉璋の広がり
出典）岡村 2008。

玉璋にせよ盃にせよ，それらは二里頭文化から直接もたらされたわけではない。当時存在していた地域間交流のネットワークをたどって，徐々に伝播したものであり，伝播の過程では地域ごとに独特の変容が加えられた。しかしそれが波及した範囲は広く，たんなる隣接地域間の緩やかな交流という次元をはるかに越えている。かつ遠隔地に広まったのが実用品ではなく，祭祀に用いる儀礼器であったことにも注目してよかろう。二里頭文化は黄河中流に初めてあらわれた，強力な「文化」の発信源であった（岡村 2008）。

殷墟から出土した甲骨史料によって，史書にみえる殷王朝の実在はすでに確かめられ，この殷墟文化と共通点をもつ二里岡文化は，殷前期にあたると考えられる。さらにそれに先行する二里頭文化を，多くの研究者が殷の前に存在したとされる「夏王朝」の遺跡とみなしている。「夏」の存在を示す文字史料が出土していない以上，二里頭文化を「夏」と同定するのには，なお慎重を要するが，全中国的な影響力をもつ文化が黄河中流域に登場したことは認めてよかろう。

気候変動と生業の変化

氷河期の後，前5000年紀から前3000年紀半ばにかけてヒプシサーマルとよばれる温暖期があらわれ，前3000年ごろの東アジアの気候は，現在より1〜3℃も温暖であった。いまでは荒涼とした黄土平原が広がる黄河流域にも，カバ・コナラ・クワといった落葉高木の森が広がり，ガマやヨシなど，湿地に生える植物も生い茂っていた。また熱帯・亜熱帯にしかみられないマレーバクやタケネズミも，

かつては生息していたとされる（竺 1972）。だがやがて気候は冷涼化に向かい，黄土地帯では森林が減少し，草原が拡大していった。この前 2000 年前後の気候変動が，良渚文化などの衰退を招いたとする見方もある。

　こうしたなかで，黄河中流域では多様な栽培穀物の導入と，品種の選別による生産力の向上が進む。南方からイネ，西方からムギがもたらされ，また独自にダイズの栽培も行われて，多種類の穀物が効率的に輪作されるようになった。また植物種子の分析によると，野草類の種子が明らかに減少していっており，野生種の排除による生産量の増大がはかられていた。輪作によるリスクの分散や品種改良により，黄河中流の文化は気候の悪化に対応できたものとされている。

　気候の変動にともなって，家畜の飼育にも変化がみられる。それまでもっとも普遍的に飼育されていた家畜はブタであった。ブタは多産で成長が早く，かつ食性も広いので，他の家畜動物と比べればより少ない食糧で飼育できる。手がかからないため，農耕のかたわらで家ごとに副業としてブタを飼うことも十分に可能であった。春夏期に成長したブタのうち繁殖に必要のないものは，越冬用の飼料が必要となる前に秋冬期の祭祀で犠牲に供され，消費される，というサイクルができあがっていたものと考えられる。

　しかし前 2000 年紀になると，黄河中下流域では依然としてブタが主流なのに対して，上流域ではヒツジの飼育が多くなる。ヒツジは草食であるため，食糧が人間と競合せず，乾燥にも強い。気候の寒冷化・乾燥化によって黄河上流では草原の面積が徐々に拡大し，それに対応すべくヒツジ飼育の割合が高まったのであろう。前 2000 年紀の前半には雑穀栽培がなおも行われていたが，後半にはそれもなくなり，完全な牧畜経済へと移行する。

　同じころ長江流域では，ブタに代わってシカが食肉の中心となる。シカ科の動物は中国全土に生育し，もっとも一般的な狩猟の対象であった。気候がなおも温暖であった長江流域では生業が稲作に集約され，家畜の飼育は放棄されて，周辺の森林に生育するシカを狩ることに比重が移ったのであろう。家畜飼育は，穀物栽培と比べれば経済的な効率性が低く，1 ヘクタールあたりのエネルギー産出量は，コムギ栽培の約 1/20 にすぎない。家畜はあくまで補助的な食糧源であり，穀物の増産こそがもっとも重要な食糧生産上の課題であった。

　かくしてこの時期，黄河中下流域・上流域・長江流域という地域間の相違がはっきりとあらわれてくる（岡村 2008）。同時に，食肉の分析からは都市と農村の

相違も認められる。黄河中下流域ではブタの飼育がなおも主流であったが，殷前期の遺跡である二里岡遺跡から発見された動物骨は，ウシのしめる割合が非常に高い。祭祀のために全身を完全なまま埋めた動物骨にも，ウシやウマが多くなる。飼育に時間と手間がかかる大型家畜を，都市では大量に消費するようになっており，王権がそれらの生産を直接管理する体制が，すでにできあがっていたといえる。

　農業と牧畜の発展は，多くの戦士と馬車とを投入した長距離の遠征を可能にした。殷王朝，さらにそれに続く周王朝は，いずれも武力により打ち立てられた王朝であり，軍事力を背景にした支配が，より広い範囲で実現するようになった。

2　邑制国家の統合（前17世紀～前5世紀）

殷文化の拡大——「二里岡インパクト」

　甲骨文のなかで，殷王朝は実際には「大邑商」という名であらわれる。「邑」とは聚落と，その周囲に広がる住民の生活領域とを指すことばであり，したがって「大邑商」とは，殷王の鎮座する王都「商」と，それに附随する周辺領域を指すものにほかならない。殷王朝の支配体制は，「大邑商」を頭とした，複数の「邑」の連合体から成るものであり，こうした国家の姿を，中国の場合には「邑制国家」と呼称する（序章図2〈p. 24〉）。

　王都が置かれた鄭州・殷墟周辺の黄河中流域には，殷王の直接支配に服する大小の「邑」が存在し，殷の直轄領を形成していた。だがその範囲は現在の河南省北部から河北省南部あたりに限られた。その意味で，殷とは当時中原に存在したいくつかの王権のうち，最大のものであったにすぎない。しかし殷文化の影響力は，その領域をはるかに越えて，より遠方にまで浸透していた。

　殷文化に先行する二里頭の文化も，非常に広い範囲に拡大していたが，その影響力はなおも間接的であった。ところが殷前期（二里岡文化期：前17世紀～前15世紀）になると，その担い手である殷人が各地に直接乗り込んでゆき，自らの青銅器文化を伝えていった痕跡が確かめられる。それまでの文化の伝播とは質・量において異なる，殷青銅文化の爆発的な拡大を，「二里岡インパクト」とよぶ研究者もいる（浅原　1985）。

たとえば山西省垣曲(えんきょく)県の垣曲商城遺跡は，南北400メートル，東西350メートルの城郭をもつ都城遺跡であるが，城壁の版築方法や，城郭の方位が磁北よりもやや東に傾く点などにおいて，二里岡文化の主要遺跡で，殷前半期の王都とされる鄭州商城遺跡と共通する（図7）。出土した土器も鄭州城とほぼ一致し，殷人がこの地に移り住み，城郭を建設したことはまちがいない。黄河を望む丘陵の先端に位置し，一部の城壁は二重になっていること，そして遺跡内の乱葬坑から発見された遺体に，銅鏃の刺さったものがふくまれることは，殷人の進出に暴力がともない，この巨大な城郭が軍事的緊張のなかで建造されたことを物語る。

二里岡文化の遺跡は長江流域にも分布する。湖北省黄陂(こうは)盤龍(ばんりゅう)城遺跡は，武漢市の北東約5キロの盤龍湖北岸に位置し，南北290メートル，東西260メートルの城郭をもつ。城郭の外には多数の墓があり，殷式青銅器が副葬されるなど，墓制も二里岡との共通点が多い。城外からは青銅器や土器の工房址も発見され，こうした点から，軍事よりも経済に比重が置かれた拠点であり，とりわけ長江中流両岸地帯に分布する銅資源の支配を目的としたものと考えられている。

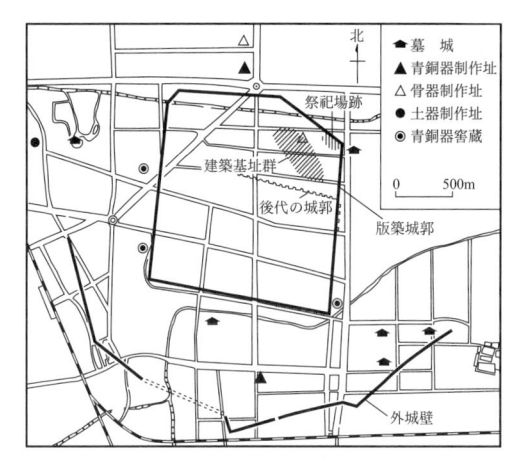

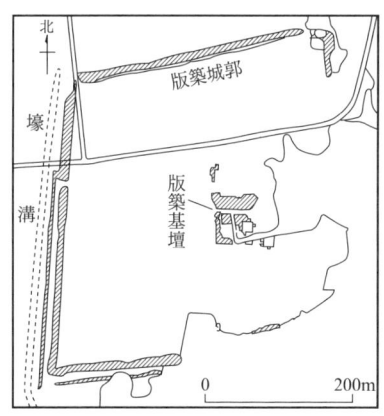

図7 鄭州商城遺跡（上）と垣曲商城遺跡（下）
出典）小澤ほか 1999。

甲骨史料によると，殷後期に都を殷墟に遷した後（殷墟期：前14世紀〜前11

世紀）も，武丁期ごろまでは対外遠征がくりかえされており，殷文化の拡大傾向と符合する。しかし武丁以後になると，各地の文化が自立の道をたどり始め，青銅器の型式にも独自性があらわれる。上に挙げた垣曲・龍盤の両遺跡も，二里岡文化の末期には廃棄されており，殷の王権と強く結びつき，人為的に配置された拠点であったことがわかる。

殷はこれらの拠点を通じて，各地の勢力を支配していた。ただしその支配は直接的なものではなく，貢納を義務づける一方で，殷からは青銅礼器をはじめとした下賜品を与えるという，より緩やかなものであったとされる。殷墟から発見される南海産のタカラガイやクジラの脊椎骨は，そうした貢納品の一部であろう。

銅資源の獲得と分配

銅資源もまた重要な貢納品であり，殷人の周辺地域への進出も，その獲得と深く結びついていた。とくに長江中流域には銅鉱山が多く，代表的な鉱山遺跡として江西省瑞昌銅嶺遺跡が挙げられる。この鉱山は鉱床が浅く，古代の技術でも採掘が容易であり，附近の遺跡からは殷系の土器が出土している。殷人は，長江を越えてさらに南下し，湖南省の石門皂市遺跡からは二里岡の土器とともに，溶銅炉や銅クズの附着した容器などがみつかっている。殷人がこの地に進出し，銅鉱石の採取・精錬・鋳造を行っていたとおぼしい。

北方では陝西省の藍田懐珍坊遺跡で，二里岡期の土器とともに炉壁や銅クズが出土しており，ここにも殷人が銅鉱石を求めてやってきて，採掘しながら定住したことがわかる。懐珍坊からは円餅状の，重さ 1.5 キロの銅インゴットのようなものも発見されており，同様のものが，さきの銅嶺遺跡から 70 キロほどはなれた，銅緑山の鉱山遺跡周辺でも出土している。王朝による管理の下で，重量単位とも結びついて規格化されたインゴットが，遠隔地の各鉱山でも精錬されていたとおぼしい。

調達された銅原料は都に集められ，青銅器に鋳造された。鄭州城の外周には青銅器の工房址があり，場所によって出土する鋳型の種類が偏っている。工房単位で種類の違う青銅器を作り分けていたものとみられ，それが王朝の指示による分業であった可能性が高い。殷の青銅器には，最高神「帝」の図像とされる複雑な文様が鋳込まれ，その鋳造技術は高度に洗練されていた。

青銅器のうち，鼎や鬲などの礼器は先祖祭祀に不可欠なものであり，やがては

権力の正統性を誇示するレガリア（神器）として，政治的な意味を賦与されるようになった。伝説によると夏王朝の時，服従する遠方の諸勢力は各地の神々の姿を描いたものと銅原料とを王に献上し，それを用いて神々の姿を鋳込んだ鼎が製造されたという。「鼎の軽重を問う」の故事成語で知られる周鼎とは，まさにそれらの鼎であり，夏から殷を経て，周王朝にまで伝えられた鼎が，当時は王権の象徴とされていた。伝説の真偽はともかく，神像を鋳込んだ青銅礼器が支配―被支配の関係を支える装置であったことが，この逸話からうかがえる。殷王朝は各地からの貢納への見返りとして，自らの最高神の姿を鋳込んだ礼器を分配し，殷の祭政システムのなかにそれら勢力を取り込み，支配したものと考えられる。

やがて殷が滅び，周王朝（西周：前11世紀～前8世紀，東周：前8世紀～前3世紀）が成立すると，周王は各地に諸侯を封建し，支配を委ねた。青銅器銘文に記された，封建の実態を伝える記事によると，封建にさいしては軍事権を意味する弓矢や，祭祀に用いるキビ酒などとともに，ヒシャクなどの礼器が与えられた。礼器は祭祀権の授与を象徴する重要な下賜品であり，青銅礼器の原料となる銅地金もまた同様の役割を果たした。王から下賜された銅を用いて鋳造された祭器には，賜与の経緯が銘文として鋳込まれ，周の王権との結びつきが顕示された。礼器や銅原料には，なおも政治的な意味が込められていたといえる。

したがって，周王朝にとっても銅資源の確保は焦眉の課題であった。西周中期には，南方産の銅の集積地であった淮夷——淮河地域——への遠征が行われ，また西周後期の青銅器，「兮甲」盤では，兮甲なる人物が南淮夷に赴いて貢納品を徴収するよう命じられている。

けっきょくのところ，殷周時代における銅資源の開発，及び原料の運搬・集積といった活動は純粋な経済活動ではなく，政治や祭祀のしくみの中に埋め込まれていたといえる。玉やタカラガイ，亀甲，象牙などの「交易」や，王による農業生産物の収奪，つまり租税の徴収にもそれはあてはまる。

耕地の管理・開発と徴税

『孟子』によると，上古には900畝（約16ヘクタール）の広さをもつ正方形の田地が井字形に九等分され，周囲の8区画が8家によってそれぞれ耕作される一方で，中央の区画は公田とされ，8家がこれを共同で耕作していた。かかる土地制度のことを「井田制」という。殷代に行われたとされる「助」という税制は，

この公田での収穫をすべて租税として納めるやり方であった。だが周代になると井田制は次第に行われなくなり，各自に与えられた田の収穫から，その1/10を納めさせる「徹法(てっぽう)」に改められたという。

実際のところ，青銅器銘文にみえる土地区画や所有関係はより複雑かつ多様であり，井田制が一円的に行われたとは考えにくい。だが西周時代における農耕の実態を伝えるとされる『詩経』の農事詩には，「公田」「私（田）」の語がみえ，「公」に帰属する田とそれ以外の田とが，確かに区別されていた。かかる「公田」とは，祖先祭祀のために氏族の成員が共同で耕作していた祭田に起源するとされる（白川 2000）。元来は氏族祭祀のための共有地であったのが，領主や王の祭祀がより重要なものとして君臨するようになった結果，かれらの所領に取り込まれ，そこでの耕作が賦役労働化したのであろう。「助」字を構成するパーツである「且」は祖先神（「祖」）のことであり，その祭祀のために「力」で奉仕することが「助」，農作物を差し出すのが「租」であるとの解釈（宮崎 1933）は，こうした理解と符合する。農産物の収奪は，当初は支配者が行う祭祀への貢納として課せられたものだった。

ただし，かかる「徴税」は，邑の統合やそれにともなう王権の強化，土地制度の変革などによって，孟子が述べるとおり変化していったとおぼしい。時代が降って前594年には，魯の国で「初めて畝(う)に税す」という新制度が導入されており，単位面積に応じて収穫物を納めさせる税制の登場が確かめられる。

西周の青銅器銘文には，諸侯に与えられた領地内の，邑や川，人間の数が明記されることがあり，場所によってはかなり厳密な土地・戸口管理がなされていた。邑は「里」や「隣」といった単位から構成され，それぞれに管理者が置かれていたが，里や隣には複数の血縁集団が居住しており，したがってその管理者も一族の長などではなく，すでに地域行政官的な色彩を帯びていた（伊藤 1987）。

その後，西周の共王期ごろを転機として，邑に所属する耕地の一部（およびそこを耕作する人間）が細かく割譲される現象がみられるようになる。また夷王～厲王(れい)期（前9世紀）には，西周が都を置いていた陝西の，西方・北方での大土地開発が認められる（増淵 1974）。こうした土地開発や耕地細分化の背後には，西周中期以降の土地争いの激化，および周の王畿における邑田の枯渇があったと考えられる（吉本 2005a）。

先に述べた周の淮夷遠征は，この邑田の枯渇に起因するものでもあったが，結

果として周辺諸侯の反発を招いた。また邑の周辺には，周王に服属しない「戎(じゅう)」や「狄(てき)」が居住していたが，かれらの暮らす山林叢沢もこのときの開発の対象になったと推測される。こうした情況を背景として諸侯の離反や犬戎(けんじゅう)の叛乱が起こり，それが引き金となり周は洛陽に遷都することとなった。これがいわゆる周の東遷であり，春秋時代（前770〜前403年）のはじまりである。

覇者体制の推移——春秋時代

　西周後期の紛争に対処するため，各地の諸侯は都城を強化し，兵役負担者をそこに集住させた。「士」階層を中核としたこれらの兵役負担者を「国人(こくじん)」とよぶ。軍備を整え，周辺の諸邑を併合することに成功した諸侯国では，新たに邑田を獲得した家系が勢力を蓄え，世襲的な支配層，「世族(せぞく)」が形成された。やがて軍事負担に不満を抱く国人により国内支配が動揺すると，最有力の諸侯を盟主に据えた同盟が諸侯国の間で結成され，同盟内での紛争や外からの侵攻に共同で対処することによって，戦闘の停止がはかられるようになる。いわゆる「覇者体制」の出現である（吉本 2005b）。

　当時，覇者の下に集まった諸侯国にとって，最大の脅威は南方の楚であった。前632年，晋の文公が城濮(じょうぼく)で楚を破って覇者になると，その威光の下に同盟諸侯国における秩序が安定したため，既得権益を握る世族の地位はいっそう強化される。だが前546年に晋・楚の間で講和が結ばれると，覇者としての晋の存在意義は薄まり，その規制力の弛緩とともに各諸侯国内で世族と被支配層との間の紛争が激化した。やがて晋の覇権は崩れ，晋自体も内紛を抱えるようになる。

　紛争の激化に呼応して，各国では軍事動員の拡大が進んだ。それまでの戦闘では，動員される戦車の数は1,000台以下であり，領土が狭い国であっても，この程度の戦力は準備できた。各国の首都に居住する国人によって戦力がまかなわれ，領域内の諸邑からは動員が行われなかったものと考えられる。だが前6世紀中ごろから動員の範囲が広がり，5,000台に近い戦車が投入された戦役もあらわれた。

　戦闘規模の拡大にともない，それを支える経済的基盤を整えるため，制度の創設・改変が進められた。たとえば楚では前548年に「甲兵を数」え「土田を書」するなど，土地利用情況の点検と税収の整理とが行われた。また前590年に魯で「丘甲(きゅうこう)」が，前538年には鄭で「丘賦(きゅうふ)」が作られたが，これらは「丘」とよばれる聚落単位ごとに武器や軍事費を負担させたものである。ここにみえる「賦」と

は，その一部に「武」字をふくむことが示すとおり，兵役義務ないしは服役の代わりに徴収された財物を指す（宮崎 1933）。前 483 年になると，魯では「田賦を用う」という新制が施行され，耕地面積（あるいはそこでの収穫高）に応じて「賦」が徴収されるようになった。

　戦乱は多くの変革を生む。紛争を勝ち抜くべく，各国の支配層は国君や有力世族の下に結集し，専制的な支配体制が形成された。また戦力と戦費の負担がより広い範囲で，より広い階層に求められ，やがては一般農民をも歩兵として徴発する兵制が構築された。それにともない，戸籍制度や土地制度も整えられ，軍事力を支える制度的・経済的基盤がさらに充実してゆく。かくして諸侯国が富国強兵を進め，苛烈な侵略・併呑を展開した戦国時代（前 403～前 221 年）が，ここに幕を開けることになる。

3　中国本土の形成と拡大（前 4 世紀～前 1 世紀）

国君専制の構築と富国策

　春秋期の覇者体制が弛緩すると，国君や有力貴族は独自に家臣を蓄え，専制体制を整えていった。こうして形成された家臣団が，のちの官僚機構の原基となる。これらの人員を召し抱えておくためには相応の経済基盤が必要であり，たとえば秦では，前 409 年に官吏の帯刀を命じ，官僚身分の差別化・特権化がはかられたが，その翌年には「初めて禾を租す」という新税制が打ち出された。収穫物への課税で得られた財源が，官僚への俸給などに振り向けられたのであろう。

　その後，前 4 世紀半ばには，秦において商鞅が諸々の制度改革（「変法」）を行い，富国強兵がはかられたとされる。『史記』商君列伝によると，変法は 2 度に分けて実施され，そのうち第一次変法（前 359 年）の内容は以下のとおりである。

- 民を 10 戸・5 戸ごとのグループ（什・伍）に分け，連帯責任を負わせて相互に監視させた。
- ひとつの家に 2 人以上の男子がおりながら分家しない場合は，賦税が倍加された。
- 軍功には爵をもって報い，敵の首級ひとつを挙げるごとに爵一級が与えられた。この爵が身分制度の基準となり，田宅の支給額もそれに準拠させた。

・私闘の禁止。
・耕織の推奨，商行為の抑圧。

これに続いて，9年後（前350年）には第二次変法が行われる。

・父子兄弟が同居することを禁止。
・小さな聚落をまとめて「県」とし，各県に長官・次官を配置した。
・田制を変革（「開阡陌」）し，賦税を公平にした。
・度量衡の統一。

　実のところ，商君列伝の記述はその史実性が疑わしく，これらの諸改革は戦国晩期になってから，商鞅個人の事績としてかれに仮託されたものと考えられる（吉本 2000）。だが前375年に秦で戸籍が作成され，民が「伍」に編成されたのは，『史記』始皇本紀にも記される。その後，前364年に秦は魏と石門で戦い，斬首6万の戦果を挙げた。戸籍の作成により組織的な軍事費の調達や徴収兵の動員が実現したのであろう。またここで斬首数が明記されているのは，獲得した首級に応じて爵位を与える軍功報奨制度が，すでに開始されていたことを示す。

　また前350年，秦において県制が施行されたことも，『史記』秦本紀や六国年表から確かめられる。それまで多様なかたちで存在していた地方の都市・聚落が，「県」として改編・統合され，各県には長官たる県令が派遣されることになった。これらの県を統括するものとして「郡」も置かれ，いわゆる「郡県制」の下で地方統治の均質化・合理化が進められた。

　制度改革とともに，国君の経済基盤を強化する施策としてこの時期に推進されたのが，山林叢沢の開発である。従来，居住区や耕地の周囲を取り囲む山林叢沢は，住民により共同管理され，はっきりとした「所有者」が存在しなかった。やがて管理者として君主の命を受けた人間がそこに送り込まれるが，狩猟目的での利用に限られるなど，君主による支配にはなお一定の制限がもうけられていた。ところが，楚で行われた前548年の検地では，山林叢沢の物産も調査・集計され，それらが軍事費に充てられている。かくして山林叢沢が君主の家産に組み入れられると，そこでの経済活動（林業や製塩）に税が課せられたり，その地を新たに開墾して，耕地が作られるようになった（増淵 1957）。

　また新たな耕地を獲得するために，大規模な水利灌漑事業が行われるようにもなった。たとえば前4世紀初，魏では西門豹（せいもんひょう）が鄴（ぎょう）周辺の治水にあたり，12本の水路を開鑿して田地を灌漑したという。こうした開墾地には諸国の農民が招致さ

れ，かれらが国境を越えて移動することも珍しくなかった。『孟子』には，農民の移動が当時は日常的にみられたことが述べられており，孟子が生きた前4世紀末ごろには，戦乱によって黄河中流域では人口不足が生じ，戸口の誘致とそれによる農民の流動化が起こっていたようである（吉本 1997）。

農民社会の変容

　戦国期には，農法の変化や土地制度の改定により，農民社会においても変革が生じた。技術面で大きな変化をもたらしたのは，戦国時代における鉄器の普及である。

　西周時代までの金属器はもっぱら青銅製であったが，春秋期以降，鉄の生産が開始し，実用的な鉄器もみられるようになる。原材料の鉄鉱石は，銅鉱石に比べるとはるかに豊富であり，生産技術が進歩すると，鉄器はより安価な金属器として急速に普及した。戦国期における山林藪沢の開発も，鉄器が普及して山林の伐採が可能になったことにより，いっそう促進されたと考えられる。なによりも鉄製農具の一般化は，農法の変化をひきおこした。

　春秋時代までの農法は，数年間作付けした後，雑草が繁茂した耕地を放棄し，しばらく別の土地で作付けしてからふたたび元の耕地に戻るという，いわゆる切替畑方式であった。また農作業においては家族の枠を越えた協力関係がみられ，個々の家族が排他的に耕地を占有したのではなく，血縁・地縁により結びついた人間集団が土地を共同所有していたものと考えられる。戦国期にいたっても農地の割替制（共同体成員の間で，一定の年限ごとに耕地の割り付けを交換し，耕地の善し悪しによる収穫差を均等化する制度）が行われていたらしいことは，耕地がなおも共同所有されていたことを示している。

　ところが戦国時代に鉄製農具が普及すると，深耕による除草作業が容易になり，春先の除草を経て前年と同じ土地をくりかえし使用する，年一作方式の農法がとられるようになった。また作業の効率化は，家族単位で相応の土地を耕作することを可能にした（渡辺 1986）。

　こうしたなかで，商鞅は「阡陌を開く」という田制改革を行ったとされる。「阡陌」とは耕地の間を走る道路のことで，したがって「阡陌を開く」とは，農地の区画変更を意味する。青川秦墓出土木簡には前309年の詔勅が記され，そこでは1歩×240歩を「1畝」とする新区画の導入が命じられており，かかる田制

改革が秦において実施されたことは確実である。この改革がいかなる意図をもって実施されたのかは，論者によって意見が分かれるが，代表的な説によると，この改制により，新区画にもとづいて一定の耕地が個別の家族に割り当てられ，その世襲的占有が認められたものとされる（渡辺 1986）。

前3世紀中ごろの秦律（睡虎地秦簡）には，国君による農民への耕地の分与が明記され，前2世紀初の漢律（張家山漢簡「二年律令」）では，爵位に応じて与えられる耕地面積の多寡が，こと細かに規定されている（⇒テーマ17「田制」〈p.121〉）。耕地は「戸」を単位に支給され，一方で「戸賦」「戸芻」など，「戸」ごとに徴収される租税もあった。また犯罪などにより耕地が没収されることもあったが，通常は戸主の死後も子孫による継承が許され，田宅の売買も認められていた。つまり名目上にせよ，あらゆる耕地が君主のものとされ，そのうえで個別家族による一定面積の世襲的占有が——占有権の売買も含めて——認められ，各家族を単位に租税を徴収する体制が，このころまでに整備されたとみてよい。換言すれば，戸籍の作成や土地の支給を通じて編戸農民を把握・管理し，それを財物や労働力調達の基盤にするという，漢〜唐代における人民支配の基礎が，戦国時代に形成されたといえる。こうした制度がいかなる経緯により成立したのかは定かでないが，共同所有・共同耕作を旨としていた農民社会が，戦国期にいたって大きく変容したことはまちがいない。

経済都市の誕生

『荀子』王制篇によると，北海では馬や犬，南海では大鳥の羽・象牙・犀の角・青色の染料・丹砂，東海では紫貝・葛製の布・魚・塩，西海では皮革やヤクの尾が産出するが，中国の民はこれらを交易で手に入れ，そのおかげで沼沢で働く者も木材に困らず，山で働く者も魚に不足せず，農民が木を削り土をひねる必要はなく，工人や商人が田を耕すこともなかった，という。戦国期にはすでに，社会的・地域的な分業が相当な水準まで発展し，天然資源のみならず，日常的な什器の流通も始まっていたといえる。宇都宮清吉は，前4世紀から前3世紀末にかけて生じたのは，「経済界そのものの発見」であったとする（宇都宮 1955）。それはたんなる交易圏の拡大に止まらず，交易の質的な変化，すなわち純粋な経済活動の活性化でもあった。

たとえば殷周時代の大都市，とりわけ王都は，王朝の滅亡とともに放棄される

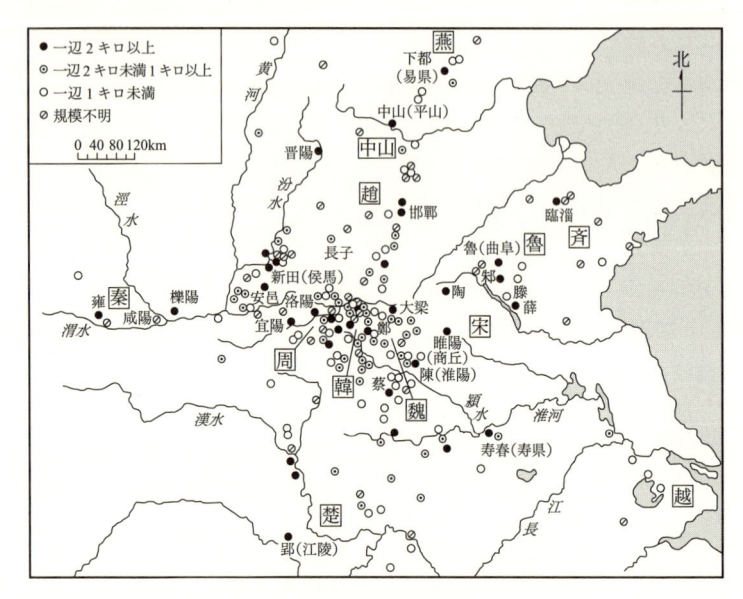

地図7 戦国時代の都市遺跡の分布

出典）江村 1998。

ものであり，政治的な性格を色濃く帯びていた。しかし戦国時代になると，王朝の興亡に左右されない，巨大な経済都市が出現する。なかでも多くの，大規模な城郭都市が生まれたのは，黄河中流域を中心とする三晋（春秋時代の晋が三分してできた戦国期の諸侯国，韓・魏・趙）地域であった（地図7）。

　三晋地域は古くからの交通の要衝にあたる。当時，東西の幹線は渭水・黄河・済水といった大河に沿って走り，南北には済水・泗水・淮河などに沿って，長江にいたるまで交易路が延びていた。この交易路がちょうど交差するあたりに位置する陶（現在の山東省定陶県）は「天下の中心で，諸侯が四方から通行する路にあたる」（『史記』貨殖列伝）とされ，ここに居を定めた陶朱公范蠡は，交易により巨万の富を積んだという（⇒テーマ14「貨殖列伝と平準書と食貨志」〈p. 90〉）。

　河南省の東・南部では，春秋後期から商人の活躍がみられ，国の動向にも直接関与するようになっていた。また同時期には青銅貨幣が出現し，やがて各地で普及するようになるが，三晋地域で発見された貨幣には，都市名が鋳込まれたものが多い（⇒テーマ12「貨幣（漢以前）」〈p. 86〉）。これらの貨幣は都市単位で発行

され，そこに拠点を置く商人たちの保証の下に流通したと考えられる。三晋地域における城郭都市増加の背景には，もちろん戦国期の軍事的な事情もあったろうが，都市を中核とした経済活動の発展が，無視できない動因であったといえる（江村 2000）。

これとは対照的に，三晋の周辺地域（斉・燕・秦など）では，国都以外の都市はさほど大きくない。また都市発行の貨幣はほとんどみられず，国君が発行した統一貨幣が中心となる。さらに，三晋では県が独自の兵器鋳造権をもっていたが，周辺地域では地方の都市が自ら兵器を製造している例が少なく，基本的に宰相や郡守（郡の長官）の名の下に鋳造されていた。したがって周辺地域での都市の巨大化は，経済都市の自律的な発展の結果ではなく，主として政治的・軍事的理由に因るものであった（江村 2000）。いわゆる「商鞅変法」のなかに商行為の抑圧がふくまれているのは，都市の自律性を抑えようとする秦の方針とも通底していよう。

統一王朝の形成

前4世紀の終わりごろから，中原の情勢はこれら周縁部の諸国，すなわち秦・楚・斉，およびいち早く遊牧民から騎馬戦術を取り入れ，北方に勢力を広げた趙の動向に左右されるようになる。やがて秦が，東方の諸侯国（燕・趙・斉・魏・韓・楚のいわゆる「六国」）の領域に侵攻し，前221年には斉を滅ぼして，武力による統一を成し遂げた。これを承けて，秦王政は自らの称号を「王」から「皇帝」に改めた。「始皇帝」の誕生である。「皇帝」が天下の支配者として君臨する帝制中国の基本パターンが，ここに出現した。

始皇帝は全土に郡県制を敷いて中央から長官を派遣するなど，積極的な統一政策を進めた。経済面でも，秦の方孔円銭（「半両銭」）が統一貨幣とされ，諸侯国ごとにまちまちであった度量衡や車軌も統一された（⇒テーマ9「度量衡の統一とその展開」〈p. 81〉）。ただしこれらの政策は，交通や交易を円滑にするという純粋に経済的な理由からではなく，「統一」を全土に印象づけるためのプロパガンダとして実施された側面が強く，その実効性は疑問視されている。

始皇帝が行った全国巡幸や外征もまた，プロパガンダの一手段であった（籾山1994）。とくに領地の広大さは「皇帝」という別格の権威を支える重要な要素であり，さらなる領域拡大をめざして北方の匈奴や嶺南の南越にたいして遠征軍が

派遣される。北方に進攻した軍勢は，黄河河曲地帯（オルドス＝ステップ）から匈奴を駆逐し，長大な北辺の防壁，いわゆる万里の長城を築造した。だが急激な統一政策や外征のための動員は，東方の旧六国地域における反発を生む。始皇帝が没すると，東方で起こった小規模な叛乱が全土に拡大し，秦の皇帝は2代で潰えることとなった。

秦滅亡後の戦乱を勝ち抜き，新たに皇帝の座についたのは，漢の高祖，劉邦（位：前206～前195年）であった。ただし漢成立当初の皇帝の直轄地は中国の西半部，つまり戦国期の秦の領域に限られ，東半部の旧六国地域には功績のあった諸将が諸侯として封建された。即位後の劉邦はこれら異姓諸侯の排除に意を注ぎ，他界するまでに，ほぼすべての異姓諸侯を攻め滅ぼし，代わって同姓の親族を諸侯に据え，かれらに領地の支配を委ねた。

しかし同姓諸侯と中央政府との間にもやがて軋轢が生じ，前154年には大規模な諸侯の叛乱（呉楚七国の乱）が起こる。時の皇帝，景帝（位：前156～前141年）はこの叛乱の鎮圧に成功し，ここにいたってふたたび，皇帝がほぼ全土を直接支配する体制が整うことになる。

漢王朝の財政と税制

漢代の財政制度は，それが「国家財政」と「帝室財政」とに二分された点において，後世の制度とは大きく異なる（加藤 1918～1919）。国家財政とは天下統治のための財政を指し，たいする帝室財政とは皇帝個人の生活のために運転される私的財政であり，それぞれ財源・支出用途・管轄機関を異にしていた。こうした二元構造は漢王朝にいたって始まったのではなく，漢がその制度を継承した秦の時代から，すでに存在していたものとおぼしい。

国家財政の収入源となったのは，漢代の農民が負担した租税，すなわち「田租」と「算賦」である。田租とは収穫のうち一定の割合を納めるもので，漢成立当初は収穫の1/15，その後いくたびかの改定を経て1/30とされた。算賦は銭納の人頭税で，15歳から56歳の成年男女に年間120銭が課せられた。この他に，「賦」とよばれた租税には「口賦」や「更賦」があり，前者は未成年者にたいする人頭税，後者は輪番での徭役の代わりに納められた免役銭を含む，銭納の租税一般を指す総称であった（⇒テーマ10「徭役（漢以前）」〈p. 82〉）。

これらの収入は大司農（中央政府に置かれた9つの主要官庁，いわゆる「九卿」

のひとつ）が管轄し，支出の半ばをしめたとされる官吏への俸給をはじめ，軍事費や土木工事費に充てられた。

　一方，帝室財政の主要な収入源としては「山海池沢の税」がある。山林叢沢は皇帝の家産とされ，その資源を利用した事業には税が課せられた。鉄鉱業や製塩業への課税や，水産業にたいする「海租」がこれにあたる。また王朝が開墾して得た公田からの収入や，商人が売上高に応じて納めた「市租」も帝室財政に属した。

　帝室財政を管轄したのは，同じく九卿のひとつである少府で，主たる支出は宮中での食膳や衣服・器物，さらには皇帝が行う賞賜の費用であった。前1世紀ごろの国家財政が年間40億銭あまりであったのにたいし，同時期の少府の収入は43億銭であり，帝室財政は国家財政に匹敵する規模をもっていた。

　帝室財政の収入源となった租税は，いずれも「租」「税」とよばれるもので，したがって当初は「田租」も帝室財政に属していたと考えられる。「租」にせよ「税」にせよ，それらは元々は君主に捧げられた貢物であり，祖先祭祀をはじめ，君主が自らのために用いるものであった。山林叢沢などの家産から挙がる利益も同様である。しかし君主が大規模な常備軍を抱え，その維持費用を負担するようになると，新たに「賦」が徴収され軍事費に充てられた。かくして公的な国家財政が誕生し，官僚組織の拡大など国家機能が複雑化するのにともなって，次第にその規模を増していった。必要な収入を確保すべく，やがて田租が国家財政に移管され，前漢武帝の時の塩・鉄の専売化にさいしては，その専売収入も国家財政に充当された。一方で帝室財政は徐々に縮小へと向かい，後漢時代には大司農が主管する国家財政に一元化された。

　さて，年間40億銭あまりとされる国家財政は，あくまで中央の大司農が掌る財政の規模であり，全土で得られた租税収入の総額ではない。地方で取り立てられた租税のうち，中央に送られたのは，算賦をはじめとする銭だての租税のなかの，一定量にすぎなかった。前196年に高祖が出した詔勅によると，この上供分は「献費」とよばれ，各郡はそれぞれの人口数に応じて，1人年63銭の割合で献費を中央に送ることになっており，これが大司農の財政基盤を成した。

　したがって租税収入の大部分は，中央に吸い上げられることなく地方に蓄積され，必要に応じて中央に，あるいは辺郡をはじめとした財物需要の高い地域に輸送された。こうして随時行われる物資の輸送と献費の上供とが，漢代における財政運輸の根幹であった。その指揮権は大司農の下に置かれてはいたが，彪大な量

の財物そのものは地方に留め置かれ,その意味で中央集権的な財務行政はいまだ確立していなかったといえる(渡辺 2010)。

商工業の展開

　伝統的に商人や手工業者は,一般農民よりも低い地位に置かれた。その理由はさまざまに説明されるが,確かなところは分からない。だが秦の法律においてすでに,商人は「列」「伍」に編成されて一般民とは異なる扱いを受けていたし,同時代の魏では,1カ所に定住しない行商人等には耕地が支給されず,官吏になることも認められていなかった。

　漢代になると,商人が「市籍」とよばれる特別な戸籍に登録されたことが確かめられる。市籍とは一種の営業登録でもあり,そこに載せられた商工業者は製造・販売した物品の数量を官に申告し,それに応じて市租を納めるものとされていた。

　商業活動の場であった「市」のうち,主要な常設市は王朝による管理を受け,役人が配置された。そうした「市」の周囲には牆壁(しょうへき)がめぐらされ,営業時間の制限や標準価格の決定が王朝により命じられるなど,さまざまな規制も敷かれていた。つまり当時は,商工業者の人頭的把握と取引場所の限定によって,商品流通の管理が試みられていたといってよい。かかる「市」制の起源もまた,戦国時代にまでさかのぼる。その背景には,戦国時代における都市や商工業の発達とともに,富国強兵策の一環として,商工業者からの徴税や市場を通じた軍事物資調達を,より円滑に運ぼうとする目的があった(佐原 2002a)。

　秦が試みた「貨幣統一」も漢に継承され,王朝初期の混乱を経て,文帝(位:前180〜前157年)の時に発行された四銖半両(よんしゅはんりょう)銭により,貨幣制度は一応の安定をみた。だが統一通貨がまがりなりにも浸透したのは,銅銭による「賦」の納入が強制されたからであって,商工業の発展による市場の拡大が統一通貨を必要としたからではない。当時にあっては,一定規格の布帛と銅銭との交換レートが法律によって定められており,布帛がいわゆる「実物貨幣」として広く用いられていた。銅銭は価値の高下を示す尺度として重要な役割を果たしたものの,実際の交易の場においては複数の交換手段のひとつに止まり,主として王朝の財政に関わる支払い——納税,官吏への俸給,王朝による物資調達など——に用いられ,社会に流通するものであった。

そもそも前漢前半期においては，青銅貨幣の使用のされ方は「郡県ごとに同じからず」（『漢書』食貨志下）という情況であった。こうした地域差の存在は，貨幣統一の緩やかさとともに，当時の地域市場が依然として小規模なものに止まり，かつ分散的であったことを示している。確かに製鉄業などは数郡にまたがるような広い市場を形成していたが，それはむしろ例外に属し，戦国都市の系譜を引く「県」が，財政的・経済的単位としてなおも機能していた（佐原 2002a）。

4　拡大の停頓から地方分立へ（前1世紀〜後3世紀）

武帝の時代

　武帝（位：前141〜前87年）の治世は，積極的な外征による領土の拡大や，皇帝の神秘や奢侈にたいする傾倒などに彩られ，まちがいなく前漢王朝の絶頂期であった。一方でこの絶頂期が分水嶺となり，戦国期以来の，専制国家の形成と拡大が停頓し，やがては政治制度や社会，経済，さらには思想文化において大きな変化が生じたのも，また事実である。

　さて，漢王朝の創設以来，北方からしばしば侵入をくりかえす匈奴の存在は，皇帝の頭痛の種だった。始皇帝による万里の長城建設は，遊牧民が南方との交易で得ていた利益を奪い取り，かえってかれらを団結させることになり，その後のたび重なる侵入を招く。この外患を取り除くべく，武帝は積極策に打って出る。

　前129年，総勢4万騎で匈奴を攻撃させたのを皮切りに，武帝は毎年のように遠征軍を派遣し，前119年までには河西回廊（現在の甘粛省一帯）やゴビ砂漠の南辺から匈奴を駆逐するのに成功した。その後も武帝は前103年の匈奴遠征など，北・西方に兵を進めるとともに，朝鮮半島，南越，西南夷にも派兵し，これらの地を漢の領域とした。

　武帝期の遠征には最大で10万余にのぼる騎兵が投入された。このころまでに漢軍の編成が騎馬兵中心に切り替わり，大量の騎馬を動員しうる体制が整っていたことがわかる（⇒テーマ6「馬政」⟨p. 45⟩）。だが，たとえば前119年の戦役での漢側の戦死者は数万人，さらに10万余の馬匹を失っており，一連の遠征は多大な人的・物的損失を生んだ。加えて占領地の維持にも莫大な費用がかかる。かくして武帝即位の初めには充実の極にあった国庫の富も，次第に底を突いてきた。

この財政危機に対処すべく，武帝はさまざまな改革を行い，歳入の増加をはかる。まず試みられたのは貨幣の操作で，宮中の銀器を鋳つぶして銀貨を発行したり，御苑に多くいた鹿の皮で高額の「貨幣」を作り，諸侯からの貢納品にはそれを用いるよう義務づけたりといった，なりふり構わぬ増収策が実施される。同時に銅銭の改鋳が進められ，各郡国で五銖銭（ごしゅせん）が新たに鋳造された。前113年にはその鋳造が中央の上林三官に一元化され，この上林五銖銭が中国全土で広く流通するようになった（⇒テーマ12「貨幣（漢以前）」〈p.86〉）。

　さらに塩鉄の専売も実施される（⇒テーマ11「塩鉄」〈p.84〉）。これにより鉱山などの資源は公のものとされ，生産者も官営工房に取り込まれるなどして，王朝の管理下に置かれた。その後，財政運輸のしくみが整備されると（⇒テーマ13「均輸・平準」〈p.88〉），塩鉄の流通もその中に組み込まれ，中央の大司農による直接管理を受けることになった。したがって上林による五銖銭の鋳造がそうであったように，塩鉄の専売もまた，財政制度の中央集権化という様相を帯びている。

　財政制度における中央集権化は，地方行政制度の変革とも呼応したものであった。武帝期までは，県が地方統治の民政全般を担当しており，郡はその上にあって監察にあたるもので，組織の規模もまだ小さかった。ところが武帝期には，郡の機能がより強化され，地方行政の中心的位置をしめるようになった（紙屋2009）。それを承けて，前106年には郡の上に「州」が設置され，配下にある数郡の監督を担当することになる。

　さて，武帝が行ったもうひとつの増収策は，商工業者への厳しい課税である。前119年には商工業者の資産への課税が強化され，資産額を申告させた上で，一定の割合で税が取り立てられた。申告漏れがみつかると資産は没収され，またそれを密告した者には没収財産の半分が報奨として与えられた。中産階級以上の商工業者はたいていが密告の憂き目にあい，資産を没収されたといい，これにより商人層が壊滅的な打撃を受けることになった。

大土地経営の進行

　没落した大商人たちに代わって経済活動の主役となったのは，大土地経営を行う各地の農場主であった。折しも武帝のころから，富者による農地の兼併が問題視されるようになっており，土地所有に制限を設けることが提案されている。その後も土地の兼併は止むことがなく，前1世紀の終わりにもふたたび限田策が講

じられた。だがこの制限策も有力貴族の抵抗に遭い，うやむやに終わっている。

大土地経営が拡大した背景には，前漢後期以降の農業技術改革，すなわち牛犂（図8）を利用した大規模農法の普及がある（渡辺 1986）。こうした技術改革の動きを端的に示しているのが，武帝の末年に施行された「代田法」である。

代田法とは，耕地に長い溝を平行して何本も掘り，その溝の底に種を播き，苗の成長にあわせて周りの土をその根元に寄せてゆき，大風や乾燥に耐える作物を育てる乾地農法である。この農法の特色は農具の改良にもあり，それまでの踏み犂に代わって，牛に犂を引かせる農法が採り入れられた。代田法の施行にあたっては，まず模範農場が作られ，それを通じて首都周辺の郡や辺境の人々に新しい農法が教えられ，普及がはかられたという。漢代の居延県（河西回廊に置かれた張掖郡の県）から出土した木簡には「代田倉」という倉名がみえ，その確かな浸透の跡がうかがえる。

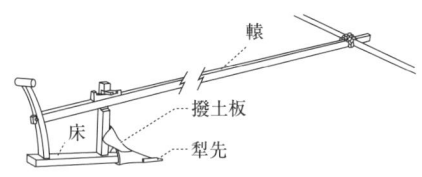

図8 漢代の画像石に描かれた牛耕図（上，陝西省米脂県出土）と犂の構造（下）
出典）（上図）中国農業博物館 1996。（下図）孫 1991。

代田法は大規模な耕地を前提にした農法であり，牛が不可欠である点においても小農民には不利である。こうした農法の普及により，牛犂耕を導入できるか否かによって農民の階層がはっきりと分化し，もたざる者は自らの土地を失って，大農場主の下に隷属するようになった。編戸農民からの徴収を基盤とする秦以来の体制にとって，かかる中小農民の没落はその根本を揺るがす問題であった。

一方，こうして形成された各地の有力荘園主，いわゆる「豪族」たちは，農場経営の傍らで「貨殖」にもいそしみ，各地における経済活動の中核となっていった。かれらの影響力は経済のみならず政治・文化にも及び，以後の歴史の展開を大きく左右した（⇒テーマ15「豪族と貴族」〈p.118〉）。

環境の変化と漢王朝の中断

　始皇帝による占領以来，黄土高原やオルドス地域には辺境防備のために多くの徙民(しみん)が送り込まれた。それにともなう農業開発はこの地域の植生を破壊し，土壌の流出を激化させ，それにより黄河下流域では頻繁に洪水が発生するようになった。なかでも前 132 年に起こった黄河の決壊は，その後 23 年間にわたって塞がれず，黄河下流域に連年の水害をもたらした。その罹災民への救済や修復工事の費用もまた，武帝期の財政を圧迫するものであった。こうした黄河の氾濫は，後漢後半期以降，オルドスが遊牧民の手に落ち，その地が牧草地化されて土壌流出が抑制されるまでくりかえされる（譚 1962）。

　洪水により疲弊した黄河下流域の民は流民化する。王朝はこれらの流民をまとめて西北辺境に移住させるなどし，そのコントロールをはかった。たとえば前 119 年には，70 万人におよぶ被災民がオルドス一帯に移されている。大量に発生した流民は，もはや本籍地に送還されず，流寓先に定着することが認められた。前漢末の墓葬から発見された尹湾(いんわん)漢簡には，東海郡（現在の山東省南部，江蘇省北部一帯）が 1 年間で，42,752 人の流民を受け入れた——「獲流」した——ことが明記されている。こうした戸籍制度の弛緩が，戸籍により所在を把握されている中小自営農民の減少や，荘園拡大の素地となった。

　前漢末に漢王朝の命運はすでに尽きたとの流言が広まるのは，後嗣に恵まれない皇帝が続いたという事実とともに，環境の悪化もその背景となっている。こうした時代の雰囲気を巧みに利用した王莽は，漢の宗室・劉氏に代わって新たに天命を受けるのは王氏であるとの讖緯(しんい)（予言）を喧伝し，ついに皇帝の座を劉氏から譲り受けるのに成功した。

　王莽が創始した王朝（新：後 8〜後 23 年）は，自己宣伝のなかで儒教経典を利用した行きがかり上，経書にもとづいた極端な復古主義を打ち出した。経済政策においても同様である。たとえばすべての土地を「王田」，奴婢を「私属」と名づけ，それらの売買を禁じて一定以上の所有にも制限をかけたり，標準価格を設けて物価を統制し，貧民には無利子での貸し付けをおこなったり，というのにも，それぞれ経書に拠るところがあった。これらの施策は，土地兼併の抑制や没落する中下層民の保護といった点で，確かに王朝が直面する現実的な問題をみすえたものではあった。だがあまりに理想主義的な改革は，混乱を生むだけだった。か

くして新は短命にして滅び,ふたたび劉氏が皇帝の座に返り咲いた。後漢時代(25〜220年)のはじまりである。

江南への人口移動

　漢を再興した劉秀(光武帝,位：25〜57年)の一族は,前漢第6代皇帝景帝から分かれた家柄で,南陽郡(現在の河南省南部,湖北省北部一帯)に広大な領地をもつ豪族であった。劉秀の母である樊氏,皇后となる陰氏もまた南陽郡の有力な豪族の出であり,さらにかれに従った将軍の半数近くが南陽郡出身者である。南陽の豪族社会が後漢王朝の母体になったといってもよい。

　南陽は,西は武関を経て関中に,東は長江・淮河へと通じる交通の要衝に位置する。前漢後期になるとここで農桑が勧められ,本格的な開発が始まった。劉氏,及び樊氏・陰氏は,いずれも前1世紀の中ごろに開墾事業に着手し,成功を収めた家柄である。開発にともなって南陽郡の人口は次第に増加し,前漢末(紀元後2年)の統計では190万を数え,140年の統計になると240万人を越えている。これは当時の郡の中でも最大の数字である。

　前漢から後漢時代にかけては,こうした南方への人口移動が顕著になる。もともと長江流域は人口密度が低く,地味も豊かで食べ物には困らないところとされてきた。しかし武帝期以降には北からの移住が増加し,中原での災害や前漢末の戦乱が,そうした動きに拍車をかけた。これにより前漢には1：5であった南と北との人口比が,後漢には1：2になった。2年の戸口統計による人口密度と140年のそれとを比較すれば,長江以南の,豫章郡や長沙郡などの人口がとくに増えていることがみてとれる(⇒図1〈p.20〉)。

　人口の移動にともない,用水池により水田を灌漑する水利開発などが進められ,江南の農業生産力は上昇へと向かった。安帝(位：106〜125年)の時代には,江南の租米が北方での飢饉を救うために運ばれており,その充実ぶりがうかがえる。ところが順帝期(位：125〜144年)から後漢末にかけては,長江流域で災害や飢饉が頻発し,多くの叛乱が起こっている。この段階では,江南の稲作技術にはなお不安定な要素があり,水利開発もそれほど大規模なものではなかったと考えられる(佐藤1985)。江南の本格的な開発は,三国時代以降を待たねばならない(⇒テーマ16「江南の開発と経済発展」〈p.120〉)。

豪族社会の発展

　後漢時代は，前漢後半期以降にあらわれた豪族がより勢力を伸張させた時代である。すでに登場した，劉秀の母の一族である樊氏が経営する大荘園のさまは，『後漢書』のなかでも活写されており，それによると田畑の広さは300余頃（約1,400ヘクタール）にも及び，ため池や用水路も整備されていた。耕作のほかには養魚や牧畜も行い，器を作るための木材や漆すら，自前で調達できたという。

　だが豪族による大土地経営は自給自足を旨として外界から隔絶していたわけではない。そこで生産されたものは内部で消費されただけでなく，周辺にも売り出され，それぞれの地域における経済活動の核となっていた。たとえば前漢末の王褒『僮約（どうやく）』に描かれた四川地方の荘園では，そこで生産された布や家畜，刀や矛が舟に載せて販売される一方で，その行商に立ち寄った先々で，荘園で不足するムシロや化粧品，さらに各地の特産品が買い求められた。かくして形成されたこの荘園の市場は，半径200キロほどに及んだという（宇都宮 1955）。こうした市場を通じて，豪族たちは経済的にも結びつき，利害の一致・相反に応じて互いに連合・反目しながら，豪族社会を構築していった。

　漢代の地方官のうち，一握りの高級官僚以外の，実務を取り仕切る大多数の官吏たちは，ほとんどが地元の豪族層出身者によってしめられていた。また地方の下級官から中央政府の高官へとキャリアを進めてゆくためには，地方長官による推薦や中央官府による抜擢が必要であり，そのさいに判断材料とされたのは豪族社会における評判や名声であった。したがって後漢時代には，豪族社会の動向やその中で形成された世論が，中央・地方の政治にも大きな影響を与えていた。

　後漢も半ばを過ぎると，政権を牛耳る宦官・外戚勢力と，「清流」をもって任じる官僚たちとの間で激しい政治闘争がくりひろげられる。そのなかで清流派官僚の足場を支えていたのも，豪族社会の世論であった。この政治闘争はたび重なる清流派官僚への弾圧を生み，次第に漢王朝の求心力を弱めていった。こうしたなかで各地に独自の経済基盤をもつ豪族たちは，王朝による統一を支えるよりも，むしろ地方の分立を促す存在となってゆく。農民叛乱（黄巾の乱，184年）を機に生じた戦乱が曹操によって鎮定されても，長江下流域や四川地方に拠点をおく勢力はそれに従わず，中国には3人の皇帝が並び立つにいたった。こうして歴史は，地方分立の時代へと推移してゆく。

テーマ8

戸　籍

　戸籍とは一般的にいって，戸口を国家に登録する帳簿である。戸籍の記載方式や戸籍が果たす役割は，国家の成り立ちや時代によって変化するので，一概に論じることは難しい。

　前近代中国の戸籍は，租税徴収，徭役・兵役徴収のための戸口帳簿であり，人民支配のための政治的な制度であった。戸籍の出現は，氏族制社会が知らなかった文字・書記・帳簿・会計・租税・徭役・兵制などの体系的整備を前提とするので，中国における政治的社会成立の明確な指標となる歴史的政治的産物である。

　中国史上戸籍の存在が確認できるのは，戦国秦の前375（献公10）年に「戸籍を為（つく）り相い伍す」（『史記』巻6始皇本紀巻末王名表）とあるのが最初である。また現段階で目にすることのできる，出土文字資料上のもっとも古い記録は，睡虎地秦墓竹簡群にふくまれる魏安釐王25年（前252）戸律条文であり，それ以前の戸籍に関わる記述はまだ確認されていない。中国では，遅くとも前4世紀初頭までには戸籍による人間の管理が始まっていたと考えられる。

　税役収取台帳である戸籍は，税役収取の形態によって，時代ごとに記載内容・様式を異にする。ただ，戸ごとに編成されるところに共通点がある。この場合注意すべきは，戸と家と家族とを区別することである。家族は血縁関係にもとづいて編成される社会組織であり，一組の夫婦と未婚の子供からなる小家族と複数の婚姻関係からなる幾世代かの小家族があつまった大家族（拡大家族）とに大別できる。家は，家族だけで編成される場合と，家族に非血縁成員である奴婢・奴隷・部曲・客・居候などをくわえて編成される場合とがある。両者は生計をともにする点で共通する社会組織であるから，家を家族と区別して世帯とよぶほうがよい。戸は戸口を戸籍に登録する単位であり，通常は社会にもっとも多く存在する小家族を単位として登録される。したがって戸と家（世帯）と小家族は，現実的な社会組織としては一致することが多い。

　そこで史料記載あるいは研究者のとらえ方に混乱が生じる。戸を家（世帯）と無媒介に同一視したり，家（世帯）と家族との違いを無視したりすることになる。政治制度と社会組織とが混同されるのである。登録単位である戸は，通常家（世帯）を基礎にする。秦漢期以後の中層以上の家には非家族成員をふくむことが多いので，奴婢・部曲・客が戸籍に登載される。家（世帯）が家族（血縁）だけで組織される場合は，戸＝家＝家族となって認識は混乱しない。しかし，家（世帯）が拡大家族で編成される場合や非家族成員をふくむ場合には，事情が変わる。拡大家族は，戸籍に登録するにあたって，いくつかの戸に分割して登録されることがある。この場合，戸は，家の社会組織とは一致しない。逆に有力家族のもとに多くの小家族が1戸に編成されることもある。北魏時代の30〜50家を1戸に統合した宗主督護制がこの典型例である。この場合，戸は多くの家の集合体であり，戸と家と家族とは一致しない。いずれの場合も主として税役負担の軽減，隠蔽を目的とする。

　戸籍を編成する各戸は，通常租税・徭役・力役の徴収単位であり，納入責任者である

戸主は秦漢時代には戸人，唐代には戸頭などとよばれた。戸と家とが一致しない場合は，戸主と家長・家父長とは一致しないことがある。通説では，秦漢・隋唐期の支配を個別人身支配と規定する。戸籍には戸の成員が記載され，租税負担者である丁（成年男子）数にもとづいて税役が徴収されるので，この面だけからみれば，国家が個別に人身を支配しているようにみえる。しかし，税役の収取は，戸主の責任において戸として一括納入されるのであって，個別人身に支配が及んでいるのではない。戸と家と家族が一致しない場合はなおさらである。

　宋代の戸籍は，両税を負担すべき土地を所有する主戸と土地をもたない客戸の統計帳簿であり，残っている統計記録によると主戸は7割，客戸が3割，主戸・客戸あわせて1戸あたり2人平均になる。この場合は，戸の単位が家でも家族でもないことを明示している。宋代の戸籍は，両税・職役の負担者を把握するための戸口帳簿であったため，家族や家を登録する必要がなかったのである。

　清朝末期まで戸籍制度は存続するから，中国では，紀元前4世紀から紀元後20世紀初頭にいたるまで，戸籍による人民支配がおこなわれたといえる。その中で，前近代中国における実質上最後の戸籍といえるのは，康熙帝が1711年に実施した「盛世滋生人丁」策と関連するものである。康熙帝は，即位50年を記念して，この年以後に増加する人丁（成年男子）の丁税を免除した。つまりこれによって戸籍上の支配丁数と税額を全面的に固定したのであり，人民支配の形骸化が進んだといえる（⇒テーマ35「地丁銀」〈p. 218〉）。

　現在，中国では公安部（警察）が管理する「戸口簿」があり，国民を都市戸口と農村戸口とに分けて管理している。これは，1949年の人民共和国成立以後に始まった制度であり，1958年1月に，「中華人民共和国戸口登記条例」が制定され，より厳格な運用がおこなわれるようになった。戸口登記条例の第1条は，「社会秩序を維持し，公民の権利及び利益を保護し，社会主義建設に奉仕するために，この条例を制定する」とうたっている。社会主義建設を進めていくにあたって，農村から都市への人口流入を制限することにより，調和のとれた社会建設をめざすものであった。ただ実態は，教育・福祉・経済生活のうえで都市と農村との間に大きな格差をもちこみ，社会の二重構造を造りだすことになった。78年の改革開放以後，農民工とよばれる大量の農村人口が労働者となって都市に流入するようになり，都市住民との間の社会的経済的格差をいっそう顕在化させたため，都市戸籍と農村戸籍の区分が緩和されるようになってきた。戸籍管理による都市と農村の区別の解消は，現代中国が目のあたりにする最重要課題のひとつである。

（渡辺　信一郎）

【参考文献】池田 1979，梁 1980

テーマ9

度量衡の統一とその展開

　古代中国において，春秋戦国時代には度（長さ），量（容積），衡（重量）は，各諸侯国でそれぞれ異なる単位と長さ，大きさを使用していた。だが前221年に秦の始皇帝が天下を統一すると，統治のうえでどうしても必要になったのが，貨幣，文字，そして度量衡の統一であった。度量衡の統一とは，行政制度上の単位の規格化に他ならない。

　始皇帝は度量衡の統一の命令を宣布し，升，秤，物差しの標準器を全国の郡や県の官署に配布した。青銅，鉄，石，陶器を素材とするそれら標準器は今日，中国の各地から出土しており，そこにはすべて始皇帝の度量衡統一の詔が刻字されている。それによれば，1斤の重さは240〜260 g，1升は194〜200 ml である（物差しはみつかっていない）。

　長さの単位は，身体の部位の長さを基準として決められたのであろう。「尺」とは，親指と中指を広げた象形であり，成年男子の広げた親指と中指間が1尺であり，それにもとづき量・衡が決められたと推測される。『漢書』律暦志には，黄鐘の管の長さが基準となり，またその管に秬黍は1,200粒が入り，容積の単位がそれによって決まり，さらにその目方が重量の単位となる，と記されているが，それは律暦，礼制度，音楽ということから理屈づけされた後附けの説と云わねばならない。ただ，度・量・衡の三者がそれぞれ有機的関連をもってその単位が確定されたことは，確かであり，その例証として王莽新（9〜23年）の時代に劉歆によって作成されたとされ，現在台湾故宮博物院に所蔵されている容器の標準器がある。漢嘉量と称されるこの器は，直径の長さ，円周，深さの尺寸から容量（斛，斗，升，合）が決められているのである。

　1尺の長さは，時代が降るにしたがって長くなり，それに伴って容積，重量も大きくなっていく（⇒表1〈p. ii〉）。その理由は，布帛を租税として徴するにあたり役人は漸次長い物差しを使用していったとか，土地丈量が漸長の原因であるとか，さらには南北朝時代における非漢人の中国支配により，度量衡の単位に変化が生じたという諸説が出されているが，定説はない。

　隋唐時代になると，度量衡に大と小の2種を設けた。大は一般日常の，小は音律，儀式，薬剤，経典などの伝統的な度量衡に適用した。唐小尺は8寸1分（24.6 cm），唐大尺は9寸7分（31.1 cm）であり，この大小尺制は日本の大宝律令でも採用された。さらに唐は，開通元宝という銅銭（⇒テーマ23「銅銭」〈p. 163〉）を621（武徳4）年に発行し，大尺にもとづいてその直径を8分，重さを2銖4累（10文で1両）とし，さらに銅銭1枚の重さを1銭として，「銭」を重量の単位としたのである。

　以後，大きな変化はみられず，19世紀の清にいたって工部が度量衡の標準器を作成するが，その段階では1尺＝32 cm，1升＝10,355 ml，1斤＝597 g となっていた。その後1929年になって，中華民国国民政府によりメートル法が採用された。　　　（冨谷　至）

【参考文献】橋本 1982，小泉 1977・1989，狩谷 1991〜1992，国家計量総局 1981

テーマ10

徭役（漢以前）

　徭役とは，主として丁・卒などとよばれる成年男子が中央政府または地方政府によって義務的に徴発される労役をいう。この労役には，①道路・水利施設建設などに用いる単純労働（力役），②官庁維持のための下層公務労働（のちの色役・職役），③兵役がふくまれる。秦漢・隋唐期の徭役の特色は，この三者が明確に区別されず，一体化していた点にある。

　秦漢時代の徭役には，一年・一カ月を労役期間とする制度化された兵役・力役と臨時に徴発される徭役があった。里耶秦簡木牘（『里耶発掘報告』彩版31，J1⑯5正面）と前186（呂公2）年の法令だとされる「二年律令」繇律（『二年律令与奏讞書』「二年律令」繇律411～415簡）の内容を総合すると，統一秦から漢代にかけて，県を主体に徴発される徭役・兵役には，①繇戍（戍卒），②県卒（甲卒），③踐更（更繇）④繇，⑤繇使，の5種類があった。

　①繇戍，②県卒（甲卒）は，兵役であり，一年を単位に徴発された。①繇戍は辺境防衛にあたる兵士，②県卒は地方郡県を守る兵士である。兵役に就くのは，傅籍に登録された農民の成人男子であり，かれらは正（正卒）とよばれた。戸籍とは別に編成される傅籍への登録年齢は，時代によって変化するが，前155年には全国一律に20歳（から60歳まで？）となり，昭帝期（前87～前74年）以後23歳から56歳までとなって，後漢末にいたる。①繇戍，②県卒は兵役ではあるが，力役にも動員されている。兵役と力役とが未分化なのである。

　③踐更（更繇）は，これも時代によって変化するが，前漢中期以降にあっては15歳から56歳までの男子がになう徭役である。更繇は，士農工商の全戸籍登録者から徴発され，県を中心とする地方徭役に従事した。これは，農民の正がになう県卒（甲卒）・繇戍（戍卒）とは異なる更繇の特質である。

　更繇は，一カ月の労役期間である更を単位として徴発される徭役なので，更繇とよばれた。更の徴発間隔（交替様式）には，現在知りうる限りでは，三更・四更・五更・六更・七更・八更・九更・十二更があった（湖北省荊州市荊州区紀南鎮松柏村M1号墓出土47号木牘，「二年律令」史律『二年律令与奏讞書』484～486簡等）。この更数（交替様式）は，更繇を徴発する各県がその管理する卒数にもとづいて選択した。各県は，たとえば三更であれば管理する更卒を3組に編成し，3カ月ごとに一更1月間就役させて年間4カ月，四更であれば4カ月ごとに一更1月間就役させて年間3カ月，就役義務を負わせるのである。このような更数の選択がどのような規準にもとづいて決定されたのか，年4カ月におよぶ徭役が現実に就役可能であったのか，不明な部分がなお残されている。

　更繇に徴発された更卒は，一更1月間の義務を踐更・居更・過更の三形態によって遂行した。踐更は更繇の当番がめぐってきてその義務遂行期間に入ること，居更は各県において更繇の義務を実際の労働によって果すことである。踐更者には代行者を立てて義務を履行することが可能であった。踐更の義務期間1カ月と実役に就労する期間には

時間的な落差が必ずあり，また踐更義務者と実役就労者との間にも人的相異が存在する。就役義務の期間と実役に就労していることとは区別する必要が出てくる。踐更は，実際に就労することを指すとは限らない。これが踐更と居更の存在の意義である。過更は，踐更したにもかかわらず就労すべき力役がなかったり，あっても就労せずに義務期間が経過したりした場合，過更銭（前漢中期以降通常一更300銭）を納入してこの義務を果たすことである。

上記の更銭の規定は，前81年に開催された塩鉄会議を契機として，以後すべて1年一更（十二更）方式に改定され，同時に過更銭納入を原則として賦銭化された。更徭の賦銭化は，別系統の人頭税である口銭（7歳〜14歳男女に23銭賦課）・算銭（15歳〜56歳男女に120銭賦課）との総合を可能とし，それらを総体として指示する「更賦」が制度用語として使われるようになった。

以上，①繇戍（戍卒），②県卒（甲卒），③踐更（更繇）は，制度化された徭役・兵役であり，二月・八月の農繁期においても徴発対象となる。

これに対して④繇，⑤繇使は，更繇や繇戍等の制度化された徭役を補う臨時の徭役である。④繇は力役の汎称，⑤繇使は長距離輸送労働などを中心とする単純輸送労働であり，必要なときに限って徴発された。臨時に百姓を徴発するときには，年齢・性別などの制限が加えられ，とくに農繁期には刑徒労働や制度的な徭役労働を優先して徴発した。④繇，⑤繇使には，制限があるとはいえ，女子も徴発対象とされた。この点は，制度化された兵役・更徭が成人男子によって担われたことと大いに異なる点である。

県は，臨時の③繇，④繇使をもふくめて年度単位に全徭役員数を管理し，郡に上申していた。おそらくその数は，上計制度によって郡から中央政府にも報告されたであろう。

最後に更繇を中心に徭役労働の社会的意味を述べておきたい。更繇の力役には，①城壁築造作業を代表とする道路・倉庫・濠・官府など城邑建造に関するもの，②灌漑水利事業や河川の治水工事，③郡県内の租税を郡治所まで輸送する輸送労働があった。これら建造物を生産する徭役の大部分は，郡県次元の地域社会が全体として再生産されるために必要な生産諸条件の整備や自然もしくは外部からの脅威に対する社会的防御を目的とする労働である。農民のみが負担する正の兵役とは異なり，更繇は各地方社会の男子全成員が参加する義務であり，地域社会の再生産のために必要な共同労働であった。実際の労働によって義務が果たされた秦・漢初期にあっては，本質的には強制労働であり，剰余労働の収取であったとはいえ，更卒の徭役はなお地域社会にとって有用な性格をも備えていたのである。

（渡辺 信一郎）

【参考文献】濱口 1966a，山田 1993，重近 1999，渡辺 2010

テーマ 11

塩　鉄

　前漢武帝時代に施行された塩鉄専売は，中国における専売制度の最初の例として知られる。また塩と鉄という商品が同時に専売化され，約100年にわたってその制度が維持されたことには，中国古代の社会・経済と専制国家の成り立ちそのものが深く関わっている。

　塩はいうまでもなく人間の生存に欠かせない食品である。主要な産地としては，東部の沿海地域に加え，巨大な鹹水湖である河東解州の塩池（現在山西省解県），四川省に存在する塩井（鹹水の井戸），モンゴル地域の岩塩があげられる。これらの産地で生産された塩は，太古の昔から中国の広大な内陸部にくまなく運ばれて消費された，もっとも古い商品のひとつであると考えてよい。春秋時代の斉国の名宰相管仲は，山東海岸部の塩と魚を売って国を富ませたと伝えられる。

　一方春秋時代に出現した鉄器は，戦国時代の半ばから本格的に普及し始めたと考えられており，この時代の都市と商工業の発展や専制国家の形成と深く関わっている。鉄鉱山は銅山などよりも分布が広く，比較的容易に採掘できるが，その精錬と加工は当時の最先端技術であった。鉄器は中国固有の先進的鉱工業製品だっただけでなく，くず鉄の再利用を通じてリサイクルされる点でもユニークな商品であった。前漢武帝時代は，古代中国における鉄の生産技術が初期的な完成を遂げ，鉄器の普及がほぼ完了する時期にあたっている。

　このように商品としての性格の異なる塩と鉄が一括されるのには，財政的理由がある。中国では古くから，山林や湿地，海岸など農耕に適さない土地が「山林藪沢」とよばれ，君主の家産であるとされてきた。戦国時代の列国の君主たちは，「山林藪沢」に産する森林や動植物，鉱産・水産資源などを有力な財源としたとされる。これらは前漢時代にも，少府の管轄する「帝室財政」の大きな財源であった。『史記』貨殖列伝に登場する大商人たちは，君主に特別な税を納め，特権的に資源を活用して塩や鉄などの商品生産を行い，多様で大規模な商品流通の担い手となっていた。

　前漢武帝の外征と浪費による財政の破綻が，こうした君主の財政と大商人の共生関係を一変させる。塩と鉄の専売化は，元狩年間に始まるさまざまな財政増収策と商人への統制強化の一環であった。きっかけとなったのは，従来「帝室財政」に属していた塩鉄の税収が，大農の管轄する「国家財政」に移管されたことである（加藤 1918〜1919）。この時に登用されて塩鉄の管理を担当したのが，南陽郡の大製鉄業者である孔僅と，山東の大製塩業者である東郭咸陽だった。かれらは前120（元狩3）年に，商人の関与を排除して塩鉄の生産販売を官が行うよう提案し，数年がかりで実行に移された。

　塩鉄専売にかんする史料は，『史記』平準書や『塩鉄論』などにみられる。制度の詳細は明らかでなく，解釈の分かれる点も少なくない（影山 1984）が，大まかにまとめれば，塩鉄専売制度は資源採取と生産の官による独占，生産者の統制管理，流通販売の官による独占という3つの側面から成り立っている。

　まず塩や鉄を産する郡ごとに，塩官・鉄官の役所が設置され，資源採取と生産を官が

独占的に行うようになった。この役所では「もとの塩鉄家の富める者」が実務を担当しており，従来塩・鉄の生産を行ってきた商人たちの生産設備などが収公されたことがわかる。複数の鉄鉱山をもつ郡には，鉄官の下に出先機関のような生産拠点も設けられ，鉱山のない郡には「小鉄官」が置かれてくず鉄の集荷とリサイクルが行われた。各地で発掘される漢代製鉄遺跡は，このような鉄官に属する製鉄工房が多いと考えられる。

　鉄鉱山や製鉄工房には，「卒徒工匠」とよばれる労働力が配置された。「工匠」は精錬や鋳造・鍛造のエンジニア。かれらが，徭役労働に従事する郡県民である「卒」，強制労働刑を課せられた囚人である「徒」の単純労働力を指揮して鉄器を生産していた。一方塩については，塩官に登録された民間業者が生産した塩を，官が一括して買い上げる方式が用いられた。塩水を煮詰める生産用具の一部は官から支給されたらしい。

　こうして塩官・鉄官に集積された生産物は，県ごとに置かれた「市」，すなわち官設市場に輸送され，官吏が直接販売にあたった。隣接する郡の間で，需要に応じて生産物を融通することも可能であった。輸送のための労働力は経路に沿った地域で徴発され，こちらも郡県民の税役負担が利用されている。実際に売られた塩や鉄器は，値段が高くて品質が悪い，品物の種類が少ないなど，お役所仕事につきものの問題はあったが，専売制度は孔僅たちの努力によってどうにか稼働したようである（佐原 2002a）。

　塩鉄専売制度はその後，前111（元鼎6）年から前110（元封元）年にかけて設置された均輸平準制度（⇒テーマ13「均輸・平準」〈p.88〉）に包摂され，全国の県ごとに「均輸塩鉄官」が置かれている。郡単位に運営されていた専売制度が，中央官庁である大農の下で郡・県に管理が及ぶ全国的な体制を整えたことがわかる。

　武帝の死後，塩鉄専売制度は均輸平準制度とともに，儒家的な知識人や官僚から強い批判にさらされ，一時的に廃止されたものの，けっきょくは復活して前漢末まで維持された。専売収入自体が，財政収支全体を好転させるほどの重要性をもったわけではない。しかし塩鉄専売は，武帝時代の改革によって完成した，財政機構における物流管理システムの不可欠な要素となることによって，後世まで専売制度のモデルとなった。

（佐原　康夫）

【参考文献】増淵 1957

テーマ 12

貨幣（漢以前）

　中国の漢字の世界において，「貝へん」の文字は財貨に関係する意味をもつことが多い。実際，新石器時代から殷・西周時代にかけて，南方の海辺からもたらされたタカラガイは，多産や豊穣を願う呪術的な財宝として珍重され，周王から有力な臣下に下賜されることもあった。しかしこのような貝殻は，価値の尺度など，貨幣として部分的に機能することはあったとしても，一般的な交換手段として用いられたとは考えられない。

　直接に貨幣の起源とされるのは，春秋中期ごろに出現した布銭とよばれるメダル状の青銅製品である。布銭は山西や河南から多く出土し，小型のシャベルのような農具を模している。やや遅れて河北や山東で小刀の形を模した刀銭が出現する。戦国時代になるとそれぞれの形式が多様化し，国による違いもみられるようになる。燕・斉では王権の管理の下で刀銭が作られ，韓・魏・趙では都市単位に異なる小型の布銭が作られた。南方の楚では蟻鼻銭(ぎびせん)とよばれる，貝貨を模した銅銭が大量に作られ，黄金も用いられている。さらに戦国時代後半には円銭も登場し，西方の秦もこの動きに加わったと考えられる。

　このような春秋戦国時代の青銅貨幣は，銘文から国や鋳造地のわかるものが多く，とくに韓・魏・趙の布銭が作られた都市は現在の山西地方に集中する。これらの都市は戦国中期から後期にかけて，秦と対峙する軍事拠点だったことからみて，当時の青銅貨幣は商工業の発展の結果というよりも，兵員と物資を集中する軍事的目的で作られた可能性が高い。また各地で出土する青銅貨幣は，いずれも多種類の貨幣を大量に甕などに入れて埋蔵されている点も，秦漢時代の銅銭と大きく異なっている。

　中国を統一した始皇帝は，秦の方孔円銭（四角い孔をあけた円銭）である半両銭を全国で使わせ，従来の多様な青銅貨幣を一掃した。これが有名な始皇帝の貨幣統一であり，以後近代にいたるまで，中国の銅銭の形態は変わっていない。しかし半両銭の大きさと重量の規格は一律には守られず，戦乱の中で王朝が交代した前漢初期にかけて，実に大小さまざまな半両銭が使われている。前漢文帝時代に発行され始めた四銖銭（重さ4銖＝約2.7グラムの半両銭）によって，この混乱はようやく収束に向かった。この時期の銅銭は，銅を産する地域の県において鋳造されていたらしい。

　秦漢時代には，このような青銅貨幣に加えて黄金も貨幣として用いられた。黄金は1斤（256グラム）や1両（16グラム）を単位とする餅状の金塊に加工され，銅銭とは異なる特殊な秤量貨幣だったと考えられる。また布帛（麻布と絹布）にも規格が設けられ，実物貨幣として重要な役割を果たしていたが，財政上は銅銭がもっとも重視された。考古学的には，半両銭の時代になると銅銭が墓の副葬品として一般的にみられるようになり，青銅貨幣の使われ方が戦国時代とは明らかに異なることも特徴的である。

　前漢武帝による外征などによって漢の財政は一気に枯渇し，財政改革の時代を迎えた（⇒テーマ11「塩鉄」〈p.84〉, 13「均輸・平準」〈p.88〉）。財政の崩壊が商工業や流通経済全体を混乱させていくなかで，前119（元狩4）年から，財政増収策として新たな貨幣制度が企てられた。まず皮幣（白い鹿の皮）と白金（銀に錫を混ぜたもの）が新た

な貨幣とされ，銅銭は重量を3銖（約2グラム）とし，銘文も「三銖」に改めた三銖銭が発行される。これらは偽造の流行を招いて大失敗に終わり，翌年には郡国で五銖銭（重量3.3グラム）を新たに発行，従来の半両銭が廃止されている。銅銭の発行管理が，銅産地の県から郡国単位に変更されている点が注目される。さらに前115（元鼎2）年には「赤仄銭」という特殊な五銖銭が首都長安で作られたが，いずれも偽造の流行に飲み込まれるようにして失敗した。

前113（元鼎4）年，貨幣制度の混乱に業を煮やした武帝は，郡国五銖や赤仄銭をすべて廃止し，長安の禁苑である上林に設けられた施設で独占的に銅銭を発行することにした。ここで発行された五銖銭を「上林五銖」とよぶ。重量と銘文が一致し，変造防止のため裏側にも縁取りがつけられた上に，品質の均斉化された上林五銖銭の大量発行によって，ようやく貨幣制度は安定し，偽造の流行も終熄した。上林五銖銭はこれ以後前漢末までに累計280億枚あまりが鋳造されたと伝えられる。中国の貨幣史上，単一の均質な銅銭だけが使われたのは，ほとんどこの時期だけである（⇒テーマ23「銅銭」〈p. 163〉）。

前漢の末年，王朝を乗っ取った王莽は貨幣制度にたびたび改変を加えた。銅銭では円銭に布銭と刀銭を加えたほか，金銀貨幣から亀甲や宝貝まで，実に28種類に及ぶ貨幣制度を施行している。これは儒教が理想とする，伝説的古代の貨幣とされたものを総ざらえしたもので，王莽の急進的理想主義を示しているが，到底社会的に定着できる制度ではなかった。民衆はひそかに前漢の五銖銭を用い続け，王莽の銅銭の中では「大銭五十」という，五銖銭より少し大ぶりな円銭だけを受け入れたという。王莽を倒した後漢王朝では，当初十数年間は貨幣が発行されず，ようやく復活した五銖銭も，前漢代ほど大量には作られなかった。政府の財政においても「銭穀・金帛・諸貨幣」が並列的に用いられ，銅銭が特別に重視された形跡はない。もはや前漢とは時代が異なるというべきだろう。

ここに述べたように，漢代までの中国貨幣史にはいくつかの不連続面があり，貨幣の使われ方にも大きな違いがある。貨幣の歴史イコール貨幣経済の歴史とはいいがたいことには，ぜひとも注意しておきたい。

（佐原 康夫）

【参考文献】山田 2000，宮沢 2007，江村 2011，佐原 2002a・2002b・2002c，柿沼 2011

テーマ13

均輸・平準

　前漢武帝の前110年、数年前に先行していた均輸改革をふまえて、桑弘羊が本格的に均輸・平準を実施した。高校世界史の教科書は、均輸・平準について、「均輸とは、特産物を貢納させ、その物資が不足している地域に転売する物価調整法。平準とは、物資が豊富なときに貯蔵し、物価があがると売り出す物価抑制法」(『詳説世界史』山川出版社)と記している。この記述を、各種概説も踏襲する。均輸・平準は、物価問題に矮小化されている。均輸・平準は、財物の輸送改革(均輸)と物価調整(平準)に関わる政策である。この2つの改革がなぜ必要となったか、その根拠をふくめて問わなければ、その内容を十全に理解することはできない。

　桑弘羊が提案した均輸・平準について、根本史料の『漢書』食貨志は次のように伝えている。

　　諸官各おの自ら市いて相い争い、物(価)、故を以て騰躍し、而して天下の賦輸、その償費を償わざるものあり。すなわち請いて大農部丞数十人を置き、部に分かちて郡国を主らしめ、各おの往来にして均輸・塩鉄官を置き、遠方をして各おのその物の異時に商賈の転販せし所の如き者を以て賦と為さしめ、而して相い灌輸せしむ。平準を京師に置き、都て天下の委輸を受けしむ。工官を召して車の諸器を治め、皆な給を大農に仰がしむ。大農の諸官、尽く天下の貨物を籠し、貴ければ則ち之を売り、賎ければ則ち之を買う。此の如く、富商大賈、大利を牟むる所亡ければ、則ち本(農業)に反り、而して万物騰躍するを得ず。故に天下の物(価)を抑え、名づけて平準と曰う。

　ここには、均輸・平準施行の直接的理由とその具体的対策案が記されている。桑弘羊の挙げる施行理由は2つある。第一は、中央諸官府がそれぞれ独自に行政に必要な物資を買いつけるために競争が起こり、官需物資をめぐって物価騰貴が起きたことである。その背景に官需物資を商品とする遠隔地交易商人の商業活動がある。第二は、「賦」とよばれて、地方郡国から中央へ輸送・上納される銭だての財物に関わる問題である。「賦」は、百姓の徭役労働によって輸送されたが、中央に運ばれ、納入される財物の価格以上に、輸送費用(償費)のかかる場合があり、輸送の円滑化が問題になっていた。

　2つの課題に対応して、その対策案も二重の構えとなっている。第二の輸送の課題について、大農(のち大司農に改名)は、まず地方郡国を数十の部域に区分し、ひとつの部域ごとに大農部丞一人を配置し、また各部域内の要所の多くに均輸官・塩鉄官を設置して、各部丞のもとに租賦・塩鉄専売の管理と輸送を直接掌握させ、その円滑化をはかった。これが史料に即した均輸法の内容である。

　第一の課題は、遠方の郡国から首都に輸送される「賦」の内容に関連する。大農は、中央諸官府が商人より競争で購入していた物資を「賦」として現物で上納させ、これによって諸官府の需要をまかなわせた。そのために長安に平準官を設置し、これら地方からの財物を受け取らせて管理を強化し、あわせて大農配下の諸官府にこれらの物資を独占的に蓄積させ、物価の高低をにらんで蓄積物資の購入・販売をおこない、首都長安周

辺の物価騰貴を抑制しようとはかった。これが史料の語る平準の内容である。購入・販売を重視して，均輸・平準を「国家的商業」とみなす見解もあるが，それは副次的な要因の拡大解釈である。

　2つの改革に共通する直接的根拠は，地方郡国に蓄積された租税など，諸財物の中央への輸送問題である。その背景には次のような事情があった。長安を中心とする首都圏（三輔）は，皇帝一族・中央官僚をはじめとする非生産的人口を中核に約240万人の人口をかかえ，食糧・衣料などの生活諸手段を圧倒的に首都圏の外部に依存していた。また首都圏には宮廷をはじめ諸官府や軍隊が集合している。そのため，厖大な行政経費・軍事経費が必要であった。これらの需要をまかなうために，外部にある地方郡国から中央に財物を順調に調達する必要があった。

　一方この元封年間（前110〜前105年）に前後して，北方では対匈奴戦争が続き，南方では南越との戦争が開始され，辺境諸郡では安定した行政経費・軍事経費の調達が課題となっていた。辺境諸郡における行政経費・軍事経費の調達は，中央首都圏における需要の充足をいっそう窮屈にした。辺境諸郡と中央首都圏における財物需要を安定的に調達するために，財物の輸送改革が焦眉の急になっていた。

　財物の中央化に関わって，もうひとつ問題があった。『史記』貨殖列伝には，武帝期の経済地理を記述する部分がある。それによれば，全国に遠隔地交易の中核となる「都会（交易センター）」が15カ所あり，それらを包括する①関中圏，②巴蜀圏，③河北圏，④河南圏，⑤夏圏，⑥楚圏，⑦番禺圏の7大交易圏が存在した。15の交易センターを中核とする遠隔地市場交易が戦国期以来発達していた。この遠隔地市場交易をになう商人たちが，首都圏における財物需要を見込んで，地方郡国から需要物資を仕入れて中央に輸送し，販売したために，最大の消費者である各官府が競争して購入することとなり，首都圏における物価を高騰させるという事態が起こった。すなわち，遠隔地市場交易が財政的物流と競合し，首都圏の経済・財政を混乱させていたのである。

　漢代における物資流通の中核は財政需要及び財物の輸送に関わる財政的物流である。この財政的物流の競争者として活動しはじめた遠隔地交易商人を排除し，すなわち中央と地方との間の財政的物流を市場流通と切り離して，大農のもとに中央政府の事業として統一的に運営したのが，均輸・平準であった。

(渡辺　信一郎)

【参考文献】影山 1970，渡辺 2010

テーマ 14

貨殖列伝と平準書と食貨志

　司馬遷の『史記』には，本紀や列伝とならんで「書」とよばれるカテゴリーがあり，そこには「礼書」や「暦書」など，当時の制度や政策を題目ごとにまとめたものが収められる。そのひとつである「平準書」は，漢王朝の成立から司馬遷の時代までの経済政策を取り扱い，とりわけかれと同時代を生きた武帝による，諸々の経済統制策について多くの紙幅を割いている。班固の『漢書』食貨志はこれを継ぐもので，その上篇は「食（農業）」，下篇は「貨（貨幣や財政政策）」について叙述する。

　『史記』にはこの他に，大商人の列伝である「貨殖列伝」が立てられる。その内容はたんなる富豪の伝記にとどまらず，各地の風俗・物産・交通といった経済事情の紹介にも及び，そこに独特の経済思想が織り込まれる。たとえばその書き出しでは，「自給自足の理想郷」など実現不可能な代物で，人間の欲望には限りがないが，とはいえそれらの欲望もけっきょくは折り合って，経済は自ずと円滑に動いてゆくものなのだ，という主張が展開されている。こうした貨殖列伝の哲学や，王朝による経済統制への非難の言を引用して結ばれる平準書の構成から，司馬遷は「自由放任説」の持ち主と評されることもある（小島 1936）。

　農業を「本」とし，商工業を「末」として卑しむ伝統的価値観にたいして，利益を求める人間の本性を肯定し，貧乏の照れ隠しに仁義を語るのを恥とする司馬遷の態度は，むしろ特異なものである。『漢書』を編纂した班固は，『史記』の先例を無視できず，いちおう「貨殖伝」を設けはしたものの，その一方で司馬遷が「貨殖のことを述べては，権勢や利益を重んじて貧賤を恥とした」ことを，「聖人の道にもとる」ものとして手厳しく批判した（『漢書』司馬遷伝）。『漢書』食貨志では，平準書の内容を踏襲した下篇はともかく，上篇では中小農民の保護などをうたった上奏文がしばしば引用され，班固の重農主義的な姿勢が鮮明に打ち出されている。抑商重農の価値観が儒教の公式見解として優勢になってゆくと，司馬遷の経済思想はまったく異端に属するものとなり，『漢書』より後の歴代正史では貨殖列伝が立てられることはなくなった。

　司馬遷と班固の間に横たわる隔絶は，たんなる個人的見解の相違ではなく，ひとつの時代の終焉を示すものとされてきた。宇都宮清吉は司馬遷の経済思想を，戦国期以来の商工業の発展から生み出された「古代的経済学の典型」とよび，司馬遷の時代に起こった王朝による経済統制は「商業的経済社会の没落」であったとする（宇都宮 1955）。こうした評価は，漢代を境に貨幣経済が自然経済に退行するという見方と共鳴し，その変化のコントラストをいっそう際立たせてきた。だが高祖父が秦の「主鉄官」，曾祖父が漢の「市長」で，実家は「耕牧」を生業とした司馬遷と，代々高級官僚を輩出する，儒学者の家に生まれた班固とでは，経済活動にたいするまなざしが本質的に異なったとしても不思議ではない。漢代に生じた経済面での「変化」を，『史記』『漢書』の相違から単純に図式化することはできまい。近代的な経済モデルから離れた，貨殖列伝の読み直しなどが試みられている所以である（佐原 2002a）。

　とはいえ，『史記』平準書や『漢書』食貨志が経済史研究の根本史料であることは疑

いない。これら史料の訳注には加藤 1942，永田・梅原 1988 があり，後者の注釈は非常に詳細で有用。また『漢書』以降の歴代食貨志についても，西嶋 2007（晋書），渡辺 2008（魏書・隋書），加藤 1948（旧唐書・旧五代史），高橋 1987～1995（新唐書），周藤・中島 1960～2006（宋史），和田 1957（明史）などの訳注・史料研究がそろっている。ただし広くユーラシア全体をおおう視野と多言語の知識が必要となる『元史』食貨志の訳注は，残念ながらいまのところ発表されておらず，今後の研究の進展が望まれる。

（宮宅　潔）

第2章

魏晋南北朝～隋唐五代
―南北分立から南北分業へ（3～10世紀）―

丸橋 充拓

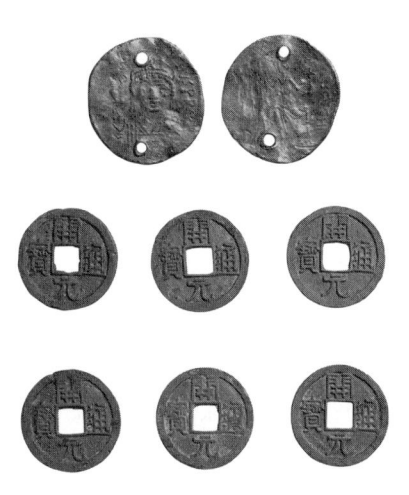

1　古代帝国の崩壊と江南経済の成立（魏晋～南朝）

漢の崩壊

　3世紀の初め，後漢王朝の命脈は曹操の専権下で風前の灯火となっていた。220年，曹操の死によって魏王を継いだ曹丕(そうひ)に対し，献帝から帝位が禅譲される。前後400年にわたる漢の天下は，ここに名実ともに尽きたのである。中国の統一は魏を継いだ晋（西晋）により280年に再現されたが，宗室間の内紛（八王の乱），およびそれに続く匈奴の叛乱（永嘉の乱）によって，半世紀あまりの短期間で崩壊（316年）。こののち，中原には五胡と総称される諸族が乱立し，江南には晋が亡命政権を建てて命脈を保つ（東晋），南北分裂の時代が250年ほど続くこととなる。

　政治的混乱の底流には，気候寒冷化にともなう人口移動があった。近年の気候学の成果に拠れば，3から4世紀にかけて北半球は寒冷期を迎えたという。これにデリケートに反応したのが自然環境の変化に敏感な遊牧民であった。直接的な因果関係を立証するのは難しいが，ユーラシア東方では五胡が，西方ではゲルマン族が農耕地帯へと移動したことが，東西古代帝国の混乱を招いたというのが一般に受け入れられた理解である（妹尾 1999）。

　遊牧民が南遷し，西晋が崩壊，東晋が成立する。こうした政治動向のなか，一種の「玉突き現象」として，中原にいた漢人の江南移動が大量に発生した。かくして，3世紀初めの中国は，北では外来の五胡勢力と土着の漢人が，南では僑民とよばれた中原からの流寓者と土着の江南人士が並存するという，きわめて複雑な社会状況が出現することとなった。そして南北それぞれに，外来者と土着民が対立と融和を反復しながら，新たな秩序を構築していく――これが以下に述べる魏晋南北朝時代の基調といえよう（岡崎 1989）。

魏晋の財政政策

　後漢末，群雄の一角から身を起こした曹操は，後漢王朝とは別系統の財政政策を独自におこない，経済的地歩を固めていった。まず社会混乱のなかで投棄された耕地を接収して屯田とし，流民などに耕作させ田租を徴収する体制を整えた。屯田は，後漢王朝の地方行政を構成する州―郡―県の系統ではなく，大司農の典農部という別組織が管理した。曹操はさらに，もともと後漢王朝が臨時に課していた賦斂とよばれる諸税を「戸調」の名で制度化し，独自の財源とした。その税額は，田租が毎畝4斗，戸調が毎戸絹2匹・綿3斤と伝えられている。後漢王朝の田租・更賦（⇒テーマ10「徭役（漢以前）」〈p. 82〉）と曹操政権下の田租・戸調とが別々に並存していたわけである。しかし漢魏革命によってこの二元構造には終止符が打たれ，後者への一元化が果たされることになる（渡辺 2010）。

　魏の屯田制と田租・戸調制は，西晋にも引き継がれる。西晋の土地制度は，占田・課田制と称せられる。このうち占田とは，個人の土地占有面積の上限を定めるもので，一般百姓であれば男子70畝・女子30畝とされた。ただし官僚の場合は別枠で，地位に応じて10～50頃（1頃は100畝）という大土地占有が認められていた。一方，課田は田租の賦課対象となる耕地を民に支給するもので，丁男（成人男子）50畝，丁女（成人女子）20畝，次丁男（準成人男子）25畝等の規定が定められた。

　占田・課田はしばしば並称される。しかし両者の関係は判然としない。それぞれ対象となる農民が別だったとする見解や，同じ農民が双方を保有したとする主張などさまざまな説が提起され，統一した理解に達していないのが現状である。ただ，両者には王朝が当時抱えていた政策課題があらわれている。すなわち，占田とは豪族の大土地経営に対する所有制限という前漢のころから追求されてきた政策の延長線上に位置するものであり，課田とは魏の屯田と同様に流民発生・課税対象地荒廃への対策として生まれたものであった。ともに漢代以来の時代状況を映した政策だったといえよう。

　税制については，表2にも示したように，まず戸調の名で毎戸絹3匹・綿3斤が徴収された。また穀物4斛も課される。この穀物4斛が戸調に含まれるのか，それとは別の田租にあたるのかについては学説が分かれている。なお，これら税額は各戸に直接賦課された数値ではない。王朝中央が地方郡県に対して徴税を指

表2 漢〜五代における主要な人民負担

		前漢中期まで	前漢後期〜後漢	魏 晋	東晋南朝	北 魏	西魏北周	隋〜唐前半	唐後半〜五代
役（労働力）	兵 役	繇 戍県 卒		(兵戸制)			府 兵（579〜590は兵民分離）	防 人	(募兵制)
	徭 役	更 徭	(雇役)	丁兵（三五発卒）		丁兵（三五発卒＝十五丁兵→六丁兵→八丁兵→十二丁兵）		歳役・雑徭	(雇役)
	更 役							色役（雑人役・職役）	
	免役銭等	(過更銭)	過更銭					(庸)	
税（生産物）	穀 類	田 租		田租or口税米		田 租		租	両税斛斗
	繊維製品			戸 調				調	両税銭（布帛代納が一般的）
	銭 貨（農民対象）	算賦・口賦		?				税銭（唐中期に創設）	
	〃（商人対象）				交易税・通行税等				塩税等

令するさい，この賦課額に当該郡県の戸数を乗じて徴収ノルマを算出するのである。これに対し，各郡県が基層社会において徴収を行う現場では，貧富に応じた差等が設けられていた（渡辺 2010）。

税役収取におけるこのような差等は，もちろん農村における階層分化に対応したものである。魏晋以降，南北朝を経て隋唐にいたる期間，中国の農村は富豪層と貧家層の二大階層でおおよそ構成されていた。富豪層による大土地すなわち荘園の経営は，大きなものでは数百頃というような数字も伝わるが，標準的には1.5頃（7.5ヘクタール）程度の直営地を，牛犂耕（一具につき二牛が牽引）を利用しつつ，奴隷・雇農・小作などを用いて耕すというレヴェルであり，この規模であれば安定的な経営が可能であった。これに対し，圧倒的多数をしめる貧家層の小経営は，理念的には100畝（1頃）の均等耕地を世襲的に占有・用益する「編戸」農民と位置づけられる存在であったが，実際の耕作地はせいぜい数十畝ほどにすぎず，手労働中心で不安定なものとならざるを得なかった（渡辺 1986，大澤 1996）。

東晋〜南朝の社会と財政政策

八王の乱・永嘉の乱による中原の荒廃は人口の流動化，端的には漢人の江南へ

の流亡をもたらした。その移動は，高級官僚・有力豪族層から，地域名望家を中核に郷里単位で集団移動した一般農民まで，あらゆる階層に及んだ。前者の代表格が王導を中心とする王氏である。姓の前に本籍地を冠する当時の慣習により「琅邪王氏」と称されたこの集団は，首都の建康近くに居住して東晋政権の中核を担っていくことになる。一方，後者のような移住集団は京口（現在の鎮江）や広陵（現在の揚州）など周辺都市に拠点を構え，自衛団をつくって団結を保っていく。

東晋新政権にとって，そうした移住集団を現住地において戸籍登録させ，いわゆる編戸農民として行政的に把握して，課税対象としていくことが重要な課題となった。しかし移住者たちにしてみれば失地回復・郷里帰還こそが悲願だったから，仮寓地にすぎない現住地で編戸とされ，固定化されてしまうのは迷惑以外の何者でもなかった。そこで折衷案として，東晋一代を通じて数次にわたり実施されたのが「土断」である。この政策では，まず移住集団の故郷にあたる州・郡・県が移住先に仮設される。僑州・僑郡・僑県とよばれるものであり，たとえば「徐州」からの移住集団に対しては「南徐州」が設立された。そしてかれらに独自の戸籍「白籍」を設けて「僑民」と位置づけ，原住民の戸籍「黄籍」と区別していくというものである。こうした努力を通じ，5世紀には40万以上の僑民を把握することができたが，かれら僑民と江南原住民との間は，東晋南朝を通じてデリケートな関係が続いた（中村 1999）。

新たな人口流入を承け，東晋以降の江南社会は，後述のように大規模な開発，そして大土地所有進展の局面に突入する（⇒テーマ16「江南の開発と経済発展」〈p. 120〉）。こうした経過に対応するべく，東晋政権は度田すなわち田土調査を実施し，戸調に田税を加えた既存の体制によって田制・税制の再建をめざした。この田税は当初土地面積基準だったが，377年以降，人頭賦課の口税米に転換している。このように豪族たちが経営する土地（荘園）はいずれも課税対象地であり，いわゆる不輸権を保持していた日・欧中世の荘園とは大きく異なる。ただし私有地拡大のため労働力を確保したい有力貴族・豪族層は多くの隷属民を傘下に吸収していたため，王朝側が戸籍登録によって民を直接把握することには限界があった（渡辺 1986）。

東晋そして南朝の時代は，国防上の要請から都の建康以外にも軍府とよばれる軍事拠点が複数設けられた。東晋時代のいわゆる北府（現在の鎮江）・西府（現

在の荊州)，あるいは南朝にかけて各地に設けられた都督府(複数の州で構成され，1人の都督によって統括される軍管区)などがそれに該当する。こうした軍府は，軍事力はもとより，財政的な権限も独自裁量部分を有しており，しばしば歴代朝廷を脅かす存在となった。

宋・斉・梁・陳と続いた南朝歴代王朝は，いずれもこうした軍府の司令官クラスが武力を背景に樹立したものであった。地方軍府の脅威を熟知するかれらは，即位するとしばしばそれらの力を削ぎ，中央集権化への道を追求することになる。財政面における集権化は，北朝との軍事的緊張が高まった宋・孝武帝(位：453～454年)期から明確に形をあらわし始めた。すなわち，徴税監督官「台使」の派遣や営利・交易活動をになう出先機関「台伝」の創設などを通じて，地方に潜在する各種財源を掌握するとともに，都には上庫とよばれる公的財庫や斎庫という名の私的財庫を置いて中央財政の強化をはかったのである(川合 1985，中村 2006)。

こうした動きの背景には，後述するような銅銭使用の活発化があった。このころは布・絹各2丈・絲3両・綿8両・租米5石から成る戸調や毎畝2斗の田税など既存の賦課に加え，估税(こぜい)(交易税)・津逮税(しんたいぜい)(通行税)・市税(営業税)など流通課税を強化するようになる。それによって，南朝財政は銅銭にたいする依存度を徐々に強めていくのである(渡辺 2010)。

江南地域の開発と流通

三国呉の時代に端を発する江南の開発は，東晋政権の樹立とともに加速する。首都建康(現在の南京)近隣を皮切りにその周辺へと展開し，開発を主導した貴族・豪族による荘園経営が広汎に展開することになる(⇒テーマ15「豪族と貴族」〈p.118〉)。

西晋末期の混乱で江南に移動した流民集団は，州城・県城など既存の都市には居を構えず，郊外に独自の聚落を営んだ。屯(とん)・邨(そん)・村(そん)などとよばれるこうした自然聚落を拠点にかれらは開発を進め，その手はまず農地に，さらにはいわゆる山林藪沢にまで及んでいく(宮崎 1960)。河川沼沢・低湿地の多い江南における農地造成は，排水と海潮防止の面における技術的未熟さゆえに，微高地が中心であった(北田 1999)。一方，鉱物・建材・燃料・鳥獣・魚介類など山林藪沢の各種資源は，農産物の一部あるいは各種日用品・奢侈品などとともに交易に投じられ

た。貴族たちが各地に設けた加工・販売施設を拠点にそれらは商品化され，この時期に整えられた水上交通網を介して流通経済の発達を導いていく（⇒テーマ16「江南の開発と経済発展」〈p. 120〉）。

　戦国以来，君主の家産とされてきた山林藪沢に私的な拓殖・占拠が進み，村が自生していく情況にたいし，政府サイドはこれを認めていく方針を採用する。村に代表者を立てて県に協力させることで，行政体系に組み込んでいくことをめざしたのである。さらに，農地にたいしては東晋期に度田による調査・把握を，山林藪沢にたいしては宋の大明年間（457～464年）に占山制とよばれる所有制限策を試みた。しかし，大土地所有者＝豪族・貴族の支持を基盤に成立している南朝政権にとって，こうした政策を徹底することは上述のように困難であった。また流通経済の発達にたいしては，銅銭さらには鉄銭までも発行して対応をはかるものの，昂進する貨幣需要を支えきれず，私鋳銭が問題化していくこととなった（宮澤 2000）。

2　南北経済の再結合（五胡北朝～唐前期）

「拓跋国家」による再統一

　西晋の自壊に端を発する中原の4世紀を「五胡十六国時代」と称する。モンゴリアやチベットに起源をもち，後漢末から魏晋にかけて中原へ移住していた匈奴・羯・鮮卑・氐・羌のいわゆる「五胡」が，騎馬軍団を擁してこの地を席巻し，中小の軍閥政権を次々に打ち立てていく。そしてこの時代には，のち清代まで頻見される「少数の遊牧民集団が多数の漢人社会を統治する」図式がはじめて出現した。生業も志向性も異なる両者の間，すなわち胡漢関係には政治的・文化的な摩擦があまた発生したものの，混乱のなかからは新たな秩序が生まれていく。その先駆けとなったのが五胡の混乱を収束させ中原を統一した鮮卑族拓跋部の政権，北魏であった。そしてこれに続く北斉・北周，隋，唐は，政権基盤や施政方針，各種制度設計などさまざまな側面で北魏を継承する政権だった。民族的なルーツを共有し，文化的連続性も認められる（岡崎 1995，谷川 1971）。そこで昨今ではそうした点を強調するため，これらは母体となった氏族集団の姓を取って「拓跋国家」としばしば一括されている。「中華王朝の正統的継承者」という中華史

観的・一国史観的なラベリングを相対化するための概念である。

同じ時期、モンゴリアでは柔然、続いて突厥が巨大「遊牧国家」を樹立し、中央アジアからはソグド人が遠隔地商人あるいは軍人として中国内地へ移住し始めている。そうした諸族との深い関わりを通じ、「拓跋国家」は経済的にモンゴリアや西域と強く結ばれていく。一方、北魏・北周の南方拡大、隋の陳併合、唐の再統一という過程を通じて、長く分立状態にあった中国南北間の経済関係がひさびさに結びつけられることになる。その象徴が隋代に開削された「大運河」であることは贅言を要さない。

さらに「拓跋国家」がまず中原を、ついで江南を領有していく過程においては、両地域で展開していた大土地所有の問題にどう向き合うのかも重要な課題となっていく。

本節では、北魏から唐にいたる「拓跋国家」が、地域間の経済的結合にいかなる影響を及ぼしたかを中心に、8世紀前期までの動向をたどってみよう。

北魏孝文帝の財政改革

北魏という王朝が直面した最大の課題は、五胡十六国の100年を経て社会を覆ったさまざまな多元性——たとえば胡と漢、兵と民、豪族と小農民等々——を克服し、新たな秩序を構築していくことであった。経済問題に引きつけていえば、農業立国への転換、有力豪族との連携・統制、南朝と対峙していくための補給体制などが、かれらの課題となっていく。

諸課題のうち、五胡から北魏初期までの早い時期に着手されたのが、人口問題であった。征服地の民を首都の平城（今日の大同）付近へと強制移住させて人口の充実をはかるとともに（徙民政策）、かれら個々人宛に田土を支給し（計口受田）、担税戸化していくというものである。

北魏初期の税制は、西晋と同じ戸調と田租であった。①貧富格差を考慮に入れた県段階の収取と、②1戸あたり帛（絹地）2匹、絮（まわた）2斤、絲（絹糸）1斤、粟（モミつきの穀物）20石として基準額が固定されている公調すなわち州から中央への上納部分、という二層構造を採っていた点も前代を継承している。一方、大きく変わったのは、上記の基準額とは別に「調外費」として毎戸帛1匹2丈を各地の州庫に納めるようになったことである。西晋以前の財政において定められていたのは中央に納められる税物の算定基準のみであり、地方経費に

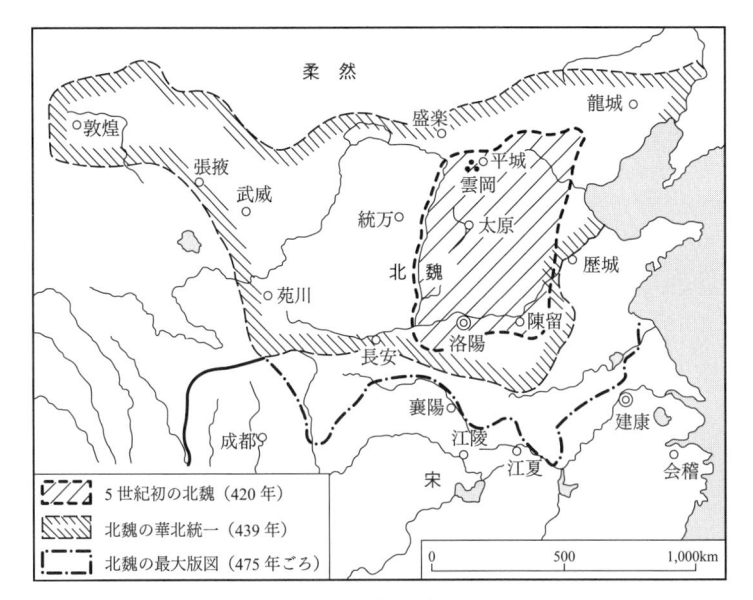

地図 8 北魏領域拡大図

出典）川勝 2003。

たいして中央は特段の管理・指揮をおこなってこなかった。北魏における調外費の設定は，地方経費を明確化し，中央の指揮下に置くことにした点で画期的な意味をもっていた。なおこのころ編戸の徭役（役務労働）負担は，さほど重くなかった。公共工事があまり恒常的には行われず，軍務には鮮卑族の兵戸が専従していて漢人編戸には兵役負担が向けられなかったためである（渡辺 2010）。

以上のような税役体系は，第 3 代太武帝期における中原統一と甘粛制圧（439 年），第 5 代献文帝期における淮河以北の併合（467 年）など，対外拡張の成果があらわれ始めるころ，大きく変化する（地図 8）。軍事的な優先度が北の柔然から南の梁・陳に移行するのにともない，南方前線にたいする補給体制が構築された。それまで百姓の役務労働で軍需物資を輸送していたのを改め，①輸送免除の代償に百姓から徴発した織物類（兵資）を財源に軍糧を現地買い付けする「和糴(わてき)」の実施（⇒テーマ 20「和糴」〈p. 126〉），②前線地帯における屯田の開設，③軍需物資の中継倉など前線にいたる水運網の整備，等が矢継ぎ早に実施されたのである。

軍事的緊張は物的需要のみならず，従軍可能な人員の拡充も要請する。それに応えたのが編戸農民に兵役義務を課す徴兵制度であり，鮮卑主体の兵戸制に代わり，次第に軍の主力を担うようになっていく。第6代孝文帝（位：471～499年）治世の473年には，南朝への派兵にともない編戸農民から10人に1人の割合で徴兵を行った。一定人数の集団において輪番負担するこうした兵役義務を丁兵制と称する。この制度は，輪番の単位となる集団の人数に応じて，こののち名称を変化させていった。つまり，たとえば10人に1人なら「十丁兵」制，15人に1人なら「十五丁兵」制のように（佐川 1999a）。

　一連の「漢化政策」で名高い孝文帝の時代には，そのほか三長制・均賦制（民調制）・均田制など，こののち唐代にまで影響を及ぼす諸制度が形成された。まず三長制は隣保組織の体系化をはかるもので，5家ごとに隣長，5隣ごとに里長，5里ごとに党長を置き，徴兵制や以下に述べる均賦制・均田制を円滑に実施する上での基礎となった（佐川 1999a・1999b）。

　均賦制は，夫婦一組につき帛1匹，粟2石を課す新税制である。課税単位が戸から夫婦に変わったこと，それまで地方末端では貧富に応じた徴収を行っていたものが一律の均等賦課になったこと等は大きな転換であった。また徴収された財物は5割が中央，2割が地方，3割が百官俸禄の割合で分割されることとなり，中央が収取全体を管理下に置く体制がここに完成した（渡辺 2010）。

　均田制は，男夫ならば耕作用の露田40畝，織物用の桑田20畝・麻田10畝を支給するものである（⇒テーマ17「田制」〈p. 121〉）。なお露田は，休耕地が必要な土地なら倍田，つまり予備の田土を同額加算するという。田土は奴婢や牛に対しても支給されるため，これらを多く保有する豪族に有利な点も多かった。ただし年齢に応じて田土の受給・返還を行う「還受」のしくみがこのとき導入されており，政府が田土の再配分に積極的に関与し，小農民を編戸として維持しようという姿勢は前代以上に強まっていた（堀 1975）。

　一連の改革の結果，一般的な編戸農民の負担は租・調および丁兵となった。丁兵は公共工事などに使役される場合もあり，軍務を課される兵役と一般的・非軍事的な役務労働である徭役とは十分に分離されていなかった。この体制は，北魏分裂後の後継王朝となった北周が兵民の再分離を行うまで（574年）続いた。

隋～唐初の財政改革

　北魏は「漢化政策」をめぐる内部対立が原因となって6世紀前期に東魏・西魏に分裂し，それぞれを継承した北斉・北周の時代まで両者の角逐は続けられる。このうち軍事・経済両面で劣る西魏・北周は，指導者宇文泰ら鮮卑軍団を中核としつつ，陝西・甘粛方面の漢人有力者との結合をも深めていく。かれらは，胡漢が融合したこの「関隴集団」をもって東魏・北斉に対抗し，これを制圧することに成功する（577年）。続いて北周を継いだ隋が南朝の陳を併合し（589年），ここに南北の統一が約280年ぶりに実現した。隋は外征の失敗等もあって短命に終わるが，これに代わった唐が安定した長期政権を樹立していくことになる。

　南北朝の分裂時代，さまざまな経緯で誕生した財政諸制度は，隋から唐初期にかけ，統一政権のもとで整序・統合された（Twitchett 1970）。以下に述べるような戸籍・田土・税役等にかんする諸規定は，戸令・田令・賦役令・倉庫令など律令の下で体系化されたものである。以下では，この点を重視して，隋～唐前期の財政を以下「律令財政」と仮称する。財政の執行機関である尚書戸部，およびその管下にある戸部司（台帳管理）・度支司（収支の指令・統括）・金部司（布帛・銅銭の管理）・倉部司（穀類の管理），司農寺管下の太倉署（穀類の出納），太府寺管下の左・右蔵庫（布帛・銅銭・貢献物の出納）などは，いずれも律令に定めのある官署であった。

　このような体制で運営される財政諸制度の特色と具体相を示してみよう。まず編戸，すなわち万民を戸籍のもとに編成し，掌握していくことがすべての出発点となる。毎年戸主が提出する手実にもとづいて計帳が作成され，さらに3年に一度つくられる戸籍に集約されて，データの定期的更新がはかられるのである。税役負担者（課口）の動向を把握すること，資産に応じた格付け（戸等）を各戸に付与していくことは田土還受，税役賦課の要となる作業であった（⇒テーマ8「戸籍」〈p. 79〉）。

　土地制度は均田制が北魏以降，隋を経て唐の中期まで維持されたが，内容面では次のような変更があった（⇒テーマ17「田制」〈p. 121〉）。
　①地目の変更…露田が口分田（80畝）に，桑田・麻田が永業田（20畝）に。
　　　　　　　　口分田は還受（受給と返還）の対象，永業田は世襲が可能。
　②官人永業田…官僚には地位に応じて60～1万畝の永業田を授与。

③ 公　　　田…官職単位で支給される職分田，官庁維持経費に用いる公廨田，
　　　　　　　　主として軍糧生産のために設置する屯田を，均田制下に制度
　　　　　　　　化。

　こうした規定にもとづき，大土地所有の制限が前代に続いて追求されたわけだ
が，にもかかわらず，貴族による大土地経営の記録が絶えないことから，均田制
の実効性には長く疑問が出されてきた。ところが20世紀になって新疆ウイグル
自治区のトゥルファンから各種文書類が多数発見されると，それらの分析から口
分田の還受が実際に行われていたことが判明したのである。ただし満額の田土支
給が難しいことも多く，その場合にはまず永業田から規定額を認め，口分田の不
足には目をつぶるという方針が採られていた。

　受田に対応する農民の負担は，前掲表2に掲げたように租（穀類）と調（織物
類），歳役（役務労働）を三本柱とするものである。これらは租調役制と総称さ
れる。

　租・調は前代を踏襲するものであったが，賦課単位は北魏〜隋の夫婦ごとから，
唐になって個人（丁）ごとに変更された。税額は租が毎丁2石，調が毎丁絹2
丈・綿3両もしくは麻布2.5丈と定められた。これらは地方州県で徴収されたの
ち，当該州県の経費や備蓄に支出される部分，中央に送納される部分（上供），
他地方に転送される部分（外配）に分割された。なお租・調は人頭税的な賦課で
あるため，政府が徴収可能な歳入総額は登録戸口数，すなわち編戸農民の掌握度
に規定されることになる。したがって，歳出額は歳入額の予測にもとづいて毎年
決められるしくみになっていた（⇒テーマ18「唐代の会計」〈p. 124〉）。この原則
は『礼記』の一節を踏まえて「量入為出（入るを量って出づるを為す）」とよばれ
ている（宮澤 1999）。なお，それ以外にも戸等に応じて課される税銭（戸税），
救荒備蓄用に毎畝2升の穀類を納める義倉穀など，資産や土地占有額に対応する
負担が，時代とともに追加されていくこととなった（義倉穀は次第に救荒以外の
支途にも流用されるようになり，ついには一般財源化して「地税」の名で徴収さ
れるようになる）。

　一方，役務労働については，北魏段階では編戸農民の義務である丁兵が非軍事
部門を含む各種役務に従事していた一方，鮮卑騎馬軍団の世襲兵士である兵戸も
軍務の一半を担っていた。その後，西魏・北周から隋初にかけて何度かの曲折が
あり，最終的には隋の統一ののち次のように整理統合されていく。すなわち，防

人と府兵から成る「兵役」，中央政府が差配する年20日以内の単純労働「歳役」，地方州県で従事する年40日以内の単純労働「雑徭」，吏役の一種で末端行政実務に携わる特殊労働「色役」，という四種に整序されたのである。なお兵役義務のうち，辺境防衛を担当する防人は全人民の負担であったが，各地の駐屯基地＝軍府での訓練と首都の警護を担当する府兵は，軍府を有する州の民のみに課されるものであった（渡辺 2010）。軍府の名称は，隋代は鷹揚府，唐代になると折衝府と変更された。

　これら役務労働には，日数追加の規定がある。臨時の財政需要が発生した場合には，

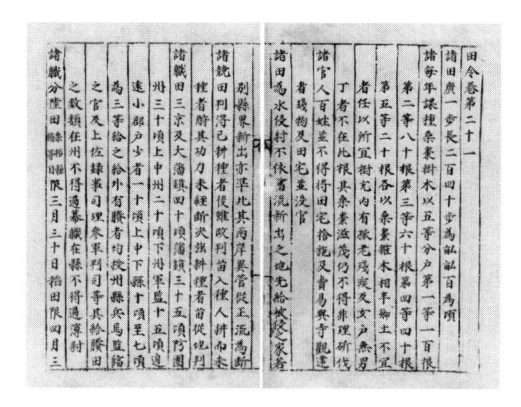

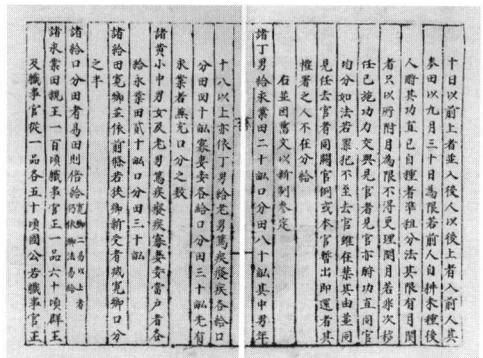

図9　北宋天聖令（巻21田令部分）
出典）天一閣博物館ほか 2006。

規定期間を越えた役務を民に課し，その代わり追加日数に応じた租調が減免されるしくみになっていた。上述のように租調は歳入額が固定的であるため，需給変動への弾力的な対応は主として役務徴発のさじ加減によって実現されていたのである。これにくわえ，穀類や布帛・銅銭の厖大な備蓄がこの時期は形成された。ストックの出し入れもまた，需給変動の調整弁として機能したのである（⇒テーマ19「常平」〈p. 125〉，5「救荒」〈p. 43〉）。したがって臨時の財政需要がさまざまに生じても，このような役務追加や備蓄出納，さらには地域間の財物移転や附加税導入等の手段によって柔軟に対応することが可能なため，会計上には財政赤字というものが発生せず，外部からの借り入れに依存する必要も生じない。このことは，唐代に限らず中国歴代王朝に通史的に認められる特徴であり，財政赤字を

計上し，外国や商業資本に債務を負うことでこれを補塡する日・欧の領主経済と大きく異なる点でもある。

地方の州・県は，租調配分等の局面において中央政府の財政指揮権に従属する存在であったが，その一方で上述の職分田・公廨田，あるいは官庁ごとに配分された運用基金である公廨本銭のように，官職ごと・官庁ごとの自主財源も与えられた。公田生産物や基金などの運用益が，職員人件費や施設修繕費・備品調達費等に充てられていたのである。これらの貸付先は主に当地の農民や出入り商人などであり，しばしば「押し貸し」などの弊害も惹起したという（横山 1958）。王朝政府が民間に対し，債権者として立ち現れる。これもまた，その後の中国史に一貫する特徴となっていくのである。

以上のような律令財政を定めた唐令は早くに散佚したため，各書に散在する佚文にもとづく復原作業が20世紀初頭以来進められてきた。仁井田 陞の『唐令拾遺』（1933）はその精華である。さらに，1998年には寧波の天一閣博物館より『天聖令』（天聖は北宋の元号。1023～1032年）の鈔本が発見され，2006年にその全貌が明らかになった（図9，天一閣博物館ほか 2006）。残存していたのは『天聖令』の一部であったが（10巻分），現行宋令のあとに旧唐令が保存・並記されていたこと，田令・賦役令・倉庫令・厩牧令・関市令などがふくまれていたことから，唐代財政史研究は新たな段階へと移行することとなった。

経済的結合の進展

「拓跋国家」の拡大過程，そしてその帰結としての南北朝統一は，いうまでもなく中国南北の経済を結びつけるものであった。ひとつ前の統一王朝だった漢の時代，江南の経済は中原に直接的な影響を及ぼすような存在でなかったことを考えると，六朝時代を通じて勃興した江南経済は，隋唐期にいたって初めて中原とつながったといえるだろう。

南北結合の先駆となったのが北魏中期以降に構築された南辺への補給体制であり，これを実質化したのがいうまでもなく隋の大運河建設であった。煬帝（位：604～618年）自身のたび重なる江南行幸も南北の結合をシンボリックに表現していただろう。

しかし「拓跋国家」の拡大過程がもたらしたのは，江南との経済結合だけではない。モンゴリアや西域・中央アジア，チベットなど北方・西方との結びつきも

強まったのである。こうした地域と中国を結びつける媒介者として，ソグド商人がこの時期に重要な役割を果たすようになる。中央アジアの故郷ソグディアナと中国内地を結ぶ交易ルート上に点在するオアシス都市に彼らは順次拠点を構え，先に移住して戸籍登録を受けたソグド人が後来者の保証人になるというしくみを確立して，徐々に東方へと活動範囲を広げていく。中国には五胡十六国時代ころから姿をみせ始め，唐が中央アジアまで勢力を拡大させた7・8世紀が移住のピークであった。かれらの広汎な活動範囲は，新疆ウイグル自治区トゥルファン古墓から出土した一連の文書群，寧夏回族自治区固原県から出土した史氏の墓群，北京郊外・房山雲居寺の石刻群など，各地で発見された文物などからありありとうかがうことができる（荒川 2010，森部 2010，森安 2007）。

　かれらの活動領域は私的な交易のみに止まらなかった。唐朝が構築した公的な運輸体制に参画していたのである。7世紀から8世紀，唐は北方・西方への軍事的拡大を果たす。そして中国内地と周辺を結ぶ駅伝制を整えていく。ルート上に分布する州のうち，軍事的な要地は都督府に格上げされ，前線で必要な物資を内地から輸送するさいの集配拠点とされた。たとえば西域に向けては四川産の布帛類が，涼州都督府（今日の甘粛省武威市）を拠点に輸送されたことが知られている（大津 2006）。布帛や軍糧など，軍需物資の送納は官運によるのが原則であったが，8世紀になると商人に請負輸送させるケースも増え始める。また前線諸州で食糧を買い取る「和糴」も始められた。買取価格を市場価格より高めに設定することで，商人を辺境へ誘導し前線に納品させるねらいの政策である。これらの方策は，西域におけるソグド商人のネットワークを前提とするものであった（⇒テーマ22「ソグド商人と東西交易」〈p.129〉）。

　かれらはこのほか，仏教や音楽，各種食糧品など，さまざまな文化・文物を西域よりもたらした。北魏の平城（現在の大同）・洛陽，北斉の鄴，隋唐の長安・幽州（現在の北京）など，国際色豊かな都市の繁栄は，かれらのもたらした西域文化によるところが大であった。

　首都と辺境は，官僚・軍人・商工業者など非生産者人口を多く抱える。こうした地域を経済的に維持していく必要から，唐は版図全体をいくつかのブロックに分け，物流を組織して需給の均衡をはかった（地図9）。それらは大きく分けると，①四川・陝西から西域へ，②山西北部・陝西北部から内蒙古・寧夏へ，③山西南部・洛陽から首都長安へ，④河北・江南・華南から副都洛陽へ，⑤河

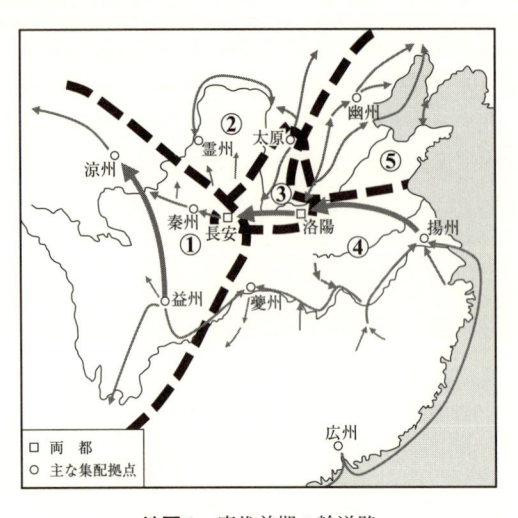

地図9　唐代前期の輸送路

出典）渡辺 2010 を参照し、筆者作成。

北・山東から北京・遼寧へ、という構成になっている。地図上で眺めると明らかだが、物流圏は西北（①②）と東南（④⑤）で大きく分断されており、両者は洛陽〜長安間（③）で首の皮一枚つながっているにすぎない（渡辺 2010）。中国南北の経済を結ぶにあたり、最大のネックは実のところ両都間の輸送であった。一見「黄河〜渭水」ルートでつながりそうだが、黄河には最大の難所・砥柱（河南省三門峡市）があり、渭水は河床が高い。いずれも水運が難しいのである。後述するように、玄宗の時代には裴耀卿の運輸改革により両都間輸送の円滑化が実現したが、それまでの時代、大運河で南方経済と結ばれたのは洛陽までだった。それゆえ裴耀卿改革以前には、長安で食い詰めた朝廷が丸ごと洛陽へ引っ越しする「東都就食」の記録が頻見する。「モノが動かぬなら、ヒトが動け」の道理である。図式的に述べるなら、唐代前期までにおける「中国南北の経済結合」とは「南〜北東」間のつながりにとどまっていた。長安を擁する「北西」地域との結びつきを過大視することはできないのである。

以上のように、唐代までの流通経済は、ソグド人などの活躍は認められるものの、その規模からいっても唐朝自身が組織した財政運輸が主たる起動力となっていた。財政運輸にせよ、先述した公廨本銭にせよ、また次節で触れる唐代後期以降の専売制にせよ、商人は官業請負から受益する存在にとどまっていた。

貨幣の使用についていえば、北魏末から唐の「開元通宝」にいたるまで銅銭が発行され、私鋳も禁じられていた（⇒テーマ23「銅銭」〈p.163〉）。しかし、国庫の収支において銭が使用される場面は、税銭（戸税）の徴収、百官俸料銭の支給、公廨本銭の運用などに限られていた。南北朝時代と同様、貨幣機能を担っていたのはむしろ布帛など実物貨幣の方だった。もともと西域では西アジア由来の銀貨

が多く使用されたのに対し，唐が進出してからは布帛の使用が銀貨を圧倒したという現象からも，唐における実物貨幣の優越ぶりをうかがうことができる（荒川 2010）。

都市における交易活動も，公設のマーケット「市」の内部に限られていた。長安に代表されるように，当時の都市は坊とよばれるいくつかのブロックに区分けされ，各ブロックは壁に囲まれていて，夜間には坊門が閉鎖された。市もそうした規則の適用を受ける坊のひとつであり，このころの交易活動は空間的にも時間的にも制約を受けていた（妹尾 2001）。

3 「南北分業」の形成（唐中期～五代）

唐の分解

唐の対外拡大は7世紀段階でピークを越え，その後は内外の憂患に翻弄され，衰亡・分解への道をたどっていく。その契機になったのが，第2代太宗（位：628～649年）の時代以来，唐に服属していた東突厥が682年に再独立したことであった。いわゆる突厥第二カガン国の成立である。

北辺の緊張により，唐は河北・山西・陝西・甘粛の北境地帯に防衛ラインを構築する必要に迫られる。そこに配備された辺境軍は，既存の兵役制に代わり募兵によって組織されるようになった。その司令官が節度使である。

国防の要として起用された数々の節度使のなかで，対外的な武功においても，北方・西方に対する知見・人脈においても圧倒的な存在感を示し，皇帝玄宗の（位：712～756年）信任を勝ち取ったのが安禄山にほかならない。ところが安禄山は宮廷内での主導権争いの果てに，外敵に向けるべく与えられた武力を，都に向けて発動してしまう。この安史の乱（755～763年）を機に唐朝は存亡の危機に陥り，官僚間の党派争い，宦官の専横，藩鎮とよばれる地方軍閥の跋扈，さらには吐蕃やウイグルの脅威など，内憂外患のなかで辛うじて命脈を保つにすぎなくなる。そして地方藩鎮勢力のなかから，唐に続く五代十国の割拠政権が生まれていくのである。

このような過程のなか，政治の舞台では，長く栄華を保ってきた貴族が没落し，科挙官僚たちが新興地主勢力として台頭する。経済・財政のあり方も例外ではな

表3 開元年間の諸制度改革

①	宇文融の括戸政策	721〜724	逃戸に移住先での戸籍登録を認める。本籍地主義から現在地主義への転換。
②	彉騎制(かくきせい)	722〜725	禁軍兵士を募兵に転換。
③	裴耀卿の漕運改革	733〜736	洛陽〜長安間の輸送路の円滑化で，江南の富の長安直送を実現。江南地方の地税（義倉穀＝救荒用備蓄を一般財源化したもの）を転送。
④	各種官業整理・人員削減	735	部局・官員ポスト・色役および経費のうち65万件を整理・廃止。
⑤	歳役から庸へ （租調役から租調庸へ）	733以降	③④により，実労働徴発（歳役）から，庸を財源とする労働力雇用へ転換。
⑥	長行旨条	736	収支項目を整理・定額化し（従来は毎年収支計画を策定），財政業務を簡素化。
⑦	長征健児制	736	辺軍兵士の募兵制化を確定。
⑧	牛仙客等の関中和糴政策	737	長安での穀物調達に買取政策を導入。漕運（江南からの官運）と併用する態勢へ。

く，さまざまな財政政策が新時代の主役となる官僚たちの手で案出されていった。それらは内外多難のなかで数々の困難に遭遇しながらも，変革を先取りし，次代への道を開く創見を豊かに生み出していくことになる。本節ではそのような経済・財政の変化に着目し，いわゆる「唐宋変革」の足取りを照射してみたい。

律令財政の動揺

　唐代初期に確立された律令制下の財政は，7世紀の後期からきしみをみせ始める。最初の危機は，先述した突厥第二カガン国の独立である。この事態をうけ，唐朝は北辺に防衛部隊を常駐させる必要に迫られるが，隋以来，農民主体の兵役に特化してしまった軍制のもとで，恒常的な防衛体制を維持することは困難であった。農民の生活は農業の季節サイクルに制約されているため，通年的な従軍を強いることができないからである。唐代の役務労働には前述のように日数追加のしくみがあったため，当初は兵役従事年数の延長により対応がはかられたが，増大する軍事的需要を支えることができず，最終的に募兵へと全面的に切り替えられていくことになる（表3の②⑦を参照）。これらのうち，皇帝と首都を守衛する禁軍の兵は彉騎(かくき)，節度使指揮下にあった辺軍の兵は長征健児などとよばれた。
　そしてほぼ同じころから表面化し始めた次なる危機が，逃戸，すなわち編戸農

民の逃亡である。原因は兵役負担の過重，均田制における格差の問題など複合的に推定できるが，いずれにせよ，律令財政は「編戸農民を基礎とする田土管理・税役賦課」という不可分の政策パッケージだったため，編戸農民の流出は田土・税役の運営全般をたちどころに狂わせることになる。

対外危機と軍隊の募兵化，さらには編戸農民の流出，税役徴収の動揺など，幾多の矛盾のなかで始まった玄宗政権は，開元年間（713～741年）の中盤以降，諸問題にたいしさまざまな対応を行っていく。それらを以下に列記してみよう。

表3のうち①は，本籍地への送還と税役の再賦課を諦めて現住地での戸籍登録を認めた点で，③④⑤は労働力を直接収取から市場調達に転換している点で，⑥は戸籍データの更新を放棄し収支を定額化する点で，⑧は長安への穀物移送を商人誘導で実現する点で，いずれも律令財政の原則を転換するものであった（⇒テーマ20「和糴」〈p. 126〉）。

とりわけ役務労働の縮小，すなわち「歳役から庸の徴収へ」「兵役から募兵へ」という変化は，影響が大きかった。それまで財政需要を充足してきた無償労働を有償労働に切り替えるため，税源拡大など財政的措置を講じる必要に迫られたからである。「役務の縮小，財政の肥大化」，なかでも募兵化にともなう「軍費激増」への対応は，こののち宋代以降までをも貫く，歴代王朝最大の政策課題になっていく。

こうした動向は，会計のあり方をも変化させた。従来労働力という計量化しにくい方式で充足されてきた財政需要が，今度は布帛や銅銭など財物の単位で数値化・計量化できるようになった結果，財政収支の総体をトータルで把握しようという発想が生まれたのである。その最初のあらわれが『通典』に採録された天宝年間（742～756年）の財政統計（表4）である（李 1995，渡辺 2010）。

この統計で興味深いのは，さまざまな財物について，それぞれの単位の違いを顧慮せず，数字部分のみを単純に加算し，末尾に各種単位を並記している点である。「複合単位」とよばれるこの独特の通計方法は，今日的・近代的な視点からは算術的不合理がしばしば指摘される。しかし役務労働の縮小によって「財政収支の総量が曲がりなりにも数値という形をとって列挙・一望できるようになった」ことは，この時代にあって大きな転換であった。「複合単位」はそうした動きのなかで生じた慣行としてとらえる方が，同時代人の思考に即した理解といえるだろう（丸橋 2010）。

表4 天宝財政統計

	収　入		支　出		
粟	租　税 地　税	1,260 余万（石） 1,240 余万（石）	中央 軍事 地方	備蓄 人件費等 節度使軍糧 備蓄 人件費等	600 万 400 万 190 万 890 万 500 万
	小　計	2,500 余万（石）	小　計		2,500 余万（石）
布絹綿	庸　調　絹 庸　調　綿 庸　調　布 江南折租布*	740 余万（疋） 185 余万（屯） 1,035 余万（端） 570 余万（端）	中央 軍事 地方	長安・洛陽へ輸送 人件費・和糴財源 人件費・通信費	1,400 万 1,100 万 200 万
	小　計	2,500 余万（疋屯端）	小　計		2,700 余万（疋屯端）
銭	税　銭	200 余万（貫）	軍事 地方	和糴財源 人件費・通信費	60 万 140 万
	小　計	200 余万（貫）	小　計		200 余万（貫）

税収合計　　5,340 余万　（端疋屯貫石）
資課**・勾剝***　　470 余万
総　計　　5,700 余万　（端疋屯貫石）

*　　江南の租を布で折納（代納）したもの
**　　色役を免じられるために支払う代価
***　民間貸し付けの回収額

　また長行旨条（表3の⑥）にもとづいて「定額制」が導入され，財政収支が会計上均衡している点にも注意を要する。「定額制」により収支に固定的な枠がはめられたとはいえ，単年度の収入・支出は折々の事情から定額とのズレを当然生じる。この「ズレ」のうち，余剰として繰り越されていく実在の銭物は会計帳簿上「見在」という項目に，租税の未納や貸付の未回収等により生じた欠損は「応在」という項目にそれぞれ記された。見在は現に存在するものの意，応在は応に在るべき（にもかかわらず国庫に実在しない）ものの意である。財政上問題となるのは後者で，応在がかさんで官民ともに身動きがとれなくなると，皇帝が大赦を発令してそれらを帳消しにした（渡辺 2013a）。財政の攪乱要因が「財政赤字」すなわち政府が抱える債務の累積ではなく，「応在」いわば政府が有する債権の累積として出来する点が特色である。

　以上のように可視的で計量可能な財政の領域を指す概念として「国計」「国用」あるいは「財用」という語が，唐代中期以降しばしば使用されるようになる（鞠 1944，宮澤 1999）。9世紀には李吉甫『元和国計簿』，韋処厚『大和国計』という

書物が編纂されており，その詳細は今日伝わらないものの，その思想は天宝財政統計を継承するものだった。

安史の乱後の抜本的改革

7世紀後期以来の財政課題にたいして玄宗政権が採った諸政策は，安史の乱によって大きな挫折を経験する。叛乱平定後も地方軍閥勢力「藩鎮」や吐蕃などの外敵に翻弄され，実効支配領域が狭まるなか，唐朝はより抜本的な財政改革を実行して難局にあたっていく（鞠1944，李2001）。

乱後の唐朝が直面していた財政的課題は，収入面では戸籍制度の崩壊およびそれにもとづく税役徴収の困難，支出面では募兵制化に対応する財政措置の必要性，その他にも運輸・補給制度の不全など，きわめて多岐にわたっていた。

そこでまず第五琦・劉晏等によって塩の専売が始められた（758年）。塩の販売を指定の商人のみに特許し，原価の10倍，ときには30数倍もの塩税を賦課する方式が採用された。流通過程を対象とする間接税の導入であり，その徴収額は全歳入の半分近くをしめて，こののち歴代王朝に継承される基幹税目になっていく（⇒テーマ24「塩政（唐～元）」〈p. 166〉）。収益は，江南の財物を大運河経由で長安に輸送する費用に充てられた。専売業務を主管する塩鉄使は，そうした事情から転運使を兼任するのが常であった。こうした専売制は，直接税系統の諸税のように生産者の在地把握を要さず，利益誘導によって確実な税収が期待できることから，塩のみならず酒（麹），茶，明礬などにもこののち拡張されていくことになる。これら間接税系統の諸税は課利と総称された（妹尾1982）。

一方，直接税系統には，租庸調の崩壊後，地税・税銭に加えてさまざまな雑税が新設されたが，780年，宰相楊炎がこれらを両税法として一本化・再編した。両税は銅銭および穀類による納入が定められ，前者は両税銭，後者は両税斛斗とよばれた。後者は作付品目に応じて夏秋いずれかに納めればよかった。租庸調制のように，人頭税的な一律の税額は設けられず，耕地面積や戸等（公定の資産等級）を基準に貧富に応じた課税額が設定された（⇒テーマ21「両税法」〈p. 127〉）。ここにおいて，本籍地における戸籍登録と所有額制限を基調とする漢代以来の方針には終止符が打たれ，現住地における私的土地所有の公認という土地政策上の一大転換がはかられたのである（⇒テーマ17「田制」〈p. 121〉）。

両税法下においても，736年の長行旨条導入（前掲表3の⑥）を機に採用され

た「定額制」が継承された（渡辺 2013b）。徴収された両税は「県→州→道（節度使）→中央」という行政各級に順次「留県→留州→留使→上供」として留保され、各レヴェルの経費として支出された。これを両税分収制と称する。ただし、安禄山の根拠地幽州（現在の北京）に近い河北・山東の節度使のように、両税収入を留使レヴェルで私物化し、上供を拒む藩鎮もみられた。憲宗（位：805～820年）の時代には、そうした驕藩を軍事的に圧倒することに成功したため、その実績を背景に分収制の改革を断行する。節度使管下の諸州が留使を送らず、直接上供を行うように分収制を改編することで、節度使による中間留保を削減し、中央収入を増やすというものであった（地図10）。

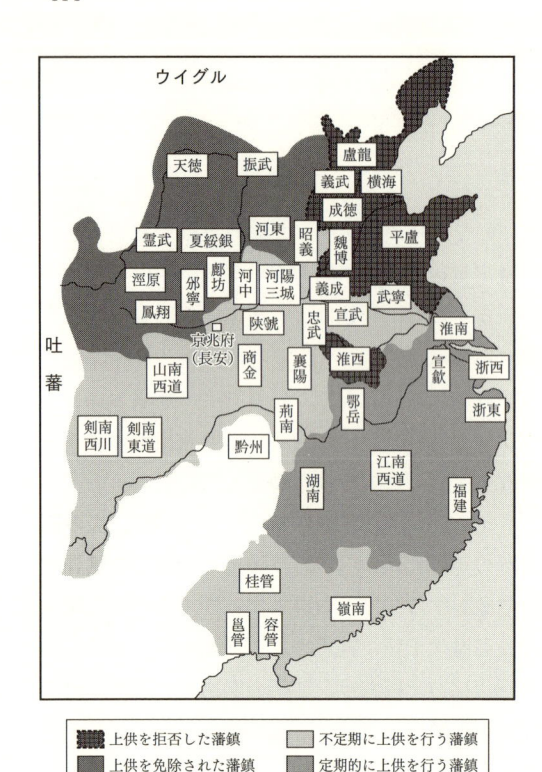

地図10　9世紀初頭の藩鎮と両税上供の情況
出典）愛宕元・冨谷至編 2005。
注）☐内は藩鎮名。

凡例：上供を拒否した藩鎮／上供を免除された藩鎮／不定期に上供を行う藩鎮／定期的に上供を行う藩鎮

そのほか補助的な財源を扱う部署として、戸部と内庫がこの時代、重要度を増してくる。戸部財政は① 政府が支払いを行うさいにその0.2％を控除する「除陌銭（じょはくせん）」や、② 人件費のやりくりで浮いた費用「別貯銭」を財源としていた（陳1991）。一方、内庫は宦官が運営する皇帝の私的財庫で、百官・万民が「進奉」「貢献」と称して皇帝に届ける貢納品を収納していた。戸部は官僚の人件費や和糴の財源に、内庫は各種の臨時支出等に用いられ、両税などの基幹収入で対応できない経費への支援を受け持つこととなった。

塩鉄転運使と戸部、そして財政全般を統括する度支（たくし）は「三司」と総称され、律令財政時代とは画然と異なる唐代後半の財政運営を取り仕切っていくことになる

（礪波 1986）。三司はそれぞれ巡院とよばれる出先機関を各地に設け，地方での業務運営の円滑化をはかった（高橋 1972）。塩鉄転運使と度支は唐の版図を東西に分け，揚州に赴任することも多かった塩鉄転運使は河北・河南・山東から長江中下流域，都で全体をとりしきる度支は山西・陝西・四川というように地域分掌制を採っていた。

　こうした分掌制が採られた背景には，安史の乱直後における首都圏のリハビリという意味合いにくわえ，北辺情勢の緊迫という要因もあった。吐蕃やウイグルとの関係悪化から，首都圏および黄河の大湾曲地帯に都合 100 万にも及ぶ兵力を常駐させることになり，前線への補給体制構築が急務となったのである。

　塩鉄転運使が江南の富を長安へもたらすしくみについては上述の通りだが，長安以北については，このエリアを担当する度支が中心となり，同地の経済振興を進めて両税・屯田の収益を確保するとともに（史 1998・1999），首都圏での穀類を買い上げ（関中和糴政策）などで後方支援する補給体制が構築された。かくして度支と塩鉄転運使による分担のもと「江南〜首都圏〜北辺」が財政運輸の大動脈としてつなぎ合わされていった。内憂外患に翻弄された後期唐朝ではあったが，困難のなかで長安および辺境防衛軍を維持するために構築した補給体制は，唐朝が安史の乱後 150 年の命脈を保つのに大きく貢献した（丸橋 2006）。

　以上の諸改革を通じて浮かび上がるのは，「両税法と各種専売を組み合わせ，北方の軍事需要を南方の経済が支える」という構図である。宋から明にまでつながる，中国歴代王朝の基本構図がここに生まれたのである。

経済的結合の多元化

　唐朝財政の江南依存は，六朝期以降におけるこの地の開発を前提とするものであった。晋の南渡以降に始まった一連の開発は，低湿地へ進入する海潮への対応に技術的困難があったことから 7 世紀までにいったん停滞を迎えていた。ところが 8 世紀以降，防潮堤の建設，土砂の浚渫，潮汐を利用した灌漑などが徐々に始まる。こうした水利事業が，江南低湿地の開発を宋以降につながる新たな段階へと進ませていくのである（北田 1989）。

　農業経営の面でも変化はみられた。まず貧下層による小経営は，農具の改良や二年三作方式の普及にともなって，長く続いた停滞を脱却しつつあった。そうした貧下層のなかからは，牛 1 頭で牽く小型牛犂を利用して 1 頃程度の土地を

2〜3人の家族労働で耕す中産層が生まれてくる。この時期の農村は，貧下層，新出の中産層，および富豪層（牛2頭で牽く大型牛犂を用い2頃程度を5〜6人で耕す）の三層構造を形成する情況にあったのである（渡辺 1986，大澤 1996）。

こうした耕地開発にたいしては，各地の藩鎮も積極的に関与していた。江南の場合，農業生産に加えて，専売制等を起動力とする流通経済も勃興していたから，唐末には不法商人の温床にもなった。かれらは取り締まりの手を逃れるべく武装していたため，武力衝突がしばしば誘発され，なかには黄巣の乱（875〜884年）のように唐の死命を制するような大叛乱に拡大するケースもあった。907年に唐が滅亡したあと，五代十国の割拠政権が固有の経済基盤をもって独立できたのも，その源は唐代後期，藩鎮体制のもとで各地の農業生産と流通経済が発展していたことに由来する。

以上のようないわば遠心作用の一方で，「江南の富で北辺の軍需を支える」構図のもとで南から北へという経済的な求心力が強まった面も確かにある。南北朝以来，「分立」状態が続いた南北経済は，隋唐以降次第に有機的つながりを持ち始め，最終的に両者は「分業」関係を樹立して結合を果たしていくのである。南北の分業関係を結ぶ一元的な集配体制は，宋以降においても行財政機構の背骨としての位置をしめていくことになる（山根 2004）。

中国南北の経済がこのような結合を果たしていく一方，ウイグルとの絹馬交易，契丹(きったん)の台頭等がみられた北方・西方と中原の経済的結合も無視できない。だが，唐の版図縮小，吐蕃との対立，ソグド商人の退潮等の要因が重なり，前代に比較すると緊張関係をはらみながら展開していくこととなった。なお，安禄山の根拠地であった幽州（現在の北京）が，ソグド人等を軸に人的・経済的な交流拠点として浮上したことは，遼金以降，この地の繁栄が今日まで続く起点として重要なできごとであった（森安 2007）。

江南が，海を介して東方・南方との結びつきを強めはじめるのもこの時期である。9世紀，朝鮮半島から長江河口までの近海地域は張保皐(チャン・ボゴ)ら新羅人の主導で交易網が樹立され，片や南からはペルシア人・アラブ人などの海商が東南アジアから広州を経由して江南にも商圏を拡大しつつあった。10世紀には五代十国の割拠政権のうち，呉越や閩・南漢の沿海諸国が海上交易に活路をみいだし，独自の外交圏を樹立した。折しも江南沿岸における沙漲現象によって従来交易の中心地だった揚州が衰え，代わって明州（現在の寧波）や杭州がその地位を獲得してい

くこととなる（山崎 2010）。

　最後に流通経済の情況を概括しておこう。唐宋変革期に入ると，専売など流通過程への課税が導入され，また両税にも銭納部分が設けられるなど，前代に比して貨幣経済の一定の進展があったことは認められる。商人の動きが活発化していることもいうまでもない。長安などの大都市においては，商業活動を空間的・時間的に規制してきた市制が動揺し，路傍に出て交易を行う「侵街」が目立ちはじめていた（妹尾 2001）。

　しかし銅銭をはじめとする金属貨幣の重要性はまだ過大評価はできない。両税銭における銭納枠の設定は，たちまち「銭重物軽」すなわち銅銭不足と物価下落をひきおこしたため，布帛による代納（折納とよばれる）が一般化していった（⇒テーマ21「両税法」〈p. 127〉）。民間経済においても需要に見合う貨幣供給はなされておらず，官民それぞれが多様な手段で，昂進する貨幣需要に対応した。たとえば短陌（100枚未満の差し銭を100枚＝1陌とみなすことで交易当事者が合意する経済慣行），そして私鋳（⇒テーマ23「銅銭」〈p. 163〉）である。前者は合法，後者は違法という差異はあるものの民間経済が自主的・自立的におこなった貨幣供給手段という点では同じである。五代十国政権の一部が発行した鉄銭・鉛銭なども，同じ趣旨で理解できる。天宝財政統計にあらわれた「複合単位」も，貨幣が諸財貨のうちのひとつにすぎないことを示していよう。貨幣が，経済的な諸価値を「価格」という単独指標で表現できる地位を獲得するまでには，なお年月が必要であった。

テーマ 15

豪族と貴族

　豪族も貴族も史料上の用語ではなく，漢唐間の歴史研究上の概念である。豪族とは，本来的には私的大土地所有を経済的基盤とし社会的経済的に優越した勢力を有する大家族を意味する。これにたいして，貴族は一般的な理解では，出生においてすでに高貴な家柄や身分を有し，それを基礎に政治的および社会的身分特権と優越的地位を排他的に世襲独占する特定の個人ないしは家族を指す語である。歴史的実体としては，たとえば殷周時代の氏族制社会における政治的軍事的に支配的地位に立つ王族・功臣層，征服王朝における政権構成員たる支配民族出身および一部被支配民族出身の高級官人層を貴族とよぶことがある。しかし，とくに魏晋南北朝隋唐時代にかかる性格を備えて出現し，政治・社会・文化の諸側面にあって顕著な活動をした，士，士族，世族，衣冠等と史料に記録される存在を限定的に指すことが多い。本テーマでいう貴族はこれにあたる。

　豪族と貴族の出現の事情や差異については，その発生と当時の政治的社会的情況，および支配体制のあり方からの説明が不可欠となる。前漢時代中期から，「里共同体」とよばれる比較的平板な農村社会のなかに，私的所有地を集積し，その労働力として直接的に隷属する耕作奴隷のみならず，周辺の小農民をその所有地の小作農として包摂するような有力者が出現した。かれらは時に「郷曲に武断する」と表現されるような暴力的強権的な郷村社会支配を推進することもあり，その情況はとくに後漢時代において顕著であったとされているが，一方で農業技術指導や郷村社会維持再生産のための主導的役割をはたすこともあったと考えられている。このような存在を豪族とよぶ。かれらの主要産業はもちろん農業であるが，その活動は穀物生産に止まらず，多様な作物栽培と加工，およびその商品化をはかっていることが，たとえば漢代の農書『四民月令』や北朝の農業技術書『斉民要術』にみえており，比較的低調とされるこの時代の流通経済の一側面をうかがうことができる。

　このような情況下，それら豪族の一部に，当時の社会に強い影響力のあった儒教にもとづく道徳観の体現や，その理念の下に実施されていた官人選出方式による中央官人の輩出などとの相互作用のなかで，郷村においてその家系が尊重され，比較的永続する特定の家族が出現したとみられる。一説には，当時の郷村社会は豪族と小農民の協働による社会再生産が不可欠であり，豪族が強力な私的土地所有者として郷村に対立するような一方的な経済的支配の実現は不可能であったとし，そこにむしろ郷村の指導者的立場をとる一群の有力者が出現したともいう。そのかれらが，私的土地所有者としての支配的地位を正当化するために高位の官人としての姿態をそなえたときに，かれらを貴族とよび，その出現は魏西晋時期とされている。

　南北朝時代，南北間でやや性格に差を生じるが，貴族は高位官人として存在しつつも，社会の輿望や名声によりその家柄を世襲維持する傾向が強かった。しかし唐代になると，依然として世襲される社会的名声を保持する名族は存在し続けるが，高度に完成された官僚制度に組み込まれ，貴族は官人貴族としての性格が強くなり，官人身分にともなう種々の特権がかれらの存在を支えることになる。

貴族は高位官人としての存在形態からして，その家族のあるものは都市に居住することになり，次第に郷里との関係は希薄となり，したがってその生活基盤も所有地のある農村から遊離する傾向が生まれる。その最初の典型は，3，4世紀の華北の混乱を避け，本籍の郡県を離脱して建康周辺に移住した東晋南朝の貴族であり，かれらの一部は未開拓の江南地区に大規模土地所有を再現する場合もあったが，大半は首都建康およびその周辺に居住し，俸禄生活をおくる存在となった。このような情況下，南朝貴族層のなかには運輸・倉庫・金融業などを生計とするものもあらわれる。その後隋唐時代になっても，このような貴族の都市居住化傾向は継続し，さらに顕著になる。

　貴族の都市居住傾向は，土地所有のあり方に変化をもたらす。両晋以後，官人の官品を基準に土地や佃客の所有を公認する土地制度が導入され（⇒テーマ17「田制」〈p.121〉），その結果高位官人として存在することが通常である貴族の場合，在地において直接農業経営を行う一般豪族とは異質な土地所有者としての側面を有することになる。さらに隋以後になると，官人は蔭などによって広範囲に官人永業田の世襲が可能となり，経済的基盤を確保することとなった。

　貴族層の大規模所有地（荘園）は，このような王朝内の地位に応じて王朝から支給される土地をふくんでいたという点において，在地社会に一般的に存在する豪族直営の大土地所有とは性質の異なるものであった。そのような例は両晋時代から具体的にあらわれはじめる。洛陽近郊の金谷に別館を有した渤海の石崇，各地に園田を有した琅邪の王戎は著名であるが，そこはかれらの単なる閑居保養の場ではなく，多数の水車利用の製粉所を設置して穀物加工や出売による経済活動を展開する拠点でもあった。東晋南朝ではこのような土地は墅とよばれ，詩人謝霊運の始寧墅や会稽の大族孔氏の永興の墅がその代表的なものであるが，それらは河川山林湖沼などの未開地を広汎に囲い込み，地上地下の諸資源の採取加工を組織的に行っていた。

　唐代になると，荘園はさらに発展し，貴族のみならず，皇族や寺院が所有するものも多かった。それら荘園の規模は大小さまざまであり，直接生産者は良民の客戸や私賤民であったが，そこでの生産は農地の耕作のみにとどまらず，農産物や園内に存在する山川の諸資源を利用した産品の加工，さらにそれらを商品とする流通活動も行われた。このような貴族荘園の経済活動は，かれらの特権とあいまって唐後半期にいたるといっそう活発化する。

（中村　圭爾）

【参考文献】宇都宮 1955，堀 1975，王 1979～1980，川勝 1982，高主編 1996

テーマ 16

江南の開発と経済発展

　本テーマでいう江南とは，漢代から唐代までを対象とするため，本文とは異なり主として長江下流南岸部の江蘇・安徽両省区域および浙江省北部地域を指すこととする。この地域の開発と経済的発展は孫呉時期に始まり，その後東晋南北朝時代にかけて飛躍的に進展するが，その直接の契機は，後漢末以後の華北の社会的混乱や戦乱による江淮地域さらには華北からの人口移動である。その内とくに長江を南渡し江南内部に移住したものは，その多くが江南旧住の有力家族，いわゆる江南豪族に依附してその庇護下にかれらの経済活動の中心的労働力と化し，江南の開発と経済発展に多大の影響を及ぼした。
　孫呉以前，すでに開発はこの地区最古の郡である会稽郡の中心地山陰（現紹興）で進みつつあった。その象徴が後漢時代（140年）に建設された鏡湖である。これは山地と海岸にはさまれた沖積地の排水と塩害防止のために築かれた長さ数十キロにおよぶ堰堤であり，9,000余頃という巨大な灌漑面積をもつものであった。
　孫権政権が成立すると，当初最大の国内政治課題は江南平野部以南の山地原住の民山越の鎮圧であり，政権はその居住地を占拠，かれらを強制的に収用して兵士化および屯田民化を強行した。このような屯田が各地に設置され農田開発が進むとともに，広大な山地丘陵地域が無住の地として開発の対象地となり，独自の産業を形成することになる。
　一方で，孫権政権の主力をなした会稽・呉郡旧住の江南豪族により，原野部分の農田開発も加速度的に進展するが，開発は農田造成技術の限界により，平野部の低湿地を避け，たとえば呉の最大の屯田地区毗陵（現在の鎮江・常州周辺）のような微高地で進められたことが，この時期の水利施設の所在から推測される。
　東晋王朝成立後は，江南豪族に加え，華北から移住した西晋の有力家族がこの開発に参入するようになり，開発前線は平野部から以南の未開の山地丘陵の山林地帯へと拡大し，屯・伝・邸・冶とよばれる大規模な未開地開拓組織が配置されて，主要産業も農田生産のみならず，その自然環境による地下資源の採取や竹木製品製作，果樹園・養魚池経営，さらには陶瓷製造や製紙におよんだ。これら産品は，呉で建設された内陸運河破崗瀆などによって，江南西北隅に位置する大人口の消費都市建康と緊密に結びつき，運輸業・倉庫業などをともなう独特な流通経済の活況をもたらした。
　隋の天下統一以後，建康は破壊され，江南は地理的には辺縁の地となって流通経済的情況は激変したが，文献記録によれば江南地域の水利事業件数が他地域を陵駕すること，農田造成技術が進展し，太湖周辺中心の低湿の湖沼地帯に初期の囲田造成（⇒テーマ2「水利・治水」〈p. 35〉）がみられるなどのほか，寧波地区の它山堰建設など，江南の開発は生産基盤整備もふくめ，主穀生産を中心に順調に進み，唐王朝の重要な経済基盤地域であり続けた。　　　　　　　　　　　　　　　　　　　　　　　（中村　圭爾）

【参考文献】唐 1957, 江蘇省六朝史研究会・江蘇省社科院歴史所編 1989, 許・蔣主編 1993, 中村 2006

テーマ 17

田　制

　唐の杜佑は歴代典章制度の総覧たる『通典』の冒頭に「田制」を置き，元の馬端臨も『文献通考』を「田賦」から始めているように，あらゆる政治制度の根幹に田制があるという考え方は，中国の伝統的な経世済民思想に深く根づいたものである。いみじくも『管子』が喝破したように民は衣食足りて礼節を知るとした中国では，土地は為政者にとって統治のもっとも重要な資本であった。

　歴代の王朝が田制の理想としたのは周の井田である。井田を田制の理想として掲げることはすでに戦国時代の孟子の言葉にみえており，それによれば，まず九百畝の土地を井の字に区切り，中央の百畝を公田とし，それを囲む八区画を私田として八つの家に与える。そして八つの家はまず公田を耕してその収穫を君主に納め，のちに各々の私田を耕して各自の生計を立てるというものであった。孟子の井田説が理想の田制として後世に与えた影響は大きいが，そもそも井田という名の土地制度が周代におこなわれた確証はなく，必ずしも現実にあったものとは考えられない。一方でかつて井田がおこなわれたという認識は広く共有されたものであり，ただの空想ともいえない。戦国の初期に斉で成立したと考えられる『司馬法』という兵法書には「百畝を夫となし，夫が三で屋となり，屋が三で井となり，井が十で通となり，通が十で成となる。成は革車一乗を出し，七十二人が従う」とあり，井田とよく似た制度がみえる。このような軍制と一体化した田制としての井田は，『孟子』とならんで詳しい記述をもつ『周礼』の井田制にも通ずるところがあり，孟子以前にあった井なる編制をふくんだ何らかの軍事的な土地制度が美化されて井田の名を生んだ可能性もある。

　戦国期の秦では商鞅の変法とよばれる大胆な改革があったとされる。漢代の儒学者たちはこれによって周の井田は解体されて土地の兼併と寡占に道が開かれたと論じた。周を過度に美化するのは秦を貶めるためのフィクションであるが，土地所有のあり方は確かにこのころ大きく変化したと考えられる。1980 年に四川省青川県で発見された木牘には戦国期の秦の田律が記されていて，秦が阡陌とよばれる道路によって整然と区画された画一的な土地の造成を進めていたことがわかる（渡辺 1986）。『史記』や『商君書』が伝えるところによれば，商鞅は分異の法によって大家族を解体して均一な小家族を析出し，軍功爵制を創設して斬１首ごとに爵１級，田１頃，宅９畝を与えることとした。このように爵が庶民に及んだのは戦国時代になってからのことである。爵にともなう土地は有爵者個人の名義に属したはずで，爵の普及にともない土地の私的所有も広まったと考えられる。漢代には土地を自己の名義に属させることを「名田」といった。

　1983 年に湖北省江陵県張家山の漢墓から出土した竹簡には秦爵を継承した漢の二十等爵の「受田」の額が記されていた。「二年律令」とよばれるこの律令の残文は呂后二 (前 186) 年のものと考えられるが，漢にこうした制度があることは従来まったく想定されていなかったために研究者を驚かせた（宮宅 2011）。いま下から順にその田土額を示すと，まず無爵者として司寇・隠官 (0.5 頃)，公卒・士伍・庶人 (1 頃) があり，ついで有爵者として第１級公士 (1.5 頃)，第２級上造 (2 頃)，第３級簪褭 (3 頃)，第４

級不更（4頃），第5級大夫（5頃），第6級官大夫（7頃），第7級公大夫（9頃），第8級公乗（20頃），第9級五大夫（25頃），第10級左庶長（74頃），第11級右庶長（76頃），第12級左更（78頃），第13級中更（80頃），第14級右更（82頃），第15級少上造（84頃），第16級大上造（86頃），第17級駟車庶長（88頃），第18級大庶長（90頃），第19級関内侯（95頃）となる。第20級の列侯（徹侯）は別に封土を賜るため額は規定されていない。漢の初めには第8級の公乗をもって高爵としたために，公乗以上と公大夫以下では田土の額にも大きな開きが設けられている。ただし，第2級上造から第5級大夫までは爵1級ごとにひとしく1頃増加しており，また第10級左庶長から第18級大庶長までは爵1級ごとにひとしく2頃増加している。ここにはまだ爵1級ごとに一定の田宅を増すという秦の軍功爵制の影響が認められるとともに，特定の地位のものに多くの土地を与えて支配者としての地位を保障しようとする大土地所有制度への変質が読み取れる。

　名田が普及した結果として，漢代では土地の排他的独占が問題となっていった。この現状にたいしてその対極の理想として力をもってくるのが先に述べた井田である。漢の董仲舒は「貧者は立錐の地なし」という現実を前に「にわかに井田は復活しがたいものの，やや古に近づけて」民の名田を限るよう武帝に上奏した。このような井田の次善の策としての限田は，いずれも長続きはしなかったものの，前漢末の哀帝の時代に法制化され，王莽の時には王田制として施行された。限田はまた「均田」ともよばれ，哀帝が寵臣の董賢に2,000余頃の田を賜って自ら限田の制を破ったことにたいして，時の丞相の王嘉は「均田の制これより堕壊す」といい，これについて三国時代の学者孟康は「均田とは公卿から吏民までみな頃数を定め地位に応じて均等にさせることだ」と解説している。このように「均田」には地位に応じて土地所有を定める意味があり，名田を限って大土地所有を抑制する一方，土地所有を通じて支配の秩序を安定化させる目的があった。

　かつては漢代には一般の民に及ぶような受田の制度は存在しなかったと考えられていたので，土地にたいする統制は魏の屯田制，西晋の占田・課田制と次第に強化され北魏の均田制にいたると理解されてきた（⇒テーマ15「豪族と貴族」〈p. 118〉）。しかし，「二年律令」の発見によってすでに漢代から土地の相続や売買にまで国の統制を及ぼす中央集権的な支配が行われていたことが明らかとなり，これを前提として魏晋以降の田制をどう考えるべきか再考が必要となっている。ただ，均田制が土地の「還受」すなわち壮年になれば受田し老いれば退田するしくみをもっている点で空前絶後の特異な田制であることに変わりない。北魏は鮮卑の拓跋部が中心となって建てた王朝で，初めは鮮卑が軍事を担い，民衆は生産を担うという分業体制がとられていたが，5世紀末の孝文帝の治世，文明太后馮氏の指揮の下でこの体制は大きく変更され，豪族の庇護下の民を戸籍に附けて軍団的に編制する三長制が施行される。このしくみは先の『司馬法』の「井乗」の法にならうものとされた。均田制はこの三長制にともなってあらわれたものであり，還受の発想も井田に由来する。北朝の均田制は婦人・奴婢・耕牛を給田の対象とし，あらゆる労働力に生産を課そうとしており，そこには民に重い貢納の負担を課した兵農分業時代の影響が認められるが，土地の還受の最大の目的は「先貧後富」すなわち貧者への給田であり，編戸の没落を防ぐことにあった（佐川 2001）。

　均田制は北朝から隋唐へと受け継がれるが，この間土地の永代の所有を認める永業田

Theme 17 田　制

が設けられ，婦人・奴婢・耕牛への給田は消滅し，かわりに官僚の地位に応じて土地が与えられる官人永業田とよばれる大土地所有制が盛り込まれた。このような変化は六世紀後半の北斉に始まり，隋唐王朝の下で整備されていった（堀 1975）。因みに，北魏に始まるこの田制に初めて「均田の制」の名を与えたのは北斉で著された『魏書』であって，北魏はおろか隋唐においても「均田」が正式な名称であったか疑わしい（曽我部 1971）。先に述べたように「均田」が身分に応じた土地所有の意味であるとすれば，「均田」の名称には北斉以降の制度の変質が反映されている可能性がある。唐の律令を導入した日本の為政者がその田制を均田制とはよばずに「班田収授法」とよんだのは，むしろ制度の本質を的確にいい当てたものかもしれない。均田制の実施情況についての具体的な手がかりは，辺境のものではあるが 20 世紀に西域で発見された敦煌文書や吐魯番文書のなかに残されており，これらの文書の研究は均田制研究の主要なテーマのひとつとなっている（氣賀澤 1993）。また 1998 年には寧波の天一閣博物館に所蔵されている明代の抄本の中から唐の田令が発見され，均田制や屯田制について従来知られていなかった条文がみつかっている（渡辺 2006）。

　7 世紀後期における均田制の衰退については，租調庸制の行き詰まりに原因を求める説，府兵制の解体に原因を求める説などがあり，いまだ定説といえるものはない。しかし，北魏以来の均田制の歴史からみれば，大土地所有を制度に取り込んでいったことは均田制の長い解体の過程であったかもしれない。780 年に両税法（⇒テーマ 21「両税法」〈p.127〉）が施行されたことをもって均田制の理念は最終的に放棄され，以後の土地所有の典型は高級官僚や武人が所有する荘園となった。その後も均田の議は起こるが，その場合の「均田」とは土地や財産を把握し，それにもとづいて負担を分配する「均税」の意味となった（周藤 1954）。宋代にも荘園制は発展し，これにたいする規制として均税法や限田法が用いられた。王安石の方田均税法（⇒テーマ 26「新法」〈p.170〉）は前者の代表的なものである。一方，徽宗の政和中には品官限田法が行われ，一品 100 頃から次第に減らして九品を 10 頃に限ったが，これは限度外の土地については編戸と同じ役の負担を課すことを規定したもので，もはや土地所有そのものを制限するものではなかった。

（佐川 英治）

テーマ 18

唐代の会計

　唐代前半期の国家財政の会計は，州県から提出される計帳を基礎として，度支司が収入を勘案して財政指示を作り，奏抄によって皇帝の裁可をへて，それを金部司から各州に下し，各州はそれにより徴税や税物を送納し，比部司が会計監査をする構造である。
　このうち中心になるのが，尚書六部の戸部のもとの度支司である。職掌は「支度国用」であり，「租賦多少の数，物産豊約の宜，水陸道路の利」を掌り，「毎歳その出づる所を計りて，その用いる所を支す」（『大唐六典』）とあるように，収入を調整して，中国全土にわたり物産を考え品目を調整し，財政運営を行った。その指示が唐賦役令（唐令拾遺，天聖令）において，毎年計帳が尚書省に来たら，度支は来年のことを配して，10月末以前に奏上せよと規定される「奏抄」である。これは翌年の調庸などの徴収とさまざまな経費・支出にかんする指示，要するに国家予算である。
　龍谷大学所蔵の大谷探検隊将来文書の断片と解放後中国側が発掘した吐魯番出土文書の断片の接合によって，7世紀後半の儀鳳3（678）年の奏抄が金部から符で施行され，翌年西州が受領して施行するにあたって作成した文書の写しが復原された。奏抄の実例が発見されたことにより，唐代の財政全体が見渡せるようになった。
　基本となる計帳は，年頭に各戸から提出された手実をもとに，州県で作成された戸口数・課口数の統計である。5月中に計帳使が戸部に提出し，戸部は戸口数などを皇帝に奏上し，さらに丁数・租庸調数・封主分と納官分，あるいは勾徴（未進分の徴収）などの来年の収入を確定し，7月に度支に報告する。さらに8月上旬に各州司から各種財源の支出・残高が金部・度支に報告され，それを受けて度支は，来年の課役徴収，調庸の送納先，漕運，脚直，軍事経費などの指示などを作り，奏抄を作って尚書省・門下省をへて皇帝に10月末までに奏上する。金部から符（皇帝の裁可をへたので旨符という）により各州に施行されると，翌年諸州はそれによって8月に調庸を徴収し，9月から12月にかけて中央へ運京するほか，供軍分として指定された西域や北辺の州へ送納し，牧監をふくめた軍事財政を支えた。租は11月上旬から翌年1月にかけて輸納した。度支の奏抄策定の基礎にあるのは，量入為出という租庸調などの収入を基礎とする運営であり，また当年初めの人数をもとに翌年の収入の指示をしているので，2年あるいはそれ以上に及ぶ点に特色がある。
　各州では毎年年末に勾帳という帳簿を刑部のもとの比部に1月から3月にかけて提出してチェックをうけ（中央諸司は季ごと），決算と監査を行い，未進などの徴収額について5月末に比部は決定して奏上し，6月に度支へ報告して当年分の収入に繰り入れた。また各官司に勾検官がおかれ，常時チェックを行う体制であった。
　この律令制の方式は，中央集権で機動的に対処できるが，一方で煩雑であったため，開元24年に改められ，毎年の奏抄の編成をやめ，長行旨条として固定した永続的規定にしたが，それは財政の硬直化でもあった。

（大津　透）

【参考文献】大津 2006，李錦繡 1995・2009

テーマ 19

常 平

　常平とは広義には物価を安定させ，万民の生活保護をはかる政策である。史料用語としては「軽重」「平準」等の語とも互通する。ただ前近代において物価変動に規定的な影響を及ぼすのは主穀であるため，穀類の流通にたいする政府の介入に特化してこの語を用いることもある。具体的には，豊作による穀価下落のさいに官費を投じて余剰穀物を買い取り（これを「糴」という），常平倉とよばれる施設で備蓄する。そして凶作となって穀価が高騰した折には，この備蓄穀物を安価で出売して（これを「糶」という），穀価の安定をめざすのである。

　食糧ストックに依拠した危機対応という点では，常平は義倉などと重なるところが多い。ただし，義倉は平時において租税に附帯して一定量の穀物を強制徴収し，飢饉時などに賑給すなわち無償供出するもので，救荒に主眼を置く施策であった。これにたいし，常平は物価政策の面を兼備しているところが特色である。

　物価政策のあり方については，『管子』軽重篇において早くも具体的な方法論が示されている。しかし春秋斉の桓公と管仲の問答に仮託した同書の成立年次は，戦国時代から王莽時代まで諸説紛々としていて見極めがたい。正確な時期が判明する早期の事例としては，戦国魏の李悝の事例が知られ，豊年の糴と凶年の糶を行っている。

　前漢後期の前 54 年には，耿寿昌によって常平倉が創設され，折しも開発の進んでいた関中の剰余生産物が収買・収納された。これを皮切りに，後漢・西晋・南北朝にかけて常平倉の記録が散見するようになる。隋唐にいたると常平倉と義倉を並置する体制が明確になり，規模も拡大して 750 年には全国で義倉約 6,300 万石，常平倉 460 万石もの貯備が達成された。安史の乱後には一時期混乱がみられるものの，憲宗の 806 年には再建がはかられた。このころには常平倉と義倉の別が次第に曖昧になり，「常平義倉」と一括して記録されることが多くなる（船越 1996）。

　宋代には 992 年，京畿において常平倉が設置され，1006 年以降徐々に全国へと広げられていく。王安石新法期には，各路の提挙常平などの専従組織が置かれ，食糧備蓄と運転資金も拡充されたが，青苗法において低利貸付を行うための基盤としての側面が強かった。このころには備蓄品の構成が多様化し，とくに銭が多く配分されるようになっていく。ストックの量的な多さよりも，3 年程度の備蓄を市糴（⇒テーマ 20「和糴」〈p.126〉）によって計画的に維持していくことが重視されるようになったのである（西奥 2004）。

　南宋以降になると，朱熹の社倉に代表されるように地方官や郷村社会に主導される救荒体制が目立ちはじめ，中央政府による常平の役割は相対的に後退する（⇒テーマ 5「救荒」〈p.43〉）。しかし，常平倉そのものは金・元・明・清を通じて一貫して維持され，経済政策の基本である穀価の安定に寄与していくこととなった（岸本 1997）。

（丸橋 充拓）

【参考文献】今堀 1995

テーマ20
和糴(わてき)

　和糴とは，もともと穀類を買い上げる政策全般を指す。官民合意の価格で売買が成立していることを強調して和糴と称するのである。ところが買い上げ方法が多様化するにつれて，穀類を農民から直接購入する場合に限ってこの語を用いることが増える。商品化され市場で流通している穀類を商人から購入する場合をふくむ総称としては「市糴」「糴買」を用いることが，とくに宋代以降については一般的である。

　「糴」(穀類の収買)は元来「糶(ちょう)」(穀類の出売)の対概念で，穀価安定策である常平の一半を担うものであった(⇒テーマ19「常平」〈p. 125〉)。ところが「租税でまかないきれない平時の穀物需要を，政府が対価を払って充足する」方策として前者のみが和糴の名で次第に拡大し，とりわけ軍事前線地帯への軍糧供給と結びついて独自の展開をみせることになる。それは5世紀の後期，南朝との対峙を本格化させた北魏が，南部前線にたいする補給目的で和糴を採用したことに始まる。

　唐代になると，市価より高い買取価格を設定して遠隔地商人の穀物販売を誘導する方法が，西域において発展した(荒川 2010)。それが737年から内地にも応用され，首都周辺において毎年収買が行われるようになる(関中和糴政策)。和糴は収買量が毎年の作況に左右される一方で実務コストを抑えられる長所があり，脚直(輸送費)などがかさむものの安定供給が可能な漕運と組み合わせることで，募兵制化にともなう軍糧需要増加への対応を実現していた(丸橋 2006)。しかしその一方で，担当官による農民への出売強要や，対価の抑制・不払い等の弊害もひきおこされていた。

　和糴を毎年行えるのは唐代には首都圏のみであったが，宋代になると前線地帯でもそれが可能になり食糧調達にしめる市糴の比重はさらに増した。商人を辺境へ誘致できたのは，食糧納入者にたいして交引とよばれる手形を納地で発行することにしたためである。納品と引き換えに交引を得た商人は，これを開封に持ち込むと銅銭あるいは塩鈔・茶引と交換してもらえる。塩鈔・茶引の場合，生産地に持ち込むと塩や茶に交換でき，指定地域における販売が認められることになっていた。便糴とよばれるこうした方策に加え，宋代には官銭以外の金銀・布帛・茶等で支払いを行う博糴，王安石「市易法」の一環として前貸しへの返済を穀物納入で行わせる結糴・俵糴など，方法面の多様化が著しかった(日野 1988, 斯波 1988)。方法論の成熟はこののちも続き，明代の開中法まで発展していく(⇒テーマ24「塩政(唐〜元)」〈p. 166〉，30「塩政(明以降)」〈p. 209〉)。

　農民が生み出す剰余生産物は，強制的に収奪される租税と，建前上は官民合意で売買される和糴を二本柱として政府のもとに集められた。消費地への輸送は，官運(漕運)または商人誘致。いずれも専売制度とリンクすることで運営が維持されていた。南の経済で北の軍事を支える「南北分業」構造は，財政諸制度のこのような有機的連関によって成り立っていたのである。

(丸橋 充拓)

テーマ21

両税法

　唐は8世紀になると大土地所有の展開によって均田・租調役制にもとづく税収が次第に減少し，西北辺では吐蕃・回紇との関係が緊張して軍事支出が増大した。安史の乱(755〜763年)ののちも強力な藩鎮による中央財政の侵奪が続き，経常経費の調達も困難となった。政府は764年に官員の俸給の財源として全国の墾田(作付農地)から「青苗銭」を，翌年に京兆府(首都圏)の墾田から「地頭銭」を徴収し，770年には両者を全国的な附加税「青苗銭」に統合して見銭収入を確保した(⇒テーマ23「銅銭」〈p. 163〉)。また軍事費の財源として763年から塩税を増徴し(⇒テーマ24「塩政(唐〜元)」〈p. 166〉)，765年に京兆府の墾田から夏麦，翌年に秋粟の収穫のそれぞれ10％を納める「夏税・秋税」を徴収して軍糧の不足を補った。しかしこうした附加税の増徴だけで財政収支は好転せず，宰相楊炎(727〜781年)は780年，口分田の占有にもとづく均等な税役負担を課税原理とする均田・租調役制を廃棄し，現実の墾田所有にもとづく均率の税役負担を課税原理とする画期的な新税制として両税法を策定した。

　両税法は新税制施行の前年(779年)の租調役の徴税実績の総額を，物納制(穀額)の「斛斗」と銭納制(銭額)の「両税銭」とに分けて徴収する二元税制で，墾田所有者を納税者と定め(「税戸」「主戸」)，無産の「浮客」「客戸」には課税しない。このうち「斛斗」は「租」穀とその附加税「地税」(義倉穀，収穫の10％)の総額を，779年の墾田面積に均率賦課した土地税で，収穫する穀物が大麦・小麦であれば「夏税」として6月末，粟・米であれば「秋税」として11月末までに納めさせた。また「両税銭」は租調庸を見銭・絹帛で代納した正税や附加税，銭納制の雑税を一括し，税戸の資産を等級化して均率賦課した資産税で，「斛斗」と同じく夏・秋二期に分けて徴収した。

　両税法を施行した780年の徴税実績は「斛斗」の米麦が約600万石，「両税銭」・附加税「青苗銭」の見銭が約3000万貫で，その総額は施行前年の租調庸の正税・附加税の総収入(塩税を除く)とほぼ同額であった。この年徴収した「斛斗」と見銭の総額は，その1/3を中央政府に納め(「送上都」「上供」)，2/3を藩鎮経費(「送使」)と州県の行政経費(「留州・留県」)に二分して支出した。

　両税法の施行後も墾田は耕作者・作付面積とも変動が激しく，各戸の「斛斗」額の正確な査定はほとんど行われなかった。また京兆府の「夏税・秋税」など地方的な附加税や藩鎮による不法な課税も多く，州県の課税地では田土面積と納税額との適正な対応が失われ，税率の地域間格差も拡大した。とりわけ江南の水稲作地帯では田土の肥瘠や水利の便益にもとづく収穫量の差が大きく，唐末から五代の時期にかけて墾田の生産性を勘案した田土等級別賦課が普及した。一方「両税銭」は貨幣流通量の不足から，施行当初より絹帛による代納(折納)を認め，絹帛の市場価格によって課税額(「両税銭」額)と納入額とを換算した。しかし絹帛折納の急速な拡大は，全国で絹帛の市場価格を急落させて納税者の負担を増す一方，見銭の納入比率の減少によって政府・藩鎮が必要とする見銭の収入を低下させた。そこで9世紀の初め，政府は州ごとに適正な絹帛の納税価格を定めて市場価格の低落を抑えるとともに，「両税銭」額中に絹帛と見銭の納税比率

を定め，政府・藩鎮の財政運用に必要な見銭量を確保した。
　こうして「両税銭」額中に絹帛と見銭の構成比を定めて納税させる「分数定額」方式は全国に普及した。五代になると華北では後唐以降の藩鎮政権が折納を禁止し，各戸の田土所有にもとづいて直接「正税」絹帛を賦課したため，両税は全面的な物納制に移行した。これに対し「斛斗」の田土等級別賦課が普及した江南・四川では，後周を継いだ北宋による全国統一が完成したのちも「分数定額」方式が継続し，絹帛で折納するさいには田土等級別に賦課した「両税銭」の総額を各戸の田土に賦課して納税額を定めた。江南・四川の絹帛折納は 11 世紀初めに廃止され，「両税銭」額を媒介として「夏税」絹帛の納税額を定める方式が採用された。こうして税戸の田土面積・等級にもとづき，絹帛を納める「夏税」と斛斗を納める「秋税（秋苗，苗米）」を正税とする宋代両税法の統一課税方式が確立した。五代の時期に各地の藩鎮政権が徴収した附加税・雑税は，宋代には「夏税」「秋税」の附加税としてそれぞれの納入時に一括徴収された。
　宋代前半期には両税額にもとづいて戸等（9 等級のち 5 等級）を定め，戸等に応じて職役を賦課する差役法が行われたが，王安石は募役法を施行して資産税の「免役銭」を創始し，夏税の附加税として徴収した。金は北宋の両税法を継承して「夏税」「秋税」とよんだが，金の「夏税」は北宋の「夏税」から絹帛・免役銭を脱落させた夏麦のみで，絹帛・免役銭に相当する附加税は人丁・耕牛を単位とする銭納制の「物力銭」に改めた。モンゴル・元は華北を領有すると旧金の「夏税」「秋税」を「地税（斛斗）」，「物力銭」を物納化して「丁税」とよび（「地税」「丁税」を合わせて「税糧」とよぶ），これとは別に戸等基準で絹帛を徴収する「科差」を設け，「税糧」「科差」を正税とした。元は南宋を滅したのち江南・四川地域に宋代両税法をそのまま継承した。明は宋・元時代以来の両税法を継承して「夏税」「秋糧」とよんだが，華北には旧元の「税糧」「科差」制が継続し，物納制の「地税」「丁税」と「科差」が残存していた。15 世紀中ごろから全国的に田賦・徭役の銀納化が進み，華北でも「地税」「丁税」をそれぞれ銀納の「地銀」「丁銀」に一括する「一条鞭法」が行われた。18 世紀初めの「盛世滋生人丁」により「地銀」を「丁銀」に繰り込む「地丁銀」「地丁併徴」が全国に普及し，両税法のもとで最後に残った徭役労働は最終的に田賦に吸収された（⇒テーマ 35「地丁銀」〈p. 218〉）。

〈右寄せ〉（島居　一康）

【参考文献】島居　1993a，船越　1996

テーマ22

ソグド商人と東西交易

　ソグド商人が，かれらのホームグラウンドであるソグディアナ（パミール西方，現ウズベキスタンあたり）を離れ，遠く中国に向けて交易活動を本格的に展開したのは，後漢時代つまり紀元後1世紀になってからだと考えられる。ソグド人たちは，キャラヴァン隊のリーダーのことを「薩宝（sārtpāw）」とよんでいたが，実はこの語は，ソグド語本来の単語ではなく，サンスクリットのsārthabāhaがバクトリア語経由でソグド語に入ってきた借用語である。この経緯からわかるように，インド人たちが1世紀ごろに東方世界への交易活動を展開させると，アフガニスタン北部のバクトリア人やその北方にいたソグド人たちも，それと一緒になってか，もしくは先導されるかたちで東方に来ていたことが知られる。ソグド語がイラン語の一派であるにもかかわらず，イラン語起源のキャラヴァン（kārvān）が使われていないのも，この事実を考えれば容易に理解できる。
　バクトラ（現在のアフガニスタンのバルフ）あたりで勃興し，インドに進出してゆくクシャーン朝が，ローマ帝国や漢帝国との中継交易で栄えていくのも，ちょうどこのころからであることから，ソグド商人たちの中国への進出が，国際交易が活発に進められたこの時代の波に乗って始められたものであったことがうかがえる。まさにこのことを裏書きするように，エジプト在住のギリシア人商人の見聞録である『エリュトゥラー海案内記』には，1世紀後半当時，中国方面からの主要交易ルートが，バクトリアの都であるバクトラを経て，インドの西海岸にある港町バリュガザ（現在のインド西部グジャラート州南東部の港市，ブローチ）に延びていたことが記録されている。
　その後もソグド商人らの東方進出は唐代まで継続し，各地の主要都市にかれらのコロニーを構築し，それを拠点に交易を推進していった。ただし後漢の滅亡前後に，ユーラシア全域で遊牧民・牧畜民が農耕定住地帯への大規模な移動を開始すると，中国本土も大きく揺さぶられ，同時にかれらの活動も停滞したようにみえる。ふたたびかれらの活動が勢いづくようになるのは5世紀になってからであり，この時期にはかれらのコロニーは中国本土だけに留まらず，北方のステップ地域にまで広がりをみせた。この背景には，強力なエフタルという「遊牧国家」が，ソグディアナ・アフガニスタン方面に成立したことがある。ちょうど，この時期は，中国でも北魏が勃興するとともに華北一帯に支配を確立し，エフタルと使節のやり取りをしていた。こうした新たな時代情況のなかで，ソグド商人の活動がふたたび活発化したのである。
　続く6世紀にも，トルコ系の「遊牧国家」である突厥が興り，エフタルをササン朝ペルシアと挟撃して破ると，その勢力は，東はモンゴリアから西はソグディアナを越えて，現アフガニスタンにまで拡大した。5世紀より続く，こうした遊牧勢力の台頭は，ソグド人を北方のステップ地域に誘導したが，そうしたなかかれらは可汗（カガン）をはじめとする遊牧諸集団のリーダーたちと提携するかたちで，キャラヴァン隊を諸外国やオアシス都市などに送り込み，積極的に交易活動を進めた。こうした活動が，「遊牧国家」の隆盛を経済的に大きく支えたことは疑いない。
　やがて7世紀に唐帝国が成立すると，この遊牧勢力とソグド人との提携にくさびを打

ち込むべく，財政を傾けて軍鎮を中央アジアに駐留させ，同地域をその勢力下においた。その結果，ソグド人の交易活動というものは，完全に唐帝国の管理下におかれるようになった。キャラヴァン隊の編成については，唐によってコントロールされ，その交易商品についても，唐の軍事支配を確保するために，それまでにはみられなかった動きもみられるようになった。たとえば，特定のオアシスを中心として屯田開拓を積極的に進め，そこで生まれた余剰穀物を，商人を通じて周辺のオアシスに流通するように仕組んでいる。

また7世紀初めまで，ユーラシア東部の広域にわたる交易は，ほぼソグド人に独占されていたといって良いが，唐の支配時代には，漢人の商人がソグド商人と並んで中央アジア地域に進出してくるようになった。唐は，こうした商人たちの往来を利用して，毎年，大量の絹布を軍需物資として運搬させたが，それはそれまで完全に西アジアの銀貨が流通する経済圏にふくまれていた中央アジアを，唐の絹や銅銭が流通する経済圏に転換させることにつながった。他方で，唐の中央アジア支配が，大きな財政負担を唐に強いたことはまちがいなく，ソグド商人の活動が直接にその内地の財政を潤すこともなかった。唐にすれば，ソグド人に依存した「遊牧国家」の交易活動に打撃を与えるとともに，かれらソグド人を国都にまで誘導し，最新の情報や技術・文化などを掌握することに大きな意義があったのであろう。

注意すべきは，一般的には，当時ソグド人（粟特，sughdhīk）とみなされていた人々は，ソグディアナに点在するオアシス諸国出身の人々を指すと考えられがちであるが，実際にはバクトリア語を話すバクトリア人が，ソグド語の名前を名乗っていることも少なくない。さらには，ソグディアナ以外の地域出身のソグド人が多くふくまれている。たとえば，天山北方やモンゴリアの草原地域には，ソグド人の聚落が点在しているが，そこの出身者などはその例である。もっとも有名なのは安禄山であろう。近年では，突厥「国家」において聚落を構えていたソグド人を「ソグド系突厥」と総称し，かれらが唐後半期から五代・宋初の歴史展開に果たした積極的な役割について種々検討されている。

ソグド人のこうしたユーラシア東部への進出に対して，ユーラシア西部にもかれらの足跡はわずかではあるが残っている。ただしそれは，きわめて微弱な痕跡であり，コロニーの建設も基本的には認められない。西アジアの遠隔地商人との棲み分けがあったことも考えられよう。ソグド商人の主な商圏は，ソグディアナからみて東方にあったとみてよく，かれらの長期におよぶ往来や移住が，政治・軍事・経済・社会・文化の全般にわたって，ユーラシア東部に大きなインパクトを与え続けたのである。　　　（荒川 正晴）

【参考文献】吉田 1997，栄 1999，De la Vaissière 2002，荒川 2010

第3章

宋遼金〜元
―北方からの衝撃と経済重心の南遷（10〜14世紀）―

古松 崇志

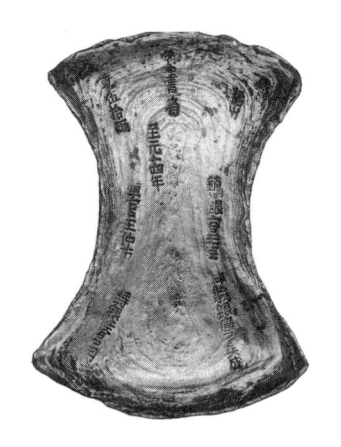

1 多国体制と経済社会の新展開──契丹（遼）・北宋（10〜12世紀）

契丹の覇権と多国体制

　唐朝崩壊前後からの中国本土とモンゴル高原の混乱を利して，その狭間のモンゴル高原東南部から勃興したのが「遊牧国家」の契丹（遼）である。10世紀初頭に族長耶律阿保機のもとで国家形成をなしとげた契丹は，騎馬軍事力を武器にマンチュリア・中国本土北部まで領域を拡大し，12世紀前半までユーラシア東部に覇を唱えることになる。

　一方中原では，唐の傭兵軍団だったトルコ系沙陀が台頭するなど，「五代」とよばれる軍閥政権がつづく。その最後にあらわれたのが北宋であり，南方各地の政権を順次併合して，979年までに中国本土のいちおうの統一を完成する。しかし，北方の契丹にたいしては終始劣勢だった。最終的に契丹と北宋は1004年に「澶淵の盟」を締結して講和し，宋から歳幣が贈られるなど実質的には契丹が上位に立ったが，名分上両国は対等な関係を結んで，以後120年にわたる平和共存を実現する。

　その後，第三極として中原と中央アジアを結ぶ交通の要衝にタングト族の西夏が興起すると，北宋はその攻勢に苦しめられた。1044年に両国は澶淵の盟にならった盟約を結んだが，以後も両国関係は和戦同様で不安定だった。ただし契丹がしばしば仲裁に入り，どちらかが一方的に相手を圧することはなかった。

　こうして11世紀のユーラシア東部では，契丹と北宋の盟約による友好関係を主軸に，高麗・西夏・西ウイグルなどをふくめた多国が，時に緊張をはらみながらも，おおむねは安定的に並存することになる。

契丹の漢地支配

　10世紀前半，中原で混乱が続くなか，契丹ではいちはやく安定した統治が実現する。大興安嶺南麓の契丹の本拠地一帯には，自発と強制とを問わず漢人や渤

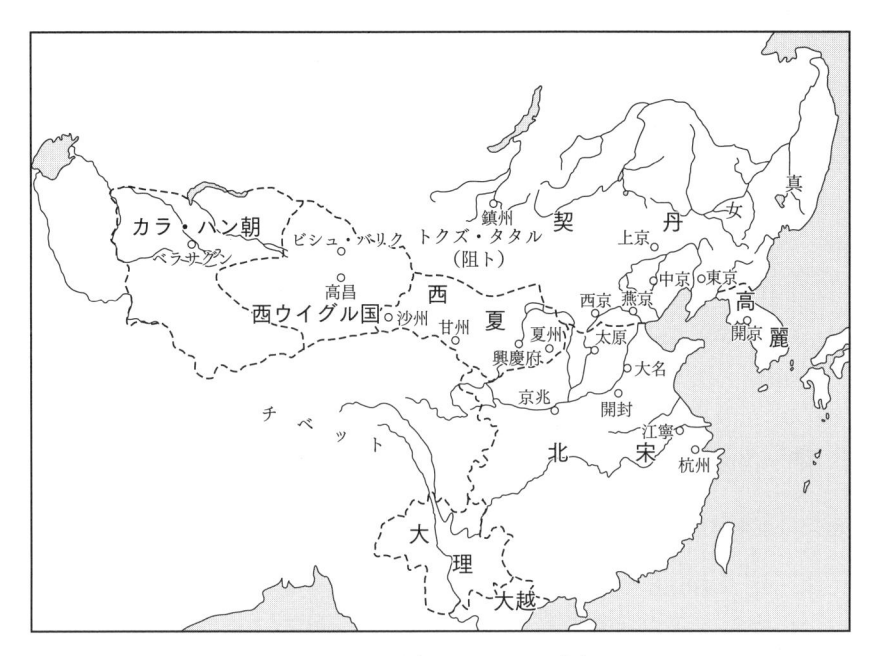

地図11 11世紀のユーラシア東部

海人などの入植者が引き入れられた。とくに軍閥の暴政が横行した中原北部から多くの漢人移民が流入するなど，南から北への人口移動が顕著であった。農業や手工業など生産活動に従事する入植者を定住させるために，契丹本拠地の草原遊牧地帯には城壁で囲まれた都市が次々に建設された。契丹では匈奴以来の遊牧国家の分封制度が踏襲され，牧地には大きく分けて皇帝の直轄地と王族以下の所領があった。都市はそれらの生産拠点として機能し，周辺で農地開発が進められた（⇒テーマ7「遊牧国家の季節移動」〈p. 48〉）。

　936年，中原の沙陀軍閥どうしの内紛に介入した契丹は，後援した石敬瑭(せきけいとう)が中原を制圧して後晋を建国した見返りに，燕雲十六州（現在の北京・大同地区）の割譲を受け，本格的な漢地支配を開始する。結果として，契丹国内にはさらに多くの農耕民が取りこまれることとなった。その後，11世紀にかけて契丹では五京を置いて地域ブロック支配を確立していくが，燕雲十六州については，現在の北京(ペキン)に南京(なんけい)（燕京）を置き，大同に西京(せいけい)を置いた。それぞれ契丹王族を留守(りゅうしゅ)にいただく留守司を置き，その下には唐代以来の州県制を維持し，税制は両税法を

踏襲した。漢地に展開する軍隊は，契丹や奚（けい）などの遊牧民を中核にしつつ渤海人や漢人の部隊もふくんでいた。軍事コストは隣国の北宋と比べれば低廉で，塩税など課利の税率は低くおさえることが可能だった。そのため北宋領内への塩の密売が横行した。

契丹は漢地を本格支配するなかで，農耕社会の生産力を本格的に取り込んだ。そして，駅伝や文書行政などの情報伝達制度，各地の軍事力の掌握，遊牧・農耕社会それぞれに対応した徴税制度や官僚機構，都市を拠点に中域ブロック支配をおこなう五京制度など，おもに唐制を模範にして集権支配に資するしくみを整えていった。こうして契丹は従来の遊牧国家よりも一段強化された統治体制を築きあげることに成功する。これらの多くはのちのモンゴル（大元ウルス）による中国支配にも継承されていく点が注目される。

北宋の軍事体制

続いて中原に目を転じよう。960年に漢人軍閥の領袖趙匡胤（ちょうきょういん）が即位して成立した北宋は，一連の五代政権の轍をふまぬよう，知恵袋の趙普（ちょうふ）の献策をとりいれ，中央集権策を次々に打ち出す。その要諦は，皇帝が全国の軍隊を掌握することにあった。政府は藩鎮の兵権を回収し，戦闘力ある精鋭部隊をすべて皇帝直下の近衛部隊である禁軍に改編して国都開封に集中し，唐代後半以来の藩鎮体制は終焉をむかえる。そして，中央・地方に展開する軍隊の統率は中央官庁の枢密院が掌握し，軍を率いる将軍たちの権限は大幅に剝奪された。こうして軍事にたいする文臣統制が確立し，「文」が「武」を統御する宋代の統治原則ができあがる。

現場の軍隊に権限を与えない極度の集権策は，政権の基盤を安定させる一方で，軍事面での弱体化をもたらしたことは否めない。北宋の軍隊は南方にたいしては攻勢に出ることができたが，戦闘力にまさる遊牧騎馬軍団を擁する契丹にはほとんど歯が立たず，西夏との戦闘でも押し込まれることが多かった。こうした契丹や西夏からの軍事圧力は，北宋にとり王朝存亡にかかわる根本課題であった。そのため，北宋政府は守りを固めるべく，北方の国境沿いに大軍を配置するようになっていく。

国初の時点で，禁軍と廂軍（しょうぐん）（各種の労働に従事する非戦闘部隊）から成る北宋の常備軍は40万弱であった。その後，国境沿いの部隊を中心に徐々に増加したが，11世紀初頭の澶淵の盟締結でいったんは大幅に削減した。ところが，11世

紀前半のタングト（西夏）勃興にともない，陝西北部の国境地帯に大量の軍隊をはりつけることになる。結果として 11 世紀半ばまでに常備軍の兵員数は最大で 140 万人にまでふくれあがった。

北宋の財政構造

　北宋の軍隊は募兵制で雇われた傭兵部隊であり，100 万単位の常備軍の維持には莫大な費用を要した。物資や財貨を確保して軍隊へ供給することは政権にとり死活問題であった。軍事費は多いときには政府の財政支出の 8 割をしめたといわれる。それゆえ，北宋で立案・実行された財政・経済政策のほぼすべては，この常備軍維持のためにあったといっても過言ではない。

　軍事費を支えるための北宋財政の特質として，建国当初に藩鎮体制を克服して確立した中央集権的な財政運営が挙げられる。すべての財貨は，その所在が中央・地方であるかを問わず，中央の財務官司（国初は三司，11 世紀後半より戸部）の管理下に置かれた。そのため州県など地方政府が自由裁量で運用できる財源はなくなるという問題が生じた。地方官庁や郷村のさまざまな労役にあたる職役（しょくえき）が財源不在を埋める役割を果たし，輪番で徴発される郷村の有力農民を苦しめた。この問題を解決するべく，職役を銭納化して地方政府の財源に充てる施策が 11 世紀後半の新法政策のひとつ募役法（ぼえきほう）であった（宮崎 1953）。

　中央・地方で必要とする財貨の調達方法は大きく分けて 2 つある。第一が，各種の税であり，おもに両税（正税）と課利から成る。前者の両税は唐代以来の制度を踏襲し，後者の課利は特定の産品に課せられる塩税・茶税・酒税や商業流通に課せられる商税などを指す。そのほかにさまざまな附加税があった。宋初は土地税たる両税が税収の柱であったが，その税額には一定の枠がはめられてむやみに増やせず，軍事費の増大に直面して塩税を中心とする課利の税額が増加していく（⇒テーマ 24「塩政（唐～元）」〈p. 166〉）。第二が，官による民間からの財貨の買い上げである。北宋の財政収支の項目のなかで中心的な位置をしめたのは，銭貨（おもに銅銭）・穀物・絹織物であったが，このうち現物である穀物や絹織物については，官の買い上げ（「和糴（わてき）」「和買（わばい）」など）でかなりの部分が調達された。

　このように税の徴収や買い上げをつうじて全国から調達された財貨は，地方での支出のために若干留め置かれるのをのぞいて，国都をはじめとして必要な場所（主に軍隊の駐屯地）へと輸送される。この輸送される部分の財貨を「上供（じょうきょう）」と

図 10　宋代の海塩生産
出典）『重修政和経史証類備用本草』大蒙古国平陽刊本。

いう（島居 2012）。

　11 世紀以後，上供は，米・絹織物・金銀・銭貨と，品目ごとに毎年の定額が決まっていた。なかでも重要なのが，長江中下流域の東南六路に割り当てられた上供米である。両税徴収と和糴によって調達された毎年 600 万石もの上供米は，大運河をとおって国都開封まで輸送された（島居 1993a）。

農村社会の把握

　高コスト体質の軍事財政を支えるために，北宋政府はいかにして農村社会を把握し，税収を確保したのか。建国当初の北宋は，唐末より戦乱が続いた中原農村社会の生産の立て直しとともに，後周以来の農地測量（丈量）をおこなって税額確保に尽力した。江南諸国を併合すると，各地で進みつつあった地域開発を継承しながら，従来の重税は軽減して中原と一律の十分の一程度の税率とし，さまざまな附加税は廃止していく（周藤 1954）。

　税制の主柱は両税である。中原と江南で異なっていた課税方式は 11 世紀初めまでに統一される。夏と秋の 2 回，農民から絹帛（絹織物）・穀物（麦・米など）が現物で徴収され，土地の面積と等級にもとづき課税された（⇒テーマ 21「両税

法」〈p. 127〉)。

　農民から税役を徴収するために，北宋では土地財産の所有者を「主戸」に，非所有者を「客戸」に分類する主客戸制を確立する。両税を負担する主戸は「税戸」「両税戸」ともよばれる。客戸は両税を負担しないが，地域により人頭税の身丁銭や保甲役とよばれる郷役（郷村の雑役）など税役を徴されることがあり，無産であっても政府による把握が必要だった（島居 1993a，高橋 2002）。北宋の戸口統計によれば，客戸の全戸数にしめる割合は 11 世紀半ば以後おおよそ 30〜35％程度であり，無産農民が農村社会の少なからぬ割合をしめていたことがわかる。この主客戸制の導入のねらいは，土地の開墾が進み，農民の移動が頻繁になった社会情況に対応して，政府が税収を確保することにあった。そのほか，主戸については，財産にもとづき九等級（のち五等級に変更）に分ける戸等制が導入され，農民を職役に徴発するさいの基準となった。

　宋代の社会では，唐代までの門閥貴族にかわり，「士人」あるいは「士大夫」とよばれる新興の知識人層が支配階層をしめるようになる。その経済基盤はやはり土地経営にあり，大土地所有者が多かった（⇒テーマ 17「田制」〈p. 121〉）。11 世紀半ば以後，官僚（文武品官）を出した家は「官戸」に指定されるようになり，職役免除の優待措置など特権を享受できた。そのほか，宋代に特徴的な地主層としては，「成り上がり」を含意する「形勢戸」が挙げられる。唐末五代に初めてあらわれる形勢戸は，官と民の間に立って地方末端の行政実務にあたる胥吏を指す。かれらは形勢版簿に登録されて，戸籍上は一般民戸と区別された（柳田 1986，梅原 1988）。一方でこの時代，中産・中戸とよばれる自立小農民層の成長が顕著であり，政府の税役徴収対象の中核を担った。

　地主のもとで労働に従事するのが雇傭人(こようじん)や佃戸(でんこ)とよばれる人々である。唐代まで存在した良人と賎人を身分法のうえで区別する良賎制は，宋代には廃止される。唐代までの賎人たる奴婢に替わって，宋代に地主層の家内労働の担い手として広汎に立ちあらわれてくるのが良人の雇傭人（奴僕(ぬぼく)）であった。一方，大小さまざまの規模の地主の土地を耕作する小作農が佃戸である（⇒テーマ 25「佃戸」〈p. 168〉）。佃戸には，雇傭人身分であるため主家への隷属性が高い「佃僕」・「地客」と，小作料（租）を支払う条件のもとで土地を借りる契約を結び移転の自由を有する「佃客」の二種類があった（高橋 2001）。つまり，佃戸と地主との関係は多様で，一概にかれらが自由だったとか，土地に縛りつけられていたとか決め

つけることはできない。ただし，佃客が完全な移転の自由をもっていたことは明白で，概して当時の農村社会の流動性は高かったといえよう。

江南の開発と農業

北宋・南宋をふくめた宋代とは，唐末五代以来の趨勢を受け，北から南へと人口の大移動が起きて，開墾と殖民がいちじるしく進展した時代であった。人口移動の趨勢は，唐中期 742 年と北宋中期 1080 年についての信頼できる戸数の統計を比較することで把握できる。それによれば，北と南の戸数比は，8 世紀半ばの 5.5：4.5 から，11 世紀後半には 3.5：6.5 へと大きな変化をみせている。この変化は中国史の分岐点を示す。以後，現在にいたるまで一貫して人口で南が北を凌駕し続けることになる（図1〈p. 20〉）。なお，北宋時代の戸口統計のうちの口数の統計に不備があり，正確な人口は不明であるが，戸数にもとづいて 12 世紀初めの北宋末には全土の人口が 1 億程度に達したという推計が通説となっている。

300 年の間に起こった南北人口の逆転現象は，唐末より北宋時代にかけての長江中・下流域および浙江・福建をふくむ江南での開発の進展に裏打ちされる。とりわけ長江下流デルタと福建の開発が顕著であった。江南での耕地開発は，河谷平野（山に挟まれた谷底の平野部）あるいは扇状地にはじまり，上部デルタ，下部デルタという順序で進んだ（斯波 1988）。長江下流域についていえば，唐代までは河谷平野・扇状地にとどまっていた開発の最前線が，宋代になって下部デルタの低湿地や湖沼へと達した。そして，海岸沿いの防潮堤建設や水路網の整備といった土木事業を基礎にして，「圩田」「囲田」とよばれる堤防で囲んだ農地の造成が盛んに行われるようになる（周藤 1969）（⇒テーマ 2「水利・治水」〈p. 35〉）。こうした農地造成は，11 世紀後半の神宗朝で新法の一環としておこなわれた農田水利法という農地開墾振興政策によっていっそう推進された。政策が始まった 1070 年からわずか 6 年の間に，新田は 3 割近く増加している。こうして北宋後期から南宋時代にかけて，太湖（江蘇省蘇州附近）南側一帯の低地を中心とする長江下流デルタ地帯に大地主の大規模経営によって営まれる稲作単作地帯が出現したのである（北田 1999）。この下部デルタをふくめた開発の進展により，江南は北方での穀物需要を満たす穀倉地帯に成長し，毎年大量の米を国都開封まで漕運することが可能になった。

また，宋代の長江下流域では，稲の品種の分化が進み，耕地の環境・条件にあ

わせて品種が選択されるようになる。さらに，12世紀半ばに成立した陳旉(ちんふ)『農書』には，人糞尿・油粕・各種廃棄物などを用いた施肥や中干しをふくめた入念な中耕除草など最先端の集約農法が記されており，明清以後に普及する集約的な稲作農業の基礎が築かれていたことがわかる。ただし，こうした先進的な農法は，長江下流域のなかでも土地の傾斜を利して灌漑が容易で開発が早くに進んだ河谷平野や扇状地の一部の農地でおこなわれたにすぎない。これにたいし宋代に新たに開かれた下部デルタ低湿地での稲作は，排水技術の未熟から2, 3年に一度しか収穫できない耕地も多く，まだ粗放で不安定な水準にとどまっていた（⇒テーマ3「農業技術」〈p. 38〉）。

商業・流通の発達と軍需物資の調達

10世紀後半の北宋による中国本土の統一を契機に，全国規模の商業・流通が発達していく。宋代の商業発展の特徴として，まず遠隔地間をつなぐ移動商人たる「客商」の活動があげられる。客商による物流は，中国南北を結ぶ大運河を基礎にした水運を中心とする運送業の発達に支えられていた。それにより，黄河流域と長江流域，さらには杭州や明州（現在の寧波）などの東南沿海部諸都市が連結された。一方，商品の取引にかんしては，卸から小売にいたるまで分業にもとづく流通機構が成長した。とくに，売買を仲立ちする「牙人(がじん)」などの仲買業者や，「邸店(ていてん)」「房廊(ぼうろう)」「停塌(ていとう)」といった都市に設けられた倉庫旅館業者（仲買業を兼ねる場合あり）の発展が重要である（斯波 1968）。また，「便銭」「交子」などの一種の為替手形や信用取引「賒(しゃ)」など，客商の遠隔地間取引を円滑に進める商事慣行の普及が進んだことも注目に値する（日野 1982，加藤 1953）。

都市に居住する商人は，「行」とよばれる同業組合に組織される者が多かった。かつて行は，中世ヨーロッパのギルドになぞらえられ，営業を独占する自治組織と考えられたが（⇒テーマ32「行会（行）」〈p. 211〉），最近では政府が都市商工業者の一部を物品供出のために組織化したものであるという見解が提起されている（宮澤 1998）。

北宋政府は，こうした商業の発展に着目して，商品流通に課税する商税を制度として確立した。当時の商業隆盛を反映して，商税は政府の財政収入の少なからぬ比重をしめるようになった。以後，清代にいたるまでの歴代王朝にとり，商税は重要な収入源でありつづける（⇒テーマ38「関税と海関」〈p. 224〉）。

ただし，北宋の段階では，民間の市場流通の自律的な成長はまだ限定的だった。この時代に顕著となる全国規模での遠隔地間の物流は，むしろ政府によって組織されたものだった（宮澤 1998）。それは，先述したように，北宋時代をつうじて一貫して緊要な課題でありつづけた北辺軍隊への物資補給を目的としていた。

物流の主要経路は，穀倉地帯の江南から大運河を通じて国都開封へ，さらに開封が結節点となって，北方の契丹との国境地帯の河北・河東（現在の山西省）へとつながる経路，南の四川から西夏との国境地帯の陝西へとつながる経路であった。北辺の軍隊に供するための軍糧を調達した客商にたいし，政府は代価として現金（銅銭）や各種の有価証券（現金・塩・茶にそれぞれ引き換えることのできる交引・塩鈔・茶引）を支給するという画期的なしくみをつくりあげた（⇒テーマ 20「和糴」〈p. 126〉）。政府は歴代王朝のなかでも最大の年額数百万貫におよぶ銅銭の鋳造により支出を下支えし（⇒テーマ 23「銅銭（魏晋南北朝～清代）」〈p. 163〉），塩や茶といった多額の利益が得られる課利収入を利用することにより，大量の軍需物資の調達を実現したのである（日野 1983b, 宮澤 1998）。

以上のように，北宋政権により「江南の富で北方の軍需を支える」という中国南北の分業にもとづく経済的結合がもたらされた。これは前章で述べたように 8 世紀後半以後の唐代後半にすでにみられた構図であるが，契丹や西夏といった北からの圧力を受け続けた 11 世紀の北宋において，より体系的かつ大規模なかたちで完成したといえるだろう。そして，この動きと連動して生じた江南開発の進展と経済重心の南北逆転の趨勢は，その後の中国経済史の展開に決定的な意味をもつことになる。

国際交易の盛行

北宋における商業の発展は国内にとどまらず，福建や広東における海上貿易を中心に国外との貿易も活発化した。海上貿易については南宋の項にゆずり，ここでは陸の交易のみをとりあげる。

11 世紀初頭の澶淵の盟ののち，北宋と契丹との国境沿いにそれぞれ「榷場」とよばれる公定貿易場が設けられ，官の監督と牙人の仲立ちのもとで両国商人が商品を取引する管理貿易がおこなわれるようになった。宋からは茶・絹織物や香薬・犀角・象牙といった南海物産などが，契丹からは布・羊・駱駝・毛皮・珠玉などが輸出され，南北の物産を交換するかたちで貿易がおこなわれた。貿易は宋

側の大幅な出超であり，北宋から契丹へ毎年歳幣として贈られる10万両（のち20万両に増額）の銀のうちの半分以上が，榷場貿易での契丹からの支払に充てられていたようだ。すなわち，歳幣銀のかなりの部分が榷場貿易によって北宋へ還流していたのである（日野 1984）。

　一方契丹は，モンゴル高原からトルキスタンへとつながる経路をつうじ，西ウイグルやカラ・ハン朝といった西方の諸国と交流があった。上京（現在の内蒙古赤峰附近）や燕京（現在の北京）といった都市には，国境を越えて活動するウイグル商人を誘致して居留地がつくられた。契丹はかれらウイグル商人を利用するなどして，中国本土と中央アジア方面を結ぶ中継貿易によって大きな利益をあげたのである（畑地 1974）。また，河西回廊に栄えた西夏は，北宋とは対立関係にあることが多かったが，地の利を活かして，やはり中国本土と中央アジアを結ぶ中継貿易を盛んにおこなっていた。北宋と契丹・西夏との間では，榷場貿易のほかに密貿易も頻繁におこなわれており，馬・穀物・塩・書籍などの禁輸品が取引されることもあった。合法か非合法かを問わず，多国が並存した11世紀のユーラシア東部は，国境を越える国際交易が盛んな時代なのであった。

都市の発展

　唐後期から宋代にかけては，商業の活発化とともに，都市発展の時代でもあった。そのもっとも顕著な例として，国都開封の誕生と成長が挙げられる。

　都としての開封の歴史は，唐滅亡後の10世紀初頭に沙陀政権の後晋が洛陽より遷都して以後はじまり，10世紀半ばの宋の建国時までには首都としての地位を確立していく。汴河のほとりに位置する開封は，黄河と大運河の双方に水路で接続しており，水運の利便性があった。五代から北宋にかけて，皇帝の身辺を固める禁軍は常に数十万の規模にのぼっており，かれらへの補給を主眼に交通・運輸の便を重視して開封が選ばれた。隋唐の都長安とは異なり，開封の都市建設の計画性は稀薄で，五代後周のときに外城を増やして三重の城壁で囲まれた。さらに，その後の人口増加に対応して，11世紀後半には外城が拡張された。最盛期の開封の人口は100万に達し，数十万規模の軍隊・官僚およびその家族という厖大な非生産人口をかかえていた。そのため，政府は大運河をつうじて江南からの食糧の補給に尽力した。

　また，すでに述べたように開封は軍需物資調達のための全国物流の結節点とし

ても機能し，物資集散や金融の一大中心ともなった。そのため，毎年数百万貫におよぶ多額の銅銭が運び込まれ，消費活動が活発化した。城内には，南北各地から運び込まれたさまざまな物産を取り扱う商店が軒をつらね，芝居小屋などが建ち並ぶ瓦子（がし）とよばれる盛り場が設けられ，飲食店と妓館を兼ねた酒楼などが立ち並び，都市民の娯楽や遊興に供した。こうした開封の繁栄は，南宋初めに書かれた『東京夢華録（とうけいむかろく）』に活写されている。

州県の役所が置かれた城郭都市（城市）における坊制・市制の崩壊は唐代後半にはじまるが，宋代になるといっそう進展する。都市内部での商業活動の制限はなくなり，城内いたるところで昼夜を問わず商う商店が広がっていった。さらに城市の外側の郷村でも，定期市が開かれる「市」や「鎮」とよばれる市場町が地域における商業拠点として自生し発展していった（加藤 1952）。

郷村で新たな商業聚落が叢生する情況は，11 世紀半ばの北宋中期の統計により裏付けが可能である。すなわち，唐から宋にかけて人口が増加したにもかかわらず，県は全国で 1,100 カ所程度と増加していないのにたいし，鎮は 1,800 カ所，河渡銭（渡し場の税）や坊場銭（ぼうじょう）（地方の酒税）といった税が徴収される小聚落（市）は 2 万 6,000 カ所にも達した。1077 年の北宋政府の商税統計によれば，商税額のうえで鎮が県と肩を並べるか，あるいは県を凌駕する場合があり，鎮の商業拠点としての成長をうかがわせる。城市と郷村の間に市鎮が成長していく趨勢は，のちの南宋・金・元・明・清へと受け継がれていく（斯波 2002）。

都市の発展は，契丹の支配下に入った中原北辺でもみられた。南の中原政権との国境地帯に位置し，契丹最大の都市であった燕京は，10 世紀には中原政権に対峙する軍事拠点として重要だったが，11 世紀になると南の北宋との交易の活発化によって，陸海の物産が輻輳する商業都市として繁栄をきわめるようになる。契丹治下での燕京の繁栄が，のちの金の中都，元の大都へと発展する礎となった。

新法の理念と現実

11 世紀半ば以後，北宋は表向きでは繁栄を謳歌しながらも，危機が伏流する情況にあった。1040 年代，西夏との戦争とそれに乗じた契丹の恫喝をいずれも盟約の締結で何とか乗り切ったものの，西夏にたいする警戒は続き，北辺での軍事費が増加し続けた結果，政府の財政運営は大きな困難に直面した。

こうした財政難をはじめとして，積年の国政の弊害を抜本的に改革しようとし

たのが，第6代皇帝神宗およびかれによって宰相に抜擢された王安石であり，1069年より5年ほどの間に矢継ぎ早に繰り出された諸改革を「新法」とよぶ（⇒テーマ26「新法」〈p.170〉）。新法の内容は多岐にわたるが，そのねらいを簡潔にまとめれば，政府の財政再建を実現したうえで軍事力の増強をめざす富国強兵ということになる。新法の大きな特色は，富国強兵の実現のために，農村や都市での経済活動の現場に政府が積極的に介入する点にあった。農村ならば青苗法や免役法，都市ならば市易法などの施行をつうじて，当時勢力を誇っていた地主層や大商人など一部の特権階級の権益を抑制し，大多数をしめる中小農民・商人を保護することで，農村や都市の基層社会を根底から立て直そうとしたのである。

当然のことながら，こうした改革は地主や大商人を背景とする保守派（のちに「旧法党」とよばれる）の大きな反発を受けることになる。新法を実施する側の現場の官僚たちの拙劣さもあり，1076年に王安石が引退すると，新法は存続するものの大幅な改変が加えられ，当初王安石が掲げた理念は次第に失われていく。神宗の死後には，新法党と旧法党の対立が激しくなったが，全般に新法党が優勢だったため，新法は途中中断をはさみながらも北宋滅亡までおよそ50年にわたり曲がりなりにも実施されることになる。

このように新法は当初のねらいどおりにはいかない部分が少なくなかったが，それでも財政再建の面では初めから大きな成果をあげた。自信を深めた神宗政権は，富国強兵の実現をめざして対外積極策を推し進める。西北ではチベット系青唐(とう)を懐柔して新領土の熙河路(きが)を獲得し，それを足がかりに西夏に侵攻した。また，澶淵の盟以後断交していた高麗との国交を回復した。こうした積極策が契丹挟撃を女真（金）と密約した海上の盟にはじまる亡国の悲劇の遠因となったことは否定できない。その意味でも神宗と王安石の新法実施は北宋史の転換点だったといえるだろう。

2　加速する経済重心の南遷——金・南宋（12〜13世紀）

金の覇権と多国体制の継続

契丹と北宋の共存は，12世紀初めの女真の勃興をきっかけに終焉を迎える。かつて高句麗や渤海に統合されたツングース系集団の流れを汲む女真人は，大興

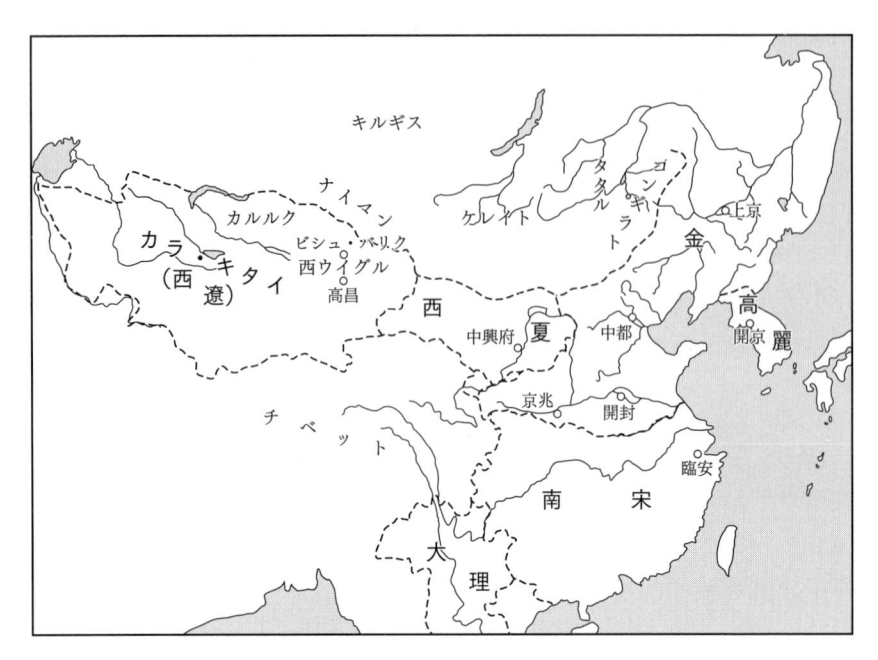

地図 12　12 世紀のユーラシア東部

安嶺の東側に散開居住し，狩猟と粗放な農耕を営んでいた。そのうちの松花江流域の集団の完顔阿骨打が契丹に反旗をひるがえし，1115 年大金国を建国する。女真・渤海系の集団をまとめあげた金は南へ勢力を拡大し，1125 年に契丹を，1127 年に北宋を相次いで滅ぼしてしまう。金は契丹領に加えて，北宋領のうちの淮河以北の中原全体を領有することとなった。この間，契丹の一部の勢力は西へ走りトルキスタンの地を征服するが（通称はカラ・キタイ，西遼），多くの契丹の集団が残留し金の支配下に組み込まれる。宋朝は高宗が即位して江南へ逃げのび，金のたびかさなる攻撃をなんとかしのいで臨安（杭州）を事実上の国都に定めて存続した（南宋）。

　1142 年，金と南宋の間では和議が結ばれ，淮河の国境線と，南宋から金にたいする歳貢や臣礼などが定められた。金は高麗と西夏も臣従させ，各国と盟約を結んでいた。こうして 12 世紀のユーラシア東部では，金を盟主として澶淵の盟以来の多国体制が存続した。

　その後，金の第 4 代皇帝海陵王は，都を女真の故郷の上京（現在の黒龍江省

阿城）から中都（現在の北京）へと遷し，中国統一をめざして南宋遠征に乗り出すが，国内の叛乱もあって失敗に終わる。続く世宗は内政立て直しを優先し，1165年に南宋にたいし大幅に譲歩して和議を結び，両国は澶淵の盟後の契丹・宋関係を下敷きとしたより対等な関係へと移行した。

金代中原の社会経済

　金の中原支配は北宋を滅ぼしたあとの河北・河東の領有にはじまり，続いて傀儡国家の斉国を廃して1137年から河南・陝西・山東を直接統治するようになって完成する。金の支配下の中原には，宋制を踏襲した州県制をつうじて支配される在来の漢人社会と，猛安・謀克に編成された女真人など北方からやって来た移住者の社会が並存した。猛安・謀克とは金の建国前後よりすべての女真人を編成した軍事組織で，100〜300戸程度を1謀克に，10謀克を1猛安に編成し，平時には与えられた土地（屯田）を耕作し，戦時には戸ごとに兵士を供出するしくみである。「猛安」が女真語で「千」を意味することから明らかなように，遊牧国家の十進法による軍事制度に由来する制度である。金の拡大にともない，投降した契丹・奚人を取りこんで猛安・謀克は拡大した。中原が支配下に入ると，猛安・謀克に編成された兵士とその家族の本格的な入植がはじまった。土地を支給された女真人たちは，「村寨」とよばれる防御施設を備えた居住地に住み，漢人の郷村とは明確に区別された（三上 1972）。12世紀末ごろの耕地面積をみると，漢人がそのほとんどを所有する民田が9,000万畝であるのにたいし，猛安・謀克に属する屯田は1億6,000万畝に達した。これは，一部の女真人の王侯・貴族が多くの奴婢と大土地を所有していたためである。女真人と漢人の間には土地争いをはじめ軋轢が生じていたほか，金中期以後は軍事力をになう女真人の惰弱化が表面化するなどさまざまな問題が生じていた。

　漢人の民田では，宋制を踏襲し土地の等級にもとづき穀物を徴収する両税法がおこなわれた。中原の農村社会では，12世紀前半の戦乱で人口は減少し農地が荒廃したが，政府は人戸の招撫と墾田の奨励，灌漑水路の新設や再建など，生産体系の立て直しに努めた。その結果，12世紀末までに総人口は4,500万にまで回復し，屯田をふくめた登録田地は2億5,000万畝に及んだ。これは北宋中期の中原の登録田地1億4,000万畝を凌駕する。金国支配下の中原の復興は，かなりの成果をあげたとみてよい。そのことは商業の回復や都市の繁栄，市鎮の成長など

からもみてとることができる。また，12世紀後半になると，政府は農村社会における貧富の拡大などの問題に対処すべく，全国に官を派遣して農村の戸ごとの「物力（財産）」を調査する「通検推排」を約10年おきに数度にわたりおこなって，農民の税役負担の均等化につとめていた。

金の財政は不明な点が多いが，税制は宋と同じで，両税と現金（銅銭・紙幣）で徴収する課利とに分かれていた。課利収入は山東や河北沿岸の海塩を中心とする塩税が中核をしめた（⇒テーマ24「塩政（唐〜元）」〈p. 166〉）。猛安・謀克が軍事力の中核であり，平時の軍事費は宋に比べればずっと低かったが，12世紀半ばの海陵王の遷都や南征などにより財政支出は増加した。

中原征服後，金は北宋の国都開封に貯蓄された1億貫もの銅銭を入手した。当初はこの厖大な銅銭をそのまま流通させればよく，銅銭を鋳造する必要がなかった。その後，12世紀半ばの海陵王時代，財政支出の増大に対応して，政府は銅銭鋳造を開始したが，中原では産出量が少ないために銅が慢性的に不足し，鋳造額はわずかだった。その穴を埋めるべく「交鈔（こうしょう）」とよばれる紙幣の発行がはじまった。以後銅銭にかわる主要貨幣となり，農村にまで浸透していく。12世紀末になると，承安宝貨（しょうあんほうか）とよばれる銀錠貨幣が発行された。これはわずか4年ほどで廃止されたが，13世紀初頭の金末には紙幣の価値下落もあって，信頼できる通貨として銀の使用は次第に広がっていった。こうした金末の貨幣の変遷は，次のモンゴル時代における銀の広汎な使用へとつながる点で重要である（⇒テーマ27「紙幣」〈p. 171〉）。

金が覇権を握った時代，ユーラシア東部ではそれ以前にひきつづき国際交易が盛んであった。金は南宋との間で，契丹・北宋間と同様に権場を設けて管理貿易をおこなったが，その一方で長大な国境地帯や海路をつうじた密貿易も盛んだった（加藤 1953）。金も契丹と同じく周辺国と活発に交易をおこない，中央ユーラシアと中国本土を結びつける交易により利益を得たのである。

江南への移民と開発の進展

金の南侵は中原社会に激震をもたらし，北宋滅亡にともなう混乱のなかで流民が大発生した。なかには，中原を離れ江南へ新天地を求めて南下する人々もいた。江南に新たに流入した移民の正確な規模はよく分からないが，合計500万人におよぶという推計もある。このような北から南への人口移動の波のなかで成立した

南宋支配下の江南では，地域差はあるものの全体として急速に開発が進展した。これは，北宋ですでに進行しつつあった中国経済の重心が南へ遷っていく趨勢を決定づける動きであった。移民の大きな流れとしては，長江下流域から福建・広東へと沿海部を南へ進む動きと，長江下流域から江東（現在の安徽省）・江西・湖北・湖南へとさかのぼり，さらに南の支流に沿って山間部へ分け入り，一部は南の広東・広西へ達するという動き，陝西方面から四川へと南下する動きなどが存在した（呉 1997）。

　人口は国境地帯をのぞきほとんどすべての地域で増加した。南宋の人口統計は北宋同様に不備があるため，その総人口は正確なところはわからないが，通説では最大時（12世紀末ごろ）には6,000万人を越えたと推定されている。とくに福建・四川・江西・湖南で増加が顕著で，北宋末（12世紀初め）から南宋後期（13世紀前半）までのおよそ100年の間に，戸数が2割以上も増加した。そして，次の元代にかけて江南全域で開発が進んでいく。ただし，南宋の段階では，古くから開けていた四川中核の成都付近，唐代から開発が本格化していた長江下流域，可耕地が少ない福建などで人口が稠密になる一方で，長江以南の山間部などにはまだ広大な未開発地が存在し，人口分布はまだら模様を呈していた（青木 2009）。

南宋の軍事と財政

　北宋滅亡後の混乱のなかで出発した南宋政権は，当初は軍閥の寄り合い所帯だった。1142年に金との和議を成立させた南宋は，杭州を事実上の国都として腰を落ち着け，ようやく王朝政府としての体裁を整えていくことになる。

　南宋も北宋と同じく巨大な官僚と軍隊を擁し，最大時に官僚は4万人，募兵制による常備軍は100万人に達し，軍事費は財政支出の8〜9割をしめたとされる。国境地帯を守るために大軍を配置した点は北宋と同様であるが，南宋と金の国境地帯は，淮河から秦嶺山脈へと東西方向に長く伸びていた。南宋政府はこうした国境の地理形態に対応して，大軍が配備された国境地帯を東から順番に淮東・淮西・湖広・四川の4つのブロックに分け，それぞれの中心地の鎮江・建康（現在の江蘇省南京）・鄂州・利州（現在の四川省広元）に総領所とよばれる財務機関を設置した。淮東は浙西（現在の浙江省）・江東・江西，淮西は江東・江西，湖広は江東・荊湖南北（現在の湖北省・湖南省），四川は四川四路というように，総領所ごとにそれぞれ軍糧調達源が指定され，南方の生産地で調達した軍糧を前線

の軍隊へ効率的に補給するしくみができあがった（長井 2008）。首都臨安の官僚・軍隊への支出は，この総領所とは別に中央の財務官庁戸部が管掌しており，基本的には総領所の管轄外にあった両浙（現在の浙江省全体と江蘇省・安徽省の一部）と福建からの税収によってまかなわれた。

　総領所や戸部による穀物の調達は，北宋と同じく両税と商人からの和糴とを組み合わせておこなった。軍需物資の調達に商人を大いに活用したのも北宋と同様で，商人に支払う代価としてもっとも大きな比重をしめたのは塩鈔であった。淮南・両浙での塩の販売手形である淮浙塩鈔は四川をのぞく三総領所の地域と臨安で流通し，最盛期の歳収額は 2,500 万貫を越えた（⇒テーマ 24「塩政（唐～元）」〈p. 166〉）。

　そのほか，地方での酒税や商税など雑多な税収を中央政府に送納させた経制銭や総制銭など，新たな上供銭が創設されたことも重要である。地方で銅銭により徴収されるさまざまな名目の税収は，次第に中央政府へ吸い上げられ，莫大な軍事支出を補ったのである（島居 2012）。

南宋の貨幣流通

　前述のとおり，北宋の銅銭鋳造額は中国の貨幣史上突出したものだったが，南宋になると鋳造額は年額十数万貫程度まで急激に落ち込んでいく。それは，金の侵攻によって鋳造をつかさどる役所である鋳銭監や銅鉱山の経営が困難になったためだと考えられる。しかし，対金和議ののち南宋政権が安定してからも，鋳造額は増えなかった（宮澤 2007）。

　一方，この銅銭鋳造の不振を補ったのが紙幣だったことは，金と同様であった。1160 年代の孝宗時代以後，以前からの四川の銭引に加え，東南会子（行在会子）・湖広会子・淮南交子とよばれる紙幣が発行された。各種の徴税時に銅銭と紙幣を半々で納入させるなど，政府の肝いりで紙幣の使用を強力に推し進め，民間にも広く流布するにいたった。南宋治下では，東南会子・淮南交子・湖広会子・鉄銭が流通した長江以北，東南会子・銅銭が流通した長江以南，銭引と鉄銭が流通した四川という 3 つの貨幣ブロックが形成された。銅銭不足に悩まされた南宋では，銅銭が北方の金へと持ち出される事態を防止するべく，国境地帯の長江以北において銅銭使用を禁じ，かわりに鉄銭を流通させたのである。その背景には，前述した金・南宋間での密貿易の横行があった。東南会子については，3

年の通用期限ごとに発行額を 1,000 万貫と定め，期限終了後に政府が回収し，納税手段として通用させることで信用を維持していた。しかし，13 世紀に入り金との戦闘やモンゴルの侵攻に直面したさいに，臨時に必要となった軍事費をまかなうために会子の発行額が激増し，新旧紙幣の交換もおこなわれなくなったため，会子の信用は失墜して価値は大幅に下落した（⇒テーマ 27「紙幣」〈p. 171〉）。

江南水運の発展

　豊かな水に恵まれた江南に拠った南宋では，唐末（9 世紀ごろ）以来の趨勢を受け，水運の発展がとくに顕著であった。その基礎となるのが宋代における造船技術の飛躍的な進歩であった。海上水運に用いられる船としては，江南の港湾を起点に東シナ海や南シナ海へと出航する「ジャンク」とよばれる船が広汎に普及した。9 世紀ごろには登場したと推定されるジャンクの特徴は，船底に梁とよばれる十数枚の隔壁板と方形の帆を備える点にあり，従来よりも安定的に航行することが可能となった。また，船底に腐食しにくい松材を用いたり，鉄釘を多く用いて船材を固定したり，桐油を船体表面に厚く塗ったりするなどさまざまな工夫が凝らされていた。宋代に完成したこうした造船技術は，その後 19 世紀まで基本的には受け継がれていくことになる（羽田編 2013）。

　造船業や水運組織の進化もあって，大動脈としての長江とその多くの支流からなる河川や運河が結ばれた内陸水運，沿海部諸都市を結ぶ海上水運がいずれも大いに発展を遂げ，のちの時代にも継承される江南水運の基礎がこの時期にほぼ完成する。水運の発展は安価な運賃で大量の物資を運ぶことを可能にし，全国規模で地域間の物資輸送が前代に比して躍進した。その結果，この時代になると各地で塩・茶・果実・砂糖・木材・絹織物・陶磁器・紙・漆器といった特産品の生産が盛んになり，遠隔地間交易の売れ筋商品として取引された。一大消費地である国都臨安には，西は長江上流域の四川から南は福建や広州にいたるまで，各地の商人が商品を舶載してやってきた（斯波 1968）。

　なお，造船業や水運業の発達を基盤にして，南宋政権が民間の船を徴用するなどして数万人規模の水軍を保有するようになったことは特筆に値する。南宋は，河川や運河など水に囲まれた江南の地の利を活かし，長江や海上に展開する水上の軍事力により北方から攻め込む金やモンゴルの軍勢をおしとどめて，13 世紀後半まで命脈を保つことに成功する。

都市の活況

　全国規模での商業活動の隆盛を背景に，南宋になると経済都市の台頭がいっそう顕著になった。地方の中心都市や州県城に加え，市鎮の成長は長江下流域から上・中流域にまで拡大した。

　成長いちじるしい南宋の諸都市の頂点に位置したのが国都臨安（杭州）である。杭州はもともと銭塘江河口の漁村にすぎなかったが，10世紀に呉越が都を置いたことで，海外貿易など商業利益によって大きく発展した。北宋になると，杭州は江南における蘇州に次ぐ大都市へと台頭した。12世紀前半に南宋の国都に定められ，政府とともに官僚・皇室・軍隊など大量の非生産人口が流れ込んだ。そして，13世紀半ばの南宋末期までには，100万を越える人口を擁する世界最大の大都市へと成長する。

　臨安の国都選定は交通・経済の側面を重視したもので，都としての建設の計画性は皆無だった。都城は自然地形の制約を受けて南北に細長い形状をしており，宮城は高燥な城内南部に位置していた。厖大な人口を養うために大量の物資補給が必要であったが，長江下流域の穀倉地帯との近接や水運の発達により，北宋の開封よりも容易であった。臨安城内に引きこまれた運河は，北は大運河，南は銭塘江・浙東運河と結ばれており，長江や海路への接続に利便性があった。中心の商業区は，城内の南北を縦貫する2本の運河にはさまれた城内中央部の南北に細長い一帯に集中し，金融機関のほか，金銀・書籍・絹織物・漆器・香薬・真珠・砂糖といった貴重な商品を取り扱う店舗が軒を連ね，その周辺には酒楼・妓館・瓦子（芝居小屋）などの娯楽施設が建ち並んでいた。商人の同業組織である行や各種の政府財務機関も中心の運河に沿って立地していた。城の外周部には郊外から運び込まれる米・野菜・木材・薪炭・魚・肉などといった都市住民の日常に欠かせない食品や燃料などの卸売市場が設けられていた（斯波 1988・2002）。

海上交易の活発化

　香薬（香辛料と薬物）をはじめとしてユーラシア南部の熱帯・亜熱帯地方で産出する物産は，人々が集住する温帯では入手できないため，古くから貴重な商品としてインド洋海域の海上交易で盛んに取引されてきた。南シナ海の海路をつうじてこの海域に接続する中国にも，早くから東南アジアを中心とする熱帯・亜熱

帯の物産がもたらされていた。

　8世紀以後，アラブ系やペルシア系のムスリム海商が中国南部の港へ頻繁に来航するようになると，東シナ海・南シナ海・インド洋を結ぶ海上交易が活況を呈するようになる。そして，唐崩壊後の10世紀における沿海部諸政権での交易の盛行を受けて，続く北宋も貿易を奨励し，11・12世紀に江南沿海部での海上交易は飛躍的な発展をとげた。

　唐から北宋にかけての南海交易の窓口は広州にあったが，11世紀以後，とくに南宋に入ってから福建南部の泉州が貿易港として台頭する。広州や泉州にはムスリム海商が住み着き，「蕃坊（ばんぼう）」とよばれる居留区を形成した。北宋・南宋をつうじて，政府は広州・泉州・明州などを開港場に指定し，市舶司とよばれる役所を置いて，海商の出入国管理や輸入品の検査と買い上げ，徴税などの業務をおこない，大きな収益をあげた（藤田 1932，桑原 1968b）。

　輸入されたのは，香薬・犀角・象牙・真珠・珊瑚などの熱帯物産の奢侈品であった。代価として金銀や銅銭が支払われ，絹織物や陶磁器が輸出された。とくに銅銭の大量流出は政府にとって頭痛の種であった。輸入品のなかで重要なのは香薬であり，焚香料としての乳香・沈香・白檀，薬としての胡椒などの使用が宋代に流行した。とりわけアラビア産の乳香は重視され，舶載品のほとんどを政府が買い上げ，都まで運搬して専売をおこなった（山田 1982，林 1986）。香薬は軽くて高価なため，宋の国内で遠距離交易品として広汎に取引されるのみならず，ユーラシア東部の各地でも珍重され，北宋・南宋から契丹・金・西夏・高麗・日本などへ国境を越えて盛んに転売された。

沿海地域の商業化──南宋時代の福建

　国内外にわたる商業活動が活況を呈した南宋治下の江南沿海部を代表する地域として，福建の情況をみておこう（斯波 1968・1995, So 2000）。唐末以後，福建では中原や周辺地域からの人口移動が長く続いた。福建の地勢は山がちで，海岸沿いの平野部で農業の集約化は進んだものの，増加した人口を収容する耕地は不足していた。農業の発展が制約されるなか，労働人口の過剰と貧窮から，農業以外の生業に従事する人々，とくに商人を続々と輩出することになった。

　人口過剰に悩まされた福建では，食糧の米を自給することができず，長江下流域や広東から大量の余剰米を移入した。福建の農業の中心は，米から茶やサトウ

キビ,果物の荔支(ライチ)・柑橘・竜眼などの商品作物へと移行した。こうした商品作物や木材・鉄器・陶磁器・書籍などの特産品を外地へ販売したり,泉州での南海交易で輸入した香薬をはじめとする熱帯産の奢侈品を転売したりするなど,福建商人は国内外問わず遠隔地商業に積極的に乗り出すことで大きな利益を得た。南宋になってから,泉州のムスリム海商居留者が増加し,海上交易の活況をもたらしたことも福建社会の商業化をさらに促進した。一方,福建商人を中心とする宋の海商もまた南シナ海や東シナ海へ乗り出していった。12~13世紀には,中国のジャンク船は東南アジアに頻繁に往来したばかりでなく,ベンガル湾を越えてインド南西部のマラバール海岸にまで達した。また,11世紀以後,浙江や福建の海商が明州(現在の寧波)を起点にして高麗・日本へ盛んに渡航し,12世紀になると博多に宋人居留地が形成されている。

　海上交易の活況のもとで福建の海岸や内陸交通路に沿った都市に富が集積され,周辺での産業の発達を促し,都市への人口集中が起こった。競争が激しく流動性の高い社会のなかで,進取の気性に富む福建人は全国で突出した科挙合格者を輩出した。福建人の科挙での成功と表裏するように,江南における出版業の一大中心となるなど,福建は文化・学術の面でも重要な位置をしめるようになる。こうした社会環境のなかから,朱子学の祖となる朱熹のような人物もあらわれてくるのであった(中砂 2002)。

3　ユーラシア統合のなかの中国経済──モンゴル時代(13~14世紀)

モンゴルのユーラシア統合と中国

　1206年,モンゴル高原で遊牧民集団を統合したチンギス・カンは大(イェケ)モンゴル国(ウルス)を建国する。以後数十年の間にモンゴルは軍事遠征をくりかえして勢力を拡大し,13世紀後半までにユーラシア大陸の東西にまたがる人類史上最大の版図を実現する。ユーラシアの広域をモンゴルが支配した13世紀から14世紀半ばごろまでの1世紀半あまりの間を「モンゴル時代」とよぶ。

　モンゴルの支配は中国にもおよび,それはいくつかの段階をふんで確立した。まずチンギス・カンの即位から5年後の1211年,モンゴルによる最初の対金遠征がはじまり,恐れをなした金は南の開封に遷都する。続いて,第2代カアン

(皇帝) オゴデイ即位後の 1234 年, モンゴルは金国を滅ぼし, ここに中原の直接支配がはじまる。チンギスの孫で第 5 代カアンのクビライが政権の本拠地をモンゴル高原中央部から東南へ移して大元ウルス (通称「元朝」) を建国すると, 中原はモンゴル政権の中心地に変貌する。クビライは中原支配を足がかりに 1276 年に南宋を征服してようやく江南を併合した。唐代の安史の乱の勃発より数えれば, じつに 500 年ぶりの中国統一であった。ただし政府は中国を統一的に支配することはなく, 中原の旧金領を「キタイ (契丹)」, 江南の旧南宋領を「マンジ (蛮子)」とよんで明確に区別していた。

ユーラシア大陸で随一の人口と生産力を誇る中国本土は, 広大なモンゴルの支配領域のなかで重要な一部分を構成した。この時代の中国経済に関わる諸事象については, モンゴルによるユーラシアの政治的統合, さらにはそれにともなってユーラシア規模で活発化した人・モノ・情報の交流を前提に考えていく必要がある。

モンゴルの中原支配——投下領と税制

1213 年の金の開封遷都以後, モンゴルの中原支配は中都周辺に及ぶのみで, 金が放棄した黄河以北は無政府状態に陥り, 流民が発生し飢饉に見舞われて中原の人口は激減する。各地で自衛のために武装勢力が生まれるなか河北真定 (現在の河北省正定県) の史氏や山東東平 (現在の山東省東平県) の厳氏などいくつかの漢人軍閥が台頭し, それぞれ一定地域に支配を確立していく。その勢力圏は, 大混乱に陥った中原各地からの避難先となり, 多くの知識人も流寓して中原の学術・文化を保全し伝承する場としても重要な意味をもった。

1234 年に金国が滅亡すると, 中原はユーラシアを統合したモンゴル・ウルスの一部に組み込まれた。モンゴル政権はすぐさま中原の戦後処理に着手し, 各地で定住民を対象に人口調査をおこなって戸籍を作成し, それにもとづきチンギス一族の王族やその他の部族の功臣に「位下」や「投下」とよばれる領地・領民を分配し, 結果として中原社会は大きく変容することになる。これを「丙申年 (1236 年) の分撥」とよぶ (⇒テーマ 28「投下領」〈p. 173〉)。なお, 以後も漢人軍閥の勢力圏は整理・統合をくわえられながらも温存され, 投下領と錯綜しながら並存することになった。

次に税制についてみておこう。オゴデイが即位した 1220 年代あたりから, モ

ンゴル政権は農耕地帯（中原，トルキスタン，1250年代以後にはイランが加わる）に財務機関を設置する（前田 1973）。農耕地帯での財物収取の方法は，それまでの征服戦争にともなう恣意的な掠奪や貢納から恒常的な徴税へと次第に移行していく。

中原における税制の整備は，金国滅亡前後より推進される。まず穀物立ての税としては税糧があり，丁税（人頭税）と地税（土地税）のいずれかが徴収された。そのほかに「絲料（しりょう）」という税が新設され，中央政府と投下領主の双方に納入された（⇒テーマ28「投下領」〈p.173〉）。その後，第4代カアンのモンケ時代の1250年代に，漢人軍閥が独自に徴収してきた「包銀」が中原全体の税制として導入された。この絲料と包銀の二種の賦税をあわせて「科差」とよぶ。いずれも戸単位で，金末以来の中原の貨幣流通情況を反映して，それぞれ絹糸と銀で徴収された（安部 1972）。そのほかさまざまな職役の徴発がおこなわれ，「雑泛差役（ざっぱんさえき）」とよばれた。

13世紀半ばごろまでに確立するモンゴル支配下の農耕地帯における税制は，いずれも戸や人丁ごとに課せられる税，穀物立ての税糧，商税，駅馬の供出，駅伝への食糧供応といった税目がみいだされる点，商人が徴税を請け負う点などで共通する。それは，旧ホラズム出身のマフムード・ヤラワチなどムスリム商人を中心とする財務官僚がカアンの委任を受けて財務機関をとり仕切り，モンゴル支配下の税制を整備したためである。こうして中原では500年近く存続した両税法が廃され，新たな税制が導入されたのである。

クビライの中国統一と大元ウルス建国

1260年に即位したクビライは，足かけ4年にわたる皇位継承戦争に勝利し，新たな国づくりに乗り出して大元ウルスを建国し，続いて南宋を滅ぼして中国統一を成し遂げる。ただし，モンケ時代までのユーラシアの政治統合は13世紀後半以後に失われ，クビライとその子孫が受け継ぐ大元ウルスを宗主国として，ユーラシア各地にチンギス裔のモンゴル諸政権が並立する情況となる。

クビライの新政権は，政権の中心地をそれまでのモンゴル高原中央部より中原北辺・内モンゴル草原にまたがる農牧境界地帯へ移した。そこに冬の都として新たに造営した大都城（現在の北京）と夏の都の上都城（現在の内蒙古多倫県付近）とを結ぶ首都圏を設定し，朝廷は毎年季節移動をくりかえした（⇒テーマ7「遊

牧国家の季節移動」〈p. 48〉）。そのねらいは，従来からのモンゴル高原の遊牧軍事力に加えて，中原の農業生産力を活用することにあった。

　クビライ政権は，中原に足場を移すなかで中国王朝に由来する制度を数多く取り入れた。たとえば，中統・至元の元号採用，中国古典『周礼(しゅらい)』の規範に則った大都城の造営，「大元」国号の制定，中書省（行政）・枢密院（軍事）・御史台（監察）から成る中央集権的な官僚制度の確立などである。ただし，政府中枢はケシク（近侍集団）から取り立てられたカアンの腹臣がしめ，遊牧国家の伝統に由来する側近政治がおこなわれた。

　一方，地方行政制度も改革が進められた。1264年の李璮(りだん)の乱平定にともない漢人軍閥を解体し，金国以来の中原の地方行政体系に大きな改変が加えられた。旧来の州県制を維持しつつ，その上に路というやや広域の行政単位を新設し，その区画は投下領にあわせて設定した。路にはダルガチ（達魯花赤）と総管の2人の長官を設け，投下領主が目付役として派遣したダルガチがおもに軍事をつかさどり，行政事務全般を担当する総管の上位に立った。

　大都とその周辺は，中央政府（中書省）が路以下の地方政府を直轄する「腹裏(ふくり)」とされた。腹裏の外側には，広域の地域ブロック単位ごとに行中書省（行省）が置かれた。行省は地域の中心都市に置かれ，行政全般にわたり路以下の地方政府を統轄した。南宋併合後は全国12の行省の設置が定制となった。行省は明清以後の省制の起源として重要な意味をもつ（前田　1973）。

大元ウルスの経済政策

　13世紀前半のモンゴルによるユーラシア統合のもと，陸路ではジャムチとよばれる官営の駅伝をはじめとする交通・通信制度が整備され，ユーラシア東西を結ぶ人やモノの動きが活発化した。クビライは，この先代の遺産の上に中国本土を統合することで，ユーラシア東西を結ぶ陸上交通路と南宋治下で発展を遂げた江南の海上交通路とを連結し，新都大都を中心とする交通・物流体系を創出した（杉山　2004）。具体的には金・南宋の分断で12世紀以来荒廃した大運河を改修して南北間の水上交通の大動脈として復旧したほか，外港の直沽(ちょくこ)（現在の天津）からの運河を築いて大都を海運航路と接続した。大都では運河とつながった人工の湖に港が築かれ，巨大な市場がつくられて世界中からさまざまな物資が集まった（陳　1984）。

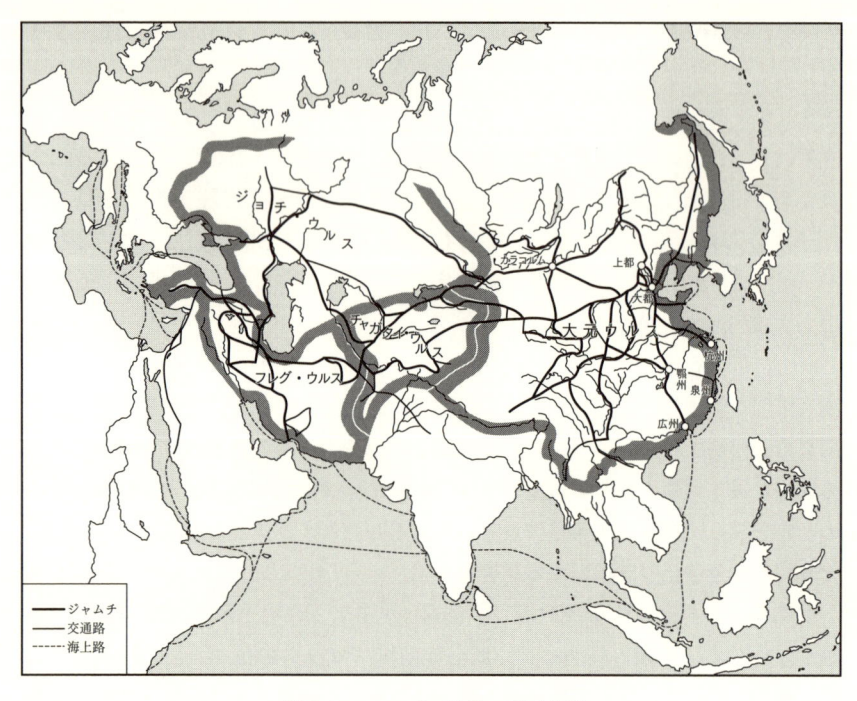

地図 13 モンゴル時代の東西交流

出典）本田 1991 より作成。

　クビライ政権は，ユーラシア規模での交易の活況を背景に，ムスリム商人の献策を取り入れ，通商を重視した重商主義とでもいうべき財政・経済政策を展開した（杉山 1995）。そもそもモンゴルはチンギス・カンの時代から，中央アジアより西アジアへと領域を拡大していく過程ですでに「オルトク」とよばれるウイグル人やムスリムの御用商人たちと緊密な協力関係を結び，前述のようにオゴデイやモンケの時代にはかれらを財務官僚に任じて各地の徴税を請け負わせていた（⇒テーマ 29「モンゴル時代の東西交易」〈p. 175〉）。クビライはこうした流れを受けて，とくにイラン系のムスリム商業勢力を抜擢・重用し，財政・経済政策の立案にあたらせた。その代表格が中央アジア出身のムスリム財務官僚のアフマドである。かれはクビライ時代初期に抜擢されて，制国用使司や尚書省といった財務・経済専門の官庁を設立するなど，20 年ほどのあいだ財務行政に辣腕をふるった。

では，大元ウルスの経済政策はどのようなものだったのか。第一が銀経済を背景とした紙幣制度の導入である。モンゴルはユーラシア統合の過程で，広域で共通する通貨として以前から用いられてきた銀を選択した。漢語で「錠」，モンゴル語で「スケ（斧）」，トルコ語で「ヤストゥク（枕）」，ペルシア語で「バーリシュ（枕）」とよばれる重さ2キロの銀塊（50両，1両＝40グラム）を基準にして，銀の重量体系がモンゴル支配下のユーラシア各地で統一された（前田 1973）。徴税や貢納などをつうじてモンゴル朝廷のもとに集められた銀はユーラシアの東西で流通した。13世紀後半に大元ウルスが中国を統一して陸海の交通路がつながると，ユーラシア各地における銀の使用は「最初の銀の世紀」とよばれるほどに盛んとなる（Kuroda 2009）。これは，16世紀以後に地球規模で展開した銀経済を先取りするものとして重要な意味をもつが，モンゴル時代の銀の流通量は各地で活発化した商取引を満たすには不充分な水準にとどまっていた。そこでクビライ政権は金銀と兌換可能な「中統元宝交鈔」（中統鈔）という紙幣を発行して，中原における銀不足を補った（⇒テーマ27「紙幣」〈p. 171〉）。当初は紙幣と銀とが併用されたが，政府の収支と民間の取引の双方で中統鈔が次第に汎用されるようになる。以後，至元鈔のような価値の高い紙幣が発行されるなど数度の幣制改革はあったが，政府財政は基本的に中統鈔を基軸に運営された。南宋を併合すると紙幣発行額が激増し，紙幣の価値下落と物価騰貴が徐々に進行したものの，大元ウルスが江南を喪失する1350年代までは，鈔を基軸とする財政はおおむね健全な状態に維持されていた（von Glahn 2010，宮澤 2012）。

　第二が塩税や商税といった商業流通にたいする課税収入を柱とする財政運営である。塩引を商人に販売することで徴収される塩税は，政府の鈔立て財政収入の5～8割に及んだ。全国各地の拠点都市には都転運塩使司が設けられ，主にムスリム財務官僚が派遣されて塩の生産と課税をとり仕切った（⇒テーマ24「塩政（唐～元）」〈p. 166〉）。一方，商税は鈔立て財政収入の15％程度をしめた。税率は販売地での売上税30分の1のみで，宋代の商税が一州を通過するごとに2％の過税を徴収し，3％の住税を課したのに比べれば低かった（宮澤 1998）。モンゴル政権は物流の障壁となる過税を撤廃し，遠距離交易を保護し奨励したのである。

　第三が南宋征服以後，高い生産力を誇った江南に依存した財政運営をおこなったことである。塩税についてみれば，中国最大の塩産地の両淮（現在の江蘇省）だけで全国の塩税収入の4割をしめた。また，毎年江南から大都へ海運によって

米を運搬したが，ピーク時にはその量は300万石に達した（⇒テーマ4「漕運」〈p. 41〉）。14世紀初めには，さらにそのうちの数十万石がモンゴル高原まで運ばれ，遊牧民の軍隊へ供給されていた（松田2010b）。

　ようするに大元ウルスは，塩税や商税を柱とする税収と穀物の海運をつうじて，江南を中心とする中国本土から朝廷へと財物を吸い上げるしくみをつくりあげたのである。朝廷は中国での税収とユーラシア規模の交易で得られる利益とをあわせ，莫大な富を掌握した。その最大の支出先は王族以下のモンゴル遊牧民集団にたいする賜与や賑救であり，歴代のカアンは集積した財を気前よく分配することで，配下の遊牧民集団からの支持と服属を勝ち得た。こうして純粋な遊牧経済だけでは到底得られない富が，草原の遊牧地帯に流れ込んだのである。

農業振興と開発

　モンゴルがユーラシア各地を征服していくとき，多くの定住農耕地帯が戦闘やそれにともなう治安悪化によって少なからぬ破壊をこうむった。しかし，農耕地帯に恒常的な支配を確立した各地のモンゴル政権は，税収の確保と社会の安定をめざして農業の保護につとめるようになる。中国ではクビライ政権成立後に，金末の戦乱による生産体系の崩壊と人口減から完全には立ち直っていなかった中原の農業生産力を回復しようと，農業振興策を次々と打ち出していく。

　まず，農業振興策を推進する組織として，勧農を専門とする官庁を設置した。クビライの即位直後からの勧農官の地方への派遣にはじまって，1270年には中央に司農司を設置し，続いてこれを大司農司に格上げする。地方では監察機関として新設された提刑按察司（のち粛政廉訪司と改称）にその重要な職務として勧農業務を担わせた（井黒2013）。また，勧農を下支えする郷村組織として新たに社制が導入された。社は村落の50家ごとに設けられ，有力者の社長を選んで農民の指導者とし，農業技術指導，義倉を設けての救荒対策，社学での民衆の教化，治安維持などにあたった（中島2001）。社制が実際にどの程度機能したかはわからないが，政府が農村社会の末端まで立ち入って基層組織を編成しようという構想は，中国史上かなりユニークな試みであった。

　また，政府はすぐれた農業技術の普及につとめた。その代表例が，大司農司による農業技術書『農桑輯要』（のうそうしゅうよう）（1273年成書）の編纂と出版である。中原の乾地農法を体系化した北魏時代の農書『斉民要術』（せいみんようじゅつ）を中心に従来の農業技術を集成し

た『農桑輯要』は，関係官庁に頒布されて各地で農業技術の指導と普及に用いられた。当初の発行部数は不明だが，1286年以後50年あまりの間の部数は1万7,500部にも達した（宮 2006〜2008）。そのほか元代の農書としては，江南もふくめた南北中国のさまざまな農法や農具について図解をおりこみながら解説する王禎の『農書』が画期的な著作であり，これも政府により出版されている。政府が特定の農業技術を広めようとした実例としては，区画分けした土地の一部に作物を植えて集中的に肥料・水を投入する区田法とよばれる集約農法が挙げられる。条件の悪い土地でも収穫を可能にするすぐれた農法として，政府が絵入りの指南書を作成・配布し普及につとめたのである（井黒 2013）。大元ウルスの農業振興策は歴代王朝とくらべても積極的なものだった。

荒廃地が広がる中原では，兵士を入植・耕作させる屯田による開墾が推進された。クビライ政権の初期には対南宋戦争に備える意味もあり，とくに河南・陝西・四川などで盛んにおこなわれた。南宋征服後には，長きにわたる紛争で荒廃した淮河流域をはじめとして江南をふくめた全国に広がった。元代の屯田開墾は中国史上かつてない規模に達したのである（陳・史 2000）。

以上のような大元ウルスの農業振興策により，中原の広範囲で官民協力のもと灌漑用水を再建する組織的な水利事業や土地の開墾が本格化するなど多くの成果が挙げられ，中原社会は13世紀前半の荒廃から立ち直っていった。

元代江南の経済発展

大元ウルスの支配下に入った江南では，行省・路制の導入や投下領の設定といった地方統治の再編がおこなわれるなどモンゴル支配の影響がおよんだ。しかし，税制については中原とは異なって南宋以来の両税法を踏襲し，戦争の破壊を免れた江南の多くの地域で南宋時代の土地台帳を基礎に徴税がおこなわれ続けた。ただし税率は南宋よりも引き下げられることが多かった（陳・史 2000）。土地については，南宋末に軍事費捻出のために長江下流域で公田法が推進され，多くの民田を強制買い上げして政府所有の公田としたが，元代にもこれを踏襲して官田とし，豪民の田地を没収するなどしてその面積はさらに増加していった。カアンから官田を賜ったモンゴル王侯や有力者が江南に広大な土地を保有することもしばしばあった。官田はとくに浙西に多く，明代に受け継がれていく（植松 1997，高 2010）。

江南が大元ウルスに併合されるさい，戦闘の影響で人口が激減した四川と福建をのぞき，多くの地域はほぼ無傷の状態であった。つまり，宋代に大きな成長を遂げた長江中下流域の生産力を政権はそのまま手に入れることができたわけで，この地域から得られる富が政府財政収入を支える主柱となる。政治力・軍事力に勝る北方を経済力豊かな南方が支えるという南北分業の構図がモンゴルの支配のもとで再現したのである。そして，中国南北が統合されたうえにユーラシア規模の交易圏とつながったことにより，江南経済じたいも13世紀末から14世紀にかけてさらなる発展を遂げていく。

図11 江南デルタ地帯での灌漑に用いられた龍骨車
出典）王禎『農書』明刊本，農器図譜巻一三，翻車図。

まず生産力のもっとも高かった長江下流域の農業の発展についてみておこう。12世紀の人口増加によりこの地域の可耕地はほぼ開墾しつくされたが，南宋から元代にかけて水稲品種における早・中・晩稲の区別の明確化，農具や肥料の技術革新などがあり，農民1戸あたりの耕地面積が減少して稲の収量が増加するなど，明代以後に顕著となる農業の集約化が徐々にみられるようになる。一方太湖西側のデルタ地帯では，政府は14世紀に入ってから任仁発（じんじんはつ）のような水利の専門家を起用して都水庸田司（とすいようでんし）や行都水監などの官庁を特設し，呉松江（ごしょうこう）などの河道を浚渫したり圩田・囲田の堤防を修築したりするなど，大規模な治水土木事業にとりくんだ。これによって宋代以来の課題だった排水問題の解決がはかられ，乾田化による耕地の質の改善に一定の成果があげられた（李 2003）。

江南での麦作は，南宋初期に北方からの移民が小麦栽培と麺食をもたらしたことで本格化し，それにともない稲麦二毛作もはじまった（周藤 1962）。麦や油菜など裏作作物を水田に植えるためには稲を収穫したあとの排水が重要である。南

宋末から元代にかけて，粘性の強い江南の土壌を人力で深く耕せる鉄搭などの農具を使った整地・排水技術により，二毛作は河谷平野・扇状地の高田地帯を中心にかなり普及したようである（李 2003）。

また，インドを原産とする木綿の栽培が中国で普及したのは東西通交が活発化したモンゴル時代のことであった。海路経由で南宋までに広東や福建へと伝わっていた木綿が江南の広域に普及したほか，陸路でも陝西に伝来して，『農桑輯要』に中国農書として初めて木綿の栽培法が載せられている。木綿栽培の広がりにともない，江南を中心に綿織物の生産が本格化していく。南宋以来の絹織物の発展もあわせ，この時代に明代以後の江南における紡織業の発展の礎が築かれたといってよい。その背景には，モンゴル政権の物づくりの重視と奨励もあった。

一方，江南における商業は，宋代に引き続き元代になってからも活発だった。とりわけモンゴルの覇権のもとで，東シナ海・南シナ海・インド洋・地中海の諸海域をつなぐ交流が活性化したことで，南宋以来盛んだった江南沿海部の海上交易は，中国北部・東南アジア島嶼部・朝鮮半島・日本列島などとの航路を主軸に，空前の活況を呈した。政府は南宋の制度を引き継いで泉州など主要な港町に市舶司を置き，海上貿易の管理と徴税をおこなった（⇒テーマ 38「関税と海関」〈p.224〉）。また，時期によってはオルトク貿易を管理する行泉府司が杭州に置かれることもあった。モンゴル政府はこうした機関をつうじて貿易を徹底管理しつつも，朝廷や王族が資金を提供したり，交易品を買い上げたりするなど貿易に積極参入した（⇒テーマ 29「モンゴル時代の東西交易」〈p.175〉）。海上交易の担い手は，南宋と同様に江南へ到来・居留するムスリム海商と海外へ乗り出していく漢人海商であったが，移動する人やモノの規模は拡大した。江南のムスリム海商は，南宋以来の泉州・広州で勢力を伸ばしたのみならず，杭州・慶元・松江など浙江の港町にも居留地を増やし，モンゴル朝廷や王侯とつながりをもって貿易で莫大な利益を得たのである。これとおなじように，商業や運輸業に従事する江南出身の漢人大商人が，政府の庇護を受けて大きな富を蓄積した事例も数多くみられる。13 世紀末に江南から大都までの穀物の海運を請け負って権勢をきわめた朱清・張瑄などはその代表例である（植松 1997）。

以上のようなユーラシア規模での海上貿易の活況もあり，商業の隆盛が都市の発展をもたらす宋代以来の趨勢は元代にいっそう加速する。南宋以来の拠点都市は基本的に繁栄を続けた。そのもっとも顕著な例が南宋の国都だった杭州である。

杭州は大元ウルスの征服時にほとんど破壊を被らず、そのまま江南の中心都市として繁栄し、多様な出自をもつ人々と世界各地からの物産が集まる国際色豊かな都市としていっそうその輝きを増した。100万を越える人口を擁する杭州は、モンゴル時代の世界最大の都市として、マルコ・ポーロをはじめ西方からやって来た旅行者の記録に南宋皇帝の居所「行在」に由来する「キンザイ」の名で特筆されている。そのほか市鎮の発展も南宋より継続した。長江下流域についていえば、南宋から元にかけて絹・綿織物業を専業とする市鎮があらわれたほか、海上交易や海運の隆盛により港湾市鎮の台頭も顕著であった（von Glahn 2003）。

危機の14世紀とモンゴルの解体

　1320年代あたりを境に、ユーラシア各地で異常気象がみられるようになる。「小氷期」ともよばれる地球規模での寒冷化のなか、14世紀半ばから後半にかけてユーラシア各地のモンゴル諸政権は解体局面に入っていく。中国本土でも1340年代以後、黄河の氾濫をはじめ広域で天災が続いて飢饉や疫病が襲い、秘密結社の白蓮教徒による紅巾の乱など叛乱が各地で頻発する。江南では政府が叛乱の鎮圧に失敗し、1350年代以後は群雄が割拠する情勢となり、大元ウルスは沿海部の塩産地をはじめもっとも大きな財政収入を生み出す江南を完全に喪失してしまう。そして、朱元璋が建国した明の軍隊が1368年に北伐を敢行して大都・上都は陥落し、モンゴルによる130年あまりの中国支配は終焉を迎える。

　14世紀後半の元明交代期の異常気象およびそれにともなう戦乱は、中国本土全体の社会・経済に深い爪痕を残した。13世紀前半の中原の人口激減を経て、14世紀初頭ごろには8,000～9,000万まで回復したとされる中国の人口は、この時期に6,500～7,000万程度に減少したと推定されている。とくに河南・河北・山東の荒廃は深刻だった。また、北宋以来ほとんど大規模な戦乱がなく、順調に開発が進んで成長をとげてきた江南もまた広い範囲で大打撃を受けている。そして、ユーラシア各地のモンゴル諸政権の崩壊によって東西を結ぶ交易は一挙に冷え込み、中国でも宋代以来続いた江南を中心とする商業の活況は、ここにいったん大きな挫折を余儀なくされる。

テーマ 23

銅銭（魏晋南北朝～清代）

　　中国の金属貨幣には，青銅銭・真鍮銭・鉄銭・鉛銭・銀・金等があった。主なものは青銅や真鍮の銅銭と，明以後普及した銀である。前近代の銅銭は基本的に計数貨幣で，銀は特定の形状に鋳造されはするが成分を吟味し重量を計測して使う秤量貨幣である。貨幣は金属製に限らない。布帛や穀物の実物貨幣が民間ではいつの時代にもあるのにたいし，財政では布帛が制度的貨幣として唐代まで機能した。
　　銅銭が財政貨幣として確立するのは実物貨幣を廃した北宋で，元代の鈔をはさんで明清に及んだ。ただし南宋では銭と会子の二貨制，明代中期以後は銭銀の二貨制である。銅銭はときに額面の大きい大銭が発行されることもあったが，基本的に1枚が1銭あるいは1文という小額貨幣である。宋ではこれを小平銭，明清では制銭という。小平銭とは小型の標準銭，制銭とは官鋳銭を意味する。制銭は1文銭とは限らないが，概して1文銭であった。
　　形状は方孔円銭（四角の穴のあいた円形）で，標準的な直径は24～25ミリ，規定重量は五銖銭で約3.3グラム，宋の小平銭で4グラムである。ただし実際にはそれより軽く，宋銭は3.3グラム程度である。金属組成は青銅銭で銅60～70％・鉛20～30％・錫数％，真鍮銭で銅60～70％・亜鉛20～30％，錫と鉛等が10％程度混ざる。銭料例の規定があっても，一般に大きさ・重量・成分は個々の銭貨で偏差が大きく厳密ではない。しかし一定の大きさの方孔円銭であれば1枚が1銭あるいは1文として通用した。
　　次に時代順に銅銭に関わる事象の変転をみよう。三国魏では漢五銖のような精巧な製作ではないが五銖銭を継承した。ただし財政は布帛が基軸である。呉は五銖銭を基準とする500，1,000，2,000，5,000などの巨大な幣値の大銭を発行し，蜀ははじめ五銖銭，のちに非常に小型の直一銭を基準とする額面100の大銭を発行した。呉蜀とも大銭で民間から官用物資を買い上げるのに用いた。
　　銭名に新しい傾向があらわれたのは五胡のときである。成漢の漢興銭は年号銭，前涼あるいは北涼の涼造新泉は国号銭，後趙の豊貨銭は吉語銭，夏の太夏真興は国号かつ年号銭である。それまで半両や五銖のように重量が銭名であったのが，国や皇帝を意識させる名称が次々と登場し，ついで南朝に伝わった。
　　南北朝時代，財政でも市場でも実物貨幣を行使する場面が多く，市場に投入する銅銭量は不充分だった。ただ北朝より南朝で銅銭の投入・回収ともに多いようである。とはいえこの時代南北の貨幣現象はよく似ている。すなわち鋳造権は確立せず，大小多様な官銭のほか，各種私銭，官銭を改造した変造銭が流通し，比較的狭い地域で通貨が異なった。銭貨の小型化も著しく，私銭はもちろん官銭にも4銖（約2.7グラム），2銖（約1.3グラム）が出現した。極端な場合，銭貨本体を中心部と周辺部に切り分け1枚を2枚にすることもあった。
　　銭貨の地域的分裂は銭遣いの方法にもあらわれる。すなわち紐で括られた100枚未満を100文とみなす短陌である。陌とは100枚の意でこの時代に成立した貨幣計算単位である。これ以前，計算単位は銭であったが，4世紀に陌，5世紀末に文と貫が成立した。

文は銭に代わる最小単位，貫は北朝では1,000文を，南朝では陌と同じく100文をあらわした。隋が南朝の陳を併合すると，1,000文＝1貫が定着し，陌は表面にあらわれることはなくなった。

　魏晋南北朝時代の混乱した幣制をある程度収束に向かわせたのは隋であり，本来の重量を有する五銖銭を基準銭と定めて私銭を厳しく取り締まった。だが隋末の混乱時にまた私銭が氾濫した。

　漢以来の五銖銭体制を終息したのは唐初発行の開元通宝である。唐では従来の両銖制（1両＝24銖）を両銭制（1両＝10銭）に変更した。1両＝40グラム，1銭＝4グラムである。この十進法の重量単位の体系は両銭より下位の分厘をあわせ清朝まで継承された。開元通宝は当時から開元元宝ともよばれ，その後通宝と元宝はどちらも銭貨の名称に取り入れられた。

　唐代，南北朝と同様私銭があふれていた。政府は悪銭の買い上げや銅禁（銅の売買や銅器製造の禁止）を実施したり，私銭の禁令を強化したり，あるいは私銭でも好銭なら公認したりするなどさまざまな政策を行ったが効果はあがらなかった。時代は銭貨を求めていた。だが唐朝が市場に投入する通貨は多い年で100万貫，通常はそれよりはるかに少なかった。大量に流通する私銭は小額貨幣を求める市場の要請に応じた面がある。

　安史の乱が起こると唐朝は軍事費の増大に対処すべく50文や10文の乾元重宝を発行した。幣値と銭重の均衡を欠き，しかも急速に小型化したこの大銭は市場の混乱を招き，4年ほどですべて1文銭となって鋳造を停止した。その後廃仏で有名な会昌年間，背に鋳造地を記したいわゆる会昌開元を大量に鋳造した。会昌開元は廃仏が撤回されると溶解され，以前の開元通宝の体制にもどったため，けっきょく通貨不足，私銭の横行という銭貨事情が解消することはなかった。

　五代十国時代，国によって独自の銭法があり素材や幣値の異なる各種の銭貨があった。しかし大局的には，五代王朝の小平銅銭にたいする南方王朝の鉛銭・鉄銭とまとめることができ，さらに全国的に開元通宝が共通の通貨の位置をしめた。

　北宋は四川を鉄銭専用地域としたのを除いて通貨を小平銅銭で統一した。銭名は年号を基本とし，銅禁・銭禁（銭貨の国外持ち出しの禁止）を実施して政府の鋳造権を確定するなど五代までの通貨の混乱を克服した。こうして私銭は減少し，官銭は財政を運用する貨幣として確立した。西夏との軍事的緊張が高まると陝西や河東を銅銭鉄銭併用地域とし，南宋でも国境地帯に鉄銭を導入した。それは財政の補充や銅銭の国外流出防止を目的とした政策である。宋では財政が逼迫したとき，重量は小平銭の3倍程度で幣値が10文の大銭を鋳造した。だが大銭の背に幣値を記さず，政府の都合で5文や3文に変更して通用させたため，経済の混乱を招いた。南宋では鉄銭に2文・3文・5文があるが，背に幣値や記号を入れ恣意的な幣値の変更を不可能にした。なお宋では新法期に年間鋳造額が約600万貫に及び，中国歴代最多である。

　短陌にも新しい展開がみられる。財政では，たとえば80陌で100枚の銭は125文と計算するように短陌を比例定数として用いるのにたいし，商品流通の場では80陌なら100枚の銭は120文と計算するように短陌を位取りとして機能させる。この場合銭貨の枚数と商品価格は比例しないから，宋代の銭貨は商品価値を表示できない。短陌は商人組織である行ごとに異なり，地域的差異であった魏晋南北朝の短陌と異なる。短陌は商品経済の発展度をはかる物差である（宮澤 1998）。

10世紀以後，中国周辺の諸民族は建国すると銅銭を鋳造した。遼（契丹）では10世紀から鋳造したが，1030年代に入って本格化した。西夏も11世紀中葉以後鋳造した。両国の銅銭は方孔円銭・小平銭・年号銭で共通する。西夏には鉄銭や西夏文の銅銭もあり特色をなしている。ただし遼夏両国の通用貨幣の大部分は北宋銭である（三宅 2005）。ヴェトナムや高麗でも鋳造額は多くないが小平銅銭を鋳造した。北宋を滅ぼした金は自国の鋳貨のほか北宋から継承した大量の銅銭で財政を運用したが，やがて銅銭不足に陥って鈔（紙幣）を発行した。承安宝貨という銀貨を発行したこともあるが3年で廃止した。日本は皇朝十二銭のあと北宋銭を輸入した（森 1975）。こうして北宋の小平銭は東アジア共通の通貨となった。

　元朝の主な貨幣は鈔で，銅銭の発行は短期間に限られた。元朝の銅銭で注目すべきは鈔との関係である。南宋では会子と銭はリンクが不充分で物価に二価現象が発生した。元はほぼ鈔単一の通貨政策を採用したためこのような現象はなかったが，元末，鈔価の下落が著しくなると鈔価維持の裏付けに銅銭（至正通宝）を用いた。至正通宝には重量に対応する幣値を鋳込むものがある。さらに鈔と銭をリンクするための権鈔銭があり，有名な至正之宝は，たとえば権鈔伍銭と記されるものは中統鈔5銭と等価で，小平銭の50倍の重量をもつ50文銭であった。各地で独立した政治勢力も銅銭を発行した。そのうち張士誠の天佑通宝は幣値を鋳込み，朱元璋の大中通宝や洪武通宝は小平から10文まで5種類あるが，銭貨の自重を鋳込んだものがある。元末明初の銅銭は，銭重と幣値を対応させることで銭貨の信用を保証したのである。

　明代は宝鈔を発行したが実物財政に傾斜し銅銭（制銭）の鋳造額も落ち込んだ。のみならず15世紀初め～16世紀初めの期間は，弘治年間を除いて鋳造が停止された。この間私銭が横行し，明銭と歴代銭，明銭でも鋳造地の違いによって相場が生じた（足立 2012）。このころ銀経済の浸透は決定的となり，嘉靖年間銅銭の鋳造が再開されると銀銭二貨体制となった（黒田 1994）。

　明末清初，制銭に新しい事態が起こる。明末の制銭は小型で粗悪な真鍮銭が多いが中に銭重（1銭，8分）を記すものがあり，清初の順治通宝には銭1文と対応する銀の重量1厘を記すものがある。このように清初は銭銀関係を固定しようとした。だが銭と銀は本来的に別の貨幣であり，銭銀相場は大きく変動した。乾隆年間の銭相場の高騰は有名である。

　制銭は1文銭が基本だが，太平天国のとき財政難に苦しんだ清朝は1,000文，500文，100文などの咸豊大銭を発行した。銭重と幣値の均衡をまったく欠くだけでなく，鋳造地や鋳造時期の違いによって，同じ幣値の銭貨でも大きさがまったく異なっていた。咸豊大銭は省を越えて通用させる意図をもたない貨幣である。

　その後清朝の銅銭は規格性を失い清末に及ぶ。清末の光緒年間，近代コインの一般的な形状をもつ銅元を発行した。銀元を全国的に発行したのもこのころである。いずれも鋳造でなく打製であり，規格性は格段に増した。経済の近代化を支える銭貨は銀元・銅元であり，制銭の歴史的使命は終わった。

（宮澤 知之）

【参考文献】宮澤 2007

テーマ 24

塩政（唐〜元）

　中国では塩は限られた場所でしか採れず，古くから貴重な商品であった。そのため収益性が高いうえに生産・流通にたいする統制も容易で，そこに目をつけた歴代王朝政府によって塩の専売がおこなわれてきた。専売はつとに紀元前2世紀の漢代にはじまるが（⇒テーマ11「塩鉄」〈p. 84〉），制度として定着したのは唐代後半の8世紀半ば以後のことである。

　安史の乱後，軍事費増大と税収減により深刻な財政難に陥った唐朝政府は，758年に財務官僚の第五琦を起用し，塩鉄使を設置して塩の専売を開始する。塩の生産者である亭戸を官の管理のもとに置き，塩産地での塩の買い上げから運搬・販売まですべて政府がおこなうという制度であった。これはのちに「禁榷法（官売法）」とよばれる。続いて抜擢された劉晏は，塩の運搬と販売を指定の商人に委託し，商人に卸売するさいに塩税を徴収する新たな制度を導入する。いわゆる「通商法」のはじまりである。ただし，塩は産地ごとに販売地域（行塩地）が厳格に定められ，商人は政府の管理下で塩の販売をおこなったのであり，自由な通商だったわけではない。当時成長を遂げつつあった商人を活用する劉晏の改革は成功をおさめ，河東の解州塩池（山西省運城）と並んで，淮南・両浙（江蘇・浙江省）沿海部が塩の一大産地に成長した。塩税収入は激増して政府の財政収入の半ばをしめるようになり，軍事的に弱体化した唐朝の命脈を永らえることに貢献した（妹尾 1982）。

　唐朝崩壊後のいわゆる「五代十国」時代，藩鎮に由来する軍閥勢力が割拠したが，塩産地を有する国では塩が軍事力を支える重要な財源となった。たとえば淮南をおさえた南唐は塩を他国に売って大きな利益を得た。この時代は禁榷が中心で，一部の地域では政府が塩を民に配給する代わりに銭・絹・米などを徴収するようになる。これらは蚕塩・食塩・塩米などとよばれた。粗悪な塩を強制支給するなど多くの弊害があったが，こうした制度は次の北宋にも受け継がれた。

　北宋の塩政は前代を踏襲して地域により多様で，制度の変遷も複雑をきわめるが，おおむねは禁榷中心から通商中心へ移行していく流れとしてとらえられる。北宋政府は軍事費の増加に直面して，生産量の多い解州池塩と淮南海塩を中心に塩税収入を活用した。とくに重要なのは，北辺で客商に穀物を納入させる見返りに，茶・礬・香薬などと並んで塩の販売手形である「塩交引（塩引）」や「塩鈔」が発給されるようになったことである（⇒テーマ20「和糴」〈p. 126〉）。11世紀前半に西夏の勃興に対応して陝西辺境に大軍を配備すると，財務に通じた范祥の献策にもとづき，辺境での客商の納入品を穀物から銅銭に改め，塩鈔を受け取った客商が解州塩池に赴き，塩に引き換えて売りさばくようになった。塩鈔を売って得た銅銭は現地での和糴資金に充てられ，これにより解塩の収入を用いて辺境の軍隊を支える安定的なしくみができあがった。また，解州塩池が水害に見舞われた北宋末には，宰相蔡京の肝いりで官売・通商が併用されていた淮南・両浙塩の官売を廃止し，塩鈔を支給する通商法にすべて切り替えて多額の税収を得た（戴 1981，日野 1983a）。

北宋で導入された塩の販売手形は，以後の歴代王朝に受け継がれる。南宋では北宋末の制度をそのまま踏襲し，一貫して塩鈔を用いた通商法がおこなわれた。最大の産量を誇る淮南・両浙塩に引き換えられる淮浙塩鈔と，四川内陸部の井塩に引き換えられる塩引がおもに流通した。これらの塩鈔・塩引の売り上げによって得られる収入が莫大な軍事支出を支えていた。中原に拠った金でも塩鈔や塩引を用いた通商法がおこなわれた。金代には中原沿海部の開発が進み，山東や河北の海塩の増産が著しかった。

　モンゴルが中原支配を開始すると，いちはやく塩から得られる税収に着目した。オゴデイ時代に耶律楚材が中原各地に十路課税所を創設したとき，解州塩池をはじめ各塩産地で塩の専売がはじまった。大元ウルス（元朝）が南宋を併合すると，宋代以来最大の塩産地である淮南・両浙など江南の塩税が政府収入の大きな部分をしめるようになった。元代には貧民に塩を行き渡らせる目的で常平塩局が設置されるなど官が民へ直接に販売する場合もあったが，塩政を掌る都転運塩使司で商人が塩引を買い，塩産地の塩場や塩倉で塩を受け取り販売する通商法が一般的であった（吉田 1983）。塩との引き換えが保証された塩引は，紙幣の代替物としても広く使用されたようで，内陸部のハラホト遺跡（内蒙古額済納旗）で出土した事例がある（第3章扉図版）。

　8世紀半ばに塩の専売が導入されてから，政府が公認する販売価格は急騰した。専売開始前には1斗あたり10文の価格だったのが110文で販売されるようになり，のちの780年代には300文を越えるまでになった。以後歴代政府による塩の販売価格は，原価から大きくかけ離れた水準につり上げられた。そのため政府が定めるよりも安価での塩の闇取引（私塩）が横行することになる。そうなると高価な専売塩は売れなくなり，政府の重要な財源である塩税収入が減少してしまう。こうした事態を防ぐために，歴代政権は私塩の取引に携わった違反者にたいする厳しい処罰規定を設けて取締をおこなった。塩の専売がはじめられた唐代には，わずか1石の私塩の密売で死刑に処せられるという規程が定められ，五代・宋初にはいっそう酷刑化が進んだ。その後，宋代以後になると刑罰は軽減されたものの，それでも窃盗犯より厳しい刑罰が科された。私塩取引の厳罰化は，私塩業者の地下潜伏と武装組織化をもたらす。王朝政府の治安維持が機能しているときには，かれらの取締や弾圧に成功する。しかしひとたび支配が動揺すれば，闇取引で得た経済力をもとに軍事力を蓄えた私塩業者がしばしば王朝の存亡に関わる重大な脅威となった。

（古松 崇志）

【参考文献】郭 1997，佐伯 1987，島居 2012

テーマ 25

佃戸

　1950年6月30日に公布された「中華人民共和国土地改革法」にもとづく土地改革によって，中国の地主的土地所有は最終的に廃絶された（⇒テーマ50「土地改革」〈p. 279〉）。それまでの長きにわたる地主制（小作制）のもとで，地主の所有する土地を借り入れて耕作する直接生産者農民，すなわち小作農民を，中国史では一般に佃戸とよび慣わしている。この佃戸という名辞自体は，歴史的文献にあらわれた史料用語であり，他に佃農・佃客・佃人・佃丁等の「佃」を冠したいくつかの語彙も存在するが，宋代以降は各種の史料の中からごく普通にみいだすことのできるものとなる。

　中国における地主制（あるいはそれに類した経済制度）の歴史はきわめて古いものだといえよう。すでに漢の武帝のときに董仲舒は，戦国時代に「富者は田が仟佰を連ね，貧者は立錐の地もない」という情況を伝えている（『漢書』食貨志）。また清朝考証学の開祖の1人で清初の大儒，顧炎武は，漢代には「豪民の田を耕して，什の五を税られ」，唐代には「私家の収租は，〔一〕畝ごとに一石に至るものが有る」と，地主的土地所有の展開にともなう小作料形態の違いについて指摘し，それぞれ「分租」および「包租」とよぶことを書き残している（『日知録』巻10）。しかしながら，地主制が中国の歴史において一般的な経済制度となり，地主―佃戸関係が一般的な経済関係となったのは宋代以降のことだと思われる。顧炎武は，漢代には「豪民」，唐代には「兼并の徒」といわれた存在が，宋以後は「公然と号して田主と為す」と述べているが（同前），それはまさにその直截的な表現だといえよう。

　佃戸が地主に納入する小作料を一般に佃租という。たんに租または田租，あるいはその態様によって租米・租穀等の表現もみられる。佃租には大まかにいって，労働による力租から生産物による物租，あるいは金納による銭租にいたるまで種々の形態が存在していた。中国の歴史世界においては，いわゆる地代の発展段階論的理解のように，力租から物租へ，さらには物租から銭租へという図式で佃租の形態が移行することはなく，時々の経済的事情に応じて，また地主の恣意によって，その形態は随時，可逆的に変更された。ただ地主制の歴史を通じてもっとも普遍的なものは物租であった。物租にはたとえば，地主と佃戸との間で収穫物を折半するというような分益租（定率租）と1畝あたり佃租1石というような定額租とが存在していた。前者が顧炎武のいわゆる「分租」であり，後者が同じく「包租」である。平均すると，ともに収穫高のほぼ50％というきわめて高額なものであったが，そのことは抗日戦争期に中国共産党の支配地域，辺区において実施された減租減息政策で「二五減租」（25％の佃租減額）が行われたとき，佃租の最高限度額が収穫高の37.5％に設定されたことからもうかがうことができる。

　宋代以降，基本的には租佃契約によって成立する地主―佃戸関係のもとで，地主と佃戸との間には〈主佃の分〉といわれる身分規制が存在していた。南宋時代の判決集では「一主・一佃，名分は暁然である」と書かれているが（『名公書判清明集』戸婚門），明初の1372（洪武5）年に出された太祖朱元璋の詔勅では，地主と佃戸との間が〈長幼の序〉に比定されており，そこに〈主佃の分〉という身分規制の存在を垣間みることがで

きる。清代乾隆年間の法律書でも「既に主・佃の分が有れば，また平人とは間が有る」と指摘されているように（『大清律例通考』巻27），地主―佃戸関係の紛争にともなう州県衙門の裁判では，〈主佃の分〉が佃戸により厳しい判決をもたらすというかたちで具現化していた。

　ところで，明清時代には華中・華南を中心として一田両主制が展開していた。一枚の土地に田面権（上地権）と田底権（下地権）とが成立し，それぞれが物権として，独立して所有・売買することが可能となるものであった。一般的には，地主が田底を所有し，佃戸が田面を所有していた。こうした制度・慣行の生成については学説史上，意見の分かれるところであるが，他方，土地改革法で「田面権を有する者」に配慮すべきことが明記されているように，一田両主制は20世紀半ばまで存続していた。田底・田面という呼称は必ずしもすべての地域に共通するものではなく，田底・田面を田骨・田皮，田面・田根，大苗・小苗，大業・小業等とよぶところもあった。しかしながら，一田両主制が特定の地域の田土全体を覆うようなものとして展開したわけではなかった。たとえば，19世紀前半，道光年間の福建のある地域では，田骨・田皮という一田両主制のほかに，押租（小作保証金）によって佃戸の耕作権が成立していた「起埋田」と，押租さえもみられない「荷当田」とが錯綜して存在していた（『問俗録』巻1）。とくに一田両主制のもとにいた佃戸にとって，田面権は地主の佃租収奪に対抗する抗租の拠りどころともなっていたのである。

　中国史における地主制の展開の中で，佃戸の歴史性を集中的に表現するものとして抗租の存在が注目される。抗租とは，佃戸が地主にたいして主体的・意識的に佃租の納入を拒否する行為であり，地主―佃戸間の緊張関係の表象であった。抗租自体はすでに宋代の文献にみいだすことができるものの，とくに華中・華南の農村社会で一般化するのは16世紀後半の段階であった。この時期の抗租が佃戸の経営における商品生産（農村手工業や商品作物栽培）と密接に関連していたことは，江南の万暦『秀水県志』や福建の万暦『泉州府志』等の地方志に鮮やかに描写されている。その後，明清交替期における〈佃変〉あるいは〈抗租反乱〉といわれる非日常的な抗租が高揚する時期，清代中期における日常的抗租の展開期を経て，清末にはふたたび暴動をともなう抗租がみられるようになる。さらに20世紀半ばの土地改革にいたるまで，地主にたいする抗租は佃戸によって持続的に行われていたのである。

（三木　聰）

【参考文献】周藤1954，谷川・森1983，小山1992，高橋2001，三木2002，田中2004

テーマ 26

新　法

　新法とは北宋時代（960〜1127年）後期に神宗皇帝（位：1067〜1085年）の指示の下，王安石（1021〜1086年）等の主導で実施された諸改革をいう。改革が開始された1069（熙寧2）年は，北宋建国後およそ100年を経ており，「積貧積弱」の語に象徴されるように，多くの問題が山積していた。宋の北面には遼，西北には西夏の軍事政権が北宋政権を脅かし，そのために財政基盤は緩み，軍制や官僚制度には綻びが生じ，国政全体の見直しが急務となった。

　神宗の全面支援を得て始まった王安石の改革は，まず専門の官衙として「制置三司条例司」が，その後，「司農寺」が政策決定および推進機関として置かれた。その諸政策は「富国強兵」が主眼であり，富国政策として，均輸法・青苗法・農田水利法・免役法（募役法）・市易法・方田均税法が順次実施された。均輸法と市易法は，北宋時代に活発さを増した商業資本に関わる改革案で，その他は基本的に財政の根幹となる農業に関わる改革案である。強兵政策として保甲法・保馬法・将兵法が実施され，北辺の脅威の軽減と国内防衛能力の向上がはかられ，兵器の改善を企図する軍器監の設置が続いた。

　新法改革の対象は多方面にわたったが，既得権者の権益を脅かすものとして皇室や官僚等の特権階層から強い批判を浴びた。なかでも市易法は商業物流を制御する市易務を各地に設置し，市価を壟断し大きな商業利潤を得ていた大商人の商業活動を制限するねらいがあったが，かれらと結びついていた一部官僚からは強い非難の声が浴びせられた。

　青苗法は，毎年二期，夏と秋の穀物がまだ成熟しない時期に，政府から困窮農民に銭物を貸し付けるもので，農民自身の自発的な借り入れ希望が前提であったが，強制的な貸し付けになりかねないとして強く批判された。免役法も戸等に準じて順番に差役（労役）に充当する旧来のやり方を廃し，州県の官府から銭幣を出して人を雇い入れるもので，新たに免役銭と助役銭の納付を求めたが，これに反対する人々は，労役負担のなかった人々にも納税負担が生じ，さらに雇役される者に浮浪の人員が集まり，姦盗の危険が増大するとし，その害は青苗法を上回ると酷評し，新法の推進を押し止めるほどの勢いとなった。

　国力回復をめざして全面展開された新法諸策の中でも，上記諸法には当初から守旧派官僚らの反対が根強く，加えて政策実施にあたる地方末端組織が中央政界の意図を十分に理解せず，杜撰な政策運用によって新法諸策が構想通りに実施されることはなかった。

　王安石の改革には科挙改革や学校教育改革もふくまれ，王安石が下野した後には神宗自身が官制改革に取り組み，冗員縮小と支出削減がはかられ，一定程度の成功がもたらされたものの，王安石と神宗の死去によって，新法改革の遂行は停頓し，主張を異にする官僚間の派閥抗争が続いて政局は混乱し，新法を継続実施する官僚にも適任者があらわれず，十数年におよぶ改革への熱意とその成果は次第に失われ，国家滅亡への歩みを早める結果を招いた。

（木田　知生）

【参考文献】佐伯 1990, 木田 1994, 鄧 1997, 漆 2001, 李 2004

テーマ 27

紙　幣

　中国における紙幣（政府紙幣）の淵源をたどると，少なくとも唐代にまでさかのぼる。当時長安や洛陽等の大都市には，寄附鋪・櫃坊等とよばれる金融業者が存在し，他人の財物を預かって保管するとともに，各種の手形（約束手形・為替・小切手等）を発行していた。また唐朝も寄附鋪や櫃坊にならって手形を発行した。こうした手形類は飛銭・便銭・便換等と称され，主に高額・広域決済手段として使用されたが，それだけでなくすでに広義の紙幣，信用貨幣として転々と流通していた形跡が認められる。

　北宋時代に入ると，商業の発展にともない，手形はますます盛んに使用されるとともに，紙幣的流通もいっそう活発化した。そうした情況をみた北宋朝は，手形を紙幣として発行し，官僚・兵士に対する俸給，軍需物資購入費等の支払いに充てるようになった。その代表が1023年以降四川で発行された交子である。交子とは対西夏戦争の軍事費を支払うため，寄附鋪（四川のものは交子鋪と称された）が発行していた手形交子の経営権を，北宋朝が奪取し，紙幣として発行したものである。紙幣交子は四川に流通していた鉄銭と兌換された。また流通期限が3年，その間の発行額は125万貫と定められ，3年毎に新旧紙幣が交換された。

　北宋朝は交子のほか，1105〜1106年にかけて，都開封の周辺や遼・西夏との国境地帯で銭引という紙幣を発行した。北宋時代の紙幣発行は，局地的もしくは一時的であった。また紙幣の使用者も，官僚・兵士・商人等にほぼ限られていた。

　南宋・金代になると軍事費が膨張し，南宋では国家財政の7〜9割を占めるまでになった。南宋朝・金朝は主に軍事費を支払うため，12世紀後半以降，紙幣を大量かつ恒常的に発行した。南宋の紙幣発行額の総計は，13世紀中ごろには10億貫を超えていた。

　金朝は交鈔・貞祐宝券・興定宝泉・天興宝会等の紙幣を発行した。金朝は紙幣の流通期限を廃止し，交鈔には流通区域も設定せず，全国で使用した。また紙幣の使用を促すため，民間における銅銭・銀の使用を禁止した。これらは元朝の貨幣政策に継承された点である。

　一方，南宋朝は紙幣に流通期限を設定した。また使用区域を限定して淮南交子・湖北会子（江北），銭引（四川），東南会子（江北・江南）等の紙幣を発行した。もっとも東南会子は，南宋末には流通期限が廃止されるとともに，四川でも発行され，全国で流通するようになった。南宋の紙幣にも，元代の紙幣につながる点があらわれるのは興味深い。

　南宋・金代では，財政収支・交易の支払い・物価の表示等は主として紙幣で行われるようになった。紙幣は銅銭や金銀に替わる主要な貨幣と化したのである。紙幣の使用者層も広がり，農民が紙幣を手にするにいたった。紙幣の使用は，南宋・金代に大きく発達したといえる。なお南宋・金代の紙幣は，発行当初は銅銭・鉄銭と兌換されたが，増発にともない兌換は停止された。不換紙幣の信用・価値を支えたのは納税，とりわけ塩の専売税を紙幣で納入させ，紙幣を回収することであった。

　1260年，モンゴル帝国第5代皇帝に即位したクビライは，アリクブケとの皇位継承

戦争の費用及び新政権樹立に要する費用を捻出するため，この年本拠地の中原で，金銀を兌換準備とする紙幣中統鈔を発行した。金代の紙幣にならい，中統鈔に流通期限・流通区域は設定されなかった。また中統鈔の運用機関も，金代の紙幣運用機関をより整備したものとみることができる。

　アリクブケに勝利したクビライは，1269年より南宋に対する総攻撃に着手し，71年に国号を元と定めた。元朝は南宋を併合する過程において，南宋の紙幣と交換する形で中統鈔を発行していった。南北で分裂していた中国の紙幣は，中統鈔によって統一されたのである。元朝は中統鈔の発行と平行して，民間における金銀の使用を禁止した。1277年には銅銭の使用も禁止し，かくて紙幣を専用させる貨幣政策が成立したのである。しかし金銀・銅銭の使用禁止令は不徹底であり，民間での使用は止まず，元朝自身も1285年以降，たびたび禁令を解除している。なお元朝は13世紀末以降，至元鈔・至大銀鈔・至正交鈔という紙幣も発行した。

　元朝が中統鈔を発行した当初は，発行額が少なかったため，その価値は高く，流通状態は良好で，物価も安定していた。ところが南宋併合の前後から，元朝は年間100万錠（1錠＝50貫）を超える紙幣を印刷して支出に充てるようになり，金銀との兌換を停止したことも加わって，紙幣価値下落・物価騰貴が始まった。その後紙幣の年間印刷額は200万錠を超えることがあり，納税を通じた回収のほか，平価切り下げ等の措置がとられたが，紙幣価値下落・物価騰貴の問題は解決されなかった。因みに元代の物価騰貴率は，最末期を除き年間平均4％であったといわれている。

　明朝は銅銭・銅資源の不足から1375年，大明宝鈔という紙幣を発行した。大明宝鈔は発行当初から不換紙幣であり，その価値・信用は，専ら納税を通じた回収によって維持されることになっていた。また宝鈔の発行と同時に，民間における金銀の使用は禁止された。しかし納税を通じた回収額が少なかったため，紙幣の信用・価値は発行当初より低く，額面1貫の宝鈔が1390年には4分の1，1394年には160文に下落した。その後も紙幣価値の下落は続き，15世紀前半には国初の40分の1～70分の1にまでなった。こうした情況に対し，明朝は金銀の使用禁止令をくりかえし発する以外に，1394年には銅銭の使用も禁止した。また納税を通じた紙幣回収を強化した。しかしいずれの措置も奏功せず，紙幣は15世紀末には民間で紙くず同然となり，使用されなくなってしまった。

　清朝は，宋～明代に紙幣の増発が大きな混乱をひきおこしたことから，紙幣の発行に慎重な態度をとった。清代においては，1651～1661年の間に鈔貫，1853～1861年にかけて大清宝鈔・戸部官票という紙幣が発行された。19世紀末にいたり，近代欧米の銀行をモデルとする新式銀行が多数設置されると，それらの発行する銀行券が，中国に進出してきた外国銀行の銀行券とともに，盛んに流通するようになった。　　（高橋　弘臣）

【参考文献】草野1966，前田1973，日野1982・1983b・1983c，彭1988，宮澤1998，高橋2000

テーマ 28

投下領

　「投下領」とは，モンゴル帝国，元朝時代に王侯が分与された領地，領民を指して，研究上使用される用語である。「投下」は，モンゴル語の語彙と考えられたこともあるが，音通で「頭下」と表記されることもある漢語で，遼代やモンゴル帝国時代に皇帝（カン，カアン）の配下，部下をあらわした。モンゴル帝国の遊牧民は十人隊を集めて百人隊を形成し，百人隊を集めて千人隊を形成し，さらに万人隊を形成するという十進法軍事単位でカンの配下に組織されていた。万人隊，千人隊の隊長などの単位の長，すなわちカンの配下の武将が「投下」である。

　匈奴以来，遊牧民集団はこの十進法単位で組織されており，首長を頂点に王族，諸侯などが，領民として一定規模の千人隊を保有し，その遊牧地を領地とした。モンゴル帝国では，チンギス・カンが1206年に建国したさいに95個の千人隊があった（後に129個に増加）。チンギス・カンはモンゴル高原中央部を遊牧地とし，そのほとんどの千人隊を保有しており，重臣2名を左翼の万人隊長，右翼の万人隊長とし，その配下に千人隊を分属させ，いわば「天領」を形成した。またその一方，千人隊組織を数個ずつ子弟に分配し，3人の子は高原の西に，3人の弟は高原の東に封建し，それぞれ小藩，いわば「親藩」を形成させた。このように天領と親藩領に千人隊が分散配属された体制，すなわち投下が配置された体制，このいわゆる分封制が帝国の原点の姿，原型となり（杉山 2004），帝国拡大とともにその領域全土にこの体制が施行されていった。

　1234年に金朝が征服されたが，旧金朝領の中原（当時の呼称は「漢地」）で，一定の地域とその地域に戸籍登録された平民（「民戸」という）が1236年親藩の諸王，天領所属の功臣（投下）に分配された（松田 2010a）。また1279年南宋が征服されたが，1281年旧南宋領の江南でも一定の地域に登録された住民が同様に配分された。このようにしてモンゴルの統治下の東方において，諸王，功臣はモンゴル高原，中原，江南の3カ所に所領を保有する領主となった。諸王，功臣のこれらの所領全体を「投下領」と総称して研究が進められている（杉山 2004）。

　領主は，高原の遊牧地では遊牧民を支配し，中原では領地に戸籍登録されている民戸から絹糸税の一部分（五戸絲料という）を，江南では同様に現金（江南戸鈔という）を収入とした。絹糸税は，10戸で7斤納めた（後2倍に増額）。領主の取り分となったのは，7斤のうちの2斤，約30％だけで，残り5斤，約70％は官（カアン）の取り分であった。貢納をカアン（皇帝）と領主で分割するのは唐の諸王，公主の食邑の収入の配分（領主は3分の2，官が3分の1）に通じるが，モンゴル帝国では官の取り分が圧倒的に多いことが特徴といえる。江南戸鈔は1戸5銭（後に4倍2貫に増額）であった。中原の領地の配置や領民数の規模は，モンゴル高原で保有していた領地の配置と千戸組織の規模に準拠した。高原の分封制の原型は新占領地たる中原へ，やがて江南に引き写されたのである（村岡 1997）。

　領主の権限について，遊牧地帯では領主支配権は強かったが，農耕地帯においては，上記の五戸絲料の配分率の低さやそれの直接徴集が規定で禁止されていた（元朝時代の

規定，当初は規定されず）ことから領主の権限は限定的で，中央権力であるカアンの権限が優越していたとの説が唱えられたこともある（村上 1940）。しかし，モンゴルの領主の側にモンゴル高原，中原，江南の3地域の投下領を区別する意識があったかについては疑問点も多い。中原の投下領に領主が遊牧民を入れて放牧することもしばしばみられた。モンゴル高原の遊牧地は上位の万人隊長から千人隊長，さらに百人隊長へと順次下位へと細分されたが，中原の投下領もまったく同様に上位から下位へと再分割され，下位の領主が収入を得た領地がわずか数村程度の規模にすぎなかった事例も知られている（岩村 1968）。

　中原の分地の最上位の行政単位は「路」で，諸王や重臣家は，路に司法官のジャルグチ（漢訳「断事官」）を派遣し，また各領主は路やその下位の州，県という行政単位に，長官としてダルガチ（漢訳で「監郡」「監県」）を置いた。中原の領地の民戸については，領主がかれらの住居地を移動させたりすることは禁止されていたが，領地内には征服戦争時に獲得された捕虜などの，領主の私有民も相当規模で存在し，領主が必要に応じて意のままにかれらを遊牧地など他の領地へ移動させることが可能であった。私有民は織物などの工芸職人，狩猟民，鷹匠などで，かれらは単一の家族で，あるいは拠点（「局」）に集まってそれぞれ特定の技術により生産にあたり，領主に毎年貢納した。

　また各領主派遣のジャルグチは領地で司法権を行使するだけでなく，燕京・大都（現在の北京）に置かれていたモンゴル帝国の漢地統治機関の合議に領主の権益を代表して参画した（牧野 1966）。領主の支配権は中原において一定程度確保されていたといえる。元朝成立後，帝国は分裂したが，元朝のカアンはカアンとしての権威を保つために，敵対する領主の投下領の権利さえも保全して奪うことはなかった。元朝と友好関係にあったイル・カン国（フレグ・ウルス）の場合には，本拠のイランから元朝に使節が派遣され，中国におけるイル・カン国の種々の権益を受領したことはいうまでもなく，それらはインド洋航路を通じて持ち帰られていた（松田 1980）。

（松田 孝一）

テーマ29

モンゴル時代の東西交易

　ユーラシア東西にまたがるモンゴル世界帝国の出現は，その支配領域の内・外で交易と物流を促進した。とくに，モンゴル諸政権が西方ユーラシアとの交易に大量の銀を投入した結果，13世紀後半から14世紀前半には，西欧・エジプト・インド・東南アジアなどのモンゴル支配の外縁をふくむユーラシア全域で，銀の流通量が増大した。東方交易で一方的な輸入超過状態にあったヨーロッパは，モンゴルからの銀に支えられていた。14世紀前半のフィレンツェで編纂された『商業指南』が，モンゴル支配下の中国地域との交易方法から叙述を始めていることも，当時の西欧にとってモンゴル帝国が重要な交易相手であったことを物語る。モンゴル支配下の中国・中央アジア・イランでは，銀の重量単位が2キロを基準として単一体系化されたが，イタリア商人の使用する銀単位もこれと連動するかたちで交換比率が定められるようになった。一方，14世紀後半のヨーロッパ・エジプト・インドにおける急激な銀不足も，モンゴル支配の崩壊によってユーラシア規模での銀の循環が杜絶したことを反映する。

　モンゴル支配領域の経済的中心としての中国を支配した大元ウルスは，銀の民間レヴェルでの流通を原則的に禁止していた。ユーラシア西方・南方への銀の流動は，モンゴル皇帝が自ら支出する銀，あるいはジョチ・チャガタイ・フレグの西方三王家をはじめとするモンゴル王族・貴族へ賜与された銀（歳賜）に由来すると思われる。これらのモンゴル支配層の手許の銀を各地に流通させるさいに大きな役割を果たしたのが，「オルトク（ortoq, 斡脱）」とよばれる商人集団である。オルトクとは「仲間，パートナー」を意味するトルコ語に由来する。かれらオルトク商人は，モンゴル支配層の「商業上のパートナー」として金・銀・紙幣（交鈔）などの資本を借り受け，モンゴルが設置した陸・海の交通網を利用しつつ，ユーラシア各地で交易活動を展開した。

　かれらはモンゴル政権において財務官僚や外交使節としても重用された。たとえば，13世紀末にフレグ・ウルスから大元ウルスへ派遣された使節ファクルッディーンは，フレグ・ウルスの国庫から黄金10万を「貿易の資本」として与えられ，さらに「かれ自身の商品と，教団代表・仲間たちの商品」をも携行しており，外交に参画したオルトク商人の一例とみなすことができる。またオルトク商人には，イスラーム教徒だけでなく仏教徒やキリスト教徒も少なくなかった。クビライによってインド・スリランカに派遣され，オルトク商人を管轄する泉府太卿に任じられたイグミシュ（Yiγmiš，亦黒迷失）は仏教徒ウイグル人であったし，ジェノヴァ商人のブスカレッロはフレグ・ウルス第4代当主アルグン・第7代当主ガザンの使節として西欧へ派遣されている。いずれも，モンゴル帝国の交易活動が官民一体，国策と表裏して行われたことを示す。

　モンゴル諸政権は，オルトク商人への出資による交易以外に，宮廷（オルド）へ商人が持参する商品の購入も活発に行った。早くもチンギス・オゴデイ時代から，いまだモンゴル支配下になかった西アジアのイスラーム商人が持参した商品は優待的に買い上げられ，かれらの間にモンゴルの影響力を拡大する効果をもった。大元ウルスが南宋接収後に展開した海上貿易でも，東南アジア・インド・西アジアから集積された高級商品の

いくつかは陸上・水上の官用駅伝を利用して中央宮廷に「貢献」され，中央政府はその価格を算定して大量の金・銀・紙幣を「回賜」として与えていた。

　前述の『商業指南』は，中国からの輸入品として第一に絹織物を挙げ，イタリアから麻布を輸送して中央アジアで銀と交換し，その銀で中国の絹を買い付けることを奨励している。まさにモンゴル時代の「シルクロード」交易の盛行をみることができる。周知の通り，西アジアのコバルト顔料と景徳鎮の白磁を融合した青花（染付）をはじめとする陶磁器も，絹織物とならぶ重要な中国産品であった。マルコ・ポーロ『東方見聞録』によれば，粛州（甘粛省酒泉市）のダイオウや寧夏（銀川市）の駝毛布なども全世界に輸出されていたという。一方，モンゴル宮廷に「貢献」される奢侈品としては金・銀・宝石（ルビー・真珠・トルコ石・玉・琥珀など），香料・薬品，絹織物などがあった。アイヌやブルガール人がもたらすオコジョ（アーミン）や貂は，モンゴル宮廷だけでなく，ヨーロッパでも高級商品として珍重された。ジョチ・ウルスはエジプトへトルコ系軍人奴隷を，またインドにはフレグ・ウルスとともに軍馬を輸出して，銀や香辛料を獲得していた。日本も，モンゴルへ砂金・銀・硫黄や工芸品を輸出し，銅銭・陶磁器・茶・書籍・薬品・絹織物を輸入した。とくに銅銭は，大元ウルスで公式通貨の地位を失ったことで日本へ大量に流入し，日本の貨幣経済を進展させることになった。

　以上の交易活動を行う商人は，多くの場合，仏教・イスラーム教・キリスト教などの宗教教団とも提携していた。チンギス以来，種々の特権を与えられていた宗教教団との提携は，交易活動の上でさまざまな利点をもたらす一方，宗教教団の経営や教線拡大にとっても商業ネットワークの利用は不可欠であった。フランシスコ修道会を中心とするカトリック教会の東方伝道はジェノヴァ商人の支援を得ていたし，中央アジアのウイグル人仏教徒が東方ユーラシアのほぼ全域に展開した宗教巡礼圏はウイグル商人の商業圏と重なる。大元ウルス宮廷が毎年大都で開催したチベット仏教の大法会は，寺院に下賜される莫大な金・銀・財物を目当てに各地から商人が集結するという商業イベントでもあった。日本の対モンゴル交易を主に担ったのが禅宗教団の寺社造営料唐船だったことも，商人と宗教教団の提携という点では，モンゴル時代のユーラシア広域で共時的におこった現象として位置づけることができる。

　　　　　　　　　　　　　　　　　　　　　　　　　　　　　　　　（松井　太）

【参考文献】宇野 1989，杉山・北川 1997，四日市 2006，陳・史 2000，Kuroda 2009

第4章

明 清
―伝統経済の形成と変遷（15〜19世紀）―

岡本 隆司

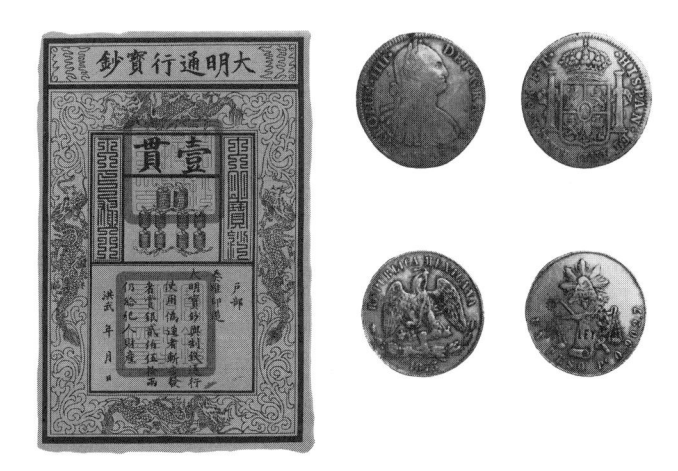

1　明朝の制度デザイン（14〜15 世紀）

明朝の成立とイデオロギー

　14 世紀後半の世界的な経済危機に直面し，弱体化したモンゴル政権に代わって，中国本土を支配したのが明朝である。

　明朝はもともと，南京にできた政権である。明の太祖朱元璋は，長江流域に割拠した群雄勢力との争覇戦に勝ち抜いて，南方の江南地域に地盤をかため，ついで 1368 年，大都を陥れ，遊牧民出身のモンゴル政権を万里の長城の北に駆逐して，北方の中原をも政治的軍事的に併合することに成功した。

　明朝はつまり，多元的な種族と地域の複合で成り立っていたモンゴル政権から，中国本土を離脱させたことになる。そこで異種族のモンゴルに代わって中国本土に君臨し，かつそれを正当化するため，「中華」と「外夷」の別，漢人の自尊という朱子学的な理念を自らの正統性のあかしとして，内外に宣布した。それだけにとどまらない。明朝に特徴的なのは，その理念を建前だけに終わらせず，制度と政策で実行実現しようとしたことである。

　そこで問題となったのは，中国の南北格差だった。中原地域は，モンゴル帝国以前から久しく，江南と事実上の分裂状態にあった。少なく数えても，12 世紀前半の金・南宋の南北対峙からそうである。中国全土を併呑したモンゴル帝国も，北と南で同一の統治を行わなかった。軍事・政治のみならず，経済的にもそうである。200 年以上そうした状態が続いたため，中原は江南よりもむしろ，北隣の遊牧民政権と結びつきやすくなっていた。

　「中華」を標榜するには，「中華」の領域をはっきりと定めて，一つにまとめる必要があり，そのためには，ずっと分離の状態が続いてきた中原を，自らが拠る江南と統合しなくてはならない。これが明初最大の政治方針となる。それを経済的にあらわしたものが，現物主義の制度である。

現物主義

　いま便宜的に現物主義と称したのは，明朝のはじめに定まった財政経済の原則である。貨幣を介在させずに，政府の財政活動を実現しようとするもので，穀物なら穀物，飼料なら飼料というように，税を現物で人民から徴収して，政府当局もそれをそのまま消費した。官庁の必要とする労働力も同じく，ひろく人民から徴発したのである。

　明朝が建国早々，こうした現物主義をとるようになったのは，当時の経済的な条件と政策上の志向という大きな要因が重なりあっている。朱元璋の政権は糧秣・兵器・衣料など，現物の調達をもっとも緊要の課題とする軍事集団であった。しかもそれに，モンゴル政権が実施してきた，紙幣を主とする通貨制度の崩壊が加わった。大元ウルス政府発行の紙幣は，14世紀後半の混乱で信用が失われ，紙屑同然となり，紙幣の裏づけをなした金銀などの貴金属や銅銭は，民間に退蔵されて，流通から逃避，払底してしまう。また，それらを新たに鋳造，投入できるだけの資源的条件を欠いていた。明朝は発足の当初から，現物によって政権の運営をせざるをえない情況だったのである。

　しかしそれは，建国時の環境・条件にすぎない。あえて現物主義を永続的な制度・恒久的な原則として採用し，持続させたのには，もっと積極的な理由があった。「中華」の統合である。明朝はモンゴル政権を駆逐して，政治的軍事的に江南と中原を統合することには成功した。もっともその統合を実効あるものとして強化し継続してゆくには，政治軍事上の施策だけでは足らない。経済的にも，南北の一体化をめざさなくてはならなかった。

　モンゴル政権の通貨制度崩壊の影響は，とりわけ中原で深刻であった。生産力に恵まれなかったために，民間に貴金属のストックも少なく，紙幣に流通を依存していたからである。主としてこの経済的後進地域で，時代の進行に逆行するかのような物々交換が出現した。これに対し江南では，流通に出づらくなっていたとはいえ，なお貴金属の蓄積は少なくなかっただろう。戦乱の影響で現物のやりとりがあったとしても，それはごく一時的な異例の現象だったはずである。

　そうした南北格差を解消するには，いずれか一方を他方に合わせればよい。後進的な経済状態をいきなり先進的なそれに合致させるのは，とうてい無理である。しかし逆は，容易でないにしても，不可能ではない。そう判断して，北方中原の

現状を基準とした財政経済政策を，南方江南もふくめた中国全土に適用施行したものと思われる（Huang 1974）。

生産と税制

それでは，この現物主義の財政運営を実施に移すには，具体的にどうすればよいか。物資・労力を直接とりたてるのであるから，その条件として，第一に課税対象となる土地・人を，逐一個別に把握管理しておかなくてはならない。同時に第二に，現物徴収を妨げかねない商業・流通を制限し，厳重な管理統制のもとにおく必要がある。両者あいまって，戦乱で荒廃した農地と農業のリハビリに専念する，という積極的な意義があり，明朝は要するに，農業立国というべき性格を備えていたともいえる。そのうちまず，第一の条件をみよう。

土地の調査を丈量といい，人民の調査を編審という。その登録台帳がたとえば，史上に有名な魚鱗図冊や賦役黄冊である。この台帳にもとづいて，土地からは税をとり，人からは労働力を徴発する。

徴税は唐末以来の両税法でかわりない（⇒テーマ21「両税法」〈p. 127〉）。明朝はさらに前代の方法をひきつぎ，税収の不足をきたさないよう，生産力の高い江南デルタ，蘇州一帯の広大な水田を収用し，「官田」を設けた。政府じたいがその地主であって，耕作する農民は政府の小作人という位置づけになる。そのため，通常の税率よりもはるかに高い，小作料に準じた租税を納入しなければならない。時代が下って，政府の所有ではなくなっても，その税率が緩和されることはなかった。明末の顧炎武が嘆き，清末にいたるまで改まらなかった江南デルタの重税は，ここに端を発する（森 1988，島居 1993b）。

土地からとりたてた税収は，必要とする場所・官庁に運ばねばならない。さらには官庁で雑用に任じる人々も必要である。こうした労働力も，現物でまかなわれた。その徴発を徭役という。「徭役」とは字面だけでいえば，「正役」「雑徭」を縮約した語である。

明代の制度では，前者の「正役」は，賦役黄冊に登録された中産以上の人民が，例外なく負担する定期的な義務という意味で，それは里甲制に相当する。だから里甲正役とも称された。十年ごとに交代して税収のとりたて・運搬，あるいはそれにまつわる紛争の調停にあたるもので，行政にかかわる世話役を輪番でつとめた，といってよい。後者の「雑徭」はそれに対し，駅伝や官庁の使い番など不定

流通と貨幣

　次に，第二の条件である。商業・流通の管理を実現し，現物主義を円滑に運営するためには，貨幣をなるべく使用しないことが前提になる。それには，とりわけそれ自体で流通価値をもつ金銀など，貴金属の使用を禁止しなくてはならない。

　明朝は貨幣をまったく廃してしまったわけではない。小額では中国伝統の銅銭，高額は元代を踏襲した紙幣を発行していた。日本にも大量に入った永楽銭，つまり永楽通宝は前者の，大明宝鈔（本章扉）が後者の代表である（⇒テーマ23「銅銭」〈p. 163〉，27「紙幣」〈p. 171〉）。

　ところが銅銭の鋳造発行量は，鉱産資源の涸渇もあって，経済規模に比してごくわずか，民間での広汎な使用に供されるべきものではなかった。金銀の貨幣的使用が禁じられ，銅銭のストックも乏しくては，宝鈔ははじめから，準備のない不換紙幣にひとしい。銅銭にせよ宝鈔にせよ，元来が現物主義推進の補完として発行されたにすぎなかったからである。

　こうした禁令や幣制は，権力・政治力の及ぶ範囲にしか適用できないから，その範囲の内と外で，判然とした境界を画し，閉鎖的な姿勢を導き出す。たとえば外国と貿易するには，内外共通の価値を提供する金銀のなかだちが欠かせないため，金銀の禁令を徹底するには，外国との貿易も原則として禁止せざるをえない。そこで中国本土との対外的な交流は，朝貢を通じてでしか，できないことにしたのである。

　朝貢というのは，文字どおりには，臣下が君主のところへ貢ぎ物を持って挨拶にくる儀礼行為である。明朝は朝貢を許容した外国の君長に対し，その地位を承認する辞令を下した。これを冊封といい，「中華」の自尊にかなう関係のとりむすび方にほかならない。貢ぎ物には必ずお返しの賜り物があるし，また附随してもちこんだ貨物の買い上げもあって，一種の経済行為とみなせるので，これを朝貢貿易とよぶこともある。そのさい明側から給付されるのは，不換紙幣の宝鈔であった。もちろん外国に持ち帰っても，流通はしない。

　こうした貿易・貨幣の制限を有効ならしめるには，人の出入も厳重に規制しなければならない。海外からの来航も，沿岸からの出航もできない厳重な海禁が布かれた。これは当初，沿海の敵対勢力を平定し，治安を維持するためにはじまっ

たものだが，のちに経済統制の意味をより濃厚にしてくるのである（⇒テーマ36「海禁と朝貢」〈p. 220〉）。

　金銀のストックが豊富で，地勢上も海上交通の便利な江南は，これで海外と独自な商業行為ができなくなる。しかも紙幣はそれまで，多く中原地域で流通していたから，これを江南に強制することで，南北の一体化がはかる。中国内でしか通用しない宝鈔の強制使用は，内外共通して流通しうる金銀の禁止とあいまって，江南を海外と切り離したうえで，中原と結びつける役割をになった（檀上 1995，岡本 1999a）。

　現物主義と不換紙幣が一様に有効となる範囲。地理的にいえば，長城と海岸線が画した内側の領域であり，それが明朝の「中華」にほかならない。その外側を「外夷」として軽んじ，朝貢と冊封でたがいの関係を証拠づける。これで明朝のイデオロギーに合致した世界秩序となるわけで，それは対外政策にとどまらず，財政経済体制にも深く関わっていた。

2　転換の時代（15〜16世紀）

遷都と運河

　明朝はモンゴル帝国から分離独立してできた政権であり，そのモンゴルは長城以北になお健在だったから，それに対抗する北方の軍事経営は，明朝一代300年の大きな課題となる。

　軍事は純粋な消費活動であり，どうしても継続的な補給，物資の調達が必要になる。まず現地で屯田を実施することで，穀物を生産して需要をまかなおうとした。しかし生産力の低い辺境にあっては，とても十分ではない。後背地の中原から税収の現物輸送も試みられたけれども，やはり困難である。そこで，商業に頼らなくてはならない。

　当時最大の商業といえば，塩の売買であり，それに対する専売制は明朝でも施行された。ただし明代に特徴的なのは，上のような軍備補給の要請にこたえて，開中法ができたことである。これは塩の専売を利用して，軍需品を調達する方法で，本来の趣旨はあくまで，貨幣を使用しない現物主義にのっとったものだった。しかしこの開中法を通じて，商権を壟断する巨大商人があらわれてくる（⇒テー

マ 30「塩政（明以降）」〈p. 209〉, 31「山西商人と徽州商人」〈p. 210〉)。

　甥の第2代皇帝建文帝を倒して，帝位を奪った永楽帝は，モンゴルに対抗すべく，長城に近い北京に本拠を置き，陣頭指揮をとって機動的に軍隊を動かした。これが事実上の遷都となる。永楽以後，モンゴルにたいし優勢に立っていた明朝は，15世紀の半ば，オイラト部のエセンに大敗し，皇帝すら捕らえられた土木の変という事件を境として，決定的に守勢へ転じた。長城を修築し，この線に沿って9つの軍管区・九辺鎮を設け，防衛に意を注ぐ。こうして15世紀に入り，政治軍事の重心が決定的に北辺へ移ると，いよいよ商業と流通に頼らざるをえない形勢になってきた。

　生産力の低い経済的な後進地に，官僚と軍隊が集中する一大消費地ができたために，物資の移動流通の必要性が高まってくる。とくに江南から北京への糧食供給は，不可欠であった。大運河があらためて整備されて機能を再開し，宋代のピーク時を上回る税米400万石を輸送した。この経路と物資の流れを軸に，南北の特産品が生産と流通を増やしてゆく。14世紀に定められた現物主義の体制は，早くも大きく転換しようとしていた。

税制・貨幣

　明朝が北方のモンゴルに対し，政治軍事的に優位を失って守勢に転じた15世紀の半ばは，社会経済的にみても，ひとつの転機をなしている。1449年，土木の変をひきおこして戦死した王振なる宦官が蓄えた金銀の量は，倉庫60棟あまりに達したという。金銀・貨幣を介在させない現物主義の財政経済運営が，ほぼ破綻に瀕していたことは，この事実だけで十分にみてとれる。これを明初に定まった具体的な制度ごとに確かめていこう。

　まず租税である。1433（宣徳8）年，江南の「官田」から収める税収を，米1石につき銀2銭5分で代納し，400万石分の銀100万両を帝室の倉庫に納めさせることとした。これをとくに「金花銀」と称する。租税の米穀は収納地の南京まで，納税する農民自身が運ばなくてはならず，その労力・負担に堪えかねて，銀納を便としたからだといわれる。

　さらにその3年後の1436（正統元）年，北京の武官たちが俸給を銀で支払ってほしい，と要求した。当時の俸給支給は，文武百官が北京で引換証をもらい，南京に持参して，引換証に記す額の米をうけとる，というしくみである。その米

を南京で売却し，他の物資にかえて北京に持ち帰っては，売る米が安く，買う物資が高価で困窮する，との理由による要求だった。それにこたえ，銀で俸給を支払うため，浙江・江西・南直隷（現在の江蘇・安徽2省）・湖広（現在の湖北・湖南2省）の江南地域で，両税を銀で徴収しはじめる。

ここからわかるのは，まず米価の下落である。それは生産の向上を意味するから，王朝建設当初の課題だった農業のリハビリは，ひとまず達成されたことになろう。そして第二に，おそらくそうした農業復興にともなう趨勢としていっそう重大なのは，北京などの都市，あるいは江南では，すでに商品経済がさかんになって，銀が流通していたことである。税収の銀納化は，財政の運営を流通の現状に合わせようとした措置にほかならない。それは言い換えれば，現物主義がもはや経済の実態から乖離していたことを意味する。

それは土地の課税だけにとどまらない。徭役もそうである。15世紀の半ばには，「雑徭」の各種負担は，時期を下るにつれ重くなり，そのわりあてが「正役」の里甲と重なるなど，著しい不公平に陥ってきた。そこで負担項目の整理とわりあて方法の改革が望まれ，江西省にできたのが均徭法であり，やがて全国にひろまる。

15世紀の末になると，その労役負担の一部を銀納することがはじまった。これは土地税と同じく，やはり便利な銀の入手を求める官僚と，実質負担の軽い銀の支払いを好む農民との利害が一致したものである。この銀代納を「銀差（ぎんさ）」といい，従前どおり自ら服する労役は，「力差（りきさ）」とよんで区別した。以後「力差」は次第に「銀差」へ置き換わっていく。

塩の専売制も同じである。15世紀の後半に，商人が穀物を北方に輸送するのをやめて，それに見合う銀を直接政府当局に納入し，ひきかえに専売権が与えられることになった（⇒テーマ30「塩政（明以降）」〈p. 209〉）。それまで「納糧中塩（糧食を納めて塩を得る）」といっていた開中法は，この時期から「納銀中塩」と称するようになり，この「糧」から「銀」への変化が，時代の転換を端的に物語る。

「湖広熟天下足」

では，こうした銀の流通をもたらした，この時期の経済事情はどうなっていたのか。ごく大づかみにその趨勢をたどってみよう。

そこで焦点となるのは，地図14に示した江南デルタ地域である。中国全土で最も高い生産力をもつこの地域は，14世紀末から15世紀初にかけ，北方の物資需要が高まってゆくなか，水利条件が変化して，生態系と産業構造を一変させつつあった。

それまで太湖から東方に流れ出て，その溢れる水を排泄していた呉淞江が涸浅し，その機能を南方に流れる黄浦江に譲ったため，9割を水田にあてていた稲作地域は，水不足に陥って作付を転換せざるをえなくなる。デルタ中央部では冬作物，太湖の南では米と桑，辺縁では麦・麻のほか，モンゴル時代に栽培が普及した木綿が植えられた。とりわけ著名な産地として，その木綿に特化した松江，養蚕が盛んとなった湖州がある。生産性をあげるため，金肥の購入・畜力の貸借など，多くの資本と雇用労働力の投入を必要とした。

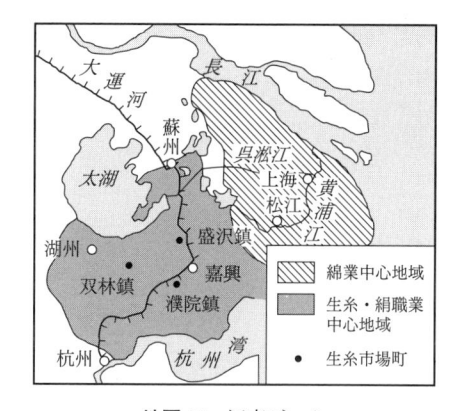

地図14 江南デルタ
出典）岡本2011。

この江南デルタはそれまで，「蘇湖熟すれば天下足る」，蘇州・湖州一帯で豊作なら，政府の食糧がまかなえる，と称された一面の水田地帯だった。「稲作モノカルチャー」といって過言ではない（北田 1999）。ところが15世紀以降，米作が減少して，農業は商業化集約化し，やがて生糸・木綿を中心に，織布・染色・つや出しなど高度な手工業も興ってくる。いよいよ労働力の増加が欠かせない。

そのため，増え続ける人口は相対的に過剰となってゆき，主穀の供給を他地域，とりわけ新たに開発された長江中流域に仰がざるをえなくなった。およそ年に150万石，うち江西，安徽から50万石，湖北・湖南から100万石の米が移入されたのに対し，江南デルタから他地域への移出米は，わずか15万石にとどまっている。この米穀移入の見返りに，絹と木綿を主体とする商品が売られたわけである（宮崎 1999）。

そこで明代では，「湖広熟すれば天下足る」，湖北・湖南で豊作なら，食糧がまかなえる，といわれた。16世紀のはじめには使われていたらしいことばなので，それがあらわす実態は，それ以前に成立していたことになる。それは単に穀倉が

湖北・湖南に移った，というにとどまらない。江南デルタの産業が転換し，農産物は商品化し，新しい地域の開発が進む。地域と地域の間の分業と相互依存が進展し深化する。物資が移動するなら，もちろん人も移動し，交通も頻繁の度を高めてゆく。「湖広熟すれば天下足る」は，主穀の生産・需給をいっただけの「蘇湖熟すれば天下足る」とは異なって，15世紀のそうした諸々の経済動向を集約的に表現したフレーズなのである。

通貨の生成

　経済全体の商業化と社会全体の流動化は，このように滔々として，とどめがたい潮流となった。そこでなかんずく強い集約に向かう先進地の江南デルタで，貨幣需要が増大してくるのも，理の必然である。ところがその貨幣が，当時は存在しなかった。

　すでに述べたとおり，明朝のいわば法定的な通貨としては，銅銭と宝鈔があったけれども，いずれも現物主義の補完物にすぎない。大規模に商業化しつつあった経済の需要に，とてもこたえられるものではなかった。

　銅銭の発行量は経済の実態規模に照らせば，まったく足りなかったし，そもそも流通の現場で信認を得ていたとも思えない。15世紀半ばには，洪武通宝・永楽通宝などの銅銭が使われていない，という史料の記述も厳存する。

　宝鈔はどうかといえば，それが不換紙幣たる性格はかわらなかったから，やはり信認を受けられなかった。明朝政府の公定レートは，宝鈔1貫＝銅銭1,000文＝銀1両＝米1石である。ところが宝鈔の価値は15世紀前半には，米価比で明初の70～80分の1，後半に入ると，銀価比で1,000分の3に落ち込んだ。要するに，紙屑にひとしくなったのである（⇒テーマ27「紙幣」〈p.171〉）。

　それなら，明朝政府が貨幣制度を実情に合わせて改革したのかといえば，そうはいかない。現物主義・金銀の使用禁止は，偉大な王朝の始祖が定めた神聖な祖法であって，これを子孫がみだりに改めてはならない，というのが，儒教の孝道にもとづく当時の通念だったからである。政府当局は宝鈔の価値を維持しようとするなど，それなりの対策をとらないわけではなかった（⇒テーマ38「関税と海関」〈p.224〉）ものの，けっきょく幣制そのものを改革しようという政策的な意思をもたなかった。その間に，銅銭にせよ宝鈔にせよ，ことごとく使いものにならなくなる。

もう政府発行の貨幣は，あてにできない。そこで民間では独自に通貨を設定して，日増しに高まる貨幣需要をまかなおうとする動きが顕著になる。小額の取引では，私鋳銭が流行し，大口・高額の交易では，宋元時代から普及しはじめていた銀の地金使用がひろまった。いずれも違法行為にほかならないが，そうでもしなくては経済がたちゆかなかった。それは民間経済が，政府の幣制，あるいは現物主義に不信任をつきつけたにひとしい。

民間で通行した私鋳銭は，従来からあった銅銭を磨り減らしたり，銅器を鋳つぶしたりしてつくられた。正規の銅銭にくらべて，当然に質は落ちるし，その質の落とし方も，別に定まった基準があるわけではないから，その種類は時と場合によって，まちまちにならざるをえない。取引にあたって合意信認された私鋳銭だけが通用することになるけれども，その信認は個々人の自発的な合意なので，どうしても一定の範囲から外には，ひろがり得ない。その範囲を越えると，異なる規格・品質で，別途に信認を受けた私鋳銭が通用しているからである（足立 2012）。

こうして銅銭は多種多様，地方バラバラになってしまい，共通の信認がある範囲の地域それぞれの内部流通には使えても，その外に出て，別の地域で使うことはできなかった。現代にたとえれば，あたかも日本で使える10円玉は，そのままアメリカにもっていっても，通用しないのに似ている。地域と地域の間をつなぐ外部流通には，それ自体に価値があり，しかも誰もが共通して，その価値を信認できる通貨でなくてはならない。大口の取引も多いから，少量で価値のある貴金属が適している。それが銀であった（⇒テーマ33「銀銭二貨制」〈p. 214〉，45「金融」〈p. 270〉）。

ところがすでに当時，中国内に貴金属の埋蔵はほとんどなくなっていたため，銀を手に入れるには，海外からでなくてはならない。そこで貿易の欲求が強まってくる。

「北虜南倭」

もとより中国内の銀需要ばかりではない。工業化した江南デルタが産する生糸・絹製品は中国内の市場を制し，海外でも高い声評を受けた。日本で「白糸」とよばれた，この湖州産の生糸「湖絲」の輸出量は，18世紀初の推計で，47万から56万斤と見こまれる。

図 12　「唐船之図」
出典）朝日新聞社 2000。松浦資料博物館蔵。

一方、松江・太倉方面で新たに産出された木綿も、地元の消費のほか、他地方産のものと中国内で競争しつつ、次第に仕向け先を海外にシフトさせるようになってきた。明末の日本向け松江綿布の量2,000万匹は、総生産の9割にあたるとみられる。これは南京木綿（nankeen）とよばれ、湖州生糸とならんで、世界に冠たる中国ブランドの特産品であった。

くわえて、前代から定着してきた特産の茶・陶磁器もある。それらはいずれも、海外諸国にとって垂涎、渇望の商品であった。かくて貿易は、必然の事態となる。

しかし明朝政府は民間の貿易を禁じていた。それは上述のとおり、明朝設立以来の国是にかかわるものである。「中華」の統一と自尊、そのための現物主義と金銀の使用禁止、そうした政策を実現、徹底するには、貿易があってはならない。貨幣の場合と同じく、それは神聖な祖法であって、明代を通じ最後まで、その全面的な解除はなかった。それでも貿易を行おうとするなら、密貿易にならざるをえない。

社会の商業化と民間の貿易希求は、明朝のそうした理念と政策を圧倒した。現物主義は破綻し、草原・海外との分断をねらった長城・海禁を乗り越えて、密貿易が盛行する（⇒テーマ 37「互市」〈p. 223〉）。それが本格的な隆盛を迎えるのは、16世紀になってからである。ときに世界は大航海時代、新大陸から産出した大量の銀が、西から東から地球をめぐって、中国に殺到した。そのほとんどはスペ

イン・メキシコが鋳造した円形のドル銀貨で、銀圓・銀元という（本章扉）。「圓」と「元」は同音である。

　新大陸に限らない。もっと身近に、銀を潤沢に供給してくれるところがあった。日本列島である。あまりにも有名な戦国時代の金山・銀山の開発・採掘ラッシュは、中国の需要に喚起されたものだった。こうして日本は、中国にとって第一の密貿易相手国となる。

　実地の事情を知っている、あるいは知らなくても事なかれの官憲なら、この密貿易を見て見ぬふりで黙認をした。そんないわば違法の状態が、むしろ常態だった。それでも違法は違法なので、まさに違法として、取締・弾圧が実践強化されるときがある。そうなれば、密貿易業者は武力に訴えてでも、抵抗せざるをえない。日本が第一の貿易相手だったから、そうした沿海での紛糾を称して、「倭寇」という。16世紀半ばにおこった、明朝当局と密輸集団の一大武力衝突事件はその典型で、「嘉靖の大倭寇」とよばれる。

　密貿易は北方でも盛んだった。遊牧民の馬と中国産の茶を主要品目とする取引である（⇒テーマ6「馬政」〈p. 45〉）。こちらも紛擾がやまず、対立はエスカレートしていった。東南沿海の「嘉靖の大倭寇」と時を同じくして、アルタン・ハーンひきいるモンゴル勢力あげての大侵攻と、北京の包囲攻撃すら起こったのである。そうした外患を明朝の側は「北虜南倭」、北方のモンゴル「韃虜」と南方の海賊「倭寇」の脅威だと称する。だがその実態は、明初以来の財政経済に対する祖法の執着と破綻を示すものにほかならなかった。

3　明清交代（16〜17世紀）

清朝の興起

　このように16世紀も末になると、明初に設計された体制は破綻に瀕していた。新しい時代はすでに到来していたのであり、やがてそれにふさわしい主役があらわれる。

　北から明朝を脅かしたのは、「北虜」モンゴルだけではない。歴史を決定づけたのは、その東・遼東地方に住むジュシェン（女真）というツングース系の種族である。12世紀に金王朝を建て江南の南宋と対峙したかれらも、当時はおおむ

ね明朝に帰服していた。

ジュシェンの居住する森林地域では，高麗人参や貂皮が特産であった。16世紀の商業化でその密貿易が遼東地域で繁栄し，南に明朝や朝鮮と，西にモンゴルと隣接する部族が，「商業資本家」の集団を結成するようになってきた。そのリーダーの1人が，ヌルハチである（三田村 1965）。

ヌルハチは1583年，わずか100名で挙兵，およそ30年をかけジュシェンを統一した。ジュシェンは以後，自らマンジュ（満洲人）と改称し，のちの清朝がここに成立する。

この政権の性格として最も重視すべきは，多種族からなる「武装貿易集団」の側面である（岩井 1996）。貿易取引をはたすには，どうしても外国・異種族との交渉が必要である。その貿易が弾圧を受けかねない状況では，対抗する軍事力を保持して，貿易相手の異種族とも団結し，集団の組織化を高めねばならない。そのため清朝ははじめから，マンジュを中核として，漢人・モンゴル人を包含する多種族の混成政権を志向していた。

このような清朝政権は，商業を忌避し，夷と華・異種族と漢人・外国と中国を分断しようという明朝の志向とまったく相反する。要するに，清朝の存在じたいが，明朝的な体制・秩序に対するアンチテーゼなのであった。

以後，明朝が滅亡して清朝が北京に入る1644年まで，両者の対峙が続く。しかし人口や経済力でみるかぎり，勢力の懸隔は明らかであって，明清の交代は奇跡にひとしい。実際，清朝はいかにしても，自力で長城を突破し，南下することはできなかった。明朝が流賊・内乱で自滅したために，北京に乗りこんで，中国に君臨できたのである。

しかしそれは，やはり偶然ではない。明朝のアンチテーゼともいうべき清朝政権の体質が，より時代の趨勢にふさわしかった。その趨勢をあらためて経済的にあとづけてゆこう。

「商業革命」と制度の推移

それを一口にいうなら，民間経済の活性化と社会の商業化である。こうした動向は，中国史上ではすでに，いわゆる唐宋変革で経験していた。それを西洋の歴史になぞらえて，「商業革命」とよぶ向きもある。さしづめ宋代のそれが第一次，明代後期が第二次の「商業革命」というわけだが，前者は沖積平野の開発と水稲

栽培の普及にはじまり，江南デルタへの人口集中，大運河ぞいの交通，鉱山の採掘，金融の発達など，数々の技術革新に裏づけられた，質的な「革命」だった。それに対し，後者は前代の「革命」に立脚した量的な「革命」といえよう。かつて先進地で起こった革新が洗練をへて全土に普及し，経済の地域的な分業と相互依存がはるかに強まった。しかもそれは，大航海時代による銀の奔流が促したものだったから，グローバルな規模で支えられていたのである。

　中国の場合，その第二次「商業革命」が政府の意思に背き，権力と乖離して進行したところに大きな特徴がある。「商業革命」が重商主義と一体化せず，その後の経済体制に西欧と大きな相違をきたしたのは，それが要因だと考えることもできよう。とまれ民間経済は，いわば嫌がる政府権力を無理矢理ひきずって，その財政経済制度を変形させていった。

　明初の現物主義は，自作農の存在を前提に構想されていた。税制も徭役もそうである。丈量にせよ編審にせよ，その構想にもとづいて行われるべき手続であった。しかし商工業の発達と銀流通の浸透，ひいては租税の銀納化は，農民に否応なく銀の入手を迫ったから，かれらは商人に頼らざるをえず，その支配を受けるようになる。かくて中小の自作農は没落し，有力者が土地を兼併集積して不在地主化した。

　とりわけ注目されるのは，科挙の学位を有する紳士である。かれらはエリートの優遇特権として徭役や租税の減免を受けた。これを「優免」と称する。そこで庶民は負担をまぬかれるために，土地・財産のみならず身家さえも，あえて紳士らに寄進した。「詭寄」「投靠」という。こうして人と土地の動きは流動化し，丈量も編審も意味を失った。行政と農村をつなぐ自治組織の里甲制も，もちろん崩壊してゆく。

　こうなってくると，政府当局としても，安定的な財源を確保するには，新たな徴税方法を考案しなくてはならない。そこで地方各地で事情に応じ，個別に実施されてきたのが，一条鞭法と総称するやり方である。もとよりその実施情況は各地まちまちだが，共通するのは，種々雑多な負担，とりわけ徭役の項目をひとまとめにして，それを所有する土地と成年男子数に応じて，銀でわりあてるところにあった。わりあての基準で最も重視されたのは土地なので，納入負担を地主に求めたわけである。こうして一本化銀納化された土地税は地銀といい，徭役負担は丁銀という（⇒テーマ35「地丁銀」〈p.218〉）。

こうした富と負担の富裕層集中は，商業の領域でも進んだ。たとえば塩の専売は，その典型である。少数の有力商人が塩の取引を独占する形勢が強まり，開中法による専売権のわりふりは有名無実になってきた。そのために有力商人を指定して，税の負担と塩の専売を請け負わせる綱法が成立，定着したのである（⇒テーマ30「塩政（明以降）」〈p. 209〉）。
　このような趨勢に乗じて，中央政府の財政を再建したのが，16世紀後半・万暦初年の宰相・張居正である。明代屈指の改革が行われたかれの施政は，財政的にみれば，富裕層に集中しつつあった税負担を徹底させ，税収を増やして中央政府に引き上げようとするねらいをもっていた。厳重な官僚に対する成績評定や地主に対する資産調査で，かなりの成果をあげた（岩井 1989）ものの，死後たちまち反動がくる。政治は紊乱し，あいつぐ内憂外患とあいまって，政府の財政収支は悪化の一途をたどり，明朝は滅亡の道を歩んでいった。

清朝の制度デザイン

　17世紀以降の財政経済は，以上の推移のうえに成立した。つまり社会の商業化と流動化・銀の浸透と階層の分化という前提であり，それは明代も清代もかわらない。明清時代と一括してよばれるゆえんである。
　清朝の中国支配は，モンゴルなどほかの種族と同じく，前代の慣行を尊重して，在地在来の秩序になるべく手をふれないことを原則とした。目につきやすいところでは，皇帝支配・官僚制・科挙の踏襲，全面的な漢人登用などをあげることができる。無用の混乱をまねかず，迅速円滑に支配を安定させようとした配慮だろう。財政経済もその例にもれない。
　そもそも明代の制度は，いわばなしくずしで変容したものである。税の銀納にしても，正規の制度となったものではなく，あくまで慣行にすぎない。当時，現物を「本色」，銀を「折色」といった。「折」とは換算の意味だから，あくまで現物こそ本位，銀は臨時的な代替物であって，現物主義の原則と理念は堅持されたことを見のがしてはならない。
　したがって，その特徴も温存される。たとえば，同じ土地税の銀納も，通常の両税徴収と「金花銀」とは制度上，区別された。とりたてる銀そのものに変わりはないはずだが，税目がちがうために，米穀との換算率や納税先・支出先が異なっていたからである。徭役や塩の専売でも，銀納は広まっていったが，項目のお

びただしさではかわらない。なぜそんなことになるのかといえば，やはり現物主義の影響である。

　現物主義で組み上がった財政体系は，いまわれわれが想起するそれとは，かなり異なる。とりたてた物資は現物なので，穀物なら食糧・飼料，木材なら建築のように，種類も用途もはじめから決まって変えようがない。それをとりたてる地も，費やす地も，自ずと決まる。それなら税収を逐一，財政部局へ集中させるのは不用だし，困難でもあった。しかじかの物資を徴収した地点から，需要消費する機関へ，直接に配送したほうが能率的である。

　そこでは，中央と地方の区別も異なってくる。発送する箇所と，配送を受ける箇所との選択・調整・指示は，全国をみわたせる中央政府が行うしかない。中央の役割とは，全国各地の税収物資を適切に動かす指示をだすことにあって，全国からあがる税収を一括し，国庫金として自ら保有管理支出することではなかった。西洋的なコモン・パース（common purse）の概念がないのである（Morse 1908；坂野 1973）。だからそこには，国家財政と地方財政という観念も，存在する余地がない。統一的で精確な収支の算定も不可能となる。

　そうした各地のおびただしい収支の項目や額などを毎年変えるとするなら，当時の限られた情報の収集・管理能力では，中央政府がその把握・決定・統制を行うのは，きわめて困難にならざるをえない。収支・配送の額をあらかじめ一定にきめておけば，はるかにその統御は容易になる。気候や作柄など，時々の状況でその額をみなおすのが理想ではあるけれども，必ずしもそうはならなかった。これを原額主義という。

　実地の財務行政では，一定にさだめた額をこえて経費がかさむこともある。しかしその額が動かせなければ，必要に応じるため，不正規でもその埒外に財源を確保しなければならない。そこから，徭役の追加徴発や附加税の課徴がくりかえし生じた。このような原額主義の運用は，必要な経費を計上したうえで徴税を行う予算制度とは対極をなすもので，財政上の中央・地方の区別がないこととあいまって，以後の中国財政の特質を構成する（岩井 2004a）。

　以上の体系は，明代を通じて変化がなかった。銀はあくまで現物の代替物にすぎないから，税目の区別も，配送のありようも，コモン・パースの欠如も，原額主義も基本は変わっていない。清朝もそれをひきついでおり，清代第一の特徴をなす。

第二の特徴は，それでも清朝が在来の慣行に手をふれない原則にもとづいて，商業化と銀浸透を容認したことにある。清朝は出自が華夷混成の「商業資本家」「武装貿易集団」だったから，明朝がデザインした「中華」自尊のイデオロギーと内外の隔離政策，それと不可分な文字どおりの現物主義とは，まったく反対の立場であった。だから清朝は，「本色」「折色」という回りくどいことはいわない。民間でおこなわれてきた，銀と私鋳銭の貨幣的な使用も，そのまま認めた。清朝も「制銭」を鋳造したけれども，それは従来の私鋳銭の代替物にすぎない。政府当局にその価値や使用をコントロールする意図はなく，鋳造して発行したらそれで終わり，だったのである（⇒テーマ23「銅銭」〈p.163〉，33「銀銭二貨制」〈p.214〉）。

　銀と私鋳銭の貨幣的な使用は，上に述べたとおり，民間経済が政府権力につきつけた不信任を意味していた。清朝はつまり，それを強いて撤回させるような政策はとらなかったわけで，政治が私法の領域に対する干渉をさしひかえた，ということになろうか（⇒テーマ34「税・役からみた中国の国家と社会」〈p.217〉）。

　それなら，民間レヴェルで私法の制定・行使，経済活動に対する保護や統制を代替する存在がなくてはならない。それがいわゆる宗族や行会であり，前者は姓・祖先を同じくし，祭祀を共にする父系の血縁集団，後者は主として商工業者の同郷同業団体を指す（⇒テーマ32「行会（行）」〈p.211〉）。だからその構成員にとっては，宗族・行会こそ帰属すべき社会・服従すべき権力にひとしかった。そのリーダーはおおむね紳士の身分を有した特権階層である。序章に言及した郷紳もしかり，商人なら「紳商」だった。

　政府の財政経済活動も，その多くがこうした郷紳・紳商ら宗族・行会の有力者による一種の請負ですすめられることになった。典型は徴税である。財富は富裕層に集中していたし，また原額主義も存続したから，民間の社会経済になるべく手をふれずに税をとりたてるには，少数のかれらに一定額の納税をさせれば，最も簡便である。

　そうした方法は，塩の専売ですでに綱法で実現していたし，商業・貿易でも大規模な卸売・倉庫業者を「牙行」に認定して，納税を任せた（⇒テーマ38「関税と海関」〈p.224〉）。さらに，なお人頭税的に課せられていた徭役系統の丁銀の総額を固定し，これを地銀にくりいれて土地税に一本化した。これを地丁併徴といい，以上の動きの一環をなす。もちろんこの新たな土地税納入も，有力地主の請

負に委ねられた（⇒テーマ21「両税法」〈p. 127〉，テーマ35「地丁銀」〈p. 218〉）。

「危機」の時代

　そうはいっても，清朝の中国支配は容易に固まらなかった。1644年，北京に入ったけれども，それですぐ中国本土に君臨できるわけはない。まずは明朝政権を滅ぼした流賊，および南方の明朝の残存勢力を掃討しなくてはならなかった。つまり，それ以前からつづく中国の内乱状態は，容易には収束しなかったのであり，清朝がそれを最終的に平定するまで，なお40年の歳月を要した。なかんずく注目すべきは，日本でも「国姓爺合戦」として知られた鄭成功ら鄭氏三代の海上勢力との対決である。

　鄭成功は廈門を拠点として，オランダ人のいた台湾を征服し，明朝の復興をとなえて，海上から清朝を苦しめつづけた。その反抗を封じ込めるため，清朝は厳重な海禁を実施，まもなく沿海に暮らすことを禁じる命令すら発した。一種の大陸封鎖令である。もちろん公然たる貿易はできない（⇒テーマ36「海禁と朝貢」〈p. 220〉）。

　貿易ができなくなると，中国の特産品が海外に売れず，銀が入ってこなくなる。しかも1660年代以降，それまで潤沢に銀を供給していた日本から，中国への輸出が激減しはじめた。銀鉱が涸渇してきたのである。さらに時の君主・康熙帝は倹約に精励していて，いわば緊縮財政だった。支出を減らすのだから，銀は市場から引き上げられる。こうして銀の流通が激減した。貿易制限にともなう流通銀の不足という事態が濃厚にあらわれ，一大不況をもたらしたのである。当時のことばで「穀賤傷農（穀価の低落が農民を苦しめる）」といった。要するに，デフレの経済局面にほかならない。

　「17世紀の危機」という語がある。もともとヨーロッパ史研究の用語で，その定義は人によってまちまちだが，15世紀後半から17世紀の初めまでの経済上昇と，18世紀半ば以降の経済上昇との間にある経済下降の局面を指すのは，おおむね共通する。1630年代から40年代にかけて，世界的に異常気象と飢饉がおこり，また新大陸の銀輸出が激減したために，社会的・経済的な混乱をきたしたことが，そのきっかけだった。この「危機」を克服する過程で，ヨーロッパは近代を獲得する。

　明末清初期の中国は，この「17世紀の危機」と時を同じくして，同様の現象

を呈していたわけである。もとより具体的な事実関係は別々であるし，相互連関の深浅もなお測りきれない。しかしながら戦乱も災禍にはちがいないし，銀流入の減少も共通している。17世紀は地球規模，洋の東西を問わない「危機」の時代だったことにまちがいない。

その「危機」は中国の場合，明末以来の経済構造を前提とする。銅銭の信認される範囲の個別地域が分立し，銀がある地域と別の地域とを結びつけ，相互の取引決済を成り立たせていた。だから銀が少なくなると，内外を問わず，地域間の交易は減少し，ひいては地域内部の経済も萎縮する。これこそモノが売れない「穀賤」(デフレ)の原因だった（岸本 1995・1997・2013）。こうした不況に内乱が加わって人口も停滞減少したのである。

けれども清朝は，海禁を国是とした明朝とは違っていた。かれら自身がもともと貿易集団だったからである。このときの海禁は，政治的軍事的な必要に迫られた，一時的な貿易統制にすぎなかった。1683年，鄭氏が降服して，海上の脅威が消えると，康熙帝はまもなく海禁を解き，沿海地方に海関を設けて貿易を公認する（⇒テーマ38「関税と海関」〈p. 224〉）。清朝本来の志向にもどって，商業に寛容な政策に転じたのである。その効果は覿面，17世紀末から物価の低落に歯止めがかかって不況を脱し，中国は新たな時代に入る。

4 「盛世」（18世紀）

繁栄の時代へ

康熙帝は中国史上随一の名君として名高い。しかし経済的には，その治世前半は「危機」の時代にあった。以前からの不況で，なお安定した統治にはいたらなかったから，治世の後半期も漢人に寛大な政治となっている。これは清朝の支配に慣れさせた反面，綱紀の弛緩をもたらしたことも否めない。下手をすれば，明代の弊政にたちもどりかねない危険もあった。それを回避し，清朝の統治を磐石にしたのは，康熙帝を嗣いだ息子の雍正帝である。

雍正13年間の政治は刻苦勉励，庶政の改革につとめ，その治績は瞠目すべきものがある。もっとも中国経済史という視角からみるかぎり，特筆すべきものはさほどに多くない。前代の財政体系・経済構造を基本的に踏襲するという清朝支

配の枠組を逸脱したわけではないからである。その枠のなかで弊害除去を徹底したのが，雍正帝の努力であり，また手腕であった。それは主として，中国在来の官僚制の合理化をめざしたもので，上にふれた地丁銀の設定のほか，財政の中央集権強化，地方財政の実体化や勤務地手当の養廉銀の支給などを数えることができる（岩井 2004a，東洋史研究会編 1986）。

周囲の環境も好転しはじめる。雍正帝は父の代に実行していた海禁開放を徹底させ，海外との貿易は着実に増していった。この貿易は朝貢など政治的な関係や儀礼などをともなわない形態で行われ，のちに「互市」と通称されたものである（⇒テーマ36「海禁と朝貢」〈p. 220〉，37「互市」〈p. 223〉）。

もっとも，それまで最大のシェアをしめていた日中間の貿易は，日本の銀産が急減したために衰微している。日本が主要な輸出品を銅にきりかえ，ひきつづき中国の需要にこたえたため，なお貿易取引は継続するものの，以前の活況をとりもどすことはなかった。

では，当時の中国にとって重要な貿易相手がどこかといえば，東南アジアとインドである。たとえばシャムとの貿易では，米穀を輸入，手工業製品を輸出していて，当時の中国第一の港・広州だけで，その量は年3万5,000トンにのぼったという。インドとは南京木綿の原料となる綿花を輸入し，砂糖を輸出した。

新たな貿易相手も登場する。イギリスをはじめ西洋諸国の貿易商人は，17世紀の終わりころから広州にやって来て，本格的に貿易を営みはじめる。18世紀の初め，その貿易量は微々たるものでしかなかった。ところが早くも同じ世紀の後半には，大きく購買を増やし，1770年には2万トンと40倍の増加をみせる。その商品は生糸・陶磁器など，やはり中国の特産物で，とりわけ茶が重要である。しかも西洋諸国は，東南アジアのように，中国が求める物産をもっていなかったから，いきおい銀をその対価とせざるをえなかった。

こうした貿易の活発化にともない，中国の景気も回復した。そして日本に代わり，銀の新たな供給先として，西洋諸国が登場したことが，以後の中国経済の帰趨を左右する。

貿易の発展と景気変動

康熙時代のデフレでも明らかなように，明代中期以来の経済構造は，外部からの需要，つまり銀の供給いかん，さらに言い換えれば，海外貿易の消長に影響を

表5 イギリス東インド会社の茶貿易統計

期　間	輸入量（重量ポンド）	販売額（ポンド・スターリング）
1711〜1720	2,645,337	1,769,649
1721〜1730	7,467,874	2,731,078
1731〜1740	13,263,164	2,901,324
1741〜1750	18,069,606	4,399,556
1751〜1760	25,869,753	7,236,421
1761〜1770	58,587,416	11,519,985
1771〜1780	60,689,183	10,548,302
1781〜1790	123,171,196	19,808,196
1791〜1800	200,017,212	30,617,781
1801〜1810	240,438,275	38,272,303

出典）佐々木1971。

うけやすいものだった。そこで注目すべきはイギリスである。世界市場の形成と産業革命がすすむなか，喫茶が定着普及し，中国特産の茶を大量に消費するようになってきたからである。1784年に100％以上だった茶の輸入税率をおよそ10分の1にまで引き下げた減税法（commutation act）の施行で，茶の買付は爆発的な増加をみせた（表5）。イギリスが当時，輸出できるめぼしい特産品は毛織物だが，中国ではほとんど売れなかったから，茶の代価として，おびただしい量の銀が中国に流入する。

　こうした銀の流入によって，18世紀の後半から物価が上昇をはじめ，中国は未曾有の好況となった。中国の富力はこのインフレ好況で，飛躍的に増大する。これがちょうど，雍正帝をついだ乾隆帝の治世の後半期にあたり，「乾隆の盛世」とよばれる清朝の黄金時代を現出した。考証学の隆盛や四庫全書の編纂など，特色ある文化が栄えたのも，こうした富力の増大によるところが大きい。とりわけ好況で富裕になった商人が，すすんで知識人・文化人のパトロンになっており，とくに揚州の塩商が有名である（⇒テーマ30「塩政（明以降）」〈p. 209〉，31「山西商人と徽州商人」〈p. 210〉）。

　物価ばかりではない。銀の流入と景気の回復は，銅銭の価値をもかつてないほど押し上げ，各地で銭不足の情況をもたらした。それはとりもなおさず，地域内部の通貨不足を意味する。そこで清朝政府は，雍正から乾隆年間前半にかけて，銅銭の大量鋳造・供給にふみきり，ここで銀と銅銭の役割分担が最終的に画定し

た（⇒テーマ 33「銀銭二貨制」〈p. 214〉）。それは日本から銅輸入を増やしたり，銅鉱を採掘するため雲南の開発を促すなど，内外の経済情勢にも大きな影響を及ぼすことにもなる。

人口の増加と移住民

　この未曾有の好況期に何より顕著な事象は，人口の増加である。戦乱と不況の 17 世紀，1 億で停滞していた人口は，18 世紀に入って増加に転じた。これは康熙末年から雍正年間にかけ，支配が安定して平和と生産が回復した，という要因が大きい。好況の持続と拡大は，この傾向をどんどん強めていった。人口は 18 世紀なかばに前世紀の 3 倍，3 億に達し，なおも増加をつづけ，19 世紀に入ると 4 億を突破する。爆発的な人口増加といってよい。

　なぜこれほどに人口が増えたのか，その究極的な原因はとてもここで扱いきれる問題ではないが，まちがいなくいえるのは，交易の盛行と厖大な貨幣供給による需要の喚起，それに刺激された生産の増加が，その動向を支えていたことである。

　既存の耕地と作物だけで，増加した人口すべてを養うのは不可能だった。そこであらわれた現象は，移住民とかれらによる開発であり，明末以来の中国社会の流動性を示す典型的な動きである。既存の耕地からあぶれた人々は，なお未開だった江西・湖北・湖南・四川の山地に向かい，粗末なバラックを建てて暮らした。こうした動向には，新大陸原産の新たな作物，煙草・トウモロコシ・甘藷の普及が大きく関わっている。これらは傾斜地でも栽培可能であって，とくに後二者は主穀に代わりうる作物だった。山林を伐採して木材を生産する，あるいは耕地にかえて煙草などの商品作物をつくるかたわら，トウモロコシ・甘藷で飢えをしのぐ。「山区経済」とよぶそのような経済生活（上田 1994）が，当時の開発と人口増加，あるいは中国経済の量的な拡大を支えていた。

　内陸の山岳地帯ばかりではない。さきにあげた雲南や広西・貴州・台湾など，さらに縁辺の地にも移民の波はおよんだ（⇒テーマ 43「移民と華僑」〈p. 232〉）。東三省はその典型例である。マンジュが北京に入ったのち，人口稀薄になっていたこの地に漢人移民が入植し，穀物の栽培が普及していった（荒武 2008）。とくに注目に値する作物が大豆である。搾油後の大豆粕は飼料・肥料として有用であり，多くは江南デルタの木綿栽培に投入された。こうした東三省と江南デルタの

交易は，ジャンク船をつかった海上交通によっている（足立 2012，松浦 1983・2002）。19 世紀の後半から 20 世紀の初めにかけ，大豆が国際商品化すると，東三省の移民と開発は加速し，森林も減少の一途をたどってゆく（⇒テーマ 44「満洲の経済開発」〈p. 235〉）。

したがってこうした動きは，中国内にとどまらない。移住民は東南アジア各地にも進出し，いわゆる華僑の前身となった。米穀の輸入に従事したシャムへの移民は，その典型であろう。そんな商人の背後には，いっそう多数の移民労働者がいた。地域間の分業と華人の交易圏・生活圏は，はるかに海をこえ拡大していったのである。

世界の動向

イギリスの興隆はすでに述べたとおり，中国貿易と浅からぬ関係にあっただけに，一方的な入超は坐視できない問題である。貿易条件の改善を求めるため，1792 年，全権大使マカートニー（George Macartney, 1st Earl of Macartney）の使節団を中国に派遣した。しかし清朝は，その要求をすべて拒否する。中国は地大物博，ありとあらゆるものがあるから，そもそも貿易の必要はない，にもかかわらず，茶や生糸が西洋諸国の必需品なので，特別の恩恵で貿易を許してやっているのに，あれこれ要求するのは僭越だという理由である（マカートニー 1975）。中国産物が西洋諸国の必需品というのは正しい。しかし中国にとっても，海外からもたらされる銀・銅が不可欠なはずであった。

時あたかも，産業革命の時代である。国内での資金需要が高まったイギリスでは，輸入する茶の対価として大量の銀をもちだす貿易は，もはやできなくなった。そこで，植民地化を進めていたインドに産する麻薬のアヘンを中国にもちこんだところ，売り上げが伸び，茶の支払を相殺できた。つまりインド・中国貿易はインドの黒字，中国・イギリスの貿易はイギリスの赤字，それらを組み合わせ，相殺する三角貿易が成立する。

さらに綿工業が興隆すると，原料綿花をはじめ，アメリカからいよいよ多くの輸入に依存しなければならない。そこでその支払いをも，アヘン輸出の黒字でまかなえるような貿易構造に変え，最終的な決済をロンドンの国際金融市場に集約させるグローバルな多角的決済網をつくりあげた。産業革命が進めば進むほど，より多くのアヘンが中国に入る，というしくみである。18 世紀末中国のアヘン

輸入は，わかるだけでおよそ40万人分の消費量だったのが，1838年には，10倍の400万人分に急増した。アヘン貿易がなくなったら，産業革命のイギリス経済のみならず，世界経済もたちゆかない。そこにアヘン戦争が起こらざるをえない必然性があった（田中 1973，濱下 1990，井上 2004）。

　貿易の拡大がひきおこした問題は，こうした麻薬の輸入に限らない。マカートニーがうったえた要求のひとつに，取引相手の問題がある。イギリスの側は，銀行や株式会社を発達させ，大量取引を実現していた。政府権力による広域的な金融管理・市場規制・背任に対する制裁がそなわっていて，見ず知らずの人に金銭を貸しても返済の保証があるから，散在する遊休資金を不特定多数の人から集めて，大資本を形成することができたのである。それに対し，中国側で対英貿易をひきうけていたのは，「洋行」という公認の貿易商だが，かれらは取引の量が増すにつれ，運転資金の欠乏に苦しんだ（岡本 1999a）。清代中国では経済活動に対する権力の保護・統制がないために，信用は信頼できる仲間うちの範囲内にしかひろがらず，金銭を貸借する対象も自ずと限られる。だからその生業資本は，想像以上に小さかった。このように持ちうる資本に格差があっては，両者の取引が円滑にいかないのも無理はない。イギリス商人に借金をして倒産する「洋行」が続出した。

　繁栄の時代はその光がまばゆい分，陰翳も濃かった。乾隆帝の崩御はちょうど18世紀の終わりにあたっている。それはその翳がひろがりゆく次の時代のはじまりでもあった。

5　西洋近代との対峙（19世紀）

戦乱の時代と「督撫重権」

　18世紀におこった人口急増は，移住民とその開墾が支えていた。それはもとより，経済規模を拡大させたものである。しかし耕地・生産の拡大が人口増加に追いつけず，社会全体が貧困化し，治安も悪化しかねない。同時代すでに，そう警鐘を鳴らす人々もいた。

　果たして，その移住民の生活は，決して楽ではなかった。山林を切り開いて焼畑とし，商品作物と救荒作物とを組み合わせる略奪的な農法では，安定的永続的

な収穫がみこめないし、自然環境を破壊して災害に遭うリスクも高い。また先住民のいる地域では、かれらとの軋轢も生じる。そうしたなか生存競争は激化し、既成社会での成功はいよいよ難しくなっていった。前途に失望した人々が、自分なりの規範や秩序を作ろうとするのも、いわば当然のなりゆきだった（山田1995）。

そのよすがとなったのが、反政府的な色彩を帯びた一種の地下組織、いわゆる秘密結社の結成である。その組織原理じたいは、上でみたような通例の行会などとかわらない。しかし既成社会の秩序から逸脱した、一種のアウトローがその構成員となったところに、重大な相違がある。そこで、白蓮教・キリスト教・イスラーム教や私塩・アヘンなど、体制教学の儒教以外の宗教や禁制品の取引を結束の紐帯とした。そのような結社が18世紀の後半から増殖してきたのである。もちろん官憲の弾圧に反抗して団結武装する。

こうして治安は急速に悪化し、内乱にまで発展する。大きなものだけで、18世紀最末期におこった白蓮教徒の乱、半世紀のちの太平天国その他、さらに半世紀のちの義和団事変を数えることができる。それにくわえて、アヘン戦争から日清戦争にいたる対外戦争もあった。泰平の18世紀とは打って変わって、19世紀の中国は戦乱の世紀だったのである。

だとすれば、18世紀に人口が飽和過剰となったため、死亡率が一時的に急上昇し、経済・社会の規模にみあう人口規模に調節がなされた、という解釈も可能となる。19世紀通じてみると、人口はほぼ4億5,000万で停滞した。前世紀に蓄積された諸問題が顕在化し、それに解決をあたえるべく、試行錯誤をくりかえした結果だったといえよう。

その典型が「督撫重権」とよばれる現象である。一省もしくは数省の軍政・民政を統轄する総督・巡撫が、軍事権・財政権の多くを握って、清朝の内政外政に大きな発言力・指導力を有した歴史過程のことをいい、1851年から64年までつづいた太平天国の内乱を平定する過程で、その態勢が確立した。これはのち中華民国時代の軍閥抗争の由来をなすことから、中央集権の国民国家に逆行する体制として、しばしば批判の対象となっている。しかし当時は、それなりに合理性のある動きであった。

当時もっとも重大な課題は、治安の回復であった。白蓮教徒・太平天国など、内乱をひきおこした原動力は、18世紀後半以来叢生した秘密結社である。その

反体制的な蠢動・結集・蜂起を圧伏し，騒乱を未然に防ぐには，身近な現地当局が機動的に軍隊を動かせるよう，より多くの裁量を地方大官に委ねるほうが適していた。

そのなかで，これまでの宗族・行会・秘密結社は，総督・巡撫を支持する軍事的・経済的勢力に変化していった。湘軍・淮軍（しょうぐん・わいぐん）など地方義勇軍の編成，そしてアヘンや私塩を課税対象として合法化する機能をもった釐金の徴収は，その代表的事例である（⇒テーマ39「釐金」〈p. 226〉，テーマ30「塩政（明以降）」〈p. 209〉，41「国産アヘン」〈p. 228〉）。いずれも18世紀以来の行会の存在と機能を前提にしたもので，政治・社会は従来の継続という側面が強い。そこにどのような経済的な変化が起こったかを考えてみよう。

貿易の拡大と為替の変動

19世紀に入っての大きな転換は，まず外国貿易の恒常化と量的増加である。アヘン戦争時1840年の貿易総額は，およそ4,000万両。これは穀物・綿製品・絹製品・茶・塩という主要産品の生産総額推計とくらべると，およそ10分の1にあたる。25年後の1864年になると，貿易額は倍以上の約1億両，その20年後1883年に3倍以上の1億4,000万両，さらに20年後1903年には5億4,000万両と，統計数値の単純比較で，100年で10倍の規模に増えた。それに応じて，国内の主要商品の生産も，必然的に変化が生じてくる。

茶・生糸をイギリスが銀で買いつける，という18世紀までの貿易構造は，19世紀に入ると，茶・生糸とアヘン・綿花などのインド産品とを交換するものに変わった。その過程で，1830年代に中国から銀が流出したというのは，よく知られたところだが，その実態はよくわかっていないし，以後も固定的に続いたわけではない。1850年代には，カリフォルニア・オーストラリアのゴールドラッシュによる需要の伸びで，茶・生糸の輸出が激増し，他方で国産アヘンが増えた（⇒テーマ41「国産アヘン」〈p. 228〉）ために，輸入は伸び悩んで，銀の流入が顕著となったからである（林2007・2013）。アヘンはやがて，国際的に禁止の対象となっていった（⇒テーマ42「アヘン禁止運動と国際問題」〈p. 230〉）。

新たな動向が顕著になるのは，1880年代に入ってからである。久しく蚕病で沈滞していたヨーロッパの蚕業・製糸業が回復，また日本の製糸業とインドの茶業が勃興し，それまでのシェアが奪われる一方で，ほかの一次産品の輸出が伸長

しはじめた（木越 2012）。

　そして同じ時期，輸入でも大きな変化がおこる。植民地でありながらアジアで最初の工業化をなしとげたインド紡績業が産出する機械製綿糸が，中国に滔々と流入し，輸入品の第一位をしめるようになった（濱下 1990, 杉原 1996）。このインド綿糸はもっぱら中国市場をターゲットにした製品だったので，その意味では，中国アヘンの生産で売れなくなったインドアヘンの代替物ともいえる。けれども中国側からみれば，事情は異なる。

　そもそも中国の綿紡織は，農村の副業としてあった。綿花を手近に入手して，手紡した綿糸にそのまま手織をほどこし，自分も含め地域内で消費し，その余剰を外に移出する，というのが伝統的なパターンである。貿易と機械製綿糸がいわばそこにわりこんできて，そのパターンを解体した。綿花と綿糸の供給方法が変わったわけであり，これが中国のみならず，日本をもまきこんだ産業構造変動のはじまりとなる。

　中国の農村が機械製綿糸を購入するようになったのは，丈夫な太糸だという需要にこたえた品質もさることながら，当時の為替変動によるところが大きい。1870年代なかばより，欧米の金本位制採用にともない，銀がだぶついて対金比価は下落していった。銀を貿易の決済に使う中国では，欧米への輸出に有利な環境になり，実際に出超が続いたのである。インドは同じ銀貨圏ではあったけれども，中国の農村は，地域内通貨である銅銭を使用するので，銀建て価格のインド綿糸購入は，銀銭比価が左右した。だぶついた銀の価格は，銭に対しても著しく下落したから，インド綿糸も割安になったわけである。だとすれば，こうした為替の条件が変動したなら，綿糸の供給形態も変わることになり，それは20世紀に入って以後の工業化にも，重大な関わりがある（図13, 森 2001）。明代から形づくられてきた銀銭二貨制が，中国の産業革命の前提になったことを忘れてはならない。

取引と金融

　貿易の拡大にともない，その担い手にも変化がおこってくる。すでに述べたとおり，華人商人は大資本をもちえなかったから，アヘン戦争以前には「洋行」が大口の取引を担いきれず，あいついで倒産した。そのため，株式会社などで資金が豊富な外国商社が，零細な華人商人に個別に資金を貸しつけて，輸出入品の売

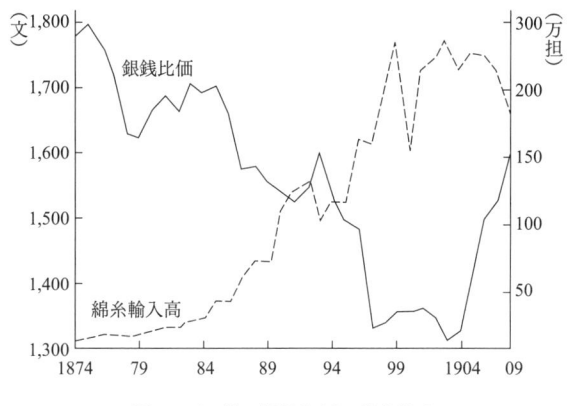

図 13 江蘇の銀銭比価と綿糸輸入

出典）森 2001。

買を委託するようになる。貿易の効率化と円滑化をこうしてはかったわけである。このののち，洋行といえば外国商社を指し，委託した華人商人を買辦という。洋行は地域ごとに異なる中国の度量衡や商慣習に暗かったから，買辦なしに貿易取引は事実上，不可能だった。買辦はそれに乗じ，中国市場の主導権を握って優位に立ち，しばしば外国商人・洋行と紛争を起こす（⇒テーマ40「買辦」〈p. 227〉）。

外国商社・華人商人の通商参入を支えたのが，新たな金融業である。1860年代から本格的に中国へ進出した外国銀行は，中国と外国との間の送金決済，外国商社に対する融資などの業務を行い，イギリス領の香港では，ドル銀貨建てで独自の貨幣を発行してもいた。これに対し，中国内の送金や華人商人への融資を担当したのが，土着金融機関の票号・銭荘である。公金の為替送金は主に山西省出身の票号が，交易への融資は浙江省寧波出身の銭荘が担った（⇒テーマ57「香港」〈p. 291〉，31「山西商人と徽州商人」〈p. 210〉，48「浙江財閥」〈p. 276〉）。

買辦商人に外国貿易の経験が豊かな広東人が多かったことを考えあわせれば，開港以後にさかんになった貿易・金融の業種・企業にも，やはり同郷同業で結集する行会の組織原理が貫いていたわけである（⇒テーマ32「行会（行）」〈p. 211〉）。また貿易商の場合と同じく，票号・銭荘も大きな資本をもてなかったから，その貸付業務の拡大にあたっては，外国銀行から融資を受けた。これはあたかも，買辦と洋行の関係と同様である。西洋のような株式会社や銀行を組織できないと同時に，外部・海外からの資金注入で取引流通が活発化する，という明清以来の中

国経済のしくみが，ここにも表現されているといってよい。

経済の変遷と上海

　以上のような変化の中核に位置したのが，新たな開港都市・上海である。上海はもともと中国経済の心臓部・江南デルタへの窓口，蘇州の外港として開かれた港だった。ところが1860年，蘇州が太平天国に攻撃占領され，その人と富の大部分が避難して来て以降，上海が蘇州そのものに取って代わる地位をしめる。

　蘇州は大運河の交通と中国内の商工業で栄えた都市であったのに対し，上海の繁栄は海運と貿易によっていた。もちろん蘇州が貿易と無関係だったわけではない。その産業の多くを海外市場に依存していたのは，上述のとおりである。しかし自らが海外に直結してはいなかった。上海はそうではない。はじめから海外とむすびつくことを前提に，東は東シナ海をこえて日本と，西は長江を遡航して内地と，南方は広州・香港をへて華南・東南アジアと，北方へは天津・渤海沿岸と通ずる要衝に位置した。流通の機能はそれまで，心臓が蘇州，大動脈が大運河・河川水系だったのに対し，19世紀の後半になると，前者は上海，後者は沿海・長江にそれぞれ置き換わり，いっそう海外との依存関係を深めつつ拡大してゆく。

　急速に発展した上海は，また移民でできた都市でもある。そのうち最も有力なのは，広東人と浙江人だった。かれらの営んだ業種・機能が，貿易と金融だからである。移民の現象それ自体は，18世紀以来の継続にほかならない。しかしこうした上海の特色は，19世紀後半の経済的な変遷を如実にあらわしていよう。

　そうした変化は，工業にもみることができる。このとき新たに興った機械制工業は，上海を中心としていた。貿易と密接な関わりにあったからである。たとえば1870年代に器械製糸業が普及したのは，上に述べたヨーロッパ・日本の製糸業に対抗するためであり，海外市場の動向に即した動きにほかならない。

　同じことは，綿業にもいえる。それに関わる初の近代企業は，1878年に設立された上海機器織布局であり（⇒テーマ46「近代的企業」〈p. 273〉），輸入織布に対抗するのを元来の目的としていた。ところが1880年代に入り，インド綿糸の輸入が急増するにしたがって，あらためてそれに対抗すべく，太糸の紡績にシフトして操業を開始したのである（鈴木 1992）。

財政の変容

　こうして上海を中核に，経済的な重心が沿海・沿江に移動するのにともない，政府の財政もそれに応じた形態をとってくる。まず貿易を管轄した海関である。外国商社から直接，関税をとりたて，輸出入量とそれに対する課税・徴税を正確に算定する制度を導入したので，貿易の拡大とともに税収が増えると同時に，外からみても信頼できる財源にもなった。そのため借款の担保に用いられて，のちに清朝の財政に外国銀行，ひいては外国列強が介入する足がかりを提供し，財政制度そのものを変えてゆく（⇒テーマ38「関税と海関」〈p. 224〉）。

　第二に，国内流通に対しては，釐金を賦課した。これは一種の内地通過税であって，徴収の多くを商人の請負に任せた点は，在来の財政慣行と共通している。しかし総督・巡撫が自らの裁量で，これまでにない零細な規模の，あるいは従前なら密輸・禁制品だった取引にまで，管理と徴税の手を及ぼしたところ，新たな特徴だといってよい（⇒テーマ39「釐金」〈p. 226〉）。またそれが多額の収入をもたらしたのは，当然ながら商業取引が活発化していたからである。それはやはり貿易の拡大による新しい動きだった。

　こうした事態と並行して，旧来の税収は減少，あるいは比重が低下する傾向にあった。たとえば19世紀末の統計数字では，それまで税収の大宗だった地丁銀（田賦）に，海関税の収入が匹敵している。塩に対する課税も流通段階の釐金に重点が置かれた（⇒テーマ30「塩政（明以降）」〈p. 209〉）。これも19世紀後半の政権運営が，貿易とそれに関わる流通に基礎を置くようになったあらわれとみることができよう。もっとも他方で，こうした数字にはあらわれない附加税など，原額主義による旧来の慣行も存続していた。明清時代の制度的な基礎をうけつぎながら，新たな局面に対処適応していった，この時期の特徴でもある。

次の時代へ

　18世紀の繁栄で鬱積した問題の顕在化と対処，西洋列強による開港とその影響で形づくられた19世紀の経済再編は，そのまま次の世紀の前提をなすものであった。

　貿易が拡大し，その主要品目も変わり，銀価が下落をつづける。また工業化が胎動をはじめ，沿海沿江へ経済的重心が移動し，政府財政もそれに応じる態勢に

なった。その一方で，銀と銅銭の二本立てという通貨制度，外部からの需要が流通と生産を活性化させる市場構造の大枠は不変であり，宗族・行会・秘密結社が支配的な社会構成の骨格も変わっていない。

　清朝の統治も同様である。「督撫重権」という方式に転換し，地方の裁量はたしかに増大した。財政をみても，対外貿易・国内流通に大きく依存する方向に傾いた。けれども19世紀を通じて，中央・地方の基本的な役割・権力の分担関係は，さしたる変動がなかったとみたほうが正しい。それが変わりはじめるのは，19世紀最末期の過程においてである。

　1895年の三国干渉より，列強が中国の経済的利権の獲得に狂奔し，中国内でも危機感が高まった。亡国を救う，というのが以後のスローガンである。そこで生じた「変法」「革命」が，経済に無関係なはずはなかった。官僚・知識人の経済観念も大きく変化する。消極的な対処療法の色彩が濃かった19世紀の経済政策は一転，積極的な経済の構造改革を指向するようになった。そうした動きは現実の経済構造といかなる関係を有したのか。それが現代の中国経済に直結する問題でもある。

テーマ 30

塩政（明以降）

　唐代中期にはじまる塩の専売制（⇒テーマ 24「塩政（唐～元）」〈p. 166〉）は，明清時代も存続した。商人が所定の税課を納め，ひきかえに「塩引」を入手して産地に持参，塩を仕入れて公定消費地の「行塩地」で販売する，という制度の大枠は同じである。

　ただし明初には，合わせて開中法が施行された。これは北辺の軍隊駐屯地に食糧・物資を納入した商人が，「塩引」を給付される，というしくみである。これで政府は，塩の生産を確保しておけば，貨幣を使うことなく，欲する軍需品を商人から自由に獲得できる（⇒テーマ 20「和糴」〈p. 126〉）のであり，現物主義にそむかずにモンゴルの脅威に対処するねらいをもっていた。

　この方法は北辺長城に近い商人が有利であった。周辺の土地を開墾して穀物を納め，輸送コストのかかる遠方の商人を圧倒できたからである。ところが 15 世紀の後半，銀の流通が普及すると，穀物を北方に輸送納入するのではなく，それに見合う銀を直接政府に納めれば，「塩引」が与えられた。そのため南方の商人も専売に参入し，塩産地と「行塩地」の結節点にあたる揚州が重要性を増してくる（⇒テーマ 31「山西商人と徽州商人」〈p. 210〉）。

　こうした商人の成長によって，塩の取引は少数の有力商人に限られてきた。その趨勢を制度的にも是認したのが，明末に成立した綱法で，「塩引」を受領し専売にあたる塩商を指定し，かれらに納税を請け負わせる方法である。

　清代も 18 世紀に入ると，銀が流入して好況になり，人口が急増する。塩商は銀を支払って塩を仕入れ，小売の代価を銭で受け取るため，銀安銭高という有利な為替レートで利潤率を高め，しかも人口増にともなう消費増大によって，いよいよ巨利を博した。乾隆時代の文化的な繁栄は，こうした塩商の富によるところが大きい。

　やがて秘密結社の増殖にともない，私塩の取引がふえ，専売制は破綻の危機に瀕する。そこで私塩合法化の試みがはじまり，それは 19 世紀後半，財政権を掌握した地方大官が，釐金を実施することで結実した（⇒テーマ 39「釐金」〈p. 226〉）。こうして清末の塩税は，大別すると，卸売段階で徴収する綱法と流通・小売段階の塩釐との二本立てとなる。

　日清戦争以後，北京政府が巨額の賠償金と外債をかかえると，塩税もその担保となった。そこで民国時代，外国人管理の海関（⇒テーマ 38「関税と海関」〈p. 224〉）に倣った塩務稽核所が設立，専売・徴税の合理化と中央集権化が推進される。しかし軍閥の抗争・日本との戦争で，いずれも完遂できず，塩政の近代化は中華人民共和国の課題として持ち越された。

（岡本　隆司）

【参考文献】藤井 1953～1954a，佐伯 1987，岡本 1999b・2001

テーマ 31

山西商人と徽州商人

　中国では明代中期以降，国際貿易の発展を背景として，商品生産と流通が盛んになり，その範囲も拡大し，それにともない本籍を離れて商業に従事する者が増加した。その活動もそれまでの個人による分散的なものから，「商幇」すなわち商人による団体組織が形成され，出身地の名を冠して「晋（＝山西）商」「陝（＝陝西）商」「徽（＝徽州）商」などとよばれるようになった。そのうちもっとも活躍したのが徽州商人と山西商人である。

　かれらは陝西商人とともに，明代に塩政に関わることで富を蓄積した（⇒テーマ30「塩政（明以降）」〈p.209〉）。山西商人は北京に近い地の利を生かし，権力に近づいて発展し，塩，糧食，生糸と絹織物，綿布，木材，茶などを扱ったほか，製鉄業や金融業などにも従事した。とくに19世紀前半には，為替を扱う票号を開設し，のちには公金の送金を中心として，大きな勢力を有するようになる。

　これにたいし，徽州商人はとくに15世紀後半の「運司納銀」で頭角をあらわした。長江流域という中国最大の塩の生産地・消費地に近かったからである。「徽（商）無くして鎮成らず」といわれたように，江南の都市や市鎮を中心として全国で活躍し，19世紀の前半まで優位を保った。塩，米を中心とした糧食，綿布，生糸，絹織物，木材，茶，墨，筆，紙などの文具，磁器，薬などを購入，運搬，販売したほか，木材伐採，鉱山採掘，染色などの加工業，製鉄業，さらには動産や不動産を担保として金を貸す典当業などを全国各地で経営した。たとえば，典当業者の場合，豊かな資金を背景として金利を低く抑え，南京などの地で他省の同業者を圧した。

　山西商人も徽州商人も，経済の中心である蘇州などに赴き商業に従事したが，山西商人が故郷から籍を移すことが少なかったのにたいし，朱熹の祖地たる徽州の商人の多くは教育熱心であり，子弟の科挙受験のさいの必要からも，新たな地に籍を移した。18世紀後半以降，徽州商人の活躍を記した記述が少なくなるのは，商業圏の変化や塩密売の盛行とともに，このことにも原因がある。

　かれら明清時代の商人の共通性としては，宗族という血縁関係や同郷関係を資金調達や情報収集など商業活動の基盤として利用したことであり，行商先の地には同郷人のための拠点として会館・公所を設けた（⇒テーマ32「行会（行）」〈p.211〉）。他方，たとえば山西票号の経営担当者には，江南や徽州出身者も少なくない。このことは，少なくとも19世紀においては，山西商人，徽州商人と地域名を冠してよばれたとはいえ，各地の会館が別地域の出身者の疾病や死没にたいし医療や埋葬を行っていたこともふくめ，その活動が閉鎖的，排他的なものではなかったことを示しているといえよう。

（臼井　佐知子）

【参考文献】寺田 1972，唐 1993，臼井 2005，中島 2009

テーマ 32

行会（行）

　行会とは中国手工業者による同業団体である。日本の学界ではこれを史料用語のまま「行」と呼ぶのが普通であり、また「中国のギルド」ともよんできた。中国の学界では、それが明確に団体であることを表すために「行会」という学術用語でよぶのが普通である。
　行会とは何であるか、これに対する研究者の考え方は千差万別であった。これを説明するためには、これについての研究がどのように進んできたのかを始めに示し、次いでなぜこれに対する評価が千差万別なものとなったのかを指摘するのが、適切であろう。
　行会の研究は、清末から民国 10 年代に中国へ来ていたヨーロッパ・アメリカ人によって始められた。彼らはすべて、それを「中国のギルド」とよんだ。マクガバン、モース、バーヂスらがそれである。行会には確かに徒弟制度があり、構成員の相互扶助を謀り、時に行規とよぶ規約書を定め、時に営業の独占を謀り、時に価格や賃金を共同で取り決めて相互の競争を排除するなど、ヨーロッパ中世のギルドと似たところがあったからである。彼らの一部は、同郷人の宿泊所ないしは集会所を主に意味する会館と、同業者らの集会所ないしは事務所を主に意味する公所をも中国のギルドとよんだ。彼らは行会を歴史的に遡って考察することはほとんどなく、主に自らの見聞と聞き取り調査によって研究した。彼らはいずれも行会を国家との関係で高く評価するとともに、同業者に対する統制という点でも、それが強い権限を持つとして評価した。たとえばモースは、中国ギルドは国家の法律のそとにおいて結社（アソシエーション）として成長してきたものであり、また国家の民法によって保護されようとしたこともなかったとし、民主的で自治的に運営され発展してきたとした（Morse 1909：27）。またバーヂスが北京の行会を調査したのは 1926 年のことであったが、彼は大部分のギルドでは決定事項を励行させるためにギルド法廷が開かれていたとする。年次大会の際にはギルド内の人望あり経験に富んだ長老が指名されて裁判官となり、ギルドの規則を破ったと報告されたものを裁いたと彼は記している（バーヂス 1942：271）。
　これに対して、文献をもとにした歴史研究を初めて行ったのは、加藤繁であった。加藤は 1935 年に公表した論考で主に唐宋時代の「行」を取り上げた。彼が論題において中国ギルドという言葉を用いず、これに代えて「行」という史料用語を用いたのは、おそらくは意図的なものである。というのは、彼は「行」にはヨーロッパのギルドと類似したところがあることは認めながらも、むしろそこにヨーロッパとは異質なもの、すなわち中国的な特殊さが大きく介在していることを読み取ったらしいからである。
　彼はこの論考でまず、唐代で「行」とは同業商店が集まる町（街）を意味していたことを明らかにした上で、さらにこれが同業者団体の意味でも用いられるようになったとした。次いで彼は漢代の史料にまで遡り、唐代以前の都市ではある一定の商業区域に業種別で行、すなわち町（街）が政府の施策によって設けられていたと指摘するとともに、唐代の末期になるとこのような制度は弛み、北宋の半ば以後になるとまったくこれが崩壊したと論じた。ところが加藤によれば、国家が編成した同じ町（街）に住むことのなくなった同業者たちに対しても、国家は官庁で必要とする物品を調達すべき任務を課し

た。これを「行役」とよぶ。宋代に王安石が新法を実施した時でも，商工業者たちは物納や実際の労働によってこの国家に対する行役をはたす代わりに，免役銭という金銭を払うことによってこれを免れることができた。加藤は宋代の行でもヨーロッパのそれと同様に，同業者の利益を守るために営業を独占せんと謀り，行に加わらない商人を排斥していたに違いないとしつつも，中国の商人たちがこのような特権を持つことができたのは，それが官庁御用達という行役を負担することに対する国家からの報償であったとした。ここにおいて初めて，それまでの行会をヨーロッパのギルドになぞらえ，そこに国家から独立した性格があったことを強調し，あわせて組織内での統制力の強さを強調する見解とともに，それが国家の統制下にあったことを強調する見解とが並び立ったと言ってよいし，行会の持つ二面性が示されたと言ってよい。

　日本ではこのように行会に関わる歴史的研究が始まる一方で，中国現地へ赴き欧米の研究者が行ったのと同じような実態調査を行う研究者たちが現れた。根岸佶，仁井田陞，今堀誠二らがそれである。彼らはともに行会を中国のギルドとよんだ。なかでも根岸佶によって戦前になされた行会に対する評価は，欧米の研究者たちが示したそれに極めて近いものであったと言ってよい（根岸1932）。彼らの研究の中では，仁井田陞によるものがもっとも優れ見解も穏当であるが，それでも相矛盾した事実がそのまま併記される部分も多く，先に述べた行会の二面性がなぜ表れるのかについては，考察が十分に及んでいない。たとえば行会の機能として最も問題となるのは，行会では強制加入が謀られ，行会に入らない者はその職種に就くことはできなかったのかどうか，行会では価格や賃金を統制していたのかどうかという問題であるが，行会に加入しなくても仕事はできるがやりにくいと記し，また行会としては入会を勧誘しないが個人的には勧誘するという聞き取りを紹介し，商業独占が行われたとしても，絶対的な独占は行われなかったとした曖昧な叙述に終わっている。価格や賃金の統制についても，これがなされる行会となされない行会があると併記するに止まり，なぜ「中国のギルド」がそのように曖昧で結束がルーズであるのかの考察にまで至らなかった（仁井田1951）。

　中国では人民共和国が誕生するとともに，歴史学界では「資本主義萌芽論争」が起こり，この過程で行会の問題についても，会館・公所の問題と抱き合わせで数多くの研究者が取り組み，碑刻史料すなわち石碑に記された記録が数多く集成されるなど，研究は深まった。ところが行規とよばれる行会の規則集や同業公所が，明代中期以前からあったと確認できる証拠はついに発見されることなく終わった。すでに文献が多くなった宋代以降にあってさえ，なぜひとつも同業公所や行規に関わる記事が現れないのか，十分に議論されることはなかった。

　これらの研究の中にあって，注目に値するのは傅筑夫による見解であろう。彼は中国における多くの研究者の見解とことなり，中国の行会をその出自と本質とから見て，ヨーロッパ中世のギルドとはまったく違うものだとした。彼は唐代の町（街）としての行会も，宋代以降，官庁御用達を負担するそれも，官府が商工業者たちから物品を誅求するために設けられたものであるか，あるいは官府による誅求から自らを守ろうとして生まれたものであるとした（傅1980）。それはすでに述べた加藤繁の見解を一歩進めたもの，あるいは一歩極端にしたものであったと言ってよい。すなわち中国でも資本主義萌芽論争が進む過程で，先に述べた行会の持つ二面性が浮き彫りにされたのである。

　中国では文化大革命が収束してしばらくは，資本主義萌芽論争に関わる行会・会館・

公所の研究が行われたが、改革開放経済が進展するとともにそれもあまりなされなくなった。日本でも、かつての「行」や「中国ギルド」の研究を継承する者はほとんどいなくなった。ここでは最後に、1980年代から現在に至るまでの研究を簡単に紹介しておこう。

　アメリカでは1980年代にハーバーマスが提唱した「公共領域(パブリック・スフィア)」の概念を中国史に応用しようとする研究がなされ、この過程で行会が問題となった。ウィリアム・ロウによる湖北省漢口鎮の商業ギルドに関わる研究が、その代表である。日本では夫馬進が善会・善堂との関連で行会について発言した。善会とは諸個人が自発的に善をなさんとして結んだ結社であり、善堂とはその施設ないしは事務所である。夫馬はロウの見解を否定しつつ、善会・善堂が結社・結会が流行した明末になって生まれたのと同じく、清末・民国期に観察されたような行会も、この時代に始まったのではないかとした。また少なくとも清末の大都市である杭州について見れば、仁井田陞や今堀誠二が述べたような都市行政を担うギルド連合体は確認できない、と述べるとともに、行会は善会・善堂に対して寄付をすることを通じて公的権力を借りることができ、これによってはじめて営業の独占や会員の統制を謀ることができたとした。

　行会研究について、現在もっとも注目すべきは、范金民(はんきんみん)が『巴県檔案』という地方文書をもとに行ったそれであろう。彼は重慶という地方都市で商工業者が営業独占を謀る行為について、これを「把持(はじ)」と「応差(おうさ)」という概念で読み解いた。把持とは「把持行市」の把持であり、応差とは行役に応ずること、官庁御用を請け負うことである。『明律』や『清律』には、「把持行市」すなわち市場を牛耳り壟断することを禁じる法令、言い換えれば営業独占や価格統制を禁止する法令があった。ところが重慶の地方政府は商工業者らが把持行為を行っても、それが官庁御用を請け負っている限り黙認し許可していた。范金民はこの事実を主に訴訟裁判文書から読み解いた。

　范金民による見解は、加藤繁による研究を実際の訴訟裁判文書をもとに実証したものであるが、「把持行市」という法制史の問題とリンクさせた点で、これまでの行会史研究の限界を大きく突破したものであった。行会そのものは不法な存在では決してなかったが、それが営業独占を謀る方向を示せば、不法なものと認定される可能性があった。「把持行市」の禁令を視野に置くことによって、なぜ多くの行規で価格協定のような行会にとってもっとも重要な事項がめったに記されていないのか、はじめて理解できるようになったし、また法律が現存することを無視した単なる聞き取り調査がいかに危ういものであるか、「ギルド裁判」などとよばれたものがその実どのようなものであったかも、推察できるようになった。実態調査の観察者が見聞したことが、国家からすれば不法なものであるにもかかわらず、たまたま禁圧を免れていた状態であったかもしれないし、逆に行役を果たす代わりに個別的に黙認されたものであったのかもしれない。すでに述べた行会の結束がルーズであることや、それが二面性を持っていたことの問題も、この法令が現存したことを視野に含めるなら、簡単に氷解する。

　前近代の同業者団体が営業独占を謀ろうとしたことは、おそらく世界史の中で共通である。しかし中国の場合、商工業者は一貫して国家の法制の下に置かれていた。これを無視して行会をヨーロッパ中世のギルドになぞらえようとする研究は、もはや完全に終わったと言えるであろう。

(夫馬　進)

【参考文献】加藤 1935，夫馬 1997，范 2011

テーマ33

銀銭二貨制

　中華圏の銭貨は，漢字に似ている側面がある。中華圏であればどこでも同じ漢字を使うのであるが，読み方は地域ごとに大きく異なる。現代でも北京語，上海語，広東語，閩南語，四川語などは，ヨーロッパなら他言語とされるほどに互いに異なっているが，同じ漢字を使うことで同じ「中国語」であることを共に明らかにしている。漢字が表意文字であるからこそできる芸当であり，これなしには巨大な「中国」というものは存在しなかったであろう。

　同じように通貨も「表意文字」のように使われる。中華圏では王朝の発行する銅銭を使わせるのであるが，それをどう使うかは，人々の勝手に任されていた。それは，その時代の皇帝の発行する銭貨を使う必要すらなく，そればかりか，その王朝の通貨を使う必要すらない。最初に発行した漢王朝の銅銭の形状・サイズ・品位を，後の王朝も継承していったので，いずれも良く似ていた。

　たとえば清代であれば，清朝の発行した康熙通宝を使っている地域があるかと思えば，そのすぐ隣の地域では明代の洪武通宝を使い，さらにその隣の地域は千年近く前の宋代の咸平元宝を使っている，という具合である。こういう場合，宋銭などは元々のものが残っているはずがなく，その多くは，宋銭を元にした私鋳銭であったと考えられる。

　しかも，同じ地域であっても，一種類の通貨だけが流通しているわけではない。商品の種類によって使われる通貨が違うケースがある。たとえば紹興酒を買おうと思ったら，手持ちの銅銭を，紹興で広く使われている通貨に兌換して，それを持っていかないと酒屋で紹興酒を買えなかったり，あるいは，生糸を買おうと思ったら，広州で流通している通貨を入手しないといけない，という具合である。

　つまり，地域ごとのみならず，品目ごとにも通貨が分かれている。どんな小さな市場にも両替商がいて，多種多様な通貨間の兌換業務を担い，時々刻々と相場が変動する。

　また，通貨には明確な階層性があった。清代であれば，ある銅銭の流通する範囲がひとつの「通貨の回路」を成しており，その回路を越えて，別の回路と接続する場合には，銀貨が媒介として使われていたのである。

　このような構造を理論的な形で整理したのは，黒田明伸である。黒田は，基礎的な回路を流通する通貨を「現地通貨」，回路と回路とを接続する上位の回路を流通する通貨を「地域間決済通貨」とよんだ。中華帝国では，「銭」が現地通貨として，「銀」が地域間決済通貨として用いられることが多く，これを「銀銭二貨制」とよぶのである。

　このような階層性が生じる理由は，第一に，通貨が回路を還流する性質を持ちながら，実際には相当部分が還流せず，途中で漏れ出してしまうからである。たとえば王朝財政が銭を発行すると，それは王朝財政をふくむような上位の回路に留まっておらず，銭を必要とする下位の回路へと漏出する。それは下へ下へと漏出し，最終的には郷村レヴェルの回路へと降りていく。しかもそこからさえも銭は漏れていって，家の長持や土蔵，あるいは壁や地面に埋められたりして，そのまま忘れられる。あるいは溶かして銅として使われたりさえする。それゆえ，銭の流通を維持するには，次から次へと投入せねば

ならない。それでも足りないので，上位の回路は，銭ではなく銀のような高額通貨を使って，下位への流出を防止せねばならなくなる。

　第二の理由は使用頻度や季節性の問題である。財政や大手の商人を中心とするような上位の回路は，常に通貨を使って取引をする。しかし郷村レヴェルの回路では，農繁期にはわずかな通貨を使うだけで，収穫期になって突然，厖大な通貨流通が起きる。このような通貨流通量の時間変化のパターンの違いが，階層を必然化する。

　しかも，この地域間決済通貨たる銀でさえ，場所によってさまざまであった。清朝の財政は庫平とよばれる目方の単位で測られる銀で計算されており，それに合わせて鋳造された銀で決済していた。しかし基準となる秤が，地域によって違っていた。上海では上海の秤，広州では広州の秤，紹興では紹興の秤，という具合である。

　しかも，メキシコ⇔フィリピンの定期航路によって大量に運ばれたメキシコドルが流入し，それも広く流通した。ちなみに，この銀貨はその形状から「圓」とよばれ，それが日本の「円（えん）」，中国の「元（ユアン）」，韓国の「원（ウォン）」，の起源となった。いずれも正字で書くと「圓」である。

　通貨というものは普通，ある「圏」を一般的に流通するもの，と漠然と認識されている。たとえば「日本国」という「経済圏」を流通するのが「日本円」であり，「タイ王国」なら「バーツ」というように。

　しかしこういう認識で，国際通貨を考えると，すぐにほころびが出てしまう。とくに米ドルは，広く全世界で使われている。多くの国が外貨準備として米ドルを保有しているという意味だけでなく，多くの国で，米ドルが紙幣として流通し，銀行の口座の単位として使われ，決済に用いられている。米ドルは「アメリカ合衆国」という「経済圏」を流通する通貨，ではなく，それをはるかに越えているのである。

　通貨というものは，「圏」を流通するのではなく，「回路」を流れるものである。それはなぜかというと，通貨の本質と関わっている。ここにA，B，Cという3人の人がいて，AはBの所有商品を，BはCの，CはAの所有商品をそれぞれ欲しがっている，という三すくみになっているとしよう。このとき，A→B→C→Aという閉じた回路が形成されている。通貨はこの回路を商品と交換に流れる。このとき，通貨は商品と逆向きに，C→B→A→Cと回流する。

　経済が発達すると，この回路は複雑になっていき，変化し続ける。そうすると，個々人にとっては，通貨が一体，どこを通ってどう回っているのか，まったくみえなくなる。そうして漠然と，ある「地域圏」を通貨がなんとなく回っているように思えてくる。

　しかしそれは，素朴な思い込みに過ぎず，通貨は常にある回路を流れている。その回路が国境の範囲内に収まっており，かつ，国境の範囲内の回路のすべてを独占的に流通している場合にのみ，「通貨圏」＝「通貨の回路」となる。しかしそれは，例外的な事態である。

　経済というものは，多種多様でしかも時々刻々と変化する複雑な回路から形成されている。そしてそれは均質なネットワークではなく，多様でかつ階層化されている。通貨は，その回路を支えると同時に，その回路に支えられてそこを流れている。そしてしかも，通貨は回路から漏れていくので，常に追加供給を受けないと回路は維持できない。

　中国における通貨の完全な自由流通は，20世紀半ばまで継続していた。ここでは満洲における通貨流通の状態に触れておく。というのも，黒田明伸に先行して石田興平

(1905〜1988年)が，貨幣の階層的流通構造を解明するモデルを，この地域について提唱していたからである。

満洲では銅貨も銀貨も欠乏していたので，中国本土とは違った様相をみせていた。開拓地であるために，銅貨の蓄積が乏しく，その上，中国本土にたいしての送金圧力が掛かっていたため，銀貨は常に払出し超過であったからである。そこで満洲では紙幣が有力であった。

各県では多数の商人がそれぞれに紙幣を発行しており，多いところでは百種類くらいもあった。その全体が「現地通貨」である。この層は，張作霖政権の出現により，各省の発行する銅貨に相当する小額紙幣によって1920年代には置き換えられた。これは中国本土とは大きな違いである。

この「現地通貨」を相互に接続する「地域間決済通貨」の役割を，各省の銀行と諸外国の銀行の発行する紙幣が果たしていた。たとえば日本側では朝鮮銀行や横浜正金銀行の発行する紙幣がそうである。その上さらに，「日本円」や「上海両」や「ポンド」などが国際通貨として対外的な関係を決済する，という構造になっていた。このような階層構造は石田興平によって提唱された「石田モデル」によって明らかにされた。

さて，こういった複雑な通貨体系を同時代の日本人は「複雑紊乱」として見下しており，「満洲国」の満洲中央銀行によるその統一を紛れもない「進歩」として認識していた。

しかしこういった複雑な通貨体系には，大きなメリットがあることを忘れてはならない。それは，パニックが伝播しにくい，という性質である。たとえば朝鮮銀行は昭和恐慌によって大きく傷つき，その発行紙幣の信用も著しく低下した。このとき，満洲の経済は大きな痛手を被りはしなかった。というのも，朝鮮銀行券が機能不全に陥れば，それを横浜正金銀行券や中国側銀行の紙幣や，あるいはロシアのルーブルが埋めれば済むことだったからである。各地の両替商や商人はしょっちゅう破綻していたが，それはかれらの発行している紙幣を持っていた人にとっては大きな痛手であっても，それが経済全体に波及することはなかった。

このような複雑で自由な通貨体系は，単純で管理されたそれに比べて，取引が煩雑になるが，安定性という点で優れている。どこかで矛盾が生じれば，その矛盾はすぐに露呈して，直ちに別の機関によって機能が代替されるからである。中華帝国の銀銭二貨制は，このような精妙にして安定な通貨システムの代表例として認識されねばならない。

(安冨 歩)

【参考文献】安冨 1997，安冨・深尾 2009，黒田 2003，石田 1964

テーマ34

税・役からみた中国の国家と社会

　すべての人や団体が資産・収入に応じて税を負担することは，国民国家を支えるしくみである。しかし，中国では擬似的な「租税国家」や普遍的な税・役の徴収が早くから実現していた。では，租税とは何なのか，何のために支払うのか？　難しい質問だ。公共サーヴィスの対価だとする説，一種の保険料であるとみる説などがある。近代市民社会では，議会が制定した法にもとづく公課が租税だと説明される。議会での合意を民と国家との間の契約だとみなし，そこに租税の正当性を求めるわけだ。

　負担者の理解なしに徴税を実現することの難しさは，統治者の側もわかっていた。清の世宗雍正帝（位：1722～1735年）は『聖諭広訓』の第十六条「銭糧を完納し，催促を省く」のなかで，納税を「古今の通義であって改められたことがない」，つまり生まれながらの義務だと断定するのに続いて，「官僚の俸給を適正にして我が民を治め，軍費を支給して我が民を衛り，凶作に備えをして我が民を養う。これを天下より取って，また天下の為に用いるのであり，君主の倉庫は人民を苦しめて自らを養おうとするものではない」と諭した。

　科挙受験には『聖諭広訓』の暗記が求められ，人民教化のために宣講すべきものとされた。口語体の釈義をつけた版本も多く出版された。税・役の徴収によって，権力機構の維持のほか，食糧備蓄などの社会政策がおこなえるのであり，税が還元されて社会のために用いられているのだ，と。これらの原資は税であるだから支払えという説得は近代の租税論に通じるところがある。自立した人民と社会の存在を前提とする論理なのである。

　「普天王土」「一君万民」の皇帝が官僚と軍隊とを使って実現する統治は，たしかに「専制的」である。しかし，粗放な統治のもとに，民の自由な活動と社会組織とが育まれてゆく。税のわりつけや徴収にまで営利目的の請負がひろがり，正規の税でまかなえない業務や官僚の役得は附加税や徭役・差役から出す。財政は硬直しているが，統治機構と社会とを接合する組織は柔軟であった。法や制度よりも利害や駆け引き，そしてなまの力がこの軟らかな秩序を支える。まつろわぬ民の間では末端の権力を握ることも競争の対象であり，そこに「土皇帝」や小さな専制が生みだされることもしばしばである。「天子」の統治する自立した民の社会のあり方を映す鏡が中国の租税と徭役の歴史である。

（岩井　茂樹）

【参考文献】岩井　2004a・2009

テーマ35

地丁銀

　地丁銀は，唐末の両税法導入以来，人民が負担してきた税・役が銀納化され，税額が固定化されるなかで生まれた。
　明代には土地台帳である魚鱗図冊と戸籍簿である賦役黄冊が作成された。税・役は賦役黄冊に拠って課され，その徴収・納入の責任は里甲が負っていた。このシステムはやがて機能不全に陥り，16世紀半ばに一条鞭法が導入される。税・役は地銀と丁銀にまとめられ，里甲にかわって納税者自身が直接地方官庁に銀を納入することになった。
　そもそも役は地方官庁が必要に応じて賦課したもので，収支は連動していた。一条鞭法のもとで，税・役は銀立てで一括徴収されることになり，それを支出項目ごとに分配する必要が生じた。そこで税・役の徴収額とその使途を示した賦役全書が地方官庁で作成されるようになった。ただ，賦役全書は税・役の総額の根拠を示すものであって，賦役黄冊のように戸ごとの税額の根拠を示すものではない。魚鱗図冊や賦役黄冊ははやくに現実から乖離し，地方官庁は白冊や実徴冊とよばれる台帳を作成して徴税をおこなっていた。
　役は本来地方官庁で費消されるものであったが，税と一括して徴収されたため，地方官庁で費消する分（存留）と，上級官庁に送る分（起運）の区別を明確にしなければならなくなった。賦役全書が州県だけでなく，府，省の各レヴェルで作成されたのは，こうした官庁間の税収の動きを示す必要があったからである。このように一条鞭法と賦役全書は明朝の財政システムを大きく変えた。
　清朝は基本的にこの財政システムを継承し，明末に追加された附加税の徴収を禁止したうえで，明の万暦年間の賦役全書に依拠して徴税を実施した。土地税の課税対象となる土地は，明末には7億7,300万畝あったが，戦乱などの影響で1661年には5億4,900万畝まで減少した。清朝は課税地の拡大につとめ，その努力は18世紀半ばに明末のレヴェルに回復するまで続けられた。
　清代には5年ごと（はじめは3年）に実施される編審で壮丁の調査がおこなわれ，その数値にもとづいて丁銀が割り当てられていた。しかし編審では正確な情報が得られず，かえって混乱が拡大したため，1711年の壮丁数2,462万を定額とし，それ以後に増えた壮丁は「盛世滋生丁」として丁銀を免除することにした（⇒テーマ8「戸籍」〈p.79〉）。
　税・役の根拠となる土地・人丁がほぼ固定化されたことで，地丁銀導入の条件が整った。1716年の広東省を皮切りに各地で地丁銀が導入され，雍正年間（1723〜1735年）までにほぼ全国に普及した。丁銀をどのように地銀に繰り込むかは，2通りの方法があった。江蘇，安徽などでは土地の面積を，湖南，山西などでは税額を基準とし，前者であれば一畝につき丁銀若干，後者であれば1石につき丁銀若干を附加した。
　清朝の財政が安定しているかぎり，地丁銀はそれなりに合理的な制度であった。必要な収入は確保できたし，税額を固定することで税額の査定にまつわる厖大なコストを抑えることもできた。しかし，多額の税の滞納が問題となっていた江蘇省では事情が違った。江蘇省では地丁税導入の前後に版図法がひろまった。版図法は1筆ごとの土地にた

いして納税の請求をおこなうため，徴税事務がきわめて繁雑になる。しかし台帳が現実から遊離し，台帳としての役割を果たせなくなっていた情況でより確実に徴税をおこなうには，課税対象となる土地とその所有者の関係を明確にする作業がまず必要となる。もちろん人員，経費ともに不足していた地方官庁にこの厖大な事務作業を遂行する余裕はなく，大規模な徴税請負機構が発達することになった。

　正規の財政は地方官庁に必要最低限の経費すら認めておらず，いきおい地方官庁は非公認の附加税に頼らざるをえなかった。雍正帝は火耗，耗羨などの附加税を公認し，人件費（養廉銀）や種々の経費に充当させたが，それも十分ではなく，今度は「平餘」という名目で附加税が徴収されることになった。ほかにも徴収の各段階で非公認の徴収がおこなわれ，納税者はときに正規の税額の数倍におよぶ負担を強いられることになった。

　18世紀半ば，地丁銀による税収は，清朝の税収総額6,000万両のおよそ半分をしめた。州県で徴収される地丁銀の大部分は省に送られるが，省は戸部の指示でその一部を北京，一部を雲南，貴州など恒常的に赤字を出す諸省に送った。その残余は省に保管され，省内の経費（大部分は軍事費）に充てられた。各省から北京に送られる銀は，年によって変動があるが，およそ1,000万両で，その多くは省と同じく軍事費に充てられた。19世紀後半になると，各省は戸部の指示を守らなくなり，地丁銀の大半は事実上，省の収入となった。こうした情況は民国期になっても変わらず，軍閥の割拠を財政的に可能にした。1928年に南京国民政府が田賦（土地税）を地方税としたのは，こうした現状を追認する措置だったといえる。

（高嶋　航）

【参考文献】岩井　2000・2004a，重田　1975，高嶋　2001

テーマ36

海禁と朝貢

　古来，中国王朝の海外諸国との交流は，政府間の朝貢制度と民間の国際交易（互市）の2つの形式が主流であった。そうした中で明代になって，国際交流に多大な影響をおよぼす海禁が政府主導のもとに実施された。

　海禁とは「下海通番の禁」の略称で，明清時代に行われた中国王朝による海洋統制策の総称である。海禁体制下の中国民衆は，出海や海外渡航あるいは交易面でのさまざまな制約を受け，自由に活動することはできなかった。ただし，海禁には時代的な変遷があり，その目的や禁令の内容についても一概に論じることはできない。

　宋以後の海外貿易の発展は，中国海商の対外進出を促しただけでなく，海外からも多くの商人が来航して盛んな民間交易が展開された。元代には政府の後押しを受けて海外貿易はいっそう活発化し，拠点港に置かれた貿易管理機関の市舶司での税収は，王朝財政の大きな比重をしめた。その反面，盛行する海上貿易を反映して海賊活動や交易にまつわるトラブルも頻発し，沿海部に不安定な情況を生み出したのも事実である。

　とりわけ14世紀中葉，元末のころになると，中国国内の混乱にともなう海賊活動の蔓延と密貿易者の横行で，海上の治安は一気に悪化した。そこに日本からの倭寇の襲来も加わり，中国の沿岸部は完全に無秩序状態におちいることになる。海賊と倭寇とは時には手を結ぶこともあり，海上の騒擾はまたたく間に東アジア規模に拡大した。だが元朝をはじめ高麗や日本など東アジア諸国は政情不安や統治能力の失墜で，この混乱に十分に対処することはできなかった。

　朱元璋は明朝を創設すると，海上の安定に向けてひとつの政策を開始する。沿海部の民衆が海賊活動をしたり，あるいは海賊や倭寇と結託しないように出海を禁止し，厳重な監視体制をしいたのである。これが海禁の始まりである。海禁の目的は沿海部の治安維持にあり，明朝による海防策の一環として実施されたといってよい。それゆえ，商人の海外渡航や交易は容認されており，当初から海外貿易が禁止されていたわけでは決してなかった。

　しかし，倭寇・海賊・密貿易者が跳梁跋扈する中で，政府公認の海外貿易だけを継続することは困難を極め，ほどなく市舶司を廃止して民間交易を全面的に禁止する。海外貿易は周辺諸国の朝貢時に行う朝貢貿易だけとなり，表面的には海上から商船の姿が消えた（⇒テーマ37「互市」〈p.223〉）。海禁は従来の海防策から密貿易の取締りへと役割の幅を広げ，朝貢貿易を維持するための補完装置としても機能するようになる。その背景には，海禁を実施できるだけの強大な専制国家の誕生と，明初の専制主義の高まりのあったことが大きい。

　元末の混乱を経験した朱元璋は官僚機構の改革を通じて皇帝権力を強化し，比類稀な専制体制を構築して社会のあらゆる面を統制した。かれはこの方針を国外へと及ぼし，海禁によって民衆の出海を禁止したばかりか，民間貿易すら禁絶して国際貿易にも厳しい統制を加えた。さらに朝貢貿易の利益をだしに周辺諸国を朝貢体制の中に組み込み，混乱した東アジアに久方ぶりに国際秩序を回復する。

海禁は朝貢制度と合体したことで国際秩序の維持にも貢献することとなり，ここに海防・貿易統制・国際秩序の維持という三位一体的な機能をもつ海禁＝朝貢システムが形成されるにいたる。元末以来の海上の混乱は，これらの措置によってようやく沈静化していった。海禁は，14世紀の東アジアの海を見据えた明代ならではの海洋統制策であり，海商や漁民に対する歴代王朝のたんなる出海規制と同列に論じることはできない。

海禁＝朝貢システムがもっとも有効に機能した永楽時代を過ぎ，15世紀も半ばに差し掛かるころからこの体制に揺らぎが生じ出す。朝貢国の減少と密貿易の活発化である。とくに密貿易は海禁の法網をくぐって年々盛んとなり，弛緩した明の海防体制では十分に対応することはできなかった。15世紀後半になると，沿海部の郷紳の中にも密貿易に手を染めるものが出現し，遠洋航海用の大船を建造して大っぴらに貿易を行うありさまであった。

16世紀段階に突入すると，密貿易はいっそう活性化する。その最大の原因は中国国内での商品経済の発達と，それにともなう銀需要の拡大にあった。中国国内の慢性的な銀不足が，その情況に拍車をかけた。時あたかも大航海時代の真っただ中にあり，中国商品を求めるポルトガル人により中南米の銀が大量に中国にもたらされ，日本産の銀も密貿易者を通じて奔流のように中国社会に流れ込んだ。

沿海部には交易ブームが到来し，寧波沖の双嶼や福建の漳州月港には非合法な国際マーケットが形成された。この間，密貿易者たちは官憲に対抗するために武器を所持して交易を行い，弾圧されると凶暴化して略奪活動を展開した。世に名高い嘉靖大倭寇の騒擾である。当時，北方ではモンゴル勢力が猛威を振るい，両者合わせて北虜南倭とよばれて明の大きな脅威となった。

こうしたさなか，中国国内では16世紀初頭以来，官僚・知識人の間で海防をめぐる論争が巻き起こった。海禁を緩和して出海を認めるか，より厳格に取締るかで鋭い議論が戦わされたのである。論争の過程で「下海通番の禁」の略称として海禁ということばが用いられ，ここに初めて歴史用語としての海禁が定着する。

ただし，海禁という用語はたんなる出海禁止措置（狭義の海禁）を意味するだけでなく，下海通番を取締るための禁令やそれを包括した明朝の海洋統制策の総体，つまり海禁システム（広義の海禁）をも含意していることである。やがて16世紀末の国制総覧『万暦大明会典』に海禁の項目が立てられるに及び，政府公認の正式な海禁概念が成立する。

長期にわたる海禁論争は，1567年に密貿易の拠点であった漳州月港を開港することで決着をみる。日本を除く東・西洋への中国海商の出海を容認したのである。ほどなく明は督餉館を設置して徴税を開始するが，月港開港を当時の用語で「開海禁（海禁を開く）」という。海禁の解除ではあるが，厳密にいえば出海禁止措置を解く狭義の海禁の解除であって，海防体系としての海禁システム自体が消滅したわけではなかった。

これより以前，16世紀前半には，広州において朝貢の形式を取らない外国船との貿易が始まり，それにともなう徴税がなし崩し的に行われていた。ここにいたって出海貿易と来華貿易の拠点港が定まったわけで，月港開港には密貿易者のガス抜きと税収確保の２つの意図が込められていた。その意味ではこのたびの「開海禁」は，国初以来の海禁＝朝貢システムに代わる新たな海禁システムへの再編であったとも理解することができよう。

明清交替の動乱を経て成立した清朝は，海上勢力である鄭成功らの反清活動に対処するため，明初と同様の徹底した海禁策を沿海一帯で採用した。だが1683年，鄭氏政権が清朝に降服すると翌年にはふたたび「開海禁」が実現して，広州，厦門，寧波，上海に海関が置かれて海外貿易が許可された（⇒テーマ38「関税と海関」〈p.224〉）。

　開港を契機に増加する外国船舶にたいし，清朝は海防上の理由からさまざまな規制を設けて警戒を怠らなかった。のちに西欧船舶の入港地を広州一港に限定したのも，そうした政策と必ずしも無縁ではない。中国海商の出海貿易にたいしても同様で，厳格な出海手続きや船の規格制限に加え，自衛用の武器の携行にかんしても細かな海禁規定が定められた。18世紀初頭には，米穀の流出を防ぐために海商の出海を規制したり（米禁），在外華人との結託を恐れて東南アジア方面への海商の渡航を禁止したりしたが（南洋海禁），明代と異なり一時的・部分的な措置にとどまり，全面的な海禁へと発展することはなかった。

　19世紀半ばのアヘン戦争の敗北と南京条約による五港（広州・厦門・福州・寧波・上海）の開港で，海洋および沿海の情況は大きく変化した。遠洋航運も国内航運もともに西欧船舶が優勢をしめ，中国船舶の活動の範囲は退潮の一途をたどっていったからだ。清朝政府による海禁の対象も大幅に縮小し，清朝の制海権は時代が下るにつれて減退した。

　他方，海禁概念は明代以上に厳密に規定され，『乾隆大清会典』以後は出海者・受益者に関わる禁令は会典本文に，監視者・取締者への罰則規定は則例（事例）に収められた。19世紀初頭の『嘉慶会典』にいたり，海禁概念は「島嶼之禁（島嶼への潜入・開墾の禁）」「船桅之禁（海船の規格）」「商漁之禁（船の海洋出入にかんする規定）」「器物之禁（武器携行にかんする規定）」に整理され，この体例は最後の『光緒会典』へと継承されていく。

　もっとも，海禁概念は詳細になったものの，海禁自体の実効力は次第に減少し，最後の「開海禁」ともいうべき五港の開港により，狭義の海禁はその役割をほぼ終える。これ以後，開港場は時代とともに増加したにもかかわらず，海禁規定があらためて論議されることはほとんどなかった。それは一面，システムとしての広義の海禁が，もはや形骸化していたことの証左でもある。

　事実，『光緒会典事例』にも1855年を最後に，海禁についてまったく記載がない。皮肉なことに，海禁概念が最終的に確立したときには，すでに海禁の存在意義自体が失われていたということだ。朝貢船の入港のみを許した明初から数えて約500年。いまや海上でまず目に入るのは，清の沿海を我が物顔で航行する無数の西欧船舶の姿であった。

（檀上　寛）

【参考文献】佐久間 1992, 鄭 1995, 檀上 2013, 岩井 2004b, 岡本 1999a, 松浦 2002, 万 2000, 晁 2004

テーマ37

互市

　中国文献にみえる「互市」は貿易を意味する。満洲人は互市を ishunde hūdašambi（相互に商いする）と訳した。商いは双方向の行為、「互」= ishunde はいわずもがなだが、律儀に直訳するのが満洲流だ。しかし、直訳ではことばの含意はわからない。互市はひろく交易を指すとして誤りではない。だが都市や農村市場での交易を「互市」ということはない。これは制度に関わる、硬いことばなのだ。外交戦略の一環として貿易のしくみをつくる。この制度を互市といった。英訳するならば、regulated border trade（統制された辺境貿易）とするのがよい。

　交易の場＝「口」となるのは互市場・榷場や港市である。入市のさいの武装解除や行動制限、禁制品の取締、課税のために検査がおこなわれる。交易の期間が限定されることも多い。また、統制のために参入が規制され、貿易許可書を使うこともある。

　明の朝貢制度では、諸国の王が派遣する使節団のみが市舶司や京師の会同館で交易を許された。王は皇帝にたいして臣下の礼をとらねばならない。民間の商人は使節団に加わらない限り排除された。内陸辺境においても、擬似的な官職任命書（敕書）を与えられたモンゴルやジュシェンの有力者が関門での互市を許された。朝貢貿易は皇帝と諸国の君長との儀礼上の君臣関係にもとづく貿易独占のしくみとなった。明は貿易統制と「天下」の秩序とを一体化しようとした（⇒テーマ36「海禁と朝貢」〈p.220〉）。

　しかし、意図に反して、この体制は秩序の安定と貿易の利を損なうようになる。清は王権間の接触や直接の外交交渉を避けて、政権の外にある民間商人が商業的貿易を統制と課税とのもとにおこなう制度をひろげた。広州貿易はもとより、長崎や東南アジア地域と中国の諸港とを往来する「唐船」貿易が、この意図にもとづいて制度化された。清代の互市では参入の自由が保証された。

　清代にも朝鮮、琉球、暹羅（タイ）など朝貢国があり、免税の特権のもとに朝貢貿易をおこなったが、その規模は互市の数十分の一ほどであろう。広州の互市を朝貢システムの一環であったとみなす説は、互市と朝貢貿易との原理上の違いを軽視するだけでなく、明の朝貢体制を克服するしくみとして互市が再構築されたことの意義を見失いがちである。

（岩井　茂樹）

【参考文献】岩井 2007・2010、岡本 1999a・2007、廖 2009

テーマ38

関税と海関

　関税という漢語概念は、もともと日本語にはなかった。中国から来たことばである。しかし中国の「関税」は元来、現代の関税を意味するものではない。いま日中共通する字面・意味の関税は、むしろ日本から来た語彙であろう。いささかややこしいが、その間の事情をあとづけることで、中国経済とそれに対する政策の推移の一面をとらえることもできる。

　「関税」とは明清時代にほぼ常用されるようになったタームである。いいかえれば、その時期に、制度として「関税」が定着したのだが、意味内容は現在の関税と同じではない。制度的な系譜は、宋代の商税（梅原 1960、斯波 1968）を継いでいるからである。

　宋代では流通経済が発達し、そこから税収をあげる「課利」のひとつとして、商税の制度が整えられた。大別して、流通過程で支払う従価2％の「過税」と、市場で販売時に課せられる従価3％の「住税」とがある。主要な集散地に徴収の場が設置され、これを「税場」「税務」あわせて「場務」といった。特定の商品に関しては10％の「抽税」があり（島居 2013）、港に設けた市舶司という機関がつかさどる海外貿易でも徴収された。

　モンゴル帝国・大元ウルスはこの商税を継承発展させ、中央政府財政の一大支柱とした。同時に、貿易を奨励して市舶司の「抽税」を商税とリンクさせ、同じ税率にした上で港と内地の二重課税を免じるなど、国内外を貫通する流通をさかんにする経済政策をすすめた。

　14世紀半ば以降、世界的な不況に陥り、中国でも貨幣経済・商品流通が衰える。そこで登場した明朝は、流通・商業に対し消極的、抑圧的な政権だった。国内の流通については、宋代と同じく集散地に商税を課し、重要な交通の要衝には関を設けて、宝鈔（⇒テーマ27「紙幣」〈p. 171〉）での納税を義務づけた。不換紙幣の宝鈔を流通させるため、「関税」徴収で回収して、その価格を維持しようとしたからである。そこで、これを「鈔関」と称する（佐久間 1943）。

　また明朝は海外諸国との通交を朝貢のみに限り、海上貿易を禁じた（⇒テーマ36「海禁と朝貢」〈p. 220〉）。市舶司という機関は明代にも存続したが、その役割は朝貢の受付に限られ、宋元時代のような海外貿易を所轄するものではなくなったのである。

　しかし15世紀から16世紀にかけ、国内の流通経済が復興発展し、さらに大航海時代による銀の奔流の影響で、沿海でも貿易がさかんになる。しかし明朝の抑圧的な政策はかわらなかったから、それは密輸にしかならず、海陸辺境の治安悪化を招いた。17世紀に入ってそれが危機に転化し、明朝は亡んで清朝が中国を支配する。

　清朝は商業・貿易に抑圧的な態度はとらなかった（⇒テーマ37「互市」〈p. 223〉）。内地では明代の「鈔関」を継承したが、すでに宝鈔はなくなっていたから、もっぱら税収をあげる機能を重視する。1684年、海上貿易を開放したときも、従来の市舶司に代えて、海関を広州・厦門・寧波・上海に設置した。海の「関」という名称からわかるように、「鈔関」を沿海の港にも置いたものであり、構造機能は何ら変わらない。いずれ

も政府認定の商人「牙行」が、そこで取引を仲介し、同時に徴税を請け負った。最大の貿易港に成長した広州の「洋行(カントン)」がその典型である。

　18世紀後半、産業革命をすすめる西洋との貿易が発展し、広州ではかつてない大口の取引が行われるようになり（⇒テーマ37「互市」〈p. 223〉）、「洋行」がもちうる資本ではそれをまかないきれなくなって、負債を抱えたあげく倒産するものが続出した。そこでアヘン戦争以後は、資本の大きな外国商社が、中国の商情に詳しい買辦商人と個別に契約して、貿易を行うようになる（⇒テーマ40「買辦」〈p. 227〉）。しかしこれでは、従前の「牙行」の請負がなくなり、海関の徴税が不可能だった。そこで海関に外国人官吏を入れ、西洋的な関税業務で外国商社から税をとりたてることにした。1850年代半ばのことであり、ここで内地関と海関の制度が分かれたので、前者を常関、後者を洋関とも称する。現在の関税と海関は、これが直接の起源である。

　洋関は外国貿易の発展と確実な徴税で大幅に税収を伸ばし、折しも地方大官の財政権掌握がすすむなか、北京政府の管理が効く財源とみなされた。そのため、とりわけ日清戦争以後には、外債と賠償金の有力な担保となる。また財政基盤の弱い中央政府も、それを利用して内債を発行運営し、洋関の税収を主要な財源と位置づけることができた（岡本　1999a）。

　このように海関は本来、もっぱら税収をあげるための機関だったので、税率を上下して国内産業を保護育成する、という観念はなかった。アヘン戦争以後の西洋諸国との条約で、片務的な協定税率をあっさり認めたのも、そのためである。19世紀末その保護関税の概念がはじめて導入され、関税自主権「回復」の気運もしだいに高まった。その一方で、地方政府の財源たる常関や釐金などの内地課税があって、外国から貿易品の流通を阻害するとみなされたため、関税率の引き上げと内地課税の撤廃との調整が国際問題化した（⇒テーマ39「釐金」〈p. 226〉）。1925年の北京関税特別会議は、その一大クライマックスである。

　1928年、北伐に成功した国民政府は関税自主権を一部回復し、税収を上げながら、産業を保護する経済政策をすすめることが可能となった（久保　1999）。ここでようやく、現代的な関税という概念も定着したわけである。ただし制度として、内地課税がいっさい撤廃され、海関に関税が一本化するのは、中華人民共和国の成立をまたねばならない。

（岡本　隆司）

テーマ39

釐金

　釐金は当初の史料用語では，「釐捐」とよぶことも多い。文字どおりには，100分の1の率で募る寄付金を意味する。19世紀半ば，太平天国などの内乱に対処するため，清朝が新たに課した内地通過税であり，近代的な経済思想の観点からは，流通を妨げ，国内市場の統一を遅らせた悪税にみえるが，それだけでは釐金を理解したことにならない。

　釐金とはそもそも，合法・非合法を問わず，行会を運営するためにその構成員が拠出する費用のことで，以前から存在していた。軍費の拠出をもとめた地方当局は，多くの場合それまで公認していなかった取引にあずかる行会（秘密結社）に，その徴収を請け負わせた。つまり釐金の徴収とは，もともと不法だった交易・行会を，当局が承認保護する代わりに，その利益・運営費の上前をはねる，というやり方にほかならない。非合法な行会（秘密結社）を味方につけ，叛乱勢力の資金源を当局の財源に取り込む一石二鳥の方法でもあった。

　釐金は課税対象で三種に大別し，「百貨釐金」は当局未承認の商人が携わる一般の取引に，「洋薬釐金」と「塩釐」は非合法の商品に課せられたものである。さらに細かく種類をみると，さながら千差万別だが，それは各地の多種多様な行会に対応していたからである。

　釐金は軍費の現地調達という，あくまで便宜的暫定的な措置であり，それをもっとも有効に活用したのが，地方義勇軍の湘軍・淮軍をひきいた曾国藩・李鴻章だった。そうした軍隊が私兵の性格を残しながらも，国防軍的な地位をしめるのにともなって，釐金も正規の財政体系に組み込まれないまま，恒久化してゆく。それは軍事上・財政上，中央政府の統制がきかない清末の督撫重権，民国の軍閥分立に応じる動きであった。

　しかもそれが中国内地の商品流通に対する課税であったために，その請負を利用した買辦・華商の行会による内地市場の支配のみならず，中国貿易に利害を有する列強との対立をもひきおこす（⇒テーマ40「買辦」⟨p.227⟩）。その削減・廃止とひきかえに関税を上げる措置が，くりかえし議論となったけれども，具体的な増減率など，利害の調整は容易ではなかった（⇒テーマ38「関税と海関」⟨p.224⟩）。国民政府は関税自主権を回復した1931年1月，釐金を廃止するけれども，その実質は名目を代えて以後も根強く存続し，今なお消滅してはいないのである。

（岡本　隆司）

【参考文献】岡本　1999a，岩井　2004a，本野　2004

テーマ 40

買　辦

　　清末民初期の対外経済関係というと，2度の中英戦争後に中国に進出したイギリスを筆頭とする外国企業・銀行が牛耳っていたという通説が日本ではいまだにまかり通っている。だが1970年代以降の研究で，この通説は完全に否定された。在華外国企業・銀行は，言語や制度慣習の障壁などの理由から，開港場に押し込められていたというのが真相に近く，この時期の対外経済関係を取り仕切っていたのは，かれらに代わって開港場と内地を往復していた「買辦」とよばれる華人であった。かれらはまさにそれゆえに，当時の民衆から自分たちを搾取する恥知らずな連中と白眼視されていた。

　　しかし，大航海時代以来，インド・イスラーム文化圏で西欧企業の事業活動に仕えていた「コンプラドール（comprador［e］）」や，貨幣の品質を鑑定していた「シュロフ（shroff）」，あるいは幕末日本で活躍した「売込商人」や「引取商人」を思い起こせば分かるように，同種の人間はアジア全域に存在しており，「買辦」は何も中国に固有な存在だったわけではない。ここで注目したいのは，在華外国企業に奉仕する華人一般を呼称する「買辦」とは，本来いかなる意味のことばであったのかという問題である。

　　「買辦」とは，「五港開港」よりはるか以前の明代から存在していたことばである。それは，「官府の必要物資を調達すること」，「中央政府や朝廷の必要とする物資の上納を命じられた地方官府が財政経費をもって購入する」こと，あるいは「官銭，官鈔［紙幣］による物資の購入」（岩井 2004a：331, 354, 361）行為を意味する動詞であった。

　　この定義が清末民初期でも変わっていなかったとすると，当時の中国開港場で活動していた商人は，在華外国企業，極端な場合は外国人そのものを，「官府」「中央政府，朝廷」と同列と見ていたことになる。その上で，在華外国企業，あるいは外国人の資金や信用力を利用して，自分たちの主人が欲する物資の調達もしくは売却行為の代理人を勤めていたのである。かれらの行為は，明代でもそうであったように，主人によって調達資金の大幅な減額，資金供給の遅延，あるいは資金供給そのものを拒否されることも珍しくなかった。逆に，華人商人の側から「官府」「中央政府，朝廷」に見立てられた在華外国企業は，自らがまったく関知せぬ物資調達，売却の責任を問われることも起きていた（本野 2004）。

　　さればこそ，この時代の中国開港場社会に生きていた在華外国企業は「買辦」を，決して気を許してはならない連中とみなしており，「買辦」側も，在華外国企業をいざとなると自分たちを平気で使い捨てにする油断のならない主人であると考えていたのである。

　　「買辦」の活躍は，第一次世界大戦以降次第に影を潜めたが，外資企業が雪崩を打って進出した「改革開放」体制移行後の中国では，「新興ビジネスエリート」（Pearson 1997）がこれとよく似た社会的機能を果たし，沿海部大都市で外国企業が中国企業と合辦事業を始めるさいの仲介役として，活躍するようになっている（Kennedy 2005）。こうした「新興ビジネスエリート」を媒介とした中外合辦事業の問題点を理解するためにも，清末民初期の買辦の活動とその実態は，十分研究に値する。　　　　（本野 英一）

テーマ 41

国産アヘン

　「国産アヘン」は，イギリス側史料では native opium と表記され，中国側史料では「土煙」，「土薬」などと表記される。私は，中国アヘンとよんでいる。
　ケシ栽培は唐代に西域から伝来し，アヘン製造方法も遅くとも15世紀にやはり西域から伝来したと考えられている。中国アヘンの生産は，明代におけるアヘン消費の革命的変化にともなって拡大した。革命的変化とは，第一に，医薬品から媚薬へと利用目的が変化したこと。第二に，喫煙の大流行を背景としてタバコにアヘンを混ぜる消費方法の普及したことである。この新しいアヘン消費文化は，まず士大夫層からの強い支持を獲得し，次に一般大衆にも拡がり，アヘンの輸入を増大させただけでなくアヘン生産をも増大させた（Zheng 2005：19〜35）。
　17世紀以降，アヘン生産は甘粛や雲南など回教徒居住区域を中心としていた。19世紀初頭には浙江省にもアヘン生産が確認されている。これらの中国アヘンは全国に流通しており，1830年，あるイギリス人旅行者は，広州ファクトリー内に中国西部産アヘンのサンプルが並べられているのを目撃した。それらのアヘンは非常に勝れた品質であったという。1830年当時，すでにイギリス人は中国アヘンを競争相手として認識していたのである（Zheng 2005：101）。
　清朝政府は，1823年，アヘン生産を禁ずる最初の禁令を出した（Bello 2003：1119）。しかし1835年，江西省のある知識人はアヘン生産はどこでも普通にみられると語っている。清朝官僚の中には，雲貴総督（1826〜1835在任）阮元のように清朝政府のアヘン生産禁止令に反論し，中国アヘンは外国アヘンの輸入を阻止すると述べて擁護するものもいた。この論法は，外国アヘン輸入量の急激な増大が銀を流出させていると認識していた1830年代の清朝政府に一定程度影響を与えた（新村 2000：220〜224）。しかし，阮元の本音は，雲南の少数民族の間に深く浸透しているアヘン生産を禁止することは到底不可能であるという点にあったと，私は理解している（Bello 2003：1125）。
　天津条約（1858年）によってアヘン輸入が合法化されると，中国アヘンの生産はさらに拡大した。生産者農民にとってアヘンは非常に儲けの多い商品作物であり，また地方官たちは税収目的でアヘン生産を奨励したからである。1881年，宜昌領事ドナルド・スペンス（Donald Spence）は，四川省一省のアヘン生産量を最低でも17万7,000担と見積もっている。これは当時の中国のアヘン輸入総量約9万担の2倍近くにもなる。1883年，ロンドン会のグリフィス・ジョン（Griffith John）は「中国人自身がかれらの消費するアヘンの主たる生産者である」と述べている（新村 2000：125）。1906年の海関の統計によれば，当時のアヘン生産総量は58万4,800担である。これは当時の中国のアヘン輸入総量の9倍にも相当する。
　清朝政府は1859（咸豊9）年，前年に取り決められた輸入アヘン関税額に準拠して，中国アヘンにたいしても「洋薬釐金」を導入した。この「洋薬釐金」は「洋薬」という名称にもかかわらず，中国アヘンに課せられ，「釐金」という名称にもかかわらず，導入後の10年間はしばしば土地税に付加して徴収され，結果としてアヘン生産を促した

（新村 2000：336〜337）。しかし，清朝政府は，その後急激に増大する国内のアヘン生産・流通を財源として把握することを怠った。1890（光緒16）年と1897年，清朝政府は総税務司ロバート・ハート（Robert Hart）の提言に沿って，中国アヘンの税収を中央に集中させる統捐の導入をはかる。しかし，これは産煙諸省の抵抗に遭い失敗した（何 2001：548〜553）。

　1901年以降，清朝政府は義和団賠償金の支払いに苦しみ，アヘンに専売制を導入する試みを模索し始めた。政府専売制導入を阻む要因は2つあった。ひとつは，外国からの干渉。芝罘条約付加条項（1885年7月）に規定された外国アヘン課税額に違反するという抗議である。2つには中国アヘンという重要な財源を清朝中央に掌握されることを拒否する産煙諸省の側からの反発。当時，イギリス政府内に強まっていたアヘン貿易反対の議論は，外国アヘンの輸入を停止させ，専売制導入にたいする外国の干渉を排除するチャンスであった。1906年9月の禁煙勅令に始まるアヘン追放運動はアヘン専売制導入の模索と表裏する関係にあった（新村 2012：23）。

　1913年にインドから中国へのアヘン輸出は停止したが，中国アヘンのフランス領インドシナへの合法的輸出，香港への密輸は拡大した。中国アヘンは中国国内の政治勢力にとってきわめて重要な財源となる。軍閥，国民党，日本関東軍，中国共産党，いずれの政治勢力も中国アヘンを掌握することを死活問題ととらえていた。そして現在の中国において，アヘン生産はふたたび活発になっている（Zheng 2005：195〜200）。中国アヘンは中国社会の複雑さとダイナミズムを示す。

（新村　容子）

テーマ 42

アヘン禁止運動と国際問題

　ここでは，アヘン問題を国際社会の側からみてみよう。
　英米では1870年代から反アヘン運動が次第に盛り上がった。原因としては，禁酒・節酒運動との関連，医学や薬学の発達，アヘンの害にかんし宣教師がもたらした報告，華人労働者の海外への移動にともなうアヘン吸煙（opium smoking）習慣の広がりにたいする危惧などがあった（なお，インドなどではアヘンを食べること〔opium eating〕が行われていた）。
　19世紀末には日米両国もアジアに植民地を領有したが，台湾，フィリピンにもアヘン問題が存在していた。アメリカは植民地支配への反対を掲げ，アヘンから多大な収入を得てきた欧州諸国とは異なった統治をめざした。アヘン問題にかんして台湾，上海，香港，海峡植民地，ビルマなどを調査して1905年に発表した報告書では，調査した諸地域間の比較により台湾での施策を評価した。一方，フィリピンでのアヘン吸煙者が華人系住民だったこともあり，中国人社会には批判的であった。この批判は多くの華人，とくに海外留学を経験した若い知識人を怒らせ，かれらにもアヘン撲滅の必要を痛感させた。
　イギリスでは1906年5月の議会で，中印間のアヘン貿易終結策を要求する動議が可決された。清朝はこれに注目し，9月，ケシ栽培やアヘン消費を禁止する勅令を発した。清朝はイギリスにたいしても，インド・アヘンの輸入および中国でのアヘン生産を毎年10分の1ずつ減らすという提案を行い，英中交渉は1907年12月に合意に達した。
　さらにアメリカでは，アヘンを国際協力によって取り締まろうとする動きが起こった。アメリカ主導で1909年には上海，11〜12年にはハーグで国際会議が開催された。ハーグでは万国アヘン条約が作成・調印されたが，第一次世界大戦勃発までにこの条約を批准した国はわずかであった。
　国際連盟はアヘンその他の麻薬取締りも任務とし，アヘン諸問委員会（OAC）の活動はかなりの成果をあげた。OACでの決定により1924〜1925年には国際アヘン会議がジュネーヴで開催され，連盟非加盟のアメリカも参加した。最終的に米中両国は新条約に調印せずに会議から離脱したが，イギリス帝国は，この会議をきっかけとして医療科学用以外のインドからのアヘン輸出を30年代半ばで終結させると決断した。
　アヘン取締りによって，どのような経済的影響があったのだろうか。アヘンはインド，東南アジアの植民地，台湾などで，植民地政府が財政収入を得る手段であった。インドではアヘン製造から得られる収入は1880年代には植民地政府全収入の約14％，1905年に約7％をしめた。この数字は1907年の英中合意の効果があらわれると約2％まで，さらに医療科学目的以外の輸出を終結させた30年代半ば以降には約0.5％まで下がった。つまり，植民地政府は他の収入源を確保する必要に迫られた。
　東南アジアの例として英領海峡植民地（シンガポール，マラッカ，ペナン）をみよう。この植民地が位置するマレー半島では缶の原料となるスズが採れ，19世紀以来多くの華人労働者が移住，あるいは出稼ぎに訪れた。ただし，海峡植民地に限ると経済活動の

中心は貿易であった。イギリス帝国は関税を課さない自由貿易を原則とし、海峡植民地は貿易から収入を得ることができなかった。そのため、植民地政庁は19世紀には徴税請負制度、1910年以降は専売制度によってアヘンから収入を得、20年代になっても収入の半分近くをアヘンに依存していた。ジュネーヴ会議以降この依存割合を低下させようとしたが、専売制度下のアヘンは完全に禁止された非合法薬物ではなく、第二次世界大戦勃発直前でも海峡植民地収入の約20％はアヘンから得られていた。そしてアヘン専売は東南アジアの他の植民地でも広く行われていた。

東アジアにおいてもアヘンは諸政府、政権の収入源になっていた。中国では辛亥革命後の混乱によって各地でケシ栽培が復活し、1920年代半ばには、かなり広い範囲でアヘンの生産・吸煙が行われていたようである。しかし、国際連盟には中国の情況は正確にはわからなかった。中国もOACに委員を出してはいたが、欠席することや連盟の要求する年報を提出しないことなどもあった。また、連盟は29年から30年に東・東南アジアでのアヘン吸煙の実情を調査したが、この調査団も中国では租界や租借地以外には入れなかった。

1931年9月に日本が満洲事変をひきおこして後、東アジアではアヘン麻薬問題にかんしても混迷の度が深まった。日本が樹立した傀儡の「満洲国」では、アヘンの専売制度が採用された（岡田ほか 1986, 山田 2002）。

1933年に日本が連盟脱退を通告して以降、中国はアヘン麻薬問題にかんしても連盟を日本非難の場としようとした。また、34年11月のOACで中国は、それまでのアヘン全禁策の効果がなかったので、代わりにケシ栽培・アヘン吸煙を6年間で徐々に禁止する新政策を採用するという計画を披露した。30年代半ば以降の中国は、日本に対抗するために国際社会への積極的参与の必要を感じたようで、連盟が作ったアヘンにかんする規則も採用する姿勢をみせた。そのことで、国際社会、とくにアメリカの声援を受けた。

ただし、中国が実際にケシやアヘンを撲滅できたかといえば、中国各地に駐在する領事から報告を受けていたイギリスは冷ややかな見方をしていた。元来アヘンが大量に存在し戦争状態にあった中国で、国民政府や中国共産党は、軍事費などの資金を生み出すアヘンから距離を置くことができたのだろうか（Zheng 2005, Slack 2002）。この点にかんしては中国経済史研究のいっそうの進展が待たれる。

（後藤 春美）

【参考文献】後藤 2005, Lim 1969

テーマ 43

移民と華僑

　父系宗族を基準とする漢族家族の発展史は，おおよそ儒教的規範が庶民に及んだとされる宋代にまでさかのぼることが可能である。男子均分相続を持続的に発展させるためには，ひたすら新しい土地を開拓せざるを得なかった。新天地の開拓は基本的には南進低地を志向した。近代的な国境の概念がなく，異なる種族をも容易に感化する力をもっていた漢字と祖先祭祀の儀礼，そして時に強力に発揮された皇帝の統治力は，長い年月をかけて相当に異なる言語体系の南方中国の祖先をも統合していった。
　宋代から世界規模の大帝国の一角を築いた大元ウルス時代にかけて，当時の技術で到達可能であった沿海諸地域には，華僑社会の端緒が誕生していた。宋代の大帆船は1,000人近い人を積載できるほどであったという。現在のインドシナ半島東部からタイ南部の沿岸とインドネシア一帯がそれである。泉州の港から海外に向かった商人の帰還は季節風の影響を受けた。外地で冬を越し，南風が吹く春に戻った。ある者は滞在が数年から10年に及んだため，文献上ではこれを「住冬」，「住蕃」と称した。大元ウルス王朝は海外進出欲も旺盛であった。日本とジャワに船隊を送ったことが有名である。ジャワでは現地に残存した軍隊が華人のルーツのひとつと認識されている。そして，元軍を追い出して建国されたマジャパヒト王国は，華人の造船や貨幣鋳造の技術を取り入れたといわれる。
　明王朝の基本的なスタンスは元の残存勢力と倭寇の牽制を目的とする強力な管理政策であって，冊封体制と朝貢貿易を基軸に，庶民の出国と海上交易を統制する「海禁」を原則とした。そして，15世紀初め永楽帝の時代には宦官鄭和が7度にわたり朝貢を勧める目的で大船団を組んで「西洋」に下り，遠くはセイロンからペルシア湾，アフリカ東海岸にいたった。陸の政権が海をも統制しようとの試みであったとされる。しかしながら，海禁政策にともなう罰則規定は出海者の帰国を阻む障壁となり，一方でかれらの海外での定住を促す要因ともなった。
　次に，朝貢貿易の空洞化とともにアジアの海上貿易が活況を呈するのは16世紀に入ってからである。明朝の領域内では1436年には官俸の銀支給が始まると，税金の銀納も定着化し，大口交易に銀が強く求められた。王朝末期の1567年，明王朝は福建省の月港を開港して商船に鑑札を発行し，南洋への交易活動を合法化した。1550年に平戸，1557年にマカオが，ついで1571年にマニラと長崎が開港し，17世紀に入るとオランダが1619年にバタヴィアを，1624年に台湾（大員）を開港したことは偶然ではない。日本銀やガレオン船でマニラに運ばれたスペインのメキシコ銀が，それを強く求めた明朝領域内に流入したのである。「交易の時代（Age of Commerce）」とよばれ，世界の一体化が進んだ時代である（リード 1997）。交易する者にとって南洋の物産には価値の高いものが多く，資本をもつ者はリスクを承知で唐船に出資し，船主や船長の経営手腕に期待した。そして，船が無事に帰還した暁には多額の配当にあずかることができたのである。華人式合股経営のルーツが唐船交易に求められることが知られている（根岸 1943）。
　16世紀末にオランダが東インド諸島に進出したころ，西ジャワの港市バンテンには

すでに相当規模の華人コミュニティが存在し，胡椒交易などでにぎわっていた。オランダ東インド会社の拠点としてのバタヴィア（現在のジャカルタ）の建設にはこれら多くの華人が動員され，やがてコタやグロドック地区には閩南出身者を中心に華人が数万人集中して住みつき，ジャカルタは中国との交易の中心地に成長した。オランダ当局は，華人キャピタン（甲必丹）やリューテナント（雷珍蘭）を通じて間接統治を行った。現地で生まれた「土生」の華人系男子は「ババ」，女性は「ニョニャ」とよばれた。華人系コミュニティには「公館」が設置され，公共の寺廟や墓地などを管理し，公民登記や華人の祭りを取り仕切った。3世紀にわたるバタヴィア華人公館の公文書や会審記録が大量に残されている。

　スペイン占領に先立つ1570年には150人ほどであったマニラの華人人口は，16世紀末には3万人ほどに膨れ上がった。スペイン当局はかれらの居住をパリアン居留区に制限するも，華人排斥事件が頻発した。1603年に起こった2万人の虐殺が痛ましい。当局は1621年にパリアン居住人口に制限を加え，カトリックへ改宗した者や現地女性との間で生まれたメスティーソにはパリアン外で自由に住むことを許し，この改宗政策と雑婚によって華人系移民の現地同化が進んだ。清朝康熙帝時代の遷界令から展海令への方針転換も海外移民の衝動を後押しした。そして，バタヴィアでは1740年に当局による1万人規模の大虐殺が起こった。「紅渓（アンケー）惨案」とよばれる事件である。華僑の海外での定住は必ずしも平穏に進んだわけではない。

　19世紀初めの汽船の出現は大西洋や太平洋の渡航を容易にさせた。北米大陸のゴールドラッシュを契機に広東人中心の大量海外移民が始まった。カリフォルニア州のサンフランシスコ，カナダ・バンクーバー島のヴィクトリアがまずはかれらの上陸地となった。サンフランシスコが旧金山という漢字名をもつのもこのためである。1840年代末には数十人であったカリフォルニアの華人人口は1852年には2万5,000人，1880年には10万人を超えた。米国にやや遅れてその波が押し寄せたのはオーストラリアのヴィクトリア州であった。州都のメルボルンには新金山という別名がある。ここでも1900年ごろには華人人口が3万人ほどに急増し，米国におけるのと同様，現地の白人労働者とは働く場をめぐり対立することとなる。日本や朝鮮への移民には異なる背景があるとはいえ，19世紀の産物である点では共通している。

　海外への移民が清末の開国を機に合法化されたことと，華僑華人の大量出国は無縁ではない。東インド諸島とマレー半島への移民も急増した。福建人が主流であったジャワ島や開拓の進んだスマトラ島のほか，カリマンタン，スラウェシ島ほか，ロンボク，バリなどの小島にも，広州周辺や潮州，客家地域から新移民が押し寄せた。金や錫の鉱山，ゴム・甘蔗・タバコ栽培のプランテーション労働者として華南出身者が大量に入植し，この移住の波は1930年代くらいまで継続した。シンガポールの開発が始まったのも19世紀に入ってからである。それまで2〜300年あまりをかけて徐々に現地化した旧移民とは異なり，新移民は中国の風俗・習慣を持ち込み，「トトク」「シンケ（新客）」とよばれた。一方，現地生まれの「ババ」や「ニョニャ」たちは「プラナカン」とよばれた。やがて新移民を介して清末に高揚した中国ナショナリズムが現地社会にもたらされ，後者の再中国化が進んでゆく。

　清朝の屋台骨が揺るがされたのは新思潮の流入によるところが大きい。進化論の流入により，亡国の危機感が体制変革をとの情熱を突き動かした。紫禁城から遠く，情報が

氾濫する香港やマカオに隣接する広東省から，鄭観応，康有為や梁啓超らが知識人新思潮あるいは改革維新運動の担い手として登場した。しかも，同地は海外移民の輩出地でもある。型破りの革命家として世に知られた孫文も珠江河口地域の出身で，実兄の移民先ハワイで少年期を送り，隣の香港で青年期を過ごした経験がその素養を決定している。孫文が積極的に手を結んだのは，科挙制度廃止の後に急増した留日学生であった。この間清朝政府は破綻寸前の財政の下支えにと，華僑による捐官や帰国実業投資の奨励，教育機会の提供（暨南学堂の設置）という対華僑政策を打ち出した。「棄民」として顧みなかった華僑を「国民」として取り込もうと考えたのである。

1903年に史上初めて商部が設置された。国家ぐるみで商人を支援する姿勢を示したのである。翌1904年に公布された商会簡明章程は，民間活力を最大限に利用し，諸外国の商業会議所制度に倣って全国に「商会」を設立させた。朝廷にとっては臣民の住むところは教化の及ぶところであった。海外の華商集住地域にも商会の設立を奨励し，本国の商務主管官庁との連絡を緊密にさせた。中華民国の時代には中華総商会と名称を変更し，華僑社会と本国との繋がりを保持する重要な結節点となる。シンガポール，香港，バンコク，神戸などには現在なお健在の中華総商会がある。本国では社会主義革命でいったん途絶えた商会の歴史が，海外で脈々と息づいているのである（陳 2008）。

同時期に設立が促されたものに中華会館がある。異なる方言体系の同業公所や同郷会館を統合する上位組織である。華僑社会にとって，中華総商会や中華会館のほかこの時期に叢生した中華学校や中華義荘等，「中華」を冠する組織団体とは，ナショナリズムを求心力とする20世紀初頭の新しい産物であった。新移民を中心に本国の変革に期待を寄せる階層が誕生し，辛亥革命による共和制国家の出現で，華僑の本国政治への参加の道も開かれるようになる。

華僑の数を正確に示すことは難しい。1876年ごろに300万，1896年ごろに400万，1926年には600万強という数字がある（李 1927）。近年になり，中国国籍保持者を華僑，現地国籍者を華人とする把握方法が一般化され，2006〜2007年現在の全世界の華僑華人総数は約4,543万と見積もられている（庄 2010）。日中戦争の時代に華僑が抗日統一戦線を結成して祖国を後方から支援したことは華僑史に残る輝かしい貢献の一幕であった。しかしながら，内戦期を経て人民共和国が誕生して以降，共産主義の伝播を恐れた居住国政府において，華僑たちはその忠誠心が試された。現地化にいっそうの拍車がかかり，本国との関係は希薄化した。世界華商会議という名目で華僑華人ネットワークが喧伝されたのは，開放政策以降のことである。

（陳 來幸）

【参考文献】斯波 1995，潘 1998，檀上 2013，岩井 2004b，弘末 2004，羽田 2013

テーマ44

満洲の経済開発

　20世紀初頭の満洲には，きわめて豊かな森林が残されていた。これは清朝の封禁政策によって保護あるいは形成されたものであろう。ロシアの作家ニコライ・バイコフが『偉大なる王』などの作品で活写したように，「樹海」とよばれる東部森林には，ライオンより大きな，体長4メートル近くになるシベリアトラが多数生息していた。豹は虎以上に広く生息しており，撫順近くの山にもあらわれ，恐れられていた。また，北部の大興安嶺・小興安嶺では，最大で体重800キロにもなる，巨大なマンシュウヘラジカが数えきれないほどの群れをなしていた。また蒙地とよばれる西部の草原では，大型げっ歯類のタルバガンが，まさに野に満つるほどに生息しており，その毛皮が毎年数百万枚も生産されていた。まさに，驚嘆に値するほどの豊穣な生態系がこの地に形成されていたのである。

　しかし，このような満洲の豊かな生態系は，20世紀前半期に，急激に崩壊した。それは，中華帝国が世界経済と接続することで始まった。

　満洲における自然環境の特長として，地球上でもっとも夏冬の気温差のあるシベリア型の気候と，東部北部の森林と西部の草原に囲まれた南北1,000キロに及ぶ東北平原の存在とが挙げられる。かつて広大な草原と深い森林に囲まれていた東北平原は，漢人の大量流入によって一大畑作地帯へと変化した。肥沃な土壌とともに，高温となる夏季に降水量が集中する気候の特性を生かし，小麦・大豆・高粱・とうもろこしなどの生産が行われたのである。なかでも特産の大豆三品（大豆，大豆油，大豆粕）は，天津条約にもとづく1860年の牛荘開港以後またたく間に国際商品となり，結果として大量の有機物を東北平原から流出させることになった。

　20世紀初頭に成立した鉄道と馬車による大量輸送システムが，この流れを加速させることになった。ロシアは，日清戦争後の三国干渉によって遼東半島の譲渡を阻止した見返りとして，満洲にシベリア鉄道の支線を建設する権利を獲得した。これが東清鉄道である。その建設に用いられた枕木や，機関車の燃料として1930年代まで用いられた薪は，沿線の満洲北部（大興安嶺山脈・小興安嶺山脈）・東部（長白山脈）の針葉広葉混交林から調達されていた。まさに森を喰って走る鉄道であった。

　これに加え，東清鉄道南部支線（満鉄）と日本による安奉線が開通すると，長白山森林から採れる重く堅い広葉樹が，東北平原に大量に運び出されるようになった。この木材は，比重が重く水送が困難であったため，鉄道敷設以前には，大量に伐採されることはなかった。この木材と，西部の草原の蒙古馬とが結びつき，積載量1トンの堅牢な大型馬車（大車）が東北平原を駆け回るようになる。

　冬季凍結した東北平原はスケート場のように平坦で堅牢な大地と化し，1920～1930年代には，全満で50万台近くの大車が使用され，鉄道と連結することで，大豆モノカルチャーを加速した。この大豆を購入したのは，日本とヨーロッパとである。日本は，主として油を搾ったあとの大豆粕を肥料として輸入した。一方，ヨーロッパ，とくにドイツは，大豆を輸入して，大豆油を搾って食用油・化学工業原料とするとともに，大豆

粕を家畜に飼料として与え，その糞を肥料とした。この需要が爆発的に増大し，満洲は，近代中国において稀な，貿易黒字地域となった。

　大豆の産み出す外貨が，張作霖政権が台頭する基盤となった。また，大都市・都市（県城）・村落が，鉄道・馬車輸送システムで直接連結することで，経済・政治・人口の県城への一極集中が生じ，これもまた張政権の統治を容易にした。そしてこの地域政権の基盤強化が，大豆輸出を促進する役割を果たした。

　このような経済発展と社会体制の変革を背景として，撫順の炭鉱や鞍山の製鋼所といった，日本側の主導する鉱工業も発展した。「満洲国」の成立もまた，鉄道・馬車システムに依拠していたと考えられる。その後の，「産業開発五カ年計画」などによる，日本側の過剰な鉄道および重化学工業への投資は，総力戦体制構築という外的要因によって満洲にたいして押し付けられたものであって，その経営効率は一般に悪く，日本経済にとって大きな負担となった。それゆえ，1940年代になると，この方向は半ば放棄され，「満洲国」は大東亜共栄圏における食糧供給基地と位置づけられるようになる。

　満洲における厳しい冬，大豆，長白山の広葉樹，モンゴルの馬，匪賊，華北からの移民圧力，タルバガンによる肺ペストの流行といった要素は，それぞれ独立では大きな変化をひきおこすものではなかった。ところが，そこに鉄道の敷設という要素が加わったとき事態は一挙に転換した。長白山の広葉樹とモンゴルの馬が広範囲に接続され，馬車輸送システムが全満で形成された。馬車は冬季の凍結した大地を疾走し，鉄道駅と後背地を直接接続し，県城経済を形成した。鉄道によって港に運ばれた大豆は中国本土，日本，ヨーロッパへと輸出され，莫大な外貨をもたらした。この資金が鉄道を支え，張作霖の権力を強化し，移民を惹き付け，開拓を推進せしめ，大豆の生産を拡大した。このように近代「満洲」は豊かな自然資源を蕩尽することで経済的な先進地域へ発展したのである。

　このようにして形成された「満洲」の社会経済機構は，革命後の中国東北地区でも，基本的に継承された。東北は，社会主義時代の中国の優等生であったが，これは，この地区が鉄道と大都市とを主軸とし，個々の村落が特定の町と結びつき，その町が都市に，都市が大都市に，それぞれ従属するような，ピラミッド型の構造をもっていたことと関係する。華北のような，大平原に定期市が均一に分布する複雑な階層的ネットワークを形成している場合では，大都市が末端村落を把握するのは困難であったが，東北ではそれが可能であり，それが効率的な人民公社の形成・運営へと帰結したのである。大規模重工業にしても，このようなコミュニケーション的基盤の上に構成されていたのであって，それはたんに日本の経済開発の継承に留まるものではなかった。ソ連による工業施設の移転による大規模な破壊から，東北地区が急速に立ち直ったことの背景には，このような構造があったものと推測される。

(安冨　歩)

【参考文献】安冨 1997，安冨・深尾 2009，松本 2000

第5章

近現代

—国民国家形成の試みと経済発展（20世紀〜現代）—

梶谷 懐・加島 潤

1　清末の近代化（20世紀初～1911年）

開港場市場圏と外国資本の進出

　清朝末期から中華民国期にかけての中国では，列強からの圧力の下に「瓜分(かぶん)」すなわち祖国が分裂の危機にさらされるのではないかという，切迫した問題意識が官民を問わず広く共有されていた。その中で，いかに統一的な国民経済を形成するか，という課題が，その時々の政権に一貫して受け継がれていった。この「統一的な国民経済の形成」こそ，近現代の中国経済を理解する上でもっとも重要なキーワードのひとつである。もうひとつの重要なキーワードとしては，「伝統と近代の相克」があげられよう。外国資本の進出によって近代的な商業原理や制度が導入されるなかで，それまでの伝統経済は大きな変容を迫られることになった。一方で，そのような伝統的な経済秩序は近代的な制度によって完全には代替されず，その後かなり長い間にわたって存続した，という点にも注意しておきたい。

　ここでは，市場秩序とその担い手という側面に注目し，清朝末期における「国民経済形成の困難さ」と「伝統と近代の相克」がどのような形であらわれたのかをみておくことにしよう。清朝の時代に成熟期を迎えた中国の伝統経済においては，限定された範囲で商品が流通する局地的市場圏と，より遠隔地間の交易を内包する地域的市場圏が共存し，各市場圏の間に緩やかな分業関係が形成されていた。アヘン戦争後に結ばれた一連の条約によって，上海，天津，南京，漢口，厦門，広州などが開港された後も，しばらくはこのような伝統的な市場秩序に変化はなかった。

　それが再編を余儀なくされるのは，1880年代以降のことである。まず，欧米諸国の金本位制への移行にともなう銀価の下落により，競争力を増した一次産品輸出の規模と範囲が飛躍的に拡大した。一方で，インド・日本産の綿製品などアジアの物産が中国市場に浸透するようになった。このような情況の下で，伝統的

に形成されてきた沿海地域の局地市場圏相互のつながりと分業関係は変容を余儀なくされた（宮田 2006）。対外貿易の窓口となった開港都市の重要性が次第に増していき，アジア間交易を通じた新たな国際的な分業体制が形成されていくのである。

清朝末期には，上記のような沿海部の開港都市を中心として，茶，生糸などの一次産品の輸出品にかんする物流が組織化される，「開港場市場圏」が次第に形成されていった。とくに華北や長江下流域など開港都市の周辺地域においては，綿糸およびマッチ，紙巻き煙草，石鹸などの簡単な加工品について，現地での生産を行う輸入代替化の動きが生じていった。こうしてそれぞれの開港場が世界経済との直接的な結びつきを強める一方，国民経済の形成に不可欠な，市場圏相互のつながりは不十分なものにとどまっていた（木越 2012）。

さらに，1895 年に清朝が日清戦争に敗れて下関条約が結ばれると，ドイツ，ロシア，フランスなどが自国の居留民と現地住民との諍いなどを口実に軍隊を派遣し，開港都市を中心に租借地を獲得していった。同時に，これらの列強諸国は日清戦争，および義和団事件による賠償金の支払いで財政難に陥った清朝政府に対して借款を行い，鉄道の敷設や工場，鉱山の建設と経営を通じた利権を追求していった。とくに日露戦争後の列強諸国による鉄道建設への相次ぐ投資は，のちに辛亥革命の原因のひとつとなった鉄道利権回収運動につながっていく。またこの時期には，下関条約によって公式に認められた外国資本の進出も相次いだ。多くは借款の形で資本が投下されたが，外国資本が直接工場の経営に乗り出すこともあった。

ただし，清末の国内経済において，「近代」的な商業原理にのっとった在華外国人が不平等特権に守られて中国国内市場を牛耳っていた，という理解は正しくない。国内の商品流通においては，地方官僚並びに紳士・郷紳などの地域エリート，あるいは同業団体である行会が独占的に内地諸税や釐金を徴収するなど（⇒テーマ 39「釐金」〈p. 226〉），中国の伝統経済における市場・流通構造が障壁となっており，外国製品が低い関税で輸入されたとしても，国内市場に浸透していくことは容易ではなかったからである。海外からの輸入品が中国において市場を拡大していくには，在華外国人の不平等特権を利用し，自らのビジネスチャンスにつなげようとする，いわゆる買辨商人や，地主などの地域エリートの協力が必要であった（⇒テーマ 40「買辨」〈p. 227〉，57「香港」〈p. 291〉）。

官営工場と殖産興業

　一般に，遅れて近代化の波を経験した後進国が，工業化を通じて先進国へのキャッチアップをめざすにあたっては，外国企業，国営・公営企業が大きな役割を果たすと考えられるが，清末の中国も例外ではなかった。後者について，中心となったのは李鴻章(りこうしょう)など，中央の軍事権・財政権を握るにいたった有力な地方官僚による模範工場の設立である。たとえば李鴻章は1878年，最初の近代的な炭鉱である開平鉱務局を官督商辦企業として開設した。さらに，1890年には，当時の代表的な実業家の鄭観応が李鴻章の委嘱を受けて上海機器織布局総辦となり，操業を開始した。一方，張之洞(ちょうしどう)は，鉄道建設用の鋼材を供給するため，1893年に漢陽に製鉄・製鋼工場の漢陽製鉄所を建設し，翌年操業を開始した。当時の中国社会においては近代的な工場の建設に必要な資金，人的資本を集めるには，「官」の力に頼るよりほかになかった（⇒テーマ46「近代的企業」〈p. 273〉）。

　これらの官督模範工場は，官僚的な経営手法によって効率はなかなか上がらず，折からの政権の財政難により，官僚出身の，あるいは政府と強い結びつきをもった民間の特権的資本家の経営にゆだねられた。たとえば，漢陽製鉄所は当時の有力な特権資本家である盛宣懐(せいせんかい)に払い下げられた。このようにして，官商合辦（半官半民），あるいは商辦（民営）の工場が誕生し，次第にそのシェアを拡大していくことになる（図14）。

　また清朝政府は，外国に倣い商部（のち農工商部），商務局，商会といった産業行政機関を設置して産業の振興と中国商人の統合をはかろうとした。商会はもともと行会など同郷同業団体を基盤として結成された商人の組織である（⇒テーマ32「行会（行）」〈p. 211〉）。一方，そのような商工業者の組織化をめぐって，中央の商部と商会に先立ち各地方に設立されていた商務局との間で，経済行政の集権化と分権化をめぐる中央―地方間の綱引き関係も生まれていた。

　諸外国の治外法権の撤廃をめざして，国内法制の整備が進められる中で，「商律（商法）」「公司律（会社法）」など，近代的経済制度も制定された。しかし，公的権力として民間の経済活動を保護・統制する伝統をもたない清朝政府は，商人の財産保護など，商取引を公正・円滑に行うための執行機関としての役割を十分に果たすことができなかった。たとえば，この時期には，在華外国人の取引に認められた減税の特権を買辦商人が悪用する行為が横行していたが，清朝政府は

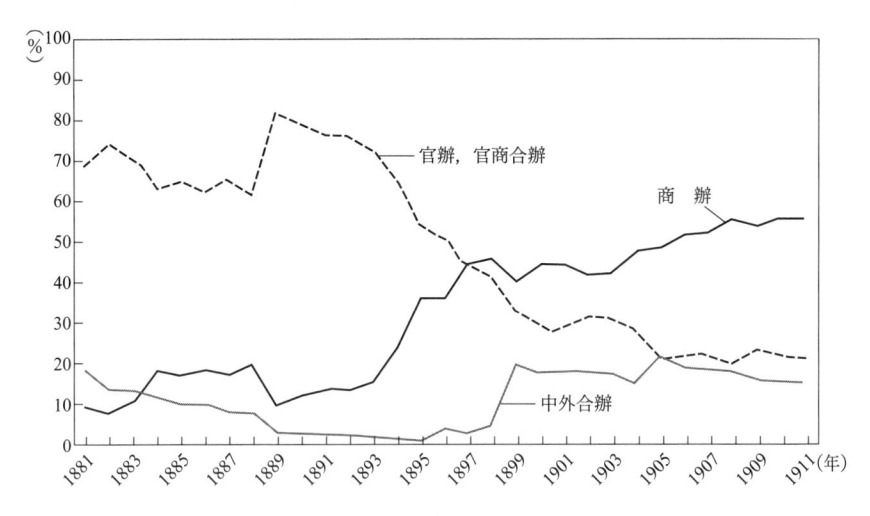

図14 清末〜民国初期における近代資本の構成（資本形態別）

出典）厳中平等編 1955：93。
注）数字はそれぞれの資本形態の企業の累積資本ストックの全体にしめる比率。累積資本ストックについては，減価償却率を年間3％として推計した。

それを有効に取り締まることができなかった（本野 2004）。また，膨張する財政負担を補うために，20世紀に入ると房捐（家屋税），印花税（印紙税）などの商工税が新たに設けられたが，これは民衆の生活を圧迫し，政府にたいする重税の抗議や，佃戸に課せられた高い地代の減免（減租）を掲げて生じた民衆暴動が各地でみられるようになった。

　中央政府が財政難にあえぐ一方で，地方官僚や地域のエリートなど，各地方勢力の自立性がますます高まっていった。地方の有力官僚は「督撫重権」の裁量を利用して独自の財源を確保し，それを所轄地域の産業振興・兵力増強にあてる，という行為が一般的になっていった。また，そのような地方発の産業振興には，地方官僚とともに，地元の先駆的な商工業者も大きな役割を果たした。地元の商工業者の資本を集めて商辦の綿紡績工場である大生紗廠を設立した江蘇省南通の張謇などは，そのような地方実業家を代表する人物であった（中井 1996）。

近代的な経済政策の開始

　開港をきっかけにした経済の近代化と列強による「瓜分」の脅威は，清朝政府

をして富国強兵,殖産興業といった近代的な産業・経済政策の必要性を自覚させた（千葉 2006）。ひいては,必要な財源の確保と,それを可能にする財政制度の改革が求められることになった。

清代において中央政府の財政収入はその大部分の徴収が地方（外省）にゆだねられ,中央政府への送金分（京餉(けいしょう)）,赤字を記録している省への補塡分（協(きょう)餉(しょう)）を除いた一定部分が地方に留保され,その支出にあてられた（岩井 2004a）。一方,貨幣制度については,遠隔地間の高額決済に用いられる銀と日常取引に用いられる銅銭が貨幣として用いられてきた。銅銭は素材価値とほぼひとしいかそれを下回る額面でしか鋳造されず,また銀は一貫して鋳造されないまま秤量貨幣として用いられた（⇒テーマ 33「銀銭二貨制」〈p. 214〉）。

こういった,財政・金融制度にかんする王朝権力のいわば超然とした姿勢は,列強による軍事的侵略と経済進出により揺さぶられることになる。そのさい,殖産興業政策の積極的な担い手となったのが,地方の有力官僚たちであった。その中の1人,当時湖広総督であった張之洞は貨幣改鋳を積極的に行い,そのシニョリッジ（通貨発行益）をそのような殖産興業の財源にあてるという手法を用いた。

張は,まず 19 世紀末から 20 世紀初頭にかけ,海外から大量に流入してきた銀元に対抗するため,鋳造機械を導入して独自の銀貨の発行を行った。そして,日常の取引に使われた銅銭に代え,金属価値を大きく上回る額面価値の銅元を鋳造し,それを流通させることに成功した。さらには,銅元を本位通貨とする湖北省政府発行の紙幣である官銭票を発行し,広域な地域で流通させることに成功した。張はそれらの貨幣の発行益により,鉄道敷設や製鉄所の建設といった近代化プロジェクトを次々と実施していった（黒田 1994）。

張之洞による一連の幣制改革と財政政策の成功は,台頭する地方勢力が自主財源確保の手段としてシニョリッジへの傾斜を強めていく先駆的な事例としても重要な意義をもっていた。このことは,後述するような,民国初期における軍閥による分権的統治にも強い影響を与えていく。このように,近代的な財政政策や通貨政策が,中央政府と地方勢力との力関係に強く規定される形で実施されたという点が,清末以降の中国経済の大きな特徴のひとつだといえよう（⇒テーマ 45「金融」〈p. 270〉）。

2 中華民国の成立（1912〜1928年）

近代的産業の始動

　1911年鉄道利権回復運動を背景に生じた武昌での武力蜂起が辛亥革命へと発展し，中華民国が成立すると，中国は近代国家の歩みを始めていくことになるが，その道は決して平坦ではなかった。近代化を進めようとした北京政府の権力基盤は脆弱であり，統一的な財政，貨幣制度を構築しようとする試みは何度も挫折を余儀なくされた。

　一方，第一次世界大戦後から1920年代にかけては，列強各国が相次いで金本位制に復帰した結果，銀の国際価格が下落し，銀を通貨として用いていた中国国内に流入するようになった。銀の流入がもたらした穏やかなインフレ基調の下で，上海租界を中心とした長江下流域では，中国資本の繊維工業，その資金・担保供給源としての近代銀行業・不動産業，ならびにその原材料の供給地としての農村がそれぞれ有機的に結びついて発展するという好循環がはたらくようになった。租界は，治外法権により相対的にセキュリティが維持された地域であり，電力・水道などの産業インフラが比較的整備されていたため，近代的産業の発展の母体となったのである。このような長江下流域を中心とした工業化の動きは，後に「民族資本の黄金時代」ともいわれる活況を呈した。

　工業化の中心を担ったのは繊維産業であった。まず綿業（綿紡織業）については，19世紀末よりインド産の機械製綿糸が新土布（機械製綿糸を用いた在来織布）の原料として，農村で急激に市場を拡大していた。また，日清戦争後は日本からの輸入綿糸がインド産綿糸を凌駕する勢いでシェアを伸ばした。中国国内の近代的な綿業は，これら輸入綿糸の代替品として，在来の手工業を再編する形で20世紀初頭から徐々に生産を拡大していった。ただし，当時の中国資本の工場はインド綿糸と競合する太糸の生産に特化しており，より付加価値の高い，薄手の綿布の原料となる細糸は，主に日本からの輸入品に頼る情況が続いた（森2001）。

　とくに第一次世界大戦後の1919年から1921年にかけて，中国資本の綿業はその保有錘数を急激に伸ばし，「黄金時代」とも称される急速な拡大を遂げる。その背景として，第一次世界大戦の勃発によりイギリスからの綿工業品の輸入が途

表6 中国における綿糸自給率の推移

(単位：1,000担)

年	中国綿糸生産高（A）	外国綿糸輸入高（B）	中国綿糸輸出高（C）	中国国内消費高（A+B−C）	綿糸自給率（％）
1912	1,464	2,298		3,762	38.9
1913	1,623	2,685		4,308	37.7
1914	1,935	2,542	4	4,473	43.3
1915	1,935	2,686	20	4,601	42.1
1916	2,178	2,467	13	4,632	47.0
1917	2,385	2,127	28	4,484	53.2
1918	2,784	1,132	28	3,888	71.6
1919	2,754	1,405	67	4,092	67.3
1920	2,781	1,325	70	4,036	68.9
1921	3,033	1,273	26	4,280	70.9
1922	5,715	1,219	39	6,895	82.9
1923	5,694	775	89	6,380	89.2
1924	5,673	576	147	6,102	93.0
1925	5,727	527	65	6,189	92.5

出典）森 2001：159。
注）「中国綿糸生産量」には在華紡による生産をふくむ。

絶えたこと，原料となる綿花の価格下落と，綿糸価格の上昇といういわゆる「紗貴花賤」現象が製造業部門に一定の利ざやを提供したこと，の2つの要因が挙げられよう。この結果，中国資本の企業は太糸の分野で最大の競争相手であったインド綿糸を国内市場から駆逐することに成功した。このように，第一次世界大戦後の中国では，生産力の拡大を背景に綿糸の国内自給率が急速に向上するという，典型的な輸入代替工業化の過程がみられた（表6）。

ただし，このような「黄金時代」は長くは続かなかった。「紗貴花賤」によって得られた高い収益率が誘因となり，新規業者の参入が相次ぐ一方で，品質向上の取り組みは十分でなく，国内綿業はたちまち生産過剰の状態に陥ってしまったからである。とくに1922年から1924年にかけては原綿価格の高騰にも見舞われたこともあり，「紗賤花貴」という苦境の下で中国紡は深刻な不況に直面することになる。

一方，このような中国資本企業の躍進のほか，日本国内における綿製品市場の縮小や賃金水準の上昇，さらには中国の関税引き上げなどの要因もあって，中国市場を主要な販売市場としていた日本からの輸出綿糸は市場を失い，「在華紡」という直接投資による中国進出の形式が一般的になっていく（高村 1982）。在華

紡は，価格の下落したインド綿花を原料とした細糸生産と織布によって輸入綿糸布との競争に打ち勝ち，次第にシェアを伸ばしていった。表6にみられる，中国の綿糸自給率の向上には，在華紡の進出が少なからず貢献している。

　従来の研究では，在華紡は日本帝国主義の中国進出の一翼を担い，民族資本の成長を圧迫したとして，中国経済にたいする負の影響が強調されてきた。その背景として，工場における劣悪な労働条件に職工たちが反発し，大規模な労働争議がたびたび生じたり，それに呼応する形で「日貨排斥」が叫ばれたりしたことがあげられる。しかし現在では，在華紡との競合や技術協力などが中国紡の生産性の向上をもたらしたことも指摘されており，中国の工業化におけるその存在は再評価されつつある（久保 2005，森編 2005，富澤・久保・萩原編 2011）。

　もうひとつの代表的な軽工業である器械製糸産業は，粗悪品が多く価格の暴落した在来の手繰り生糸に代わって，中国の代表的な輸出産品として発展してきた。しかし綿業もふくめて，中国資本の零細な工場は概して自己資本が少なく，固定資本・流動資本のかなりの部分を外部資金に頼っていた。たとえば器械製糸産業の場合，原材料である繭は農村に設立された「繭行（けんこう）」とよばれる繭取り扱い問屋から製糸業者に供給されたが，価格変動が大きく，零細な製糸業者によってはその調達コストは大きな負担であった。そこで工場は生産した生糸を担保として銀行から融資を受けるという自転車操業を余儀なくされていた（曽田 1994）。

　企業が長期的な資金を調達することはいっそう困難であり，不動産などの担保を要求されるのが一般的であった。そのような情況の下で零細業者の軽工業への参入を可能にしたのは，実質的な資本と経営の分離によって高い利潤率を実現した租廠（そしょう）制度，すなわちレンタル工場制の採用であった。1920～1930年にかけて上海周辺で設立された製糸工場のほとんどが租廠制度を利用し，低いセットアップコストで操業を始めていたと考えられる。しかしその一方で，租廠制度のもとでは企業所有者，経営者ともに技術開発への投資リスクを回避する傾向が強く，器械製糸業の技術停滞を招く原因になった（清川 2009）。

　このほか，第一次大戦における小麦粉の輸入途絶と外国市場向けの輸出急増を背景として機械製粉業が順調に発展したほか，マッチ，石鹸，セメントなどの各産業でも中国資本の相次ぐ参入によって輸入代替化の動きが進んでいくことになった。一方で，このような上海の工業を中心とする市場圏の形成は，工業化が進んだ「中心」である沿海地域と，それが遅れた「周辺」である内陸地域との経済

格差を明確に拡大させていく（加藤・久保 2009）。

地方勢力の興隆と財政的な自立化

　中華民国成立以降の中国においては，北洋軍など各省におかれた軍の司令官は，同時に「保境安民」をとなえ，教育・衛生，産業振興などの近代化政策を盛んに行った。このような軍事力を背景にした地方勢力，いわゆる軍閥による分権的な統治のあり方が，北京政府期の中華民国を特徴づけていた。その地方分権的な性格を端的にあらわしたのが，中央―地方間の財源区分であった。この時期には，相対的に勢力が弱い中央政府のもとで，地方権力の財政的な自立化の傾向がもたらされたからである。

　袁世凱政権以降の中央政府は，中央と地方の財源区分を明確化する「国地財政割分」の実施など，再三にわたり財政の規範化をはかった。しかし，地方において権力をもつ督軍・省長などの抵抗にあって果たせず，各省が徴税した財政収入の一部を送金し（中央解款），残りを省政府の財政資金として滞留させるという清朝からの伝統を受け継いだ財政制度が採用された。そのさい，各省が徴税した財政収入は財源により「国庫財政」と「省庫財政」とに形式的に分けられ，前者は省議会ではなく，国会の批准を受けるものとされていた。

　また，国庫財政には田賦（地丁銀）や釐金などの主要な税が割り当てられたこともあり，比率の上では後者を圧倒していた。しかし，それらの税収は省財政庁の実質的な管理下にあり，中央政府がそこから収入を確保することはできなかったという。この時期には，遠隔地間の商品流通が拡大する中で各地方勢力が釐金を課し（⇒テーマ39「釐金」〈p. 226〉），重要な財源のひとつとなっていくが，その結果商品の全国的流通が妨げられることになった。

　圧倒的な軍事的優位性を背景に各省の「忠誠」を取り付けていた袁世凱が1916年に没すると，各地方政府は，中央からの離反の姿勢を明らかにする。その象徴が，各省が中央政府からの自立性を強めていった「聯省自治（連邦制による民国統合）」運動であり，あるいは各省の自治風潮であった。そのような情況で，財政資金の中央への送金は途絶えがちになって省に滞留され，地方の軍備拡大などに利用されるようになっていく。1916年以降の北京政府が自由にできた収入は，関税，塩税，鉄道収入，直隷地（中央政府直轄地）における専売収入のみに限られていた。同時に，県や基層の権力層による独自の財政的基盤は取り崩

され，むしろ省政府への集権が進んでいった（金子 2008）。このような背景の下で，東三省を統治した張作霖のように，独自の財政改革によって財政的基盤を固め，勢力を拡大する軍閥政権も台頭した。このように，民国前期においては，財政制度の近代化が志向されつつも，中央政権の権力基盤の弱さから財政難は解消されず，中央財政が外債の発行などに多くを依存する状態は続いていたのである。

貨幣制度の混乱と収斂

　20世紀初頭には，税や債券など近代的な財政収入拡大の手段が限られる中で，地方勢力はもうひとつの財源確保の手段であるシニョリッジへの傾斜を強めていった。すなわち，この時期には地方勢力による銅元・銀元の改鋳が相次いで行われ，その価値は絶えず切り下がっていった。とくに深刻であったのは銅元の濫発であり，これにより20世紀初頭，銅元の銀元に対する交換比率は下落し続けた。清政府は貨幣の悪鋳に歯止めをかけるため，1910年に貨幣に含有されるべき貴金属の量を定めた「幣制則例」を公布するが，その規定にもとづいた銀元が大量に発行され，広範囲で流通するようになったのは，ようやく辛亥革命後の1914年になってからのことであった。当時の銀元は大総統袁世凱の肖像があったことから，袁世凱銀元という（本章扉参照）。

　この時期の中国の通貨制度は，いわゆる「雑種幣制」あるいは「貨幣制度の紊乱」として理解されてきた。海外から流入した「洋銀」や，中国政府が鋳造した袁世凱銀元や雑多な銅銭，各省の官金を取り扱う官銀号が発行する官帖，さらには軍閥と結びついた地方銀行が発行する銅元票や小洋票などの各種紙幣など，地域によって異なる形態の貨幣が流通し，お互いに複雑な相場を形成していたからである。（⇒テーマ33「銀銭二貨制」〈p. 214〉，テーマ45「金融」〈p. 270〉）。

　この点に関し最近の研究は，当時の地方勢力により発行された通貨や紙幣は，その価値が事実上の本位通貨である銀との兌換性によって支えられることを通じて，その濫発が制限されるしくみが働いていたことを強調している（城山 2011）。このような観点からは，「雑種幣制」と称される情況も，地域経済圏の統合，とくに長江中流域と沿海部の有機的な連関が強まる中で，袁世凱銀元やそれと兌換性をもつ政府系紙幣が広い範囲で流通していくという，実質的な銀本位制の成立に向けた，過渡的な現象であったと理解できよう。

一方，金融機関にかんしては，中国銀行，交通銀行に代表される政府系の銀行が，北京政府の公債を積極的に引き受け，それを原資として銀行券の発行量を伸ばし，流通範囲を次第に拡大していった。軍閥と結びついた地方銀行が発行する紙幣の中にも，張作霖の支配していた東三省で発行された奉天票など，政権の信用力を背景に比較的広い地域で流通するものが生まれていた（澁谷 2005）。

3　国民政府の統治（1928～1949年）

南京国民政府の成立と国民経済の形成

1928年に北伐を完成し，南京に統一政権を打ち立てた国民党（国民政府）は，それまでの曖昧な中央と地方間の財政的な権限を整理し直し，統一的な国民経済の形成をめざす改革を実行に移していく（⇒テーマ47「経済統計」〈p. 275〉）。

1928年から1930年にかけて，国民政府は宋子文財政部長が中心となって米，英，日などとの個別交渉を行った結果，ついに関税自主権の回復に成功する。これにもとづく保護関税政策によって，1930年代には中国の平均輸入関税は30％程度に引き上げられるとともに，関税収入が国民政府財源の中に半分近くのウェートをしめていく。同時に進められた塩税改定と新設の「統税（統一貨物税）」などと合わせ，国民政府の国庫収入はその80～90％がこの3つの流通間接税によって賄われることになった（表7）。また，1931年の経済委員会の設置は，このような関税自主権の回復を背景に，軽工業部門を中心に輸入代替工業化をいっそう推し進めようとする国民政府の姿勢を示したものであった（久保 1999）。

釐金の廃止にともない導入されたのが現在の付加価値税に近い「統税」であった。各地を通行する貨物に対して何度も課せられる釐金に比べ，工場での出荷時に一括して課税される統税は，中央政府にとって把握しやすいという利点があった。一方，釐金廃止後の地方の主要な財源としては田賦と営業税があてられることになった。この一連の財政改革を経て，国民政府は，中央の財源と地方の財源を分けて徴収する国地財政割分を，中央の財源を拡大する形で実現させることができたのである（金子 1988）。

財政面でのもうひとつ大きな変化は，政府系金融機関を中心とした国内債の引き受けにより，財政赤字を穴埋めする方法が確立したことである。すでに北京政

表7　国民政府期の中央税収とその内訳

(単位：100万元)

年	中央税収総額	関税		塩税		統税		三税合計の比率(%)
		金額	比率(%)	金額	比率(%)	金額	比率(%)	
1927	46.5	12.5	26.9	20.8	44.7	6.0	12.9	84.5
1928	259.3	179.1	69.1	29.5	11.4	29.7	11.5	92.0
1929	461.7	275.5	59.7	122.1	26.4	40.5	8.8	94.9
1930	535.0	313.0	58.5	150.5	28.1	53.3	10.0	96.6
1931	615.2	369.7	60.1	144.2	23.4	88.7	14.4	97.9
1932	583.0	325.5	55.8	158.1	27.1	79.6	13.7	96.6
1933	659.4	352.4	53.4	177.4	26.9	105.0	15.9	96.2
1934	417.6 (748.3)	71.2 (382.9)	17.0 (51.2)	206.7	49.5	115.3	27.6	94.1
1935	385.3 (704.9)	24.2 (341.4)	6.3 (48.2)	184.7	47.9	152.4	39.6	93.8
1936	1,057.3	635.9	60.1	247.4	23.4	131.3	12.4	95.9

出典）劉 2006：101。
注）括弧内の数字は当該年度の予算金額並びに比率。

府下の1920年代より，関税徴収を統括する総税務司への信用を背景に，関税収入を担保とした国内債の発行が増加する傾向にあった。国民政府は，基本的にその体制を受け継ぎつつ，関税収入を1928年に設立された中央銀行に集中させることで，より安定的な国内債の発行を可能にした（岡本 1999a）。そこで重要な役割を果たしたのは，上海を拠点に活躍した浙江・江蘇両省出身の金融資本家，いわゆる浙江財閥である。浙江財閥は国民党と深い関係をもち，国民政府の国内債を積極的に引き受け，国民政府主導の輸入代替工業化を資金面で支えた（⇒テーマ48「浙江財閥」〈p.276〉）。

さらに通貨・幣制にかんしては1933年，秤量単位である「銀両」が廃止され，銀本位通貨の単位が「元」に統一されることにより（廃両改元），幣制改革以降の管理通貨制度に道筋がつけられることになった。

ただし，このような国民政府による財政の中央集権化が進む中でも，県から下の基層財政においては，廃止された釐金に代わる通過税など，さまざまな形での苛捐雑税（恣意的な費用徴収）に頼らざるをえない，という中国の伝統的な財政制度の問題はむしろそのまま温存された（岩井 2004a）。

近代的な経済制度の形成という意味では，清末の「公司律」，北京政府期の「公司条例」に続いて1931年に施行された「公司法」が重要である。当時中国で

支配的だった企業形態は出資者の無限責任が要求される合股制(ごうこ)であったが、その高配当の慣習が、企業の投資資金が不足し経営を圧迫する原因となった。公司法の成立は、合股制に代わる株式会社、合名会社などの近代的会社組織の増加と、組織の強化に制度面から寄与した（⇒テーマ46「近代的企業」〈p. 273〉）。

最後に、国民政府の農村・土地政策についても概観しておこう。孫文が唱えた「平均地権」と「耕者有其田」の実現をめざした土地政策を実施するため、1933年に何応欽(かおうきん)や宋子文などの国民党有力者が後ろ盾となって、中国地政学会が創設された。中国地政学会は、土地測量をともなう地籍整理の実施、田賦の廃止と地価税の導入、自作農の創出を基本方針とした土地改革の貫徹をめざして、伝統的な小作料（収穫高の約50％）の25％を割り引いて小作農に還元するという「二五減租」を実施した。これにより、小作農の負担はかなり軽減されるはずであったが、法規が不充分、あるいは行政の実行能力に限界があったために、満足な結果を残すことはできなかった（笹川 2002）。

世界恐慌から幣制改革へ

1929年の世界大恐慌の発生は、前節で触れたような、都市部の工業と農村部との有機的なつながりを大きく動揺させていった。まず大恐慌は、生糸や原材料品の海外輸出を激減させ、それらの産品の価格の低落と交易条件の悪化を招いただけでなく、深刻な資金不足に陥った農村金融システムを瓦解に追いやった。一方、国際市場の銀価格の暴落で生じた輸出品の価格下落によって、中国製綿製品への需要は拡大し、1930年まで国内綿業は束の間の好況を迎えた。また、国際的な銀価の下落は海外市場から上海銀市場への大量の銀の流入をもたらし、さらには原材料品輸出の不振により深刻な不況に見舞われた農村地域からも上海へと銀が流入していくことになった。このような銀の急激な流入が生じた上海では、過剰になった資金が資産投資へと向かい、債券・不動産市場は空前の好況＝バブル景気を迎えたのである。

しかしながら、このような好況は長く続かなかった。1931年以降、イギリスなど主要国の金本位制離脱と為替レートの切り下げにより、中国製繊維製品の価格優位性が失われ、輸出が落ち込みはじめたからである。さらには、1931年の長江大洪水、および日本の満洲侵略や国共の対立激化による綿紡績業生産への打撃も、これに追い打ちをかけた。とくに1932年における「満洲国」の成立は、

この地域と中国の他地域（関内）との貿易を著しく減少させた。国民政府の保護関税政策により，「外国」となった東三省との交易にも高関税が課せられたからである（⇒テーマ44「満洲の経済開発」〈p. 235〉）。また，「満洲国」で採用されたアヘンの専売制度も，地域の緊張を高める要因となった（⇒テーマ42「アヘン禁止運動と国際問題」〈p. 230〉）。

さらに1934年には，アメリカの銀買い上げ政策による国際的な銀価格の高騰によって，好況を呈していた上海経済の転落が決定的なものになる。銀価格の高騰のため今度は中国国内から海外に銀が流出，このため上海の資産価格が落ち込み，バブルは崩壊する。同時に，繊維製品の輸出の落ち込みと担保価値の下落により債務返済不能に陥る企業が増加，金融機関の破綻も相次ぎ，上海を中心とした深刻な金融恐慌に発展した（城山 2011）。

このような不安定な情況が終息をみるためには，銀価格の国際的な変動により国内の金融政策が大きく左右される，という構造に終止符が打たれる必要があった。それを実現したのが1935年の幣制改革である。幣制改革は，金融と財政の分離，中央銀行の財政からの独立，外債に代わる国内長期債の発行，日中関係の安定，というイギリスのリース・ロス使節団による一連の提言を受け入れながら，財政部長の宋子文が中心となり実施に移された。その実施にあたって南京国民政府は，銀地金を国有化し，地方銀行に新たな政府発行紙幣である法幣を買い取らせてその流通をはかる一方，通貨準備委員会に銀行の法幣兌換準備の内容を監視させることで，法幣の対ドル・ポンド為替レートの安定を実現した。

また同時に，産業界の再編も進んだ。金融は政府系三大銀行への資産集中が進み，民間の銭荘などは事実上壊滅状態となる。繊維業界は省政府が中心となり，同業者間のカルテルが形成されるという形で再編が進んだ。一方，中央ならびに地方政府は，疲弊していた農村経済の再建にも乗り出した。長江下流域の農村では，農村恐慌への対策として，地方政府主導のもと，一種の協同組合組織である合作社の設立が盛んに行われたほか，工業原材料の生産者のための金融機関の整備も行われた。

一連の幣制改革ならびに産業の再編が成功裏に終わることにより，恐慌は1935年末にはほぼ底入れ期を迎え，翌1936年には経済は順調に回復に向かった。まず物価水準は改革直後に10％程度上昇したあと安定的に推移し，36年末から37年初めにかけては年率15％ほどの急騰を示した。中央銀行が算出した生産指

表8 幣制改革前後の主要経済統計
(単位:1926年を100とした指数)

年	生産指数	電力消費量	卸売物価	綿糸取引量	綿糸価格	鉄道輸送量	長江汽船輸送量
1932	99.5	159.1	112.4	111.3	106.2	109.4	67.2
1933	97.2	188.0	103.8	176.0	97.8	111.9	78.8
1934	100.7	205.2	97.1	187.6	92.5	127.4	102.2
1935	102.1	208.9	96.4	161.6	92.6	127.8	111.9
1936	103.4	229.6	108.5	412.9	107.4	146.7	138.1
1937	–	–	129.1	–	129.5	–	–

出典)久保 1999:208。

数は,1935年後半から36年前半にかけては対前年比でマイナスを記録していたが,1936年第3四半期には前年同期より13.3％の成長を記録し,同第4四半期には14.6％の増加,37年第2四半期には23.7％の増加となり,めざましい生産の回復が認められた(久保1999)。その他の生産・流通指数も,おおむね1936年に経済が回復基調にあったことを示している(表8)。

このように成功をおさめた幣制改革であったが,新たな管理通貨制のもとで法幣を供給していた国民政府は,以下のような矛盾を抱えていた。法幣を発行する国民政府に対する国民の信頼性は十分ではなく,それは主にポンドおよびドルといった信頼性の高い国際通貨との兌換性によって支えられていた。法幣の信頼性を保つためには,その供給量に一定のルールを課すと同時に,規律ある財政運営が不可欠だったのである。一方で,産業界からは政府の財政出動による救済策を求める声が絶えず,国民政府は国力増強としての産業振興の必要性と貨幣価値を保つための財政規律との間で,常に揺れ動かざるを得なかった(城山 2011)。

重慶遷都と戦時動員経済

1937年の日中戦争の勃発以来,日本は軍事的侵略を重ねて,占領地域を拡大していった。とくに華北では日本軍が直接支配を行い,満洲国および日本本土との経済関係を深めると同時に,円と連動した連銀券を発行させ,いわゆる「日満支経済ブロック」の形成を進めていった。また,国民党内の汪精衛との接近を強め,中国政権内の分裂をはかった。1938年に重慶国民政府を離脱した汪は1940年に南京に国民政府を樹立したが,実効支配したのは長江下流域の江蘇・浙江・安徽にとどまった。日本と汪精衛政権が国民党支配地域に打撃を与えるために行った経済封鎖・物価統制は,上海周辺の工業と長江流域の一次産品の結び

つきをはじめ，国内経済の有機的な連関を解体させた。また，このような経済統制は，それを行う側の日本占領地域と汪精衛支配地域における住民にも窮乏生活を強いることになった。ただし，1941 年 12 月の日米開戦以前は，上海の租界周辺の工業はまだ健在で，海外への輸出も堅調であり，「孤島の繁栄」とよばれる発展がみられた。

　一方，日本の侵略に対抗すべく国民政府は，幣制改革前夜からすでに国防を中心とした経済建設を打ち出していた（萩原 2000）。1930 年代後半には，資源委員会の主導下，戦略的物資を輸出し，その見返りに各種の工業設備や武器などを輸入するバーター貿易が推進され，軍需工業に傾斜した生産が行われるようになった。（⇒テーマ 49「資源委員会と戦時動員」〈p. 277〉）。しかし，1938 年以降に経済の中心地を失い，重慶に遷都した国民政府は「大後方」とよばれた内陸部の西南・西北部に勢力を押し込められ，乏しい経済的基盤の下での戦争続行を余儀なくされる。後進地域である西南・西北部に近代工業を発展させるため，「非常時期農鉱工商管理条例」「抗戦建国綱領」「国家総動員法」などの政府方針や法令が次々と打ち出され，総力戦遂行を目的とした重工業の発展のために，限られた物資を動員する体制を作り出していく（石島・久保編 2004）。

　このような戦時経済を支える財政基盤の脆弱さも，重慶国民政府を苦しめた。経済の中心地を失ったことで，経済取引にたいして課税される統税等の間接税収入の大部分を失った政府はふたたび田賦を中央に移管し，また金納から物納に切り替えることにより，農村からの財政収入の拡大をはかった。しかし，「総力戦体制」のもとで肥大化する軍事費の調達にはまったく不充分なものであり，けっきょくのところ，英米ソからの借款，ならびに貨幣濫発に頼ることになった。このような軍事費調達の方法は住民に負担を強いるインフレ課税の実施を意味し，1940 年の食糧価格は戦前の 5 倍に，翌年には 20 倍を超えるにいたった。その一方で，1937 年の第二次国共合作で国民党との間に統一抗日戦線を築いていた共産党は，戦火から比較的遠い内陸農村に根拠地を構え，独自の土地の分配政策を行いながら，次第に勢力を拡大していったのである（⇒テーマ 50「土地改革」〈p. 279〉）。

中華民国経済の再統合と挫折

　第二次世界大戦後，新憲法の下で国民党を中心とした連合政権による新しい統

治が始まるはずであった。しかし，国民党政権は次第に独裁色を強め，民主的な政治の実現を期待した人々の間に失望が広がっていった。

　国民党による戦後の経済政策は以下の4つの柱からなっていた。

① 戦前以来の保護貿易的傾向が強い関税政策から，米国主導のブレトン・ウッズ体制の一員としての自由貿易的な政策への転換。

② マーシャルプランに代表される米国からの資金援助を利用した戦後復興。

③ 台湾および東三省における旧日本資産の接収と民間払下げ，一部企業の国有化（資源委員会による旧満洲国の鉱工業企業の接収，在華紡工場を継承した中国紡織建設公司など）。

④ 戦前の日本占領地における連銀券，汪精衛政権の勢力下にあった華中における儲備銀券の法幣との交換を通じた回収。

　これらの一連の戦後処理によって，本来ならば第二次大戦後，台湾と東三省を編入した新たな中華民国国民経済の形成が試みられるはずであった（⇒テーマ58「台湾の経済開発」〈p. 294〉）。抗日戦争期に英米を中心に行われた資金援助と統制貿易からの収入などにより，国民政府は巨額の外貨準備を抱えていた。また戦後は復興資金という形でのアメリカを中心とした国連からの多額の資金が中国国内に流入した。このような豊富な外貨へのアクセスという好条件が，国民政府をして自由貿易体制の下での戦後復興という方針に踏み切らせることになった（久保2009b）。

　しかし，現実には国民政府の経済運営のまずさもあって，製造業を中心とした国内経済の停滞と混乱が生じることになった。国民政府による経済失政として，まず上海周辺を中心に流通していた連銀券や儲備銀券を回収するさいに，実勢よりも過小評価された交換レートのまま，法幣との交換を行ったことがあげられる。とくに儲備銀券の過小評価の程度は大きく，それが流通していた上海周辺地域では，国民党支配地域との経済取引によって流入する物資が高騰し，ひいては地域全体の物価水準の上昇につながった（木越 2012）。

　また，ブレトン・ウッズ体制に追随する形での自由主義的な貿易政策の採用は，大きな輸入の拡大を招いたが，戦争で疲弊していた国内の産業は，それに見合うだけの輸出製品を生産することができなかった。また法幣がドルに対して過大評価されていたこともあって，中国の経常収支は急速に悪化していった。

　このような経常収支の急激な悪化により，1946年の国共内戦の勃発以前から

法幣の価値は下落気味であった。さらに、内戦が始まり、国民政府が「総力戦体制」のもとで肥大化する軍事費調達を貨幣濫発に頼るようになると、国民党支配地域は記録的なハイパーインフレーションに見舞われた。また内陸農村部は、抗日戦争期に引き続いて厳しい食糧・兵役の戦時負担を強いられることになり、地域経済の深刻な疲弊がもたらされた。このように、一連の経済失政の影響は、そのまま都市および農村に住む人々の負担増加となってあらわれた。このため、国民党政権は次第に多くの国民の支持を失っていき、ついには当初軍事的に圧倒的に優位にあったはずの共産党にたいする敗北という事態を招くことになるのである。

4 社会主義体制の形成（1949〜1956年）

中華人民共和国の成立と「新民主主義」

中国共産党が国民党との内戦に勝利し、中華人民共和国の成立を宣言したのは1949年10月1日のことである。実際に共産党が現在の中華人民共和国の全統治領域を掌握するのは1950年代の後半だが、これにより、国民党政権が支配する台湾を除く中国の大部分は共産主義政権の下に置かれることとなった。

とはいえ、共産党は政権成立の当初から、計画経済の導入や生産手段の公有化といった社会主義化政策を推し進めようとしていたわけではない。それを象徴するように、人民共和国成立時点での国家の基本方針を定めた「共同綱領」で中心に据えられていたのは、「新民主主義」という概念であった。「新民主主義」とは、共産党が当時の中国社会をマルクス主義の発展段階論に当てはめるなかで考え出した概念である。

マルクス主義の発展段階論では、人類の社会は、原始共産主義社会から奴隷制社会、封建制社会、資本主義社会、社会主義社会をへて最終的に共産主義社会へいたるとされる。そして、そのなかで社会主義社会は、資本主義社会において生産力が十分に発展し、社会の矛盾が極限に達した段階で革命が起こって実現するものと位置づけられている。

この発展段階論を踏まえて、共産党は中華民国期までの中国社会を、帝国主義諸国の侵略により歪められた、封建主義以上ではあるが資本主義未満の「半植民

地・半封建」社会であると規定した。それゆえ，1949年の革命は社会主義社会を実現する社会主義革命ではないことになる。ただし，その革命は共産党によって指導されているため，西欧の資本主義社会を生み出したブルジョア民主主義革命とも異なる。それは新しい民主主義革命，すなわち「新民主主義」革命であるとされたのであった（奥村 1999）。

　民国期までの中国社会を「半植民地・半封建」社会とみなすのが妥当かどうかはともかく，1949年時点での中国が第一次産業を中心とする国であったことはまちがいない。民国期に一定の工業発展がみられたものの，1949年の農村人口は総人口5億4,167万人の89.4％をしめ，近年遡及計算されたGDP推計では1952年の第一次産業比率が51.0％（第二次産業20.8％，第三次産業28.2％）であった（国家統計局国民経済綜合統計司編 2010，国家統計局国民経済核算司編 2007）。それゆえ，共産党が1949年の政権奪取を資本主義社会から社会主義社会へ移行する革命と考えていなかったことは，それほど不思議な話ではない。

　当時の共産党は，中国社会にとっては生産力の向上こそが重要であると考えており，「共同綱領」では「国家の経済と人民の生活に役立つ」という条件つきながらも，私営経済の保護と奨励が明確にうたわれていた。また当時の共産党の主要な農村政策であった土地改革も，地主の土地を没収して小作農に再分配し大量の自作農を生み出すものであり，政策の方向性としては後の農業集団化と大きく異なるものであった（⇒テーマ50「土地改革」〈p. 279〉）。

　しかし，こうした「新民主主義」にもとづく方針は，人民共和国成立後数年であっさり放棄される。最高指導者の毛沢東が中国の社会主義化にはじめて言及したのは，1952年9月のこととされる。そしてそれを党の公式の政策路線として定式化したのが1953年の「過渡期の総路線」である。こうした突然の方針転換の理由については，1950年6月の朝鮮戦争の勃発と同年10月の中国の参戦によって東アジアでの冷戦の構図が固まり，より国防へ資源を動員しやすい社会主義体制が選択されたとする説が有力である（奥村 1999）。いずれにせよ，中国の社会主義化は，当の共産党の指導者も予期していなかったタイミングでスタートしたのであった。

社会主義化の前提

　もっとも，共産党指導者の主体的な方針転換とは別に，社会主義体制の構築に

適合的な環境が人民共和国成立前後から徐々に形成されていたことには注意が必要である。それはとくに通貨金融面において顕著であった。共産党政権は民国末期から続く激しいインフレを，国債の強制割当てなどの急激な貨幣回収政策によって抑え込んだ。また朝鮮戦争の勃発によりふたたび物価が上昇すると，物資・金融両面の統制を強化して，新通貨である人民幣（元）の価値を安定させた。社会主義体制下の計画経済では，計画の策定と実施の上で通貨の安定が不可欠であるが，この時点で通貨金融統制の基礎が形成されたことは，後の社会主義体制構築の重要な前提となった（泉谷 2007）。

　それに加えて，国有セクターの拡大も着実に進んでいた。国民政府系の金融機関や資源委員会所属の鉱工業企業（旧満洲国日系企業をふくむ），繊維産業最大手の中国紡織建設公司などは人民共和国成立時に接収され，国営企業となっていた。また，民間企業への援助として行われた政府機関や国営企業からの加工委託・発注政策は，朝鮮戦争による軍需の増加ともあいまって，国有セクターと民間との関係を密接にした。とくに，国有セクターとの取引は国営の中国人民銀行を通じた帳簿決済で行うこととされたから，政府の貨幣流通に対する監視の範囲は大きく拡大することとなった。

　そしてさらに重要であったのは，冷戦によって中国の対外経済関係，とりわけアメリカや西欧，日本といった資本主義諸国との関係が1949年以前に比べ大幅に縮小したことである。朝鮮戦争が勃発し中国が参戦すると，アメリカは対共産圏輸出統制委員会（COCOM）およびその内部の対中国委員会（CHINCOM）を通じて国際社会に中国との輸出入取引の禁止をよびかけた。その結果，中国の対外経済関係は共産主義圏を中心としたものとなり，政府の一元的な管理下に置かれた。また上海などの都市に存在していた外資企業も，同時期にほぼ撤退するか中国政府に接収されている。ここに，大航海時代以来中国経済を規定してきた世界経済とのリンクは，香港など特殊な窓口を除いて大きく制限されることとなったのである（⇒テーマ57「香港」〈p. 291〉）。

　この資本主義諸国との関係縮小は，先進技術の輸入や外国資本の導入といった中国が対外経済関係から得られたであろう便益を失わせた。しかしその一方で，結果的に共産党政権が為替レートの変動など世界経済の影響をそれほど考慮せずに国内で独立した通貨金融政策を行うことを可能とした。これは，国民政府が法幣の発行・流通にさいしてポンドやドルという信頼性の高い国際通貨との兌換性

の維持を常に求められたのとは対照的である（城山 2011）。つまり，国民党政権の経済政策が世界経済とのリンクに基礎を置き，またその制約を受けていたのにたいして，共産党政権は，冷戦構造のなかで内向きに転換することによって，社会主義体制の前提となる独自の通貨金融管理体制を実現したのである。

こうした政府による強力な通貨金融管理体制は，新たに導入された財政制度を支える基礎ともなった。共産党政権下では，1950 年の混乱期に極度に中央集権的な「統収統支」制度が採られた後，「統一指導・分級管理」とよばれる制度へと移行した。それは，中央—地方間の財源区分を明確にせず，中央政府が年度ごとに各地方の財政収支額の大枠を設定して，中央—地方あるいは各地方間の財政移転を差配するというものであった（田島 2000）。

この中央主導の財政制度は，計画経済の遂行のために中央政府の財政権の優位を無条件に認めるソ連の「民主集中主義」財政をモデルとしていた。その一方で，中央と地方の財政・財源を明確に分ける民国期の「国地財政劃分」とはまったく逆の方向性であったといえる。民国期までの中央—地方財政関係を鑑みれば，こうした中央主導の制度が機能するには，地方が中央の指示通り送金を行うかどうかがもっとも重要な点であるが，上述の強力な通貨金融管理体制によって中央政府のモニタリング能力が高まったことが，この問題を解決したと考えられる（加島 2007）。

ところで，共産党政権はなぜ，強力な通貨金融統制や対外経済関係の一元的管理といった，民国期までであれば社会から猛反発を受けたはずの政策を実行できたのであろうか。その大きな理由のひとつとして，たび重なる共産党主導の大衆動員型政治運動による反対意見の抑え込みが挙げられる。1950 年代前半には，「三反五反運動」（官僚の汚職と資本家の不正に対する糾弾運動）に代表される「大衆運動」が相次いで実施され，資本家や知識人が自由に意見を述べられる空間が少なくなっていった（泉谷 2007）。そしてそれは 1957 年の「反右派闘争」での知識人弾圧のように，名称を変えて何度もくりかえされた。もちろん，こうした「大衆運動」による抑え込みが機能したのは物質的な統制が同時に進展していたことが背景にある。物質・思想両面の統制が厳しくなるなかで，逃げ場を失った人々が否応なく共産党による統治を受けいれざるをえなかったというのが実態であろう。

社会主義体制の確立

　中国において社会主義体制が確立したのは、1950年代半ばのことである。経済体制としての社会主義体制の主要な要素は、ごく簡単にいえば、計画経済（計画にもとづく資源分配）と生産手段の公有であり、以下ではこの2点を中心に社会主義体制の確立過程をみよう。

　計画経済にかんしては、1953年の第一次五カ年計画の開始を一応の始点と考えることができる。第一次五カ年計画は、中央政府内の国家計画委員会によって策定され、ソ連の有償援助による156の投資案件を中心とする694の工業プロジェクトからなっていた。各プロジェクトは中央の担当部門が主管し、生産に必要な「物資」（国営企業間で流通する生産財・資本財）は国家計画委員会と中央各部門が統一的に分配することとされた（石原 1990）。この計画経済の導入がもった重要な意義は、それが市場経済の排除と裏表の関係にあったことである。これ以後中国では、局地的な取引やブラックマーケットを除いて、市場での自由な交換は基本的に姿を消すことになる。

　そして、もうひとつの要素である生産手段の公有は、1956年の社会主義改造の完成によって実現された。社会主義改造とは、具体的には農業の集団化、個人経営手工業の共同経営化、資本主義商工業の公私合営化という「三大改造」を指し、1953年に毛沢東が「過渡期の総路線」を提起してから約3年という非常に短い期間で達成された。

　「改造」対象者の数という点でもっとも影響が大きかったのは、農業集団化である。1955年から56年にかけて総人口の9割近くをしめる農民のすべてがおよそ200～300戸の農家からなる高級合作社に組織されることになった（⇒テーマ52「人民公社」〈p. 283〉）。高級合作社は、その前段階の初級合作社と異なり、構成員への分配割当てを組織化前の各自の土地所有面積にかかわらず労働量のみによって決定するため、生産手段の公有化の実現とみなされた。なお個人経営手工業の共同経営化も、同様に手工業生産合作社への組織という形で達成されている。

　また資本主義商工業の公私合営化では、それまで存在が認められていた私営企業がすべて公的資本と私的資本の合資形態に「改造」された。合資とはいっても、私的資本の出資者には経営に関与する権利はなく、出資額に応じて「定息」という5％程度の利息が支払われるのみであったから、実質的には国営企業と変わら

なかった。なお，1960年代には「定息」の支払いが終了となり，公私合営企業はすべて国営企業となっている。こうしたなかで，旧来の行会・同郷同業団体のネットワークも再編を余儀なくされた。

　この社会主義改造の過程で注目すべきは，すべての生産手段を公有化するという政策目標の下，少数民族や辺境に暮らす人々をふくめて，国内の多様な経済主体が一括して「改造」された点である。そしてその結果，あらゆる企業や個人がその規模に応じたレヴェルの公的単位，つまり中央や省，県などの各級政府，あるいはそれ以下の合作社などの集団に組織されることになった。とくに企業については，国営および公私合営企業の税引き後の利潤は「企業収入」として所属するレヴェルの政府の財政収入となったから，政府と企業の関係は密接であった。そしてこの「企業収入」こそが，社会主義体制下の「国家財政」収入（中央・地方財政収入の総和）の約半分をしめる主要な財源であった（加島 2007）。

　こうした中国の社会主義体制の形成にもっとも影響を与えたのは，当時の共産主義圏の盟主であったソ連である。毛沢東は人民共和国成立前夜に「向ソ一辺倒」の立場を明確に打ち出していた。当時の中国共産党にとって，1930年代にスターリンによって完成されたソ連の社会主義モデルは模範とすべきものであり，とりわけその中央集権的な特徴は中国の社会主義体制にも色濃く反映されていた。たとえば社会主義改造のさいに，主要な大企業は中央政府直属企業となり，1957年時点でその数は 9,300 余り，工業総生産額の 49％をしめていたとされる（田島 2002）。

社会主義体制下の経済発展戦略

　このような社会主義体制のもとで追求された経済発展戦略は，一言でいえば重工業優先戦略であった（⇒テーマ 51「重工業」〈p. 281〉）。この重工業優先戦略もやはりソ連をモデルとしており，具体的には 1920 年代にソ連で発表されたフェリトマン（Grigorii Alexandrovich Fel'dman）の発展理論がその基礎であった。フェリトマンの理論とは，将来高い消費水準を達成するために，開発の初期には消費を抑えて貯蓄率を引き上げ，その貯蓄を重工業に高い割合で投資するというものである（石川 1960，丸川 2000，中兼 2012）。

　すでにみたように，民国期までの中国の工業発展は綿業や製糸業，製粉業などの軽工業を中心としていたが，社会主義体制下においては上記の戦略にもとづい

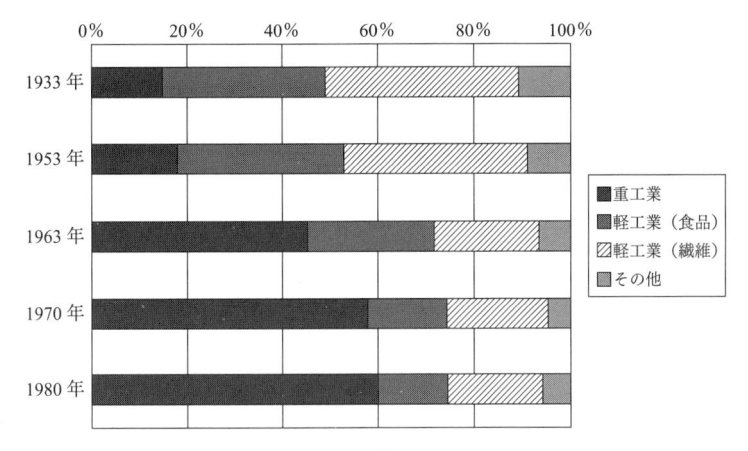

図15 1933〜1980年製造業生産額の業種別構成比

出典）久保1995：47。
注）「重工業」は原表の「金属工業」，「機械工業」，「化学工業」の合計。

て政府財政から重工業への重点的な投資が行われた。図15は，民国期以来の製造業生産額における業種別構成比を示したものであるが，ここから1950〜1960年代にかけて重工業の比率が大きく上昇していることがみてとれる。もっとも，軽工業についても，生産量でいえば1950〜1978年の間に機械製綿糸で5.5倍，機械製綿布で4.4倍と大幅に増加しており（久保1995），工業生産全体の底上げが進んでいたといえる。

こうした重工業優先戦略を支えていたのは，農民から相対的に低い価格で農産物を買い取り，都市の工業労働者に供給することで労賃を抑え，国営工業企業の高利潤を維持し，「企業収入」として政府財政に回収して工業投資に回す，という一連のメカニズムである。

このメカニズムでは農産物の価格を低く抑えることが不可欠だが，主要農産物の流通統制（「統購統銷（とうこうとうしょう）」）は1953〜1954年の段階ですでに完了していた。そしてその後の農業集団化によって農民は生産の段階で組織され，政策的に食糧生産中心へとシフトさせられた。販売も所属する合作社を通じて政府の公定価格で行うしかなかった。19世紀末以降の中国の農業部門が国内外の市場へ商品作物を販売することで所得上昇を達成してきたことを念頭に置けば（木越2012），このメカニズムは農民の自由な経済活動の機会を著しく制限するものであったといえる。

さらに農民は，1958年の「戸口登記条例」に代表される戸籍制度と，それと結びついた食糧配給制度によって都市への自由な移動を制限されていたから，このメカニズムから抜け出すことは容易ではなかった（内田 1990，松村 2009）。そうした制度的な移動制限の影響は人口の分布にも表れている。中国の人口は，1958年に6億5,994万人，68年7億8,534万人，78年9億6,259万人と，前近代とは比較にならないスピードで増加したが，農村人口は78年時点でも依然として総人口の82.1％をしめており，増加した人口の多くは農村に留まっていたことになる。

以上のように，中国の社会主義体制の基本的な枠組みは1950年代半ばに形成され，その主要な部分はソ連をモデルとするものであった。しかし，その体制の内実は1950年代後半から徐々に変質していく。

5　中国モデル社会主義の帰結（1956～1978年）

ソ連との対立と中国モデル社会主義の模索

中国共産党の指導者の間では，すでに1950年代半ばからソ連モデルの社会主義体制にたいする修正の必要性が認識されていた。その背景には，1956年のソ連におけるフルシチョフのスターリン批判と，それを契機とした共産主義圏におけるソ連モデルへの見直しの機運があった。そして，中国における社会主義体制の実際の運営のなかでも，ソ連モデルの問題点が浮き彫りになっていたのである。

ソ連モデル社会主義体制の修正は，1956年に毛沢東が行った「十大関係論」という講演のなかで提起された。そこでは，重工業と軽工業および農業，中央と地方，沿海工業と内陸工業，経済建設と国防建設などの関係が論じられ，従来のソ連モデルの見直しが主張されていた。こうした既存の社会主義体制の修正方針は，同年の中共第8回党大会で追認されていることから，当時の共産党指導部内で一定の共通認識が存在していたとみられる（田島 2002）。

その一方で，ソ連との関係は，ソ連の核技術移転拒否と経済援助中止を契機として1950年代末から悪化しはじめた。そしてそれは1960年代初頭の中ソ論争に発展し，1969年の中ソ国境紛争でピークに達する。この中ソ関係の悪化は中国に新たな国防上の課題をもたらし，さらに1964年のヴェトナム戦争激化以後は

アメリカとも鋭く対立したので，新たなモデルの模索は米ソ両大国と対峙するなかで進められることとなった。

もっとも，新たな社会主義モデルの追求は，1950年代に確立した社会主義体制の根幹を変更するものではなかった。計画経済と生産手段の公有という社会主義体制の基本要素は維持されていたし，重工業優先路線も一貫していた。主に修正が加えられたのは，ソ連モデルの特徴である中央集権的なシステムであり，それは米ソ両大国との戦争に備える国防戦略とも密接に結びついたものであった。

大躍進政策と地方分権化

中国独自の社会主義モデルの模索は，1957年秋に毛沢東が提起した大躍進政策のなかで展開していった。大躍進政策とは，農業・工業における大衆動員スタイルの生産運動であり，これにより1958年から進められる予定だった第二次五カ年計画は形骸化した。農業では大規模な水利建設と食糧増産が推進され，工業では毛沢東の「15年後に粗鋼生産でイギリスを追い越す」というスローガンに呼応し，各部門できわめて野心的な数値目標が設定された。しかし，大衆動員スタイルでの生産は多くの場合望ましい成果をあげられず，大躍進の象徴である小型高炉で生産された鉄鋼のほとんどは使い物にならなかったとされる。

また，1958年には複数の高級合作社を合併した人民公社が各地で設立された（⇒テーマ52「人民公社」〈p. 283〉）。この人民公社設立は，大躍進政策の極端な増産運動とあいまって，生産・流通の現場に大きな混乱をもたらした。人民公社や生産大隊の指導者は，増産目標の達成のために農業生産の「水増し報告」を行い，それにもとづいた過剰な食糧の供出が実施され，結果的に1959年の食糧危機をひきおこした。この食糧危機が，政府の公式統計にもとづいた推計に限っても3,000万人を超える餓死者を出す大惨事であったことは，広く知られる通りである（ディケーター 2011）。

そして，ソ連モデル社会主義体制からの転換という意味で重要であったのが，1958年に行われた中央企業の管理権や財政・金融コントロール権の「下放（地方への権限移譲）」である。これは中国の社会主義体制が地方分権化へとシフトしていく最初の大きな動きであった。図16から中央・地方財政構造の変化をみると，1959年以降の地方財政収入額の増加は顕著であり，中央財政収入の国家財政収入に対する比率が70〜80％から10〜35％程度に急落していることからも，

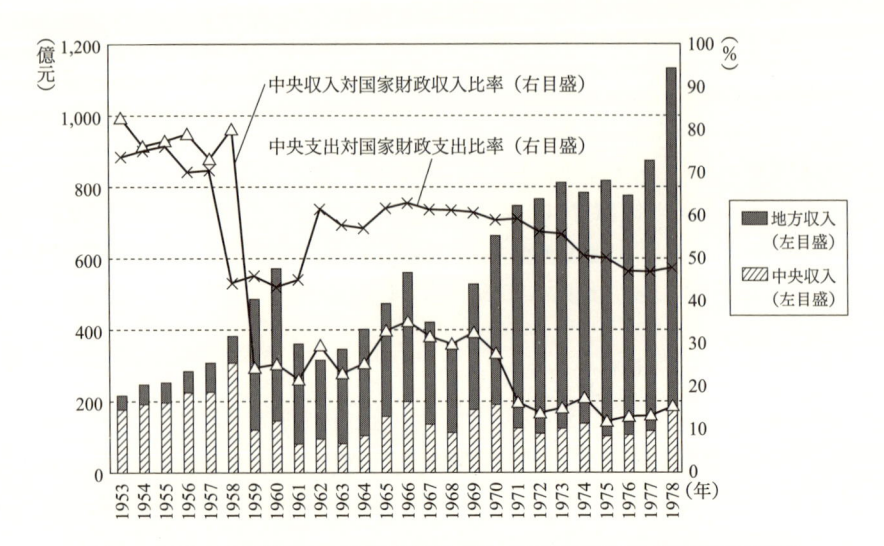

図16 1953〜1978年中央・地方財政収入額と中央財政収支対国家財政収支比率

出典）樊 2000：25〜26，79〜80，157〜159。
注1）国内外の債務収入・債務元本利払支出，外国借款による基本建設支出をふくまない。
　2）「国家財政収入（支出）」は，中央・地方財政収入（支出）の総和。

地方政府が国家財政収入の主要な担い手になったことがわかる。一方で注目すべきは，中央財政支出の比率が1958〜1961年の低下以降は50〜60％程度を保っている点である。1950〜1970年代の国家財政収支はほぼ均衡していたから，この中央財政の収支差額は実際には地方からの送金によって賄われていたことを示している。つまり，中央はさまざまな権限を地方に移譲する一方で，財政移転の手綱をしっかり握り，地方から資金を吸い上げていたのである。

大躍進の失敗が明らかになった後の1961年，政府は国民経済の「調整，強化，充実，向上」を提唱し，農産物価格の引き上げや部分的な市場原理の導入による経済回復を試みた。また，急激な地方分権化への反動から中央集権への回帰がみられ，そのひとつとして工業の各分野を中央政府の主管部門が垂直的に管理するトラスト政策が進められた。1963年に軽工業部の下に設立された中国煙草総公司はその嚆矢であり，翌年にはそれを自動車，トラクター，塩業などの分野に拡大する方針が提起された（田島 2002）。

その一方で，ヴェトナム戦争が激化した1964年には「三線建設」という国防戦略が毛沢東によって提起された（⇒テーマ53「三線建設」〈p. 285〉）。「三線建

設」は，米ソとの戦争に備え内陸部に重点投資を行う中央主導のプロジェクトであったが，いくつかの拠点に巨大な工業基地を建設する「大三線」プロジェクトと同時に，省・県レヴェルの地方政府が主体となって中小規模のフルセット型工業化を行う「小三線」プロジェクトも進められた。このように大躍進以降には，中央集権への一定の揺り戻しがみられたものの，中央政府が直接介入する部門の外側では，おおむね地域内自給的な分権政策が継続されたのである。

これらの中国型社会主義モデルの模索のなかで掲げられたのが，「自力更生」というスローガンである。この「自力更生」とは2つの意味を含んでいる。ひとつは米ソ両大国と対峙するなかで，一国として自給自足可能な体制を築くという意味であり，もうひとつは，計画経済が十分機能しないなかで，地方に一定の権限を与えて自給自足を促すという意味である。とりわけ1964年以降，工業では中国の石油自給化・輸出化を支えた黒龍江省の大慶油田，農業では山西省昔陽県の大寨生産大隊といった「自力更生」モデルに学ぶことが強調された。もっとも，一国内での自給自足は必ずしも絶対的な原則ではなく，1962年以降は資本主義諸国からのプラント導入が一部で進められ，とくに日中間では同年から日中長期総合貿易（LT貿易）が開始されている。ここから，国際的な孤立のなかでチャンスをうかがっては外国技術の導入を試みる，共産党政権の現実的な姿勢が垣間みられる。

文化大革命と中国経済

1966年に毛沢東によって発動された文化大革命は，社会のあらゆる階層を巻き込んだ大衆動員型政治闘争であり，一般に1976年の毛の死去，それに続く「四人組（文革を主導したとされる毛沢東夫人の江青，張春橋，姚文元，王洪文）」の逮捕までの「混乱の十年」といわれる。しかし実態としては，よく知られる紅衛兵による混乱の時期（1966～1969年）と，それ以後の軍事統制の時期（1970～1976年）とに分けて捉えるのが適当である。経済の面でも，各地に革命委員会が成立し政治情勢が比較的安定した1969年を挟んで異なる展開がみられた。

文革初期の紅衛兵による混乱が中国経済に与えた影響は深刻であった。職場や学校で比較的高い地位にいる者を政治的に批判する「奪権闘争」により，多くの政府機関や企業は機能不全に陥り，計画経済は大きな打撃を受けた。結果として1967～1968年に中国経済はマイナス成長を記録し，1968年には財政危機に陥っ

た中央政府が，歳入確保のために1950年代初頭の「統収統支」制度を一時的に復活させたほどである。とはいえ，文革の混乱のなかでも，三線建設は中ソ国境紛争を背景として軍事管制下におかれ，計画の実施が優先されたことは留意されるべきである（田島 2002）。

　そして，紅衛兵による混乱が一応の収束をみた1970年には，ソ連との戦争に備えて地域内自給自足体制を構築すべく，独立した工業体系をもつ経済協作区（全国を10地域に分割）の形成や中央直属企業の大規模な「下放」，農業の地域自給，五小工業（鉄鋼・セメント・農業機械・電力・化学肥料など）を中心とした農村工業化政策などがよびかけられた（⇒テーマ54「五小工業」〈p.286〉）。これは1950年代末に次ぐ大々的な地方分権化政策であり，地方政府による積極的な投資を引き起こした。1973年以降はふたたび中央集権への揺り戻しが生じるが，このときに人民公社および生産大隊レヴェルで形成された社隊企業は，1980年代に活躍する郷鎮企業の源流となっていく（⇒テーマ55「郷鎮企業」〈p.288〉）。

　こうしたなかで，長らく共産党政権の国家戦略を規定していた米ソ両大国との対立という構図を塗りかえ，中国が世界経済とのつながりを回復する契機となったのが，1970年代初頭の米中接近であった。中華人民共和国は1971年に国連代表権を獲得し，1972年のアメリカ大統領ニクソンの訪中によって米国との平和共存を確認した。同年にはその影響で日中国交正常化が実現している。これを契機としてプラント輸入を中心とした資本主義国との貿易関係が拡大し，1950〜1971年には10〜50億ドルで推移していた中国の貿易額（輸出入合計）は1972年以降急増，1975年には147.5億ドルに達した（『中国対外経済貿易年鑑』編輯委員会編 1984）。こうして対外的な「自力更生」は必ずしも最優先の政策課題ではなくなったのである。

　そして1976年に文革が終結すると，毛沢東の後継者として抜擢された華国鋒（かこくほう）は，日本をはじめとする資本主義国からの大規模なプラント輸入計画を打ち出した（⇒テーマ59「日中経済関係の100年」〈p.296〉）。華国鋒の試みは後に「洋躍進」として批判されるが，実質的には1972年以来の対外関係拡大路線をさらに進展させるものであった。とはいえ，華自身は毛沢東の意志の継承を第一に掲げており，既存の社会主義体制の枠組み自体を変更する意図はなかった。社会主義体制の根本を揺るがす一大方針転換は，文化大革命以後の2度の失脚から這い上がり，次第に実権を握りつつあった鄧小平によってなされることとなる。

改革開放政策による市場経済化——展望

　1978年の中国共産党第11期中央委員会第3回全体会議からはじまったとされる改革開放政策は，それまで何度か試みられてきた制度改革とは異なり，社会主義体制を構成する基本要素そのものにメスを入れるものであった。

　まず，従来の計画経済から市場経済への転換がはかられた。計画外での価格の自由化が一部進められ市場での取引が活発化すると，計画にもとづく供給はその比率を顕著に低下させていった。また生産手段の公有については，農村において個別農家の経営を一定程度認める農業生産請負制が導入され，集団所有の象徴であった人民公社は郷鎮政府へと改組された。都市では，企業自主権の容認を皮切りに，国営企業の改革が段階的に進められた。主要な経済発展戦略であった重工業優先政策は基本的に維持されたものの，農業・軽工業へも一定程度投資が振り向けられるようになった。

　対外関係の面でも，大きな転換がみられた。すでにみたように1970年代前半から対外貿易は拡大していたが，1978年以降はそれまで禁止されていた外資や外国借款の利用が再開された。とりわけ，台湾や香港などアジアNIEsの輸出指向型の経済発展戦略をモデルとして広東省や福建省に設立された経済特区は，外資導入の受け皿となって中国の経済発展を牽引した。そして1980年に中国はIMF・世界銀行への加盟を実現し，世界経済への本格的な復帰を果たしたのである。

　もっとも，これらの制度改革や対外開放が，鄧小平(とうしょうへい)率いる共産党政権によってあらかじめ作られたロードマップにもとづいて進められたとするのは誤りである。むしろ，社会主義体制を支えていた統制を緩めた結果，各経済主体がそれに敏感に反応して活動を活発化させ，政府当局はその過程で発生した変化を追認していったという方が実態に近い。とりわけ注目すべきは，1980年代に採られた政策が，生産請負制，財政請負制，企業自主権の拡大など，いずれも分権化を通じた改革であった点である。1980年代の経済発展の担い手は，大規模な中央企業と経済特区の外資企業，若干の新興民営企業，そして郷鎮企業に代表される地方政府所属企業が中心であり，これらは分権化のなかで活力を得て経済発展の原動力となった（⇒テーマ55「郷鎮企業」〈p. 288〉）。

　こうした分権化政策は，ある面では1950年代末あるいは1970年代初頭の分権

化の延長であるともいえる。しかし大きく異なる点は，中国経済全体の市場経済化が進み，生産要素の流動性が高まるなかで，地方政府をはじめとする各経済主体の活動の規模も自由度も増大した点であった。その結果，中央政府による財政・金融面での統制力は徐々に弱まり，経済全体におけるプレゼンスは相対的に低下していった。中央政府が1994年に民国期の「国地財政劃分」に類似した分税制改革を行い，安定的な中央財政収入の確保を目論んだのは，こうした理由による。

このように，中国は1949年から1978年までの約30年間にわたる計画経済期を経て，ふたたび市場経済が中心的な役割を果たす国として世界経済に復帰した。中国が長期的な近代化の過程のなかで，市場経済を排除して生産手段を公有化する社会主義体制を経験したことは，国内統一市場の未形成や地方政府の地域経済における強いプレゼンスといった形で現在の中国経済にも大きな影響を与えている。その一方で，近現代中国の課題が「中国」という国民国家あるいは国民経済の形成にあったことを考えれば，社会主義体制下において単一の通貨が長期的に流通し，統一的な制度の下で女性の地位向上を含む人的資本の蓄積や社会インフラの整備が進んだことなどは，国民経済の初歩的な基盤の形成という意味では一定の意義をもっていたといえる（⇒テーマ56「女性の教育と就労」〈p. 289〉）。

19世紀後半以降，世界経済との結びつきを強めるなかで再編を余儀なくされた中国経済は，民国期の国民党政権による国民国家建設の試みを土台として，内向きの社会主義体制の下で国民経済の枠組みを形成してきた。その間，紆余曲折を経ながら持続的に工業化が進み，改革開放以降には驚異的な経済発展を実現する。しかし，経済のグローバル化が進むなかで，地域間あるいは農村―都市間の格差や，エスニック・グループ間の衝突に象徴される国内のさまざまなギャップはふたたび顕在化している。こうしたギャップがすぐに中国経済の分裂に結びつくと考えるのは早計だが，広がりつつある格差の存在が中央政府の経済政策にも大きな影響を与えていることは確かである（梶谷 2011）。

また，改革開放以降の市場経済化において，伝統社会の経済秩序がふたたび姿をあらわしているようにみえることは注目すべきである。農業生産請負制や地方財政請負制など，市場経済化の過程で重要な役割を果たした「請負（承包）制」と，伝統社会の請負関係の倫理規律である「包」との関連を指摘する研究もある（柏 1948, 加藤・久保 2009）。こうした伝統的な経済秩序は，計画経済と市場経

済が混ざり合い，また世界経済の不確実性にもさらされた改革開放期の不安定な経済状況にたいして，個々の経済主体が柔軟に対応し，持続的に発展することを可能にした。その一方で，それは近代的な「規範化」の動きとは対立的な側面をもっており，それゆえ官僚による腐敗の蔓延や格差拡大にたいする庶民の怨嗟といった社会問題の発生を助長したという，負の側面も指摘しなければならない。

その意味で，「統一的な国民経済の形成」と「伝統と近代の相克」という近現代中国をとらえる上でのキーワードは，現在もなお有効性を保っているのである。

テーマ45

金融

　金融という概念はたとえば『大辞泉』では「金銭の融通。特に，資金の借手と貸手のあいだで行われる貨幣の信用取引」と説明されている。しかしこのように金融を「貨幣の信用取引」と考えると，金融という現象を理解するのは難しくなる。たとえば，ここにAとBという商人がいるとする。Aが手持ちの商品をBに貸与し，Bが販売して売上の一部からAに返済すれば，これは金融である。しかしAが貸したのは金銭ではなく商品である。

　では金融とは何かというと，「信用の供与」と考えるべきである。そして「信用」と「貨幣」とはまったく別の現象である。たとえばここで右上の図のような三すくみ状態があるとしよう。AはBの所有商品Bを，BはCの所有商品Cを，CはAの所有商品Aをそれぞれ欲求している。このとき事態は三すくみの状態となっており，直接の物々交換は成立し得ない。

　この状況を解消する方法には，「信用」と「貨幣」と「商人」とがある。「信用」とは以下のようなケースである。まずAがBに交換を打診したとしよう。そのとき，BがAに商品を貸与し，代わりにAがBに借用書を交付したとする。次にBがCに打診して，同様に借用書の発行により商品Cを貸与されたとしよう。CがAに交換を打診するときには，Aは商品Aを提供するのと交換に，CがもっているBの発行した借用書を入手する。なぜなら，その借用書をBに提示することで，自分の発行した借用書と相殺できるからである。こうして各人は自らの必要な商品を入手しうる上に，貸借関係は消滅する。

　一方，「貨幣」は以下の場合に出現する。AがBに交換を打診したときに，Bは自分の商品がAの商品と交換可能であるという知識を得たことになる。ここでBがCにたいして「AまたはBと交換できないか」と打診したとしよう。するとCは，「Aとなら交換する」と回答する。そこでBはAと交換し，続いて商品AをCと交換する。こうして3人はそれぞれ必要な商品を手に入れる。このとき，商品Aは，A⇒B⇒Cという経路で流通し，交換の媒介，すなわち貨幣として機能している。

　さらに，「商人」は以下である。AがBに打診したときに，Bが「商品Cとなら交換する」とAに返事をしたとしよう。すると，AはCに交換を打診する。Cは交換に応じるので，Aは商品Cを入手し，これをBと交換して取引を完了し，全員が必要な商品を手に入れる。このとき，Aが他の2人と交渉し，交換を媒介する役割，すなわち「商人」となっている。

　さて，これら3つの方法は，知識の構造と密接に関係している。「信用」の場合に必要な知識は，自分が信用を供与する相手にかんする知識である。その人物が信用できるなら貸与し，信用できないなら貸与してはならないからである。「貨幣」の場合には，ある商品がどれほど他人に需要されるか，を知らねばならない。多くの人から常に需要されている商品であれば，交換の媒介として利用できるので，自分もそれを需要して入手しておかねばならない。その需要がまた，他の人の貨幣への需要の基盤となる。「商

人」の場合は，誰が何を需要しているか，という知識を，特定の個人がもっていなければならない。

このように，「信用」「貨幣」「商人」は，交換のできない状態を解消するための，それぞれに独立した3つの手法を論理的起源としている。流通という現象は常に，この商品交換の欲求が実現されていない，という情況を背景として成立するものであり，それにたいする3つの異なる解決方法が相互浸透することで，問題が解決されていく過程だと考えることができる。ただし，この3つの契機がどのように相互浸透するのかについての理論的知識は，いまだ得られていない。しかしそれでも，「信用」の供与には個人の誠実さにかんする知識が，「貨幣」の使用には何が人々に良く受け取られるかという知識が，「商人」の活動には人々が何を欲しているかについての知識が，それぞれ決定的に重要であることは変わらない。

現実に我々が目にしている経済では，交換を媒介するこの三者が融合している。金融の主たるあり方は，「商人」がその「信用」によって「貨幣」を貸与される，という形である。商人が大きな資金を調達する必要があるのは，ビジネスというものが本質的に，量を大きくすることで，コストを引き下げて利益率を拡大しうる，という性質をもっているからである。それには手持ち資金をコツコツと膨らませていくよりも，信用供与を受けて事業を拡大したほうが良い。それゆえどの世界でも，金融とは，手持ち資金に余裕のある個人が資金を供与し，商人がそれを借りる，という形態が主力となる。

もうひとつの資金のセクターは，政府である。政府は資金の貸手にも借手にもなる。大抵の場合，政府が借手になるのは，戦争をする場合である。それ以外の時には主として，貸手になる。中国の王朝，とくに明清期はほぼこれに従った振る舞いをしていた。

これにたいして戦国期以降の日本の政府は，戦争をしないのに借手になる場合が多かった。それは自立性の高い地域政権が，領国の産業を振興して経済を拡大するという，経営的指向をもっていたからである。科挙官僚が転勤をくりかえす中国の地域政権が，このようなことをすることは稀であった。

政府が金融にたいしてどのような関わり方をするかは，貨幣・金融のあり方そのものに甚大な影響を与える。それゆえ政治権力の構造と，貨幣・金融のあり方とは常に不可分である。逆に，貨幣・金融の構造が政治権力のあり方に与える影響も大きく，両者は強い相互依存関係にある。

金融の最大の問題は，(1)多数の個人がもっている余裕資金をどのようにして集めるか，(2)信用の置ける借手をどのようにしてみいだすか，である。この2つの問題はともに，コミュニケーションの問題である。この2つの問題を解決するには，他人の手元余裕資金の残高と借手の信用情況という，いずれも秘匿性の高い情報を幅広く入手する必要がある。この困難を乗り越えるには，その社会の文化的コンテキストに応じた方法をとらねばならず，それゆえ金融は，文化とも不可分の関係にある。

たとえば明治維新後の日本では，旧大名や上級士族や地主を中心とする名望家が，各地で国立銀行を設立すると，幅広い資金の調達に成功し，それがいわゆる産業革命とよばれる西欧流の機械化生産を開始するための元手となった。ところが同時期の中国では，直接の人間関係を通じた金融が主流であり，こういった規模の資金の調達は困難であった。両者の違いは「発展段階」というようなものではなく，コミュニケーションのあり方の相違の反映である。

中国本土では小農にたいして商人が生産資金を融通することが稀であったが，これは，定期市ネットワークが広範囲に形成されていたことと関係する。というのも，個々の小農は周辺の複数の定期市にアクセス可能であり，その相場を見定めて臨機応変に農産物を販売したが，これは商人と小農との個別的長期的関係の形成を抑制した。かくして，商人が小農に生産資金を融通するようなリスクを犯すことが困難となった。この分散性は，複雑で多様な地域通貨の形成とも関係している。

　一方，20世紀初頭の満洲では，大豆栽培のための資金供給が広範囲に行われていた。これは，県城と郷村とが馬車で直接交渉するという特異なコミュニケーション・システムが形成されていたために，商人と小農との直接的交渉があったことが一因である。この対小農金融が，大規模な大豆の商品生産を可能として，満洲大豆の国際商品化をもたらし，そこから得られた外貨がこの地域の張作霖政権の急激な成長に帰結した。満洲では中国本土に比べて，通貨の統一が進展していたが，これもコミュニケーション形態と通貨・金融との相互依存現象の一部である。

　信用の供与には，「利子」という問題が附随する。利子がなぜ存在するのか，利子率はどのようにして決定されるのか，については諸説があり，決定的な答えはない。利子はけっきょくのところ，貸手と借手との双方が納得するように決まる。一方，人がどのように物事にたいして納得するかを明らかにする理論は存在しない。たとえば親が子供の住居の購入資金を支援する場合には，利子をとらないことが多いが，これは，双方がそれで納得している，という以上の説明は無理である。納得というものは，文化や歴史情況に依存するものであり，それゆえ利子もまた不可避的にそれらに依存する。

　以上のように，金融という現象はあらゆる側面で各々の社会の文化や歴史と関係している。こういう側面を無視し，「経済」にのみ意識を集中すると，金融という現象は理解できなくなる。また，金融は経済のみならず政治・社会・文化に深刻な影響を与える現象である。それゆえ歴史を考えるさいに金融を無視することも適切ではない。

（安冨 歩）

【参考文献】安冨 2000，黒田 2003

テーマ 46

近代的企業

　ここでの近代的企業とは，近代的技術を利用して大規模生産・流通に従事していた企業や，それに低利多額の資金を調達した金融機関を指している。こうした近代的企業は大規模な資本を必要とし，しかも組織の継続性を前提とする。そのために，社会に散在する零細な資本を，不特定多数の人々から集める制度として，西欧で発達したのが株式会社などの会社組織である。会社（Company，中国語ではこれを音訳した「公司」）とは，法律によって法人格を与えられる法人企業であり，この構成員たる自然人を離れて独自に権利・義務の主体となり，その企業活動は会社の名により行われる。こうした会社の代表的形態が株式会社（中国語では股份有限公司）であり，その特質は出資者の有限責任制度にある。この裏づけがあってはじめて少額の資金しか有しない人々からも出資が得られ，それを株券として転売可能とすることで，資本の流動化が実現される。

　1949年の中華人民共和国成立時には，全国に約130万社の企業が存在したが，そのなかで株式会社などの会社組織を採用し，法人格を有した企業は約1.1万社であり，その他の99％は法人格を有しない個人企業か「合股」企業だったとされる。

　ところで，近代の中国企業が合股を母胎とし，その経営体質を濃厚に残していたことは，これまでも指摘されてきた（中井 1996）。合股とは，中国の伝統的な企業形態であり，地縁・血縁・知友からなる数人以上の出資者が，等額に分割された株を一定額ずつ持ち合い，一定年限（1年または3年）を限り事業を営む法人格をもたない組合組織である。出資者は資本の拠出・合股の債務において連帯無限責任があるが，一般的には経営には携わらずに外部から招聘した企業家に担当させ，「官利」と「紅利」・「余利」の取得を期待した。出資者に支払われる官利とは，出資金にたいする利息であり，一般的な利益配当にあたるのが紅利・余利となる。

　合股のように人的信用の範囲内のみで資金を調達し，しかも企業活動の年限を切りながら，毎期利益のほとんどを出資者に還元しては，近代的企業の前提となる大資本や継続性という条件は満たせない。

　中国史における近代的企業の先駆は，清末の洋務運動期に設立された輪船招商局（汽船業），上海機器織布局（綿紡織業）などの「官督商辦」企業である。たとえば輪船招商局は，長江および沿海航路を独占する旗昌（Shanghai Steam Navigation Co.）や太古（China Navigation Co.）などの欧米汽船会社に対抗するために，それらと同様に，汽船と株式会社組織を導入した。これらの欧米の会社は，治外法権に依拠して，租界に本国の会社法を根拠として設立されたものだった。しかし当時の中国には，会社法などは存在せず，企業にたいする投資への法的・制度的保障が欠落していた。そのため，設立を主導した李鴻章は「官」による「監督」を極力限定し，民間商人に合股に準じた企業経営をさせることで，その資金を調達したのだった。しかし1883年の金融恐慌により，合股的経営の問題が露呈すると，多くの官督商辦企業は倒壊に追い込まれた。なかでも官利支払いの慣習は，利益の有無を問わずに支出を求められるものであり，企業経営の安定にとって大きな障碍となっていた（鈴木 1992）。

こうした官督商辦企業の挫折から，政府と企業経営者の双方の問題を確認できよう。政府には，民間の経済活動にたいする「不介入」という伝統的な方針を改め，企業投資への信用構築とリスク回避のために，関連する法律や制度を整備し，これを安定的に運用する必要があった。また企業経営者には，こうした法律や制度を前提として近代的企業を経営する能力が求められたのである。

こうして中国政府は，清末以降，持続的に会社法の整備に取り組んだ。1904 年の「公司律」は中国最初の会社法であり，株式会社制と有限責任制の法的地位を確定したが，公司への法人格付与の規定が曖昧で，合股との区分は不明確なままだった。この問題は，中華民国期の 1914 年に，北京政府が公布した「公司条例」において，公司への法人格付与を明記したことで解消された。しかし，証券・金融市場が未整備だった当時において，官利支払いを容認しない限り，公司設立時の資本募集さえままならず，官利への規制は不充分なままだった。国民政府下の 1931 年に施行された「公司法」では，会社経営の安定にかんする条項の改善がはかられ，官利支払いへの規制や未登記企業への取締りも大幅に強化された。そして 1946 年の「修正公司法」において，第二次大戦中の治外法権の撤廃によって，外国企業も中国の会社法の範疇に加えられることになった。

このような法律や制度の整備を背景に，民国期には大規模な固定資本を必要とする綿紡織や化学工業において，株式会社などの会社組織の採用は着実に広がった。そして近代教育の普及にともない，専門知識を身につけた経営者や技術者が養成されたことにより，会社経営の能力においても改善がはかられたのだった。

そして中華人民共和国成立後の 1950 年代に展開された「社会主義的改造」により，ほとんどの企業は国有化・公私合営化され，国家行政部門や党組織が各企業の経営権を掌握した。こうした情況が 1980 年代の国有企業改革まで持続することになる。

こうしてみれば中国における近代的企業の定着過程とは，中国が自国の経済的権益を保持するために，欧米近代文明という異質な文明下で生まれた株式会社などの法人企業制度を受容し，それまでの合股などの伝統的組織を変革するものとなった。しかし異質な文明下で生まれた制度を中国社会に移植し，安定的に運営することは容易でなかった。それは，合股的経営の中で最大の問題となった官利支払いの慣習が，長期にわたって存続したことからも明らかである。この慣習の存続は，民国期のみならず，人民共和国期の 1950 年代の私営企業や公私合営企業，さらには 1980 年代の農村の株式合作企業や都市の株式制企業においても確認できるのである。

（富澤　芳亜）

【参考文献】富澤　2009

テーマ 47

経済統計

　19世紀半ば以降，各開港都市に置かれた海関（⇒テーマ38「関税と海関」〈p. 224〉）は，外国人総税務司の指揮の下，詳細な貿易統計をふくむ年次報告を作成していった。中国における近代的な経済統計の源流だといっても過言ではない。しかし，その他の政府機構が経済統計の作成をめざすのは，清朝政府農工商部による統計表（1907〜1908年），同郵伝部による鉄道統計・郵便統計，中華民国北京政府農商部による農商統計（1914〜1924年）など，20世紀初めになってからのことであり，一部を除き信頼性に乏しいものばかりであった。

　そうした情況は，1920年代から1930年代にかけ，大きく変わり始める。物価統計，金融統計などの整備が進むとともに，中華民国国民政府の国防設計委員会が中国経済研究所に委託して実施した全国的な工業調査（1933年）や農林部中央農業実験所が実施した農産物生産量調査（1933年開始）などによって，ある程度信頼し得る工業統計や農業統計も整備されるようになった。こうした成果を総合した金字塔が，1933年の国民経済計算を示した巫宝三編『中国国民所得』（1947年）である。中国政府による調査を拒んだ外資系工場の数値や日本の占領下にあった東北の数値も種々の情報によって補い，手工業部門についても可能な限りの推計を試み，本書は中国経済の全貌を初めて統計的に描き出した（⇒文献解題〈p. 328〉）。

　経済統計の作成にとって，それを支える人材養成と学術研究体制の充実は，欠くべからざる基礎的条件であった。この時期，欧米や日本の統計学教科書が次々に翻訳され，金陵大学，南開大学などで統計学を専攻する学生が育てられ，1930年には中国経済学社という専門の学会も政府の肝いりで誕生している。

　1949年に成立した中華人民共和国も，当初は，20世紀前半の成果と人材を引き継ぎ，経済統計の作成に真剣に取り組んだ。しかし1950年代末の「大躍進」運動は，各地の地方政府と共産党組織が過大な生産業績を競いあうものとなり，政治的圧力を受けた統計部門は機能マヒに陥る。1960年代から70年代にかけての「文化大革命」期にも，同様な事態がさらに大規模な形で再現され，国家統計局の業務の多くも中断した。計画経済期の経済計画は，実は統計的根拠に乏しい期待の表明でしかなかった。ある程度信頼し得る全国統計が『中国統計年鑑』によって毎年発表されるようになるのは，1980年代以降である。

（久保 亨）

【参考文献】李ほか 1993，久保編 2012，木越 2012，巫主編 1947

テーマ 48

浙江財閥

　近代中国で最大の経済都市に成長した上海は，1930年代に中国全体の対外貿易のほぼ半分を担い，近代的な製造業の生産設備や金融機関の本店も大半が上海とその周囲に集中していた。当時，こうした上海経済界に君臨した実力者の一群を浙江財閥とよぶことがあった。上海財界の重鎮たる金融業者や商工業者の多くが，浙江出身者でしめられていたからである。地場の中小金融機関であった銭荘の場合で7～8割程度，近代的な銀行の場合でも，その半数以上は浙江出身の経営者が実権を掌握していたといわれる。政府系の中国・交通両銀行の上海支店，有力市銀の浙江興業銀行，浙江実業銀行，上海商業儲蓄銀行の経営陣は，その多くが浙江省の寧波や紹興の出身であったし，著名な企業経営者である虞洽卿(字)，劉鴻生をはじめ他の商工業分野でも浙江出身者が目につき，かれらの間には強力な人的・経済的ネットワークが張りめぐらされていた。伝統ある貿易港寧波で鍛え抜かれた商才も，かれらの優位を助けた。

　もっとも実際に上海経済界を牛耳っていたのは浙江出身者ばかりではない。中国最大の綿紡織企業申新紡績を率いていた栄宗敬・栄徳生兄弟は，新興の工業都市江蘇省無錫の出身であったし，業界第二位の永安紡績や高級デパート永安百貨店を経営していた郭一族は，広東出身の華僑であった。上海総商会（上海市商会の前身）をはじめとする上海の経済団体の中では，浙江出身の商人と並び，広東出身の商人や福建出身の商人たちが抜きがたい地位を保持していた。そうした多様な経営者たちが上海経済を主導していたのであり，浙江財閥という呼称は必ずしも適切なものではない。したがって中国ではこのことばはあまり用いられず，江蘇と浙江の両者を意味する江浙という略称を用いて「江浙財団」と表現したり，あるいはたんに「上海資本家階級」とよぶことのほうが多い。

　にもかかわらず「浙江財閥」ということばが1920～1930年代の日本で喧伝されたのは，ひとつには上海語が寧波近辺の浙江方言を基礎にしているため，浙江省出身者があらゆる分野に浸透しているというイメージを抱きやすかったこと，また当時，同じ浙江出身の蔣介石が南京国民党政権の指導者であったことから，政財界の実権を浙江出身者が掌握したというイメージが急速に広まり，浙江財閥という呼称が広がったものと考えられる。日本の財閥のように，株の持合いや緊密な取引関係を基礎にした特定の企業集団が存在したわけではない。

（久保 亨）

【参考文献】日本上海史研究会 2000

テーマ 49

資源委員会と戦時動員

　日中戦争（抗日戦争）は中国にとって，20世紀の他の国際戦争同様，あらゆる資源を動員して長期間戦い続けねばならない総力戦であった。戦争勃発当初，軍事力・経済力や社会の組織・動員のどれをとっても，日中の間には圧倒的な差があった。兵器・装備に直接つながる鉄鋼業だけでみても，1937年の東北を除く中国の銑鉄・粗鋼の生産量がそれぞれ15万トン，4万トンであるのにたいし，1935年の日本は191万トン，470万トンである。この日本の生産量に中国から奪った東北のそれを加えると，272万トン，522万トンになる。桁違いというべきであろう。しかも中国の近代的産業は，沿海部や長江沿いに偏って日本軍に占領されやすく，国民政府が依拠した西南など奥地は近代工業の8％，発電量の2％をしめるにすぎなかった。唯一，日本の何倍もある広大な領土と厖大な人口が，抵抗戦争を続けるさいに依拠すべきものになるが，庶民のナショナリズムが弱い上に，人や物資の調達のシステムが確立していないもとでは，動員するさい潜在的可能性でしかない。これが抗戦にあたって中国が直面した現実であった。

　国民政府がまず急いだのが，上海など沿海・沿江部からの工場・技術労働者の奥地移転であり，この「工場のダンケルク」とよばれた難事業によって，1940年までに，重工業を中心に449工場が移転した。次いで奥地のインフラ，とくに交通の整備がはかられ，ビルマ・ルートの建設やソ連に通じる西北ルートの改修のほか，奥地内部の鉄道や道路の建設も進められた。そして，政府の補助・奨励の下で，1940年までに406の民間資本の工場が設立された。しかしこれらの民間資本は軽工業が多く，とくに戦争を直接支えるが多額の資本を要し回転も遅い，重工業の建設や資源の開発は，国家資本が主体とならざるをえない。

　その任務を委ねられたのが，資源委員会である。同委員会は，満洲事変後に組織された調査・研究が主体の国防設計委員会が，1935年4月に軍事委員会の所属下に改組されたもので，日本の全面的な侵略に備えた経済の国防化を推進する中心機関とされたのである。委員会は翁文灝・銭昌照らの指導で，内地の湖南・江西を中心に主要鉱産物や鋼・電工機材などをかなり自給できるようにする，野心的な「重工業建設五カ年計画」に着手したが，日中戦争勃発以後はさらに奥地に移り，経済部の下で戦時大後方の建設・開発の中心的担い手になった。製鉄（大渡口鋼鉄廠等）・機械（中央機器廠等）・化学（遵義酒精廠等）・電器（中央電工器材廠等）等の工業や多くの水力・火力発電所を創設したが，これらの建設には当初はドイツ・ソ連，後にはアメリカ・イギリス等からの重工業プラントや資材が大きな役割を果たした。委員会はその返済のために現物供与するタングステンやアンチモニーなどの軍需稀少鉱物の生産・販売を統制した他，鉄・銅・石炭・石油（玉門油礦）などの開発にもあたった。こうして資源委員会は1944年の奥地の生産量で，石油類・精銅・電子管・電線の100％，電動機の81.4％，鋼の56.9％，銑鉄の31.2％，アルコールの38.5％，発電量の33.5％，石炭の20.6％をしめ，軍需経済の中心的担い手として抗戦を支えた。このことは，さまざまな戦時統制と併せて，日中戦争を契機として経済にたいする国家の関与が急激に進んだことを示し

ている。

　戦後，委員会は日本が残した工鉱業企業の接収・生産回復にもあたり（大半が東北），千近い大中型企業と 30 万人以上の人員を管轄する巨大な機構になった。委員会の上層部には欧米留学者が多く，ソ連やドイツの影響もあって，終戦の年に起草された『物資建設五年計画』にみられるように，統制（計画）経済にもとづく国防と結びついた重工業建設を志向する傾向が強かった。このこともあり，国共内戦後も銭昌照ら委員会の大半が大陸に留まり，共産党政権下で経済計画や国営企業経営などに参与した。資源委員会の活動は，結果として「社会主義経済」につながっていったのである。他方，台湾に移った厳家淦・孫運璿・李国鼎らは，国民党政権の下で経済の発展に尽力した。

　日中戦争は，国家や権力が個々人さらには社会を基層まで強く掌握していく契機にもなった。近代の国民国家は，人々を地縁的・重層的に組織するとともに，教育や情報によってナショナリズムを育成し，国民として掌握する。しかし中国では日中戦争の勃発まで，宗族などの血縁，土地・水利などの生産にかかわるもの，あるいは秘密結社等のさまざまな諸社会関係の中で，聚落などの地縁的関係はそのひとつでしかなく，「ムラ社会」といわれた日本のように人々の生活を強く規制するものではなかった。このため統治権力も，実質的には人口数十万人の県レヴェルまでしか及ばなかった。

　日中戦争がこうした情況を大きく転換させる。ナショナリズムが浸透していなくても，「お国のため」だとして多くの物・金・人を動員しなければならない。1,400 万人が徴兵されただけでなく，四川省だけでも交通路の修築に 250 万人以上，空軍基地建設に約 90 万人が動員された。食糧も 1941 年からの 4 年間で 1,250 万トン（攤派とよばれた雑多な臨時徴収はふくまない）が徴発された。こうした大動員を可能にするために，県の下の平均 2,000 戸を管轄する郷・鎮（行政村・町）を行政機構とし（行政費用の多くは攤派による），その下の保（100 戸程度）・甲（10 戸程度）を管轄させ（新県制），基層社会を掌握しようとしたのである。この無理な総動員の負担は，社会構造が変わらない限り結局弱者に転嫁され，その結果全社会的な利害対立や混乱が激化して，国民政府の基盤を逆に崩していくことになる。日中戦争に続いた国共内戦がさらにその矛盾を激しくして，国民政府の崩壊を導くのであるが，基層社会を強く掌握していく流れは共産党政権にも引き継がれ，人民公社・生産大隊・生産隊がその究極の到達点となった。

（奥村 哲）

【参考文献】Kirby 1990, 鄭・程・張 1991, 石川 1991, 薛 2005, 笹川・奥村 2007

テーマ50

土地改革

　中国共産党が実施した土地改革（土地革命）は，土地の再分配を実施して貧富の格差を解消すると同時に，階級闘争を推進することにより，地域社会における秩序を再編し，基層への党権力の浸透をはかるものであった。

　共産党による土地改革実施の必然性は，「半植民地半封建」社会における農民層の下降分解（全層落下）論によって正当化されてきた。これは，①帝国主義による農作物の買い叩きと農村手工業の破壊，②農民の農業への再投資を不可能にする地主による土地兼併と搾取を背景として農民層の下降分解が進展したと認識するものである。そして農村経済と農民生活の改善のためには，帝国主義と地主の搾取からの解放が不可欠と結論づけられた。しかしこの見解には近年強い疑義が提起されている。すなわち民国時期の農家経営に対する実証的分析の成果に依拠して，商品経済化や小農による集約的経営を通じた土地生産性の向上が明らかにされた。さらに世界恐慌下の1930年代に喧伝された地主による土地の兼併も，全国的かつ長期にわたる趨勢として確認できるわけではない。もちろん地域間の経済格差，過剰人口問題，戦争や匪賊の害による民生の困窮が当時深刻であったことは見過ごせない。しかし現在の研究水準に立てば，土地改革必然論の前提であった下降分解認識は必ずしも当時の農業経済・農村社会の実態を過不足なく写し取り理論化したものではなかったと考えられる（奥村 2004）。

　また共産党は，土地の分配によって農民の支持を獲得し中国革命に勝利したとされてきた。しかし，これも事実はそう単純ではない。1920年代末から30年代前半，華南を中心とする革命根拠地において共産党は土地革命を通じて勢力の拡大をめざした。しかし党組織の脆弱さに加え，在地武装勢力（宗族・地域を背景とした自衛団など）の抵抗，国民党の反撃により，根拠地は短期間に崩壊した。土地の分配を受けた農民が必ずしも積極的に紅軍に加わるとは限らなかった。代わって既存の雑多な武装人員が傭兵的に紅軍に編入され，共産党の軍事力を担ったことが最近の研究で明らかにされている（阿南 2012）。

　その後，国民党の追撃を振り切り，北方へ脱出した共産党は陝西省延安に根拠地を建設した。日中戦争が勃発すると，抗日民族統一戦線の下，地主を攻撃する土地革命を停止し，小作料と利息とを減額する温和な政策に切り替えた。しかし日中戦争終結後，国民党との軍事衝突の危機に直面するなか，1946年5月に「土地問題についての指示」（五・四指示）を出し，実際にはすでに進行していた対日協力者・土豪劣紳・悪ボスからの土地没収を公式に認めた。さらに1947年10月にはあらゆる地主の土地所有権の廃止，土地の均分を規定した「土地法大綱」を制定した。たとえば山東省では，敵の土地と財産を没収・再分配することにより，貧農の物質的要求を満足させることが試みられた。しかし，その過程で，旧地主・富農からの収奪だけでなく，中農の財産の侵犯が発生し，農業生産は打撃を受けることになった（王 2006）。また内戦の帰趨を制した東北地区では，共産党は確かに大量の兵を短期間で徴募することに成功した。しかし，その要因としては土地の分配によって農民の自発的な支持を獲得したこと以上に，階級敵か

らの食糧・財産の没収を通じて，新兵の募集や雇用に必要な財を共産党が独占し得たことを重視する見解が打ち出されている（角崎 2010）。

人民共和国成立後の 1950 年 6 月には「中華人民共和国土地改革法」が公布され，華中や華南でも土地改革が実施された。この時期の土地改革には，日中戦争や国共内戦により極度に窮乏化した貧困層を救済する社会政策としての意義があったことは重視すべきである（笹川 2011）。その一方で，適正規模以下の零細農を大量に析出したことも看過できない。生産力に即してみた場合，過度の零細化は，その後の農業の集団化を不可避なものとしたといえる（⇒テーマ 52「人民公社」〈p. 283〉）。さらに 1953 年に導入された「統一購入・統一販売」では，重工業が推進されるなかで増加した都市人口に配給するために，農村から食糧が強制的に買い付けられ，農民生活に深刻な影響を与えたのである。

こうした農村からの徹底した食糧徴発は，党・国家権力の基層社会への浸透により初めて可能となったと考えられる。土地改革における階級闘争に組み合わせて，「反革命鎮圧運動」が実施され，社会内部の抵抗勢力や潜在敵が排除された。さらに外部から派遣された工作隊により，旧貧農層から広汎な基層幹部が抜擢され，党・国家権力の社会への浸透が進んだ。ただし内戦や朝鮮戦争を背景として，土地改革が推進されたために，共産党による社会統制力の強化が，戦時動員を支えるための農業余剰の収奪に直結することになった。

一方，中国本土においては大規模な土地改革を実施できなかった中国国民党であるが，実際には伝統的土地・地税制度の改革に努める一面もあった。孫文の提唱した「民生主義」には「耕者有其田」，「平均地権」の理念が包含されており，これを実現するため国民党は土地行政や農政のテクノクラートを擁していた。当初は，生産力の向上を念頭に経営能力のある農戸の育成が重視されており，日中戦争時期にはいくつかの実験区において小規模ながらも自作農創設が試みられた。

日中戦争終結後に内戦が深刻化すると，共産党に対抗する政治的措置として大規模な農地改革が立案された。これは 1948 年夏に実質的に国会の機能を有する立法院での審議に付された。しかし国民党内の派閥抗争が深刻化するなか，地主の利益を擁護する反対派からの抵抗に遭い立法化は阻止されてしまう。これにたいしテクノクラートたちは，内戦時期に地方を管轄した軍政長官と協力し，1949 年秋には残された拠点である四川省や広西省そして台湾省において，小作料減額策や土地所有の制限策を実施に移した。基層社会における国民党政権の行政能力の脆弱さにより改革の執行は容易ではなく，さらに内戦での敗北により中国本土での事業は放棄された。一方，日本の植民地統治を経て土地にかんする情報（地籍）が整備されており，また本省人地主に武装した外来政権にたいする抵抗の術がなかった台湾では，農地改革が完遂された。そして農地改革を通じて国民党政権による台湾農村社会の掌握も進展したのである（山本 2009）（⇒テーマ 58「台湾の経済開発」〈p. 294〉）。

（山本　真）

テーマ 51

重工業

　マルクスはその再生産表式論において生産手段生産部門と消費手段生産部門のバランスを論じ，ホフマンは工業を消費財産業と資本財産業に区分し，工業化の進展とともに後者の比率が高まるとの産業構造上の経験則を説いた（ホフマン 1967）。消費財工業は軽工業，資本財工業は重工業とよばれたが，戦後の日本では高度成長の過程で石油化学工業の発展が顕著であったことから，後者を重化学工業とするいい方が一般的になり，たんなる製品重量の軽重を示す用語として重工業・軽工業の区分が使われるケースも多い。また繊維産業のように最終商品であれば消費財，中間財であれば資本財であるように線引きが厳密には面倒な産業部門もあり，さらに家電製品のような耐久消費財の生産において，国際分業の深化とともに国内重工業による部品供給を輸入で代替するような工業発展も想定されることから，産業分類としての重工業・軽工業の区別は希薄になりつつある。

　マルクス主義的な発展段階論に立つ中国共産党治下の中国では，立ち遅れた重工業を急速に発展させ，西側諸国に追いつき追い越すことが政権発足にあたっての至上命令であった。当初はソ連からの援助に頼りつつ，重工業投資に傾斜する形で第 1 次五カ年計画（1953～1957 年）が実施された（石川 1960）。また中華民国期の中国にたいしては，「半植民地，半封建」にして工業発展，とりわけ重工業発展の立ち遅れた経済とみるコミンテルン流の見方が，内外において一般的であった。

　しかし近年では，民国期の租界や江蘇省における食品産業，繊維産業などの工業発展のみならず，それらに牽引される形で展開した川上の重工業，とりわけ電力産業や紡織機械工業についての研究が進んでいる（田島編著 2008，王 2009）。また永利化学（天津でのソーダ，南京での硫安）や天原電化（上海での電解ソーダ）などの民族資本による輸入代替的な化学工業の展開，啓新洋灰（河北・唐山など），中国水泥（南京），上海華商水泥（上海），西北実業洋灰廠（太原），西村士敏土（広州）などの民族系企業・地方公営企業によるセメント産業の発展は，広く知られるところである（田島編著 2005，田島・朱・加島編著 2010）。とりわけ啓新，中国，上海華商の民族セメント資本 3 社の場合は，1920 年代以降，日本よりのセメント輸出に対抗してカルテル組織を作り，南京国民政府にたいしては関税自主権の獲得による保護関税の適用を要求している（久保 1999）。西北実業は閻錫山による「山西省政建設十年計画」の一環として 30 年代に設立された公営コングロマリットであり，広東省における陳済棠による地域開発も，同様に地方レヴェルの殖産興業政策と考えられる（田島・朱・加島・松村編 2011）。さらに日本統治下の旧満洲，華北占領地における重工業発展についても，台湾などでの植民地工業化との比較で，関心が高まっている（松本 2000，峰 2009，湊 2011）。

　民国期における重工業化の担い手であったこれらの民族資本は，1956 年までに公私合営化され，公営企業や外資系企業の場合は人民共和国期に入り，もしくは朝鮮戦争を機に接収され，多くは中央政府傘下の国営企業となった。これら中華民国期の工業遺産は，第 1 次五カ年計画に前後してソ連・東欧より輸入した重工業プラントとあいまって，

新中国における計画経済化の「管制高地」を形成した。

しかし1950年代末以降、中ソ関係の悪化にともない、対ソ依存の発展は中国にとって不可能となった。いかに一国的に、もしくは西側諸国との関係改善を通じ重工業化を実現するかが、中国にとっての政策的な大問題となった。農業・食糧問題は引き続き工業化のネックであり、農業、軽工業、重工業の優先順位をめぐり、政策当局の亀裂は深刻であった。そして60年代になると、ヴェトナム戦争の激化とともに、対米ソの冷戦に備えた「三線建設」や地方レヴェルにおける「五小工業」の取り組みが本格化し（丸川 1993、馬 1998）、結果として重工業化が引き続き進展する。かかる地方工業化に偏した冷戦期の重工業化は、地方ごとの取り組み、産業組織の分散化という形で、その後の中国経済の発展を一面で規定する。

他方で対西側の技術導入は、まず綿花生産に代替するビニロン・プラントの導入という形で1964年に（石川編 1964～1971）、より本格的には大慶油田の本格稼働を受けて中国の石油輸出国化が実現する70年代以降、鉄鋼や石油化学などの重工業プラントの導入という形で、72年、78年と相次いで行われる（国家統計局固定資産投資統計司編 1987）。このうち72年のプラント輸入は武漢製鉄所の圧延プラントに代表され、総額43億ドルと当初見込まれたことから「四三方案」とよばれた。78年の場合は宝山製鉄所プロジェクトが代表的で、資金面でショートし、結果として対外債務依存を余儀なくされたことから、後に「洋躍進」とよばれ、政権批判につながった。このような曲折はあったが、70年代の一連のプラント輸入は、中国が国際的な孤立からの脱却をはかる上で、また輸入代替工業化と産業発展におけるボトルネックの解消をめざす上で大きな意味を有し、結果として1980年代以降の中国の対外開放につながる。

1970年代末以降の中国における経済政策の転換は、産業構造の面では重工業から軽工業優先への軌道修正を内容とするものであり、79年11月に開催された全国計画会議では「6つの優先」という形で、資金、資源、技術、輸送面等での軽工業優先が打ち出された。しかし70年代末以降に導入された輸入プラントが相次ぎ稼働したことから、中国では80年代前半にかけて再度の重工業化が進展し、80年代半ば以降、ようやく軽工業の発展が顕著な傾向となる。市場経済化や企業自主権の拡大がすすみ、多様な経済主体が容認されたことから、資本節約的な軽工業が発展したと考えられる。こうして中国は、経済改革の進展とともに従来の「計画」「政策」に代わり市場メカニズムによって産業構造の転換が基本的にはかられる体制となり、最近では重工業、軽工業の区分を明示した発展戦略論は、みかけることが少なくなった。しかし大国なるがゆえのフルセット工業化の傾向や、地方におけるインフラ投資の必要、さらには2008年のリーマン・ショックを契機とする内需拡大政策の結果として、中国では引き続き、沿海地域のみならず内陸部におけるセメント、鉄鋼などの重工業の発展が顕著である。

（田島 俊雄）

【参考文献】田島 1991・2011、中華人民共和国国家経済貿易委員会編 2000

テーマ 52

人民公社

　　農村人民公社は 1958 年から 83 年までの四半世紀にわたって中国全土で作られた，農業経営と末端行政の機能をあわせもつ組織であり，都市部の国営企業と対をなして計画経済を遂行する制度装置であった。1960 年代，70 年代に全国で約 5 万社が作られ，1 公社あたりの農家世帯数は 3,000 戸程度であった。50 年代末，多くの都市でも人民公社が設立されたが，66 年までにすべてなくなった。

　　中華人民共和国成立後，土地改革が行われ，土地私有制に基礎がおかれた世帯単位の小農は，農業経営の一般的な姿となった。そうしたなか，家族経営の零細性や農家間の新たな両極分化といった問題を克服すべく，近隣・親戚同士の共同作業によって農業経営の組織化がはかられた。当初は数世帯の緩い結びつき（共同労働）でできた互助組も，共産党政府の指導下で急速に広範囲の協同組合（合作社）へと変質した。労働ばかりでなく，大型農機具の共同利用，農地の集団所有も半ば強制的に進められた。互助組から初級合作社（自然村）へ，さらに高級合作社（複数の自然村）への移行は 3, 4 年間で終わった。1958 年に，毛沢東主席の指示でより広い範囲をカヴァーする人民公社が一気に全国で普及した。

　　初期段階の人民公社は，規模が大きいほどよく，公有制の範囲が広いほどよいという理念の下，数万人ないし数十万人規模の公社が作られたが，大躍進運動の失敗およびそれに起因した大飢饉も影響して，1960 年代に入ってから，おおよそ，20～30 世帯で 1 生産隊，10 生産隊で 1 生産大隊，10 生産大隊で 1 人民公社というピラミッド型組織が形作られた。公社，大隊と生産隊はそれぞれ固定資産を所有するものの，農地，農機具といった生産財は基本的に生産隊が所有する。生産隊は生産活動，食糧・現金等の分配のもっとも基礎的な単位と位置付けられたのである。

　　農家の労働力人口は人民公社の「社員」として生産隊の生産活動に参加しなければならず，労働参加の多寡に応じて労働報酬を受け取る。一方，生産隊は子どもや高齢者をふくむ農家の全世帯員にたいして食糧等の実物を国の定めた価格で配給する義務を負わなければならない。個々の農家で労働報酬と実物配給の金額を比較して農家と生産隊の収支関係が確定する。

　　生産隊は労働，分配の基礎単位ではあるが，独立した経営体ではない。何をどれだけ生産し，生産された農産物を誰にどういう価格で販売するかについて，生産隊は一切の意思決定権を有しない。生産隊は，公社，生産大隊を経由して下された国の指令計画に従って，生産活動を行い，国には生産物と農業税を，公社，生産大隊には公益金，積立金，管理費を納め，その残りを農家間で分配するだけでよかったのである。

　　公社，生産大隊は主に国の農業政策，生産計画を生産隊に伝達しその実行を監督し，あるいは生産隊の範囲を超える水利工事などを組織したり，学校，医療といった公共サーヴィスを提供するものの，生産隊の具体的な生産活動には介入しない。

　　こうしてみると，人民公社はきちんとした機能をもつ組織であるともいえようが，なぜ 1970 年代末に崩壊してしまったのか。毛沢東の死去と鄧小平の復権はいうまでもな

く重要な転機であったが，より本質的な理由として以下の3点が挙げられる。

　第一に，人民公社が資源制約による貧困の悪循環を断ち切れなかったことである。国家工業化戦略が掲げられた計画経済期には，国による農産物の買い付け価格が低く抑えられ，農業収入の増加がきわめて遅い。農村から都市への人口移動が制限され，農地面積も減少するなか，増え続けた人口の就業問題が深刻化する。それを緩和する目的もあって，コメの二毛作の普及がはかられ，畜産業の発展にも力が入れられた。結果，農業生産への労働投入が激増した。

　ところが，農産物の買い付け価格が低く，農村工業の発展も限定的だったため，1日あたりの労働単価はほとんど上昇しなかった。農家の純収入に目立った増加がみられず，現金収入の比率も低かった。なかには労働報酬が食糧等実物配給の金額を下回る赤字の農家も高い割合で存続した。

　第二に，所得分配の悪平等が制度化され，農家の働くインセンティヴが低下したことである。生産隊での集団労働に参加する個々人の能力や努力があまり重視されず，出勤していればだいたい同じ労働点数が付与される。能力と努力が報われないことの常態化で，生産効率が下り，組織が崩壊したということができる。

　第三に，政府のでたらめな指令計画のせいで農業の経営効率が悪化したりすることも，人民公社の崩壊をもたらした大きな時代背景である。

　1970年代末から農業生産請負制が徐々に導入され，83年に制度としての人民公社も消滅した。以来，末端行政単位としての人民公社が郷鎮政府に引き継がれたが，農業経営は土地集団所有制の下，家族単位で行われている。　　　　　　　　　　（厳　善平）

【参考文献】厳 1996・2002，嶋倉・中兼編 1980，曹・張・陳 1995，張 1997，中兼 1992

テーマ 53

三線建設

　1964年8月にベトナムでトンキン湾事件が起き，アメリカがベトナム戦争に本格的に介入しはじめた。このことは中国の指導部を震撼させ，アメリカとの大規模な戦争に備えた工業の再配置が始まった。それが三線建設である。
　「三線」とは，軍事的な観点からの中国の地域区分である。沿海部や国境付近など敵の侵入を受けやすい地域が「一線」，そこを突破した敵が次に浸入すると想定されるのが北京－広州鉄道周辺の「二線」，そして敵に侵略された中国軍が立てこもって長期戦を闘う基地となるのが内陸の四川省，貴州省，陝西省，甘粛省などの「三線」である。三線建設とはこれらの地域に，通常兵器，航空機，核兵器などの軍事工業から，それを支える機械工業，鉄鋼業，非鉄金属工業，化学工業，電力，鉄鉱石や石炭・石油の採掘までフルセットの工業体系を築こうという壮大なプロジェクトであった。
　三線建設は1964年5月ごろに毛沢東が構想し，当初は，劉少奇や鄧小平が進めていた農業重視の経済政策を揺さぶる口実として使われていたが，トンキン湾事件以来，指導部の誰もが危機の存在を認めるところとなり，ただちに内陸部での工場建設の準備が始まった。それ以来，1975年までの10年間，国家による投資の4割以上が三線建設のために注がれ，2,000以上の工場や研究所などが建設された。
　三線建設では軍事的な観点から工場立地を決めたため，生産効率の悪い工場が多い。その典型が，毛沢東が自ら建設を命じた攀枝花製鉄所である。四川省と雲南省の境界付近に鉄鉱石資源があるので毛沢東はこの製鉄所の建設に強く固執したのだが，特殊な鉄鉱石であるため，外から追加的に鉄鉱石を搬入しなければ鉄が作れない。また，湖北省西部に丘陵の狭間を縫うように建てられたのが第二汽車製造廠（現在の東風汽車公司）である。当初は軍用輸送車を生産する工場として建設が始まったが，建設の途中で軍による輸送車需要がなくなった。けっきょく，山間部に隠蔽された工場でごく一般的なトラックを作るというちぐはぐなことになった。
　刻々と変化する国際情勢に対応するのに，長期にわたる投資を必要とする内陸部の工業建設という手段を採ったところに矛盾の根源がある。三線建設による工場建設が終わらないうちにアメリカとの戦争に中国が巻き込まれる危険は遠のいたが，1969年には中ソ国境の珍宝島（ダマンスキー島）でソ連との軍事衝突が起き，緊張感が高まった。これを機に三線建設のプロジェクトが数多く追加されたが，それらの建設が終わらないうちに，1972年の米中和解と日中国交回復によって戦争の脅威は遠のいた。三線建設で作られた工場が稼働を開始したのは1970年代後半であるが，ほどなく中国は経済発展を重視する改革開放政策を開始したため，三線建設の成果は中国のお荷物になってしまった。

（丸川　知雄）

【参考文献】丸川　1993・2002

テーマ 54

五小工業

　中国共産党は，1956年9月の第8回党大会で「国民経済発展第2次五カ年計画についての建議」を採択し，「国家行政システムの改進と地方による積極性の発揚」をスローガンに，ソ連に倣った発展モデルの修正を打ち出す。財政経済政策担当の陳雲中央副主席（中央経済工作小組組長）は，自ら「工業管理体制の改進についての規定（草案）」，「商業管理体制の改進についての規定（草案）」，「財政管理体制の改進についての規定（草案）」を起草し，以後57年から58年にかけ，中国では中央政府直属企業の地方への管轄換えや財政，計画・投資権限の地方への大幅移譲，地方による工業管理権限の拡大などを内容とする一連の分権化措置が実施された（石原1990，田島2000）。
　こうした「体制改進」措置は1958年に行われた大躍進政策の失敗とあいまって，60年代初頭の段階で挫折する。しかしヴェトナム戦争の激化を背景に，64年半ばに入ると毛沢東は，内陸部に工業基盤を移転する「三線建設」とともに，中央集権的な計画管理体制の是正を再度主張し，66年から始まる第3次五カ年計画では，「備戦，備荒」すなわち戦備と農業支援に傾斜した基礎工業の発展が強調された。また毛は66年3月に劉少奇に宛て「農業機械化問題についての書簡」を発し，「備戦，備荒」のための農業機械化と，それを通じた農業生産力の引き上げを訴えた。これ以降，中国の各地では，鉄鋼および農業機械産業の取り組みをはじめとする地方的な「五小工業」の試みが活発化する（田島1978，馬1998）。
　「五小工業」は主に専区（省と県の間に位置する行政区で，今日的には「地区」とよばれる）もしくは県のレヴェルで取り組まれる小型鉄鋼（小鋼鉄），小型セメント（小水泥），小型農業機械（小農機），小型炭坑（小煤炭），小型化学肥料（小化肥），小型水力発電（小水電）などの国営重工業を指す。中央政府に帰属する「中央企業」，もしくは中央計画のもとに購買・販売が規制される一定規模以上の「大中型企業」（「直供企業」もしくは「統配企業」ともよばれる）とは管轄のレヴェルが異なることから，慣用的に「小」という冠詞が付される。これにたいし農村人民公社各級の企業は「社隊企業」，市街地の手工業から出発した企業は「城鎮集体企業」とよばれ，「国営企業」とはあくまで範疇の異なる「集体企業（集団所有制企業）」とされた。
　「五小工業」は「社隊企業」とともに文化大革命下の「新生事物」とされ，とりわけ対ソ武力衝突後の1970年以降，経済・財政システムの新たな地方分権化政策とともに，「三就地（地場での原材料調達・加工・販売）」をスローガンに隆盛を迎える。技術面では中華民国期の中国に移入され定着・発展した「竪窯」セメント生産技術，冷戦期の中国で独自に開発された小型高炉用焼結技術，同じく炭安（重炭酸アンモニア）肥料合成技術，日本で開発されコピーされた単気筒ディーゼル・エンジンの生産技術，それに設備投資の安価なタヌキ掘り採炭技術などの「中間技術」「適正技術」に依拠したことが知られる（赤木・佐藤1975，田島2011）。またこの時期，農村部では地場の水資源や石炭資源に依拠する形で電力事業が展開し，のちに「農村電網」とよばれるローカルな発送配電ネットワークが各地で取り組まれた（田島編著2008）。こうして「五小工業」

は「社隊企業」や農業を支える形で展開し，準戦時下のアウタルキー的な地域経済の発展を促した（嶋倉・中兼編 1980）。

対西側の関係改善と 76 年の毛沢東死去，四人組の失脚を経て，78 年前後には李先念（国務院副総理）および復活した陳雲らにより経済調整が提起され，大企業と競合する「五小工業」などを対象に構造調整が試みられるなどの曲折があった。しかし 80 年 2 月の中共 11 期 5 中総以降，胡耀邦（後に中共総書記。87 年に失脚），趙紫陽（同。89 年に失脚）らが台頭するにおよび，経済体制改革に向けた模索が本格化し，規制緩和で先行した地方工業や社隊企業（84 年 3 月以降，郷鎮企業と改称）は，さらなる発展期を迎える。そして 90 年代には国有企業（93 年 3 月以降，国営企業を改称）の法人改組や民営化を経て，旧「五小工業」は変貌しつつ，業種による違いはあるものの，地場流通に関わる低廉な調達・輸送コストを背景に，今日でもローカルな市場においてシェアを有するものが少なくない。

河北省遵化県の県営中小鉄鋼企業を母体に発展した唐山建竜実業は，いまや準大手の鉄鋼メーカーとなっている。北汽福田，福田雷沃，山東時風，山東双力や山東五征などの中堅自動車・農機メーカーは，いずれもかつての「五小工業」や「城鎮集体企業」をルーツとし，冷戦期に農村地域で形成された農業機械産業の集積を背景に，発展をとげてきた（田島 2011）。

しかし鉄鋼，セメント，化学肥料，「農村電網」などの旧「五小工業」の多くは，規模の経済性に劣ることから，産業技術の発展や輸送手段，送電手段の発達とともに，また地方保護主義への批判とあいまって，1990 年代半ば以降は「経済成長方式の転換」，「経済発展方式の転換」のスローガンのもと，新たな段階における構造調整の対象となっている。

（田島 俊雄）

【参考文献】宇野・小林・矢吹 1986，田島 2002，田島・江・丸川 2003，中華人民共和国国家経済貿易委員会編 2000

テーマ 55

郷鎮企業

　郷鎮企業とは，農村部に立地する中小企業の総称であり，英語では Township Village Enterprises（略して TVEs）とよばれる。郷と鎮は中国農村部の末端行政組織をさす。郷鎮の下にはさらに村があり，村が経営する村営企業も郷鎮企業の一部である。郷鎮企業の主力は地方自治体が経営する公営企業だが，農民の共同経営や個人経営の企業も農村部に立地していればすべて郷鎮企業とよばれる。

　郷鎮企業が注目を集めた第一の理由は，それが中国の高度成長に大きく貢献したことによる。改革開放が始まった 1978 年時点の郷鎮企業数は 152 万社，従業員数は 2,826 万人であった。2002 年になると企業数は 2,132 万社，従業員数は 1 億 3,288 万人，郷鎮企業が実現した付加価値額 3 兆 2,386 億元は GDP の 30 % をしめるまでに成長した（中華人民共和国国家統計局編 2003）。もっとも，付加価値額の約 70 % をしめる工業企業でも一企業あたりの従業員数は 12.2 人，郷鎮企業全体ではわずか 6.2 人にすぎない。ただし，全国有数の家電メーカーに成長し，香港市場で株式上場を果たした科龍集団（広東省順徳市）のように，郷鎮企業の大群の中から数多くの大企業が生まれている。

　郷鎮企業が注目された第二の理由は，郷鎮企業が経済学の常識を外れた存在のようにみえたことによる。明確な所有構造の存在が企業経営の効率性を保証するという通説（「コースの定理」とよばれる）によれば，曖昧な所有構造をもつ郷鎮企業は，国有企業がそうであるように非効率であるはずである。ところが，国有企業と比較して郷鎮企業はきわめて良好な経営実績を示した。この疑問にたいする主流派の答えは，郷鎮企業は「紅い帽子」を被った私有企業であり，その経営メカニズムは通常の私有企業と変わらないとするものである。これにたいして，ワイツマンと許（Weitzman and Xu 1994）は，「内部での潜在的矛盾を解決するグループの能力」，すなわち所有関係が曖昧で明確な契約関係がなくても，村人は相互の信頼関係にもとづいて行動すると考えた。さらに，郷鎮政府どうしの激しい市場競争の存在が企業の経営効率を高める役割を果たしたことも指摘できる（青木 1995）。

　改革開放後の高度成長を担った郷鎮企業だが，1990 年代半ば以降，大きな変化があらわれた。都市部での国有企業改革と連動して，郷鎮企業の私有化が広範囲に実施されたのである。発展の初期段階における成功は，必ずしもその後の成功を保証するわけではない。郷鎮企業がさらに発展を続けようとすれば，企業規模の拡大，企業活動の広域化は避けられない。そうした一段階進んだ発展段階において，郷村政府が郷鎮企業を有効に監督し，郷鎮企業の競争力を保持することができるだろうか。企業経営者と地方政府の役員との相互依存，相互制約の関係の中で，さまざまな解決策を模索する試みの最大公約数が私有化の加速であったと解釈することができる。

　最後に蛇足を一言。郷鎮企業は「ごうちん・きぎょう」とよばれることが一般的だが，「きょうちん・きぎょう」とよぶ研究者もいる。近代史を繙くと，郷紳が「きょうしん」とよばれるように，学術表現としては「きょうちん」が正しそうだ。　　　　（加藤　弘之）

テーマ56

女性の教育と就労

　伝統的な中国社会においては女性の社会的な地位は低く、「女子無才便是徳（女子は無才なのが徳である）」とされていた。日本の江戸時代に全国的に普及した寺子屋において、男児に混じって多くの女児が学び、女性の師匠の存在が広く認められるのとは対照的であった。また、民国時期においても、「良妻賢母」（中国語では「賢妻良母」）が女性の理想像として提唱されていた。

　しかしながら中華人民共和国建国後、「女性は天の半分を支える」がスローガンとなり、女性の労働力人口は急増した。女性の労働者数（16〜54歳を労働年齢人口としての数値）は、第1回人口センサス（1953年）によれば、1.4億人、第3回人口センサス（1982年）によれば2.6億人へと増加している（中華全国婦女聯合会婦女研究所ほか編 1991）。また労働年齢人口にしめる女性労働者の割合は、第1回人口センサス（1953年）において、すでに46.8％に達していた。女性の労働力が中華人民共和国の国家建設において期待され、女性は生産労働力として動員されたことがわかる。

　女性の社会進出を促進してきた要因として、女性への教育普及は注目できる。とりわけ文革後の動きは顕著であり、法的にも整備が行われてきた。たとえば80年代以降の改革開放政策の下での女性に関わる法律に目を向ければ、「中華人民共和国婦女権益保障法」（1992年）においては、「国は女性が男性と平等の文化的教育を享有する権利を保障する」（第15条）と高らかに宣言している。さらに「中国婦女発展綱要（2001〜2010）」では、女性教育の発展目標として、女児に対する9年制義務教育の権利保障、高校及び大学への女性の進学率の向上、成人女性識字率の向上等が提起されている。また「中国婦女発展綱要（2011〜2020）」では、女性の各教育段階における進学率の具体的数値目標として、高校90％、大学40％が示されている。

　こうした政策にもとづいて、近年、中国女性の教育水準は著しく向上している（莫 2008）。初等教育段階における就学率は92年に男児98.2％にたいして、女児96.1％であり、男女の性別による差は2.1％であった。しかし2007年段階では、すでに男児99.5％、女児99.5％となり、女児が男児を0.06％上回ることになった。

　女性の高等教育の進展が著しいことも注目に値する。1978年に全日制の大学（短期大学をふくむ）学部で学ぶ女性の大学生数は20.7万人であったが（中華人民共和国教育部計画財務司編 1985）、2010年には1,135.0万人に達している（中華人民共和国教育部発展規画司編 2011）。実に1,000万人以上もの女性が高等教育を受けていることは特筆に値しよう。また、大学学部に在籍する学生の中で女性がしめる割合は、78年には24.1％に留まっていた。しかし2010年には50.9％となっており、これは同年における日本の43.0％（高等専門学校をふくむ）を上回る数値である。80年代以降の中国経済の急速な発展の背景には、こうした女性にたいする教育事業の拡大があることは注目できる。

　女性の大学院生数も73.6万人に上り、院生総数にしめる女性の割合は47.9％と高い（2010年）。ただし、これは女性の就職難という現象が、その背景にあり、必ずしも男

女平等の社会が実現できたためではない。

このように女性の中で高等教育への進学者増大にともなって、就労の面でも近代的セクターへの女性の進出が顕著である。専門職にしめる女性の割合は、1982年には38.1％であったが、2005年には49.9％に達しており、専門職においては、男女の比率が半々となっている（1982年人口センサス及び2005年1％抽出調査）。また、女性管理職の割合は、1982年は10.3％に留まっていたが、2005年には22.0％となっており急速に上昇している（ちなみに、日本は6.6％であり、アメリカの35.7％、イギリスの22.7％に比べてかなり低い）（中国社会科学院婦女研究中心・孟主編 2010）。これは、中国における女性の高等教育進学者増大の直接的な影響と考えることができる。

一方、中国において女性の社会進出は日本以上に顕著であるが、若い女性の中で、就職よりも玉の輿願望が強まり、仕事志向ではなく、結婚して専業主婦となることを望む女性が増えているともいう。これは、旧来の伝統的な「男性は社会に出て仕事、女性は家庭で家事」という性別役割分業に回帰したように一見、思われる。しかしながら、現在の就労における男女の不平等を逆手にとり、女性が自分の商品価値を高めながら就労とは別の新しい道を選択するといった対抗戦略を取っている、とも考えることができよう。

さらに、義務教育や中等教育・高等教育の普及は都市部だけでなく、農村部、僻地、少数民族地域も巻き込んで展開した。そのため、たとえば少数民族地域においても、教師といった専門職に女性が進出するようになっている。このことは、女性の地位向上において、注目すべきことであろう。しかしながら、こうした女性教師たちは自分たちが生まれ育った伝統的な社会集団から乖離し、アイデンティティの揺らぎも生じている。

1990年代以降、東アジアの女性たちは、市場化、グローバル経済の進行の下での経済発展、あるいは経済危機など、大きな変化に曝されてきた。東アジアでもとりわけ変化の著しい中国において、近代教育の普及の中で、女たちは職業生活と家庭生活との矛盾に直面しつつ奮闘しているのである。

（新保 敦子）

テーマ57

香　港

　香港（Hong Kong）という都市が，1世紀半強という短い歴史にもかかわらず，アジア太平洋の要衝であることは，疑いようのない事実である。この街では，さまざまな人種や言葉がまじり，独特の喧騒や匂いのなかで，突き動かされるようなスピード，すさまじい熱気がみなぎっている。それは，さまざまな背景のヒト・モノ・カネ・情報が，吸収・接続・調節されては散ってゆく，いわば「流動の摩擦」から生みだされている。
　香港の誕生は，19世紀半ばのアヘン戦争にさかのぼる。1841年，イギリスは香港島を占領し，南京条約（1842年）で正式に永久割譲される。この香港占領とは偶発的なものではなく，イギリス側からみれば，当時の清朝が固執していた制限的な貿易体制を打破しようとする意志のあらわれであった。広州1港や取引相手の限定などから解放された，いわゆる自由貿易への転換である。
　しかしイギリスの期待は，当初は大きく裏切られる。なぜならば，歴史的に広州に集積されてきた中継・決済機能は，香港には容易に移転しなかったからである。自由貿易への転換は，中国・外国間の貿易量を増加させたものの，物資集散や与信決済は上海など他開港場にも分散された上，華南一帯の対外貿易はあいかわらず広州でおこなわれた。このため香港は，割譲から10年ほどは目立った経済発展をとげなかった。
　転機が訪れたのは1850年代であった。太平天国による華南・華中の混乱，さらには第二次アヘン戦争の広州大火（1856年）によって，従来の輸送ルート・決済システムは修復不能な打撃をうけ，華人商人と外国商人の双方は，貿易決済の新たな方法を模索しはじめる。こうして19世紀後半にかけて，香港上海銀行などが参入し，香港ドル決済の導入が進んだことで，香港は華南と世界をむすぶための中継・決済地となっていった。
　くわえて同じ時期，香港を介して華南からアジア太平洋の間に，華僑のむすぶ経済圏が形成され，香港の地位が決定的に確立した。19世紀における世界経済の拡大は，東南アジア，アメリカ，オセアニアなど新興開発地域で労働力需要を生みだし，珠江デルタ，潮州，福建などの華南沿岸地域から大規模なヒトの移動を促進した。こうした華僑の拡散が原動力となって，モノ・カネ・情報といった諸要素が恒常的に循環する経済圏が出現する。
　以上の背景から，香港には外国資本の商社や，「金山荘」や「南北行」と総称された華僑資本の商社など，さまざまな主体が参集して取引をした。また，それらに利便を提供するための銀行や両替商などの金融，大型汽船からジャンク船などの物流，電信や郵便などの通信といった，経済インフラも集中する。こうした調節機能の利便によって，大きな経済圏全体の作動を円滑化させる中心軸となったことこそ，アジア各地の他開港場とは異なる香港の特徴であった。
　香港という都市は，1945年以降の戦後という時代にも，独特の役割を担った。それまで香港を存立させた，19世紀後半から20世紀前半までの経済空間は，太平洋戦争によって完全に崩壊する。さらに地域内での国民国家の成立によって，境界のない自由か

つシームレスな経済活動は不可能となる。とくに重大であったのが，それまでに経験したことのなかった「閉じた中国」の出現である。1949年の中華人民共和国の成立は，香港と表裏一体であった後背地の華南，その先に拡がるアジア太平洋との関係を，公式には分断した。ところが香港は，空間全体を連動させる役割が終焉したにもかかわらず，衰退はしなかった。なぜならば戦後の香港は，地域内で唯一，国民国家に捉われない「真空地帯」となることで，新たな利便性がみいだされたからである。

たとえば中国本土との関係をみれば，国境が閉ざされた後でも，香港を経由した中国への密輸，中国から香港を介した難民の密渡航など，非公式ではあるが密接な関係は維持されていた。はては閉じたはずの中国政府ですら，貿易商社，金融機関，運輸，倉庫などの拠点を香港に設けることで，長期にわたって各種貿易，華僑送金，決済などの窓口として活用してきた。また東南アジアとの関係をみれば，かつてのようにヒト・モノ・カネ・情報の自由かつ大量の流動を許さなくなってはいたが，頻繁な往来は保たれていた。とくに，東南アジア各国の成立と政治的不安定性から，華人資本は香港を逃避先あるいはリスクヘッジの拠点として利用していた。

さらに戦後香港の特徴は，ヒト・モノ・カネ・情報といった諸要素が，ただ通過するのではなく，蓄積されることによって，域内発展が促進された点にある。とくに1960〜1980年代には，軽工業による製品輸出や，高地価政策に誘導された不動産開発が大きく発展した。この高度成長によって増大した富は，海外から流入する資金とともに，金融市場と不動産市場に豊富な流動性を供給し，その成長を促進した。くわえて，1983年に香港返還交渉の衝撃による香港ドル危機から1US$＝7.8HK$の米ドル・ペッグ制が導入されたことは，金融センター機能の発展と経済システムの長期的安定に寄与した。

こうして競争力を強化した香港は，従来のように地域レヴェルだけでなく，世界レヴェルでも有力な経済センターとなる。これが20世紀後半，ふたたび「開かれた中国」が出現し，世界経済に組みこまれるなかで，香港が新たな役割をはたすための下地となった。

たとえば1970年代後半，中国が対外開放政策に転じ，さらに1980年代以降に外資誘致を開始すると，これに呼応して多種多様な資本が，香港をクッションにして中国市場に接近していった。1979年から現代まで，対中直接投資は件数ベース，金額ベースともに香港が第1位をしめている。これは実質的には地場資本だけでなく，むしろ香港を経由した各国・各方面の資本でもあり，対中投資の窓口となってきたことがわかる。こうしたなかで21世紀初頭まで，いわゆる「前店後廠」（前方の店＝香港，後方の工場＝中国本土）とよばれるように，低廉な人件費や部品集積を利点にした製造拠点としての中国本土と，高度な金融機能や世界有数のコンテナ・ターミナルを背景とした調節拠点としての香港という，分業と連動の構造が機能していった。

一方で香港は，現代中国にとっての国際的契機の場という役割も強めていった。これは金融面からみれば，20世紀末からの香港市場が，中国の国際資本調達センターとなってきたことからも明らかである。香港市場では，1990年代から中国本土系企業の資本調達が本格化し，さらに21世紀に入ると通信・電力・資源・銀行・保険など，国家にとっての基幹産業が段階的に上場されてきた。中国が世界経済で存在感を高めるなか，香港は旺盛な中国の資金需要と，世界の投資需要を仲介している。また近年の香港は，

人民元の自由化・国際化にむけた実験場として，人民元オフショア・センターの役割を担っており，人民元建ての資金決済や債券発行なども積極的におこなわれている。

　以上のように香港の歴史と現状をみれば，この都市の存在理由について，大英帝国のクラウン・コロニーであったことや，中華人民共和国の「一国両制（一国二制度）」下にあるといった，「帝国」や「国家」の視座をベースにして理解を試みることは，必ずしも本質を正確に捉えるものではない。むしろ香港とは，そこで得られる利便を誘因として各方面から集散される無数の経済活動を基礎に，それらをつないで調整し続けることによって，地域や世界に埋めこまれながら存立している。この役割を，約1世紀半にわたって継続してきたことが，シンガポールや上海のような地域内の競合都市に比べた，香港独自の優位性となっている。

　一方で，香港が直面している課題も少なくない。たとえば，経済構造に埋めこまれた人為的な不動産価格形成による高コスト体質，そのゆがみを改革・脱却できないジレンマ，特定財閥による過度独占・反競争への適切な政策介入の必要性，環境汚染など中国本土との隣接性から生みだされる諸問題，肥大化する行政組織の効率性維持，などである。くわえて大きなリスクは，香港が1997年の主権返還によって，中国の一都市となった事実である。かつての香港は，イギリス領であることによって，辛うじて直接的なチャイナ・リスクを回避してきた。しかし現在は，中国の主権下にある特別行政区であり，香港を規定する諸要因において，中国の影響力はかつてないレヴェルにまで拡大している。

　それにもかかわらず，中国と世界をむすぶ基層で，経済活動の回路が作動する限り，香港の存在理由は失われることなく，また将来も変わることがないであろう。香港はこの瞬間にも，「流動の摩擦」による熱気を発し，躍動するアジア太平洋の「ゲートウェイ」であり続けているのである。　　　　　　　　　　　　　　　　　　（久末　亮一）

【参考文献】濱下 1996，久末 2012

テーマ58

台湾の経済開発

　漢民族の台湾移民は明代の台湾南部に始まる。移民が生産した米や砂糖は中国や海外へと輸出された。清朝は台湾開発に積極的ではなかった。にもかかわらず移民の開拓地は台湾西部平原に広がり，19世紀初に東北部へ達した。
　台湾の港が欧米列強に開かれた1860年以降，漢民族は山地開拓を進めた。茶と樟脳（火薬原料）は欧米への重要輸出品であった。北部山地は茶栽培に適し，樟脳を産する楠も多かった。同じころ，1874年の日本の出兵により台湾の重要性に気付いた清朝も，台湾開発を始めた。とくに力を注いだのは1885年から1891年まで台湾巡撫（行政長官）となった劉銘伝であった。劉は土地調査や軍事近代化とともに，鉄道や電信の建設を進めた。劉の開発は財政難のため挫折したが，次の日本植民地時代における開発の先駆とされる。
　1895年に台湾を植民地化し総督府を置いた日本はまず，交通建設と調査事業に着手した。総督府は縦貫鉄道建設を進め，1908年に基隆〜打狗（高雄）を全通させた。基隆と打狗の築港事業も進め，1910年代には両港を大型船が発着できる港へと変貌させた。総督府はこの両港に日本と結ぶ定期航路を誘致して台湾の内陸から日本までの一貫交通路を作り，台湾と日本とを物流で結び付けた。調査事業は，土地調査（税収の確保），旧慣調査（漢民族の商業や法律の慣習を知る），戸口調査（住民の所在と生業を知る）などである。抗日ゲリラ制圧に成功した1902年以降，調査は順調に進んだ。戸口調査を実施し土地調査も終結した1905年以降，総督府の台湾統治は安定した。
　台湾の農業開発は，1910年代に糖業が軌道に乗ってから進展した。日本から製糖工場に投資がなされ，サトウキビの品種改良も行われ，台湾は日本の砂糖供給基地となった。糖に次いだのは米である。1920年代に総督府は，日本人の食味にあう蓬莱米の開発に成功した。低価格もあって蓬莱米は日本市場に一定の位置をしめた。他にも日本向け農作物としてバナナやパイナップルが作られた。欧米向けの茶や樟脳をあわせ，台湾は1920年代に農業植民地としての地位を確立した。
　台湾の工業開発が進展したのは1930年代である。1934年には10万kwという当時としては大規模な日月潭水力発電所が完成し，その電力を利用し製品を日本へ輸出するアルミニウム精錬工場が設置された。1936年，国策会社として台湾拓殖株式会社が設置され，同社の主導によって，日本の中国南部や東南アジアへの進出を見越した軍需工業化が展開されていった。他にも日本から輸入された工業製品を修理するための金属機械工業が発展した。しかし戦争の激化により，電源開発の拡大などさらなる工業化は中断された。
　1945年の日本敗戦により台湾は中華民国の手に移った。経済面で最初に行われたのは，日本企業の接収である。日本企業の代表格であった製糖会社は台湾糖業公司という公営企業に再編された。中国に本拠を置いていた公営企業も台湾で接収を行った。たとえば中国石油公司が日本海軍の燃料基地や台拓化学工業を接収した。とはいえ貿易の90％以上をしめていた日本との断絶は打撃であり，中国貿易も戦時インフレ波及の原

因となった。1947年に発生し、台湾の社会対立の原点となった二・二八事件も経済混乱が背景にあった。

　1949年の中華民国の台北遷都（国共内戦での国民党敗北）と、1950年の朝鮮戦争開始によるアメリカの中華人民共和国封じ込めによって、台湾は中国との交通路が切断され、新たに東アジア冷戦体制の最前線基地として再編されることとなった。

　1950年代に入ると台湾経済の再建が始まった。まずアメリカが台湾へてこ入れをした。1950年に連合国軍最高司令官総司令部（GHQ）と中華民国政府は、日本と台湾の貿易協定を締結し、台湾の公営企業に有利な形（外貨を使わずに貿易でき、日本は割高な台湾砂糖を買わなければ、台湾へ商品を売れない）で日本との貿易関係が復活した。1951年の相互安全保障法に始まる諸法令により、アメリカは台湾への軍事・経済援助を進めた。顕著なものとして援助綿花を使った綿紡績工業の発展、植民地末期の中断から再開する形での電源開発の進行がある。台湾内部でも1951年以降に土地改革が行われ、地主を排除する形で台湾社会への中華民国政権の浸透が進んだ。

　1960年代に入ると、日本との貿易が外貨支払い方式へ移行し、アメリカ援助も縮小した。台湾内を市場とする工業も成長の限界に達していた。そこで台湾が採用したのは輸出加工区の創設を通じた輸出指向型の工業化戦略である。1930年代以来の工業基盤を有する高雄に設けられ、外国企業の地区への工場建設と製品輸出が奨励された。1980年代中国の経済特区のモデルとなったこの輸出加工区は、各種の投資奨励条例とあいまって台湾工業発展の原動力となった。

　1970年代に入ると「十大建設」が行われた。それまで大陸反攻を掲げて多額の軍事費を支出していた中華民国政権は、電源開発以外のインフラにまでは大規模投資ができず、日本植民地時代のインフラを使い続けた。1970年代になり、政治の実権を父の蔣介石から受け継いだ蔣経国は、大陸反攻を事実上断念するとともに、桃園空港、南北高速道路、縦貫鉄道電化など新たなインフラ建設を進めた。同時に石油化学工業など重化学工業への投資も拡大させた。これら政府主導の投資と、1980年代になってからの電子産業への海外直接投資があいまって、NIEsとよばれる新興工業発展地域へと台湾は到達した。

（やまだ　あつし）

【参考文献】矢内原 1929、涂 1975、隅谷ほか 1992、河原林 2003、堀 2008、湊 2011

テーマ 59

日中経済関係の 100 年

　日中関係について書かれた近現代史の概説書では,「進んだ日本」と「遅れた中国」という対比で日中関係が語られることが多い。しかし，日清戦争前後の時期まで遡るならば，日本と中国はともに西欧諸国に対抗して近代化を推し進める隣国として，競争・対抗関係が主であった（加藤 2009）。ところが，日清戦争後の 1895 年 4 月に結ばれた下関条約は，近代以降の日中経済関係を大きく変えるものとなった。この条約を契機として，日本をふくめた外国資本による製造業が一斉に中国国内で操業を開始した。

　製造業の中心は綿紡織業であったが，大日本紡績，内外綿，鐘紡，東洋紡など日本資本（いわゆる「在華紡」）は，中国資本の紡織工場とともにその中核を担った。1931 年 9 月の満洲事変勃発から 45 年の日本の敗戦まで，日中関係は良好とはいえない状態に置かれたが，両国の経済関係は戦争により強化された側面もある（加藤・久保 2009）。東北地域（満洲）では，日本への戦略物資の供給を目的として，資源開発を中心とした重工業化が推進された。また，中支那振興株式会社，北支那開発株式会社などの国策会社が設立され，民間企業も大挙して大陸中国に進出した。

　以上のように，戦前・戦中期を通じて日中間の経済的つながりは途切れることなく強化されていった。グローバル化が進む今日と比較すると，両国の関係は特別に深い二国間関係とでも表現すべき内容であり，とりわけ日本にとっての中国は，資源・エネルギーの供給基地として今日以上に大きい存在であったことが確認できる。

　戦前・戦中の密接な日中経済関係は，1949 年に中国共産党が人民共和国を建国することによって，いったん断絶することになる。東西冷戦構造を背景として，両国の経済関係は冷え込み，本格的な貿易関係の復活は，1962 年 11 月に調印された「日中長期総合貿易に関する覚書」まで待たなければならなかった。その後も，1966 年に始まったプロレタリア文化大革命は，日本国内に飛び火し，両国の経済関係にも悪影響を与えた。ようやく，1970 年代に入って国際情勢に変化があらわれ，東西冷戦構造が緩み始める。1972 年 2 月のニクソン米国大統領（当時）の訪中，同年 9 月の田中角栄首相（当時）の訪中と日中国交正常化の実現，さらには 78 年 8 月の日中平和友好条約の締結と続く一連の動きは，日中経済関係の改善に大きく貢献した。

　1978 年 2 月に締結された「日中長期貿易取り決め書」は，緊密な経済関係復活の出発点となった。これにより，第 1 回の対中経済フィーバーが生まれた（田中 1991）。日中間で商談ブームが巻き起こり，上海の宝山製鉄所建設の契約をはじめ，大型商談が次々と結ばれていった。しかし，これらの商談は，毛沢東の後継者となった華国鋒が指導した「洋躍進」とよばれる非現実的な近代化計画にもとづくものであり，計画どおりの実施は困難であった。こうした事態にたいして，日本政府は中国に経済協力を行うことで事態の打開をはかるという素早い対応をした。1979 年 12 月に訪中した大平正芳首相（当時）は，巨額の中国向け円借款の提供を中国側に申し入れたのである（第 1 次対中円借款）。これを契機に日中関係は好転し，1980 年には 2 回目の対中経済フィーバーが起きる。しかし，中国国内の厳しい経済情況のため，中国側からプラント契約の破棄

が一方的に通告された。国際慣行を無視した中国側の動きに対する日本側の反発は大きかったが，中国の近代化を支えることがアジアの安定的発展に資するとする経済協力の論理にもとづき，日本が再度資金協力を行うことでこの問題は最終決着をみた。

改革開放後も対中進出に慎重だった日本企業だが，1985年のプラザ合意以降，円高の進行を背景として第1次対中投資ブームが起きた。中国の直接投資受け入れ額にしめる日本のシェアは，1988年には16.3％を記録した。しかし，この時期，インフラの不足など投資環境が整っていなかったため，製造業分野での本格的な投資拡大にはいたらず，1989年6月の天安門事件の発生により一挙に投資熱は冷え込んだ。

第2次投資ブームは，1991年から95年にかけてであり，92年春に最高実力者である鄧小平が行った南方視察をきっかけとしている。この時期，インフラが整い始めた華南地域を中心として，安価な労働力を目当てとした中小製造業の生産拠点が多数建設された。しかし，このブームは長続きしなかった。1997年にアジア通貨危機が発生すると，ASEAN諸国が大きな打撃を受ける中で対中投資も減速した。

第3次投資ブームは，2001年の中国のWTO加盟を挟んだ2000年から05年にかけての時期である。この時期，生産拠点としての進出に加えて，中国市場参入のための販売拠点，優秀で低廉な人材活用によるR&D拠点などを目的とした投資も増えた。また，投資地域も華南地域から北上して，上海を中心とする長江デルタ地域や北京，天津を中心とする環渤海地域へ広がった。

日中貿易額と貿易総額にしめる対中貿易のシェアの推移をみると，着実に貿易額は増加し，日本の貿易総額にしめる中国のシェアは1991年の4.1％から2010年の20.7％へ増加している。ちなみに，日本の貿易総額にしめる中国とアメリカのシェアは，2006年に逆転し，2010年の対米貿易シェアは12.5％まで低下した。

2000年以降，日中経済関係はおおむね順調に推移したといえるが，問題がなかったわけではない。その象徴が尖閣諸島の領有をめぐる日中間での軋轢である。2012年の夏に起きた中国各地での反日デモは，日系デパートでの破壊，商品の強奪，日本車の焼き討ちなど中国当局の想定を上回る規模となり，日本企業は対中戦略の見直しを余儀なくされた。21世紀に入っても，政治が経済を規定するという日中関係の基本構造に変化がないことを改めて確認する事件となった。しかし，ここまで進んだ両国の経済関係を後退させることは，どちらの国にとっても利益とならないことは明らかである。

日中経済100年の交流史を振り返ると，我々はいま，新たな日中関係を構築する出発点に立っていることがわかる（加藤 2012）。改革開放35年の成功により自信を持ち始めた中国が，日本と対等平等の関係をもとうとすることは当然のことである。ときにその自信が暴走するようにみえることがあるが，長年，「遅れた」中国を教え導く「進んだ」日本という構図で考えることに慣れてきた日本の方にも問題があると考えるべきだろう。ともに近代化を進めたアジアの隣国として，日本がわずかに先を進み，近年急速に中国がキャッチアップした過程としてこの100年間を振り返るなら，中国にたいする優越感に根拠がないことは明らかである。ここにきて，日本人が日清戦争以来持ち続けてきた対中認識を抜本的に改める時期にきたといえる。

（加藤　弘之）

文献目録

- 本書で言及したもののみを列挙した。
- 和文（50音）・中文（拼音）・欧文（アルファベット）の順に排列した。
- 書誌のすべてを記しているわけではない。再刊のあるものは注記した。
- 言及した本書のページ数を各々の末尾に記した。

青木敦「中国経済史研究に見る土地希少化論の伝統」大島真理夫編著『土地希少化と勤勉革命の比較史——経済史上の近世』ミネルヴァ書房，2009年　　　〈pp. 23, 147〉

青木昌彦『経済システムの進化と多元性——比較制度分析序説』東洋経済新報社，1995年（同『比較制度分析序説——経済システムの進化と多元性』講談社（学術文庫），2008年として再刊）　　　〈p. 288〉

赤木昭夫・佐藤森彦『中国の技術創造』中央公論社，1975年　　　〈p. 286〉

浅原達郎「蜀兵探原——二里岡インパクトと周・蜀・楚」『古史春秋』第2号，1985年　　　〈p. 58〉

朝日新聞社西部企画部編『平戸・松浦家名宝展図録』朝日新聞社，2000年　　　〈p. 188〉

足立啓二『明清中国の経済構造』汲古書院，2012年　　　〈pp. 40, 165, 187, 200〉

阿南友亮『中国革命と軍隊——近代広東における党・軍・社会の関係』慶應義塾大学出版会，2012年　　　〈p. 279〉

安部健夫『元代史の研究』創文社，1972年　　　〈p. 154〉

天野元之助『中国農業史研究』増補版，御茶の水書房，1979年　　　〈p. 38〉

荒川正晴『ユーラシアの交通・交易と唐帝国』名古屋大学出版会，2010年
　　　〈pp. 107, 109, 126, 130〉

荒武達朗『近代満洲の開発と移民——渤海を渡った人びと』汲古書院，2008年　〈p. 199〉

新宮学『北京遷都の研究——近世中国の首都移転』汲古書院，2003年　　　〈p. 42〉

井黒忍『分水と支配——金・モンゴル時代華北の水利と農業』早稲田大学出版部，2013年　　　〈pp. 158, 159〉

池田温『中国古代籍帳研究　概観・録文』東京大学出版会，1979年　　　〈p. 80〉

池田誠・安井三吉・副島昭一・西村成雄『図説 中国近現代史』第3版，法律文化社，2009年　　　〈p. 31〉

石川滋『中国における資本蓄積機構』一橋大学経済学研究叢書11，岩波書店，1960年
　　　〈pp. 260, 281, 328〉

——編『中国経済発展の統計的研究』I-III，アジア経済研究所，1960～1962年　〈p. 328〉

——編『中国経済の長期展望』I-IV，アジア経済研究所，1964～1971年　〈pp. 282, 328〉

石川禎浩「南京政府時期の技術官僚の形成と発展——近代中国技術者の系譜」『史林』第74巻第2号，1991年　　　〈p. 278〉

石島紀之・久保亨編『重慶国民政府史の研究』東京大学出版会，2004年　　　〈p. 253〉

石田興平『満洲における植民地経済の史的展開』ミネルヴァ書房，1964年　　　〈p. 216〉

石原享一「1970年代までの中国経済管理——システムと実態」毛里和子編『毛沢東時代の中国〈現代中国論1〉』日本国際問題研究所，1990年　　　〈pp. 259, 286〉

泉谷陽子『中国建国初期の政治と経済——大衆運動と社会主義体制』御茶の水書房，2007年 〈pp. 257, 258〉
伊藤正彦『宋元郷村社会史論——明初里甲制体制の形成過程』汲古書院，2010年 〈pp. 43, 44〉
伊藤道治『中国古代国家の支配構造——西周封建制度と金文』中央公論社，1987年 〈p. 62〉
井上裕正『清代アヘン政策史の研究』京都大学学術出版会，2004年 〈p. 201〉
今堀誠二『中国史の位相』勁草書房，1995年 〈pp. 44, 125〉
入矢義高・梅原郁訳注『東京夢華録——宋代の都市と生活』平凡社（東洋文庫），1996年 〈p. 324〉
岩井茂樹「張居正財政の課題と方法」岩見宏・谷口規矩雄編『明末清初期の研究』京都大学人文科学研究所，1989年 〈p. 192〉
――「乾隆期の「大蒙古包宴」——アジア政治文化の一こま」河内良弘編『清朝治下の民族問題と国際関係』平成2年度科学研究費補助金・研究成果報告書，1991年 〈p. 49〉
――「十六・十七世紀の中国辺境社会」小野和子編『明末清初の社会と文化』京都大学人文科学研究所，1996年 〈p. 190〉
――「清代の版図順荘法とその周辺」『東方学報 京都』第72冊，2000年 〈p. 219〉
――『中国近世財政史の研究』京都大学学術出版会，2004年 a
〈pp. 12, 193, 197, 217, 219, 226, 227, 242, 249, 322〉
――「十六世紀中国における交易秩序の模索——互市の現実とその認識」，同編『中国近世社会の秩序形成』京都大学人文科学研究所，2004年 b 〈pp. 222, 234〉
――「清代の互市と"沈黙外交"」夫馬進編『中国東アジア外交交流史の研究』京都大学学術出版会，2007年 〈p. 223〉
――「中華帝国財政の近代化」飯島渉・久保亨・村田雄二郎編『シリーズ20世紀中国史 1 中華世界と近代』東京大学出版会，2009年 〈p. 217〉
――「朝貢と互市」和田春樹ほか編『東アジア近現代通史 1 東アジア世界の近代19世紀』岩波書店，2010年 〈p. 223〉
岩村忍「封建的領地制」，同『モンゴル社会経済史の研究』京都大学人文科学研究所，1968年 〈p. 174〉
ウィットフォーゲル，カール・A（Karl August Wittfogel）著／湯浅赳男訳『オリエンタル・デスポティズム——専制官僚国家の生成と崩壊』新評論，1991年 〈p. 35〉
上田信「中国における生態システムと山区経済——秦嶺山脈の事例から」宮嶋博史ほか編『アジアから考える 6 長期社会変動』東京大学出版会，1994年 〈p. 199〉
――『森と緑の中国史——エコロジカル・ヒストリーの試み』岩波書店，1999年 〈p. 34〉
植松正『元代江南政治社会史研究』汲古書院，1997年 〈pp. 159, 161〉
臼井佐知子『徽州商人の研究』汲古書院，2005年 〈pp. 210, 325〉
内田知行「戸籍管理・配給制度からみた中国社会——建国－1980年代初頭」毛里和子編『毛沢東時代の中国〈現代中国論1〉』日本国際問題研究所，1990年 〈p. 262〉
宇都宮清吉『漢代社会経済史研究』弘文堂，1955年 〈pp. 67, 78, 90, 119〉
宇野重昭・小林弘二・矢吹晋『現代中国の歴史 1949-1985——毛沢東時代から鄧小平時代へ』有斐閣，1986年 〈p. 287〉
宇野伸浩「オゴデイ・ハンとムスリム商人——オルドにおける交易と西アジア産の商品」『東洋学報』第70巻第3・4号，1989年 〈p. 176〉
梅原郁「宋代商税制度補説」『東洋史研究』第18巻第4号，1960年 〈p. 224〉
――「青唐の馬と四川の茶——北宋時代四川茶法の展開」『東方学報 京都』第45冊，

　　　　1973 年 ⟨p. 46⟩
——「宋代の形勢と官戸」『東方学報 京都』第 60 冊，1988 年 ⟨p. 137⟩
——訳注『夢粱録——南宋臨安繁昌記』全 3 冊，平凡社（東洋文庫），2000 年 ⟨p. 324⟩
NHK 取材班編『大モンゴル 3 大いなる都 巨大国家の遺産』角川書店，1992 年 ⟨p. 333⟩
江村治樹「戦国時代における都市の発達と秦漢官僚制の形成」『岩波講座世界歴史 3 中華の形成と東方世界』岩波書店，1998 年 ⟨p. 68⟩
——『春秋戦国秦漢時代出土文字資料の研究』汲古書院，2000 年 ⟨p. 69⟩
——『春秋戦国時代青銅貨幣の生成と展開』汲古書院，2011 年 ⟨p. 87⟩
王穎琳『中国紡織機械製造業の基盤形成——技術移転と西川秋次』学術出版会，2009 年
　　　　⟨p. 281⟩
大澤正昭『陳旉農書の研究』農山漁村文化協会，1993 年 ⟨p. 39⟩
——『唐宋変革期農業社会史研究』汲古書院，1996 年 ⟨pp. 40, 96, 116⟩
大津透『日唐律令制の財政構造』岩波書店，2006 年 ⟨pp. 107, 124⟩
岡崎文夫『魏晋南北朝通史 内編』平凡社（東洋文庫），1989 年 ⟨p. 94⟩
——著／川合安補訂・秋月觀暎解説『隋唐帝国五代史』平凡社（東洋文庫），1995 年
　　　　⟨p. 99⟩
岡田芳政・多田井喜生・高橋正衛編『続・現代史資料 12 阿片問題』みすず書房，1986 年 ⟨p. 231⟩
岡村秀典「農耕社会と文明の形成」『岩波講座世界歴史 3 中華の形成と東方世界』岩波書店，1998 年 ⟨p. 319⟩
——『夏王朝　王権誕生の考古学』講談社，2003 年 ⟨p. 319⟩
——『中国古代王権と祭祀』学生社，2005 年 ⟨p. 319⟩
——『中国文明　農業と礼制の考古学』京都大学学術出版会（学術選書），2008 年
　　　　⟨pp. 53, 54, 56, 57, 319⟩
岡本隆司『近代中国と海関』名古屋大学出版会，1999 年 a
　　　　⟨pp. 182, 201, 222, 223, 225, 226, 249⟩
——「清末民国と塩税」『東洋史研究』第 58 巻第 1 号，1999 年 b ⟨p. 209⟩
——「清末票法の成立——道光期両淮塩政改革再論」『史学雑誌』第 110 編第 12 号，2001 年 ⟨p. 209⟩
——「「朝貢」と「互市」と海関」『史林』第 90 巻第 5 号，2007 年 ⟨pp. 223, 326⟩
——『中国「反日」の源流』講談社（選書メチエ），2011 年 ⟨pp. 25, 185⟩
奥村哲『中国の現代史——戦争と社会主義』青木書店，1999 年 ⟨p. 256⟩
——『中国の資本主義と社会主義——近現代史像の再構成』桜井書店，2004 年 ⟨p. 279⟩
小澤正人・谷豊信・西江清高『中国の考古学』同成社，1999 年 ⟨pp. 54, 55⟩
小島祐馬『岩波講座東洋思潮〔東洋思潮の展開〕——支那思想 社会経済思想』岩波書店，1936 年（同『古代中国研究』平凡社（東洋文庫），1988 年に「中国古代の社会経済思想」として再録） ⟨p. 90⟩
愛宕元・冨谷至編著『中国の歴史（上）古代―中世』昭和堂，2005 年 ⟨pp. 114, 320⟩
小山正明『明清社会経済史研究』東京大学出版会，1992 年 ⟨p. 169⟩
戒能通孝「支那土地法慣行序説——北支農村に於ける土地所有権と其の具体的性格」，同『法律社会学の諸問題』日本評論社，1943 年 ⟨p. 327⟩
柿沼陽平『中国古代貨幣経済史研究』汲古書院，2011 年 ⟨p. 87⟩
影山剛「均輸・平準と塩鉄専売」『岩波講座世界歴史 4 古代 4——東アジア世界の形成 1』岩波書店，1970 年 ⟨p. 89⟩
——『中国古代の商工業と専売制』東京大学出版会，1984 年 ⟨p. 84⟩

梶谷懐『現代中国の財政金融システム――グローバル化と中央―地方関係の経済学』名古屋大学出版会，2011 年　〈p. 268〉
加島潤「政権交代と上海市財政構造の変動（1945〜56 年）」『アジア経済』第 48 巻第 7 号，2007 年　〈pp. 258, 260〉
柏祐賢『経済秩序個性論 II 中国経済の研究』人文書林，1948 年（『柏祐賢著作集』第 4 巻，京都産業大学出版会，1986 年に再録）　〈p. 268〉
加藤繁「漢代に於ける国家財政と帝室財政との区別並に帝室財政一斑」『東洋学報』第 8 巻第 1 号，第 9 巻第 1・2 号，1918〜1919 年（同『支那経済史考証』上巻，東洋文庫，1952 年に再録）　〈pp. 70, 84〉
――「唐宋時代の商人組合「行」を論じて清代の会館に及ぶ」『史学』第 14 巻第 1 号，1935 年（同『支那経済史考証』上巻，東洋文庫，1952 年に再録）　〈p. 213〉
――『支那学雑草』生活社，1944 年　〈p. 318〉
――『支那経済史考証』上巻，東洋文庫，1952 年　〈pp. 142, 317〉
――『支那経済史考証』下巻，東洋文庫，1953 年　〈pp. 139, 146, 317〉
――訳注『史記平準書・漢書食貨志』岩波書店（岩波文庫），1942 年　〈p. 91〉
――訳注『旧唐書食貨志・旧五代史食貨志』岩波書店（岩波文庫），1948 年　〈p. 91〉
加藤弘之「中国と日本」久保広正・西島章次編『世界経済と日本』ミネルヴァ書房，2012 年　〈p. 297〉
――・久保亨『進化する中国の資本主義』岩波書店，2009 年　〈pp. 246, 268, 296〉
加藤陽子『それでも，日本人は「戦争」を選んだ』朝日出版社，2009 年　〈p. 296〉
角崎信也「新兵動員と土地改革――国共内戦時期東北解放区を事例として」『近きに在りて』第 57 号，2010 年　〈p. 280〉
金子肇「中国の統一化と財政問題――「国地財政劃分」問題を中心に」『史学研究』第 179 号，1988 年　〈p. 248〉
――『近代中国の中央と地方――民国前期の国家統合と行財政』汲古書院，2008 年　〈pp. 247, 248〉
紙屋正和『漢時代における郡県制の展開』朋友書店，2009 年　〈p. 74〉
狩谷棭齋著／冨谷至校注『本朝度量権衡攷』全 2 冊，平凡社（東洋文庫），1991〜1992 年　〈p. 81〉
川井悟「トッドと李儀祉――中国近代水利土木事業についての覚え書き」『中国水利史研究』第 23・24 合併号，1995 年　〈p. 35〉
川合安「南朝財政機構の発展について」『文化』第 49 巻第 3・4 号，1985 年　〈p. 98〉
川勝義雄『六朝貴族制社会の研究』岩波書店，1982 年　〈p. 119〉
――『魏晋南北朝』講談社（学術文庫），2003 年　〈p. 101〉
河原林直人『近代アジアと茶業――台湾茶業の歴史的展開』世界思想社，2003 年　〈p. 295〉
カン，エドワード（Eduard Kann）著／宮下忠雄訳『カン支那通貨論――金及び銀取引の研究』東亜同文書院支那研究部，1934 年　〈p. 333〉
冀朝鼎著／佐渡愛三訳『支那基本経済と灌漑』白揚社，1941 年　〈p. 35〉
木越義則『近代中国と広域市場圏――海関統計によるマクロ的アプローチ』京都大学学術出版会，2012 年　〈pp. 4, 204, 239, 254, 261, 275〉
鞠清遠著／中嶋敏訳『唐代財政史』国書出版，1944 年（大安，1966 年）　〈pp. 112, 113〉
岸本美緒「清朝とユーラシア」歴史学研究会編『講座世界史 2 近代世界への道――変容と摩擦』東京大学出版会，1995 年　〈p. 196〉
――『清代中国の物価と経済変動』研文出版，1997 年　〈pp. 125, 196〉

──「比喩と「中国社会論」」『UP』第 410 号，2006 年（同『地域社会論再考──明清史論集 2』研文出版，2012 年に再録）　　　　　　　　　　　　　　　　　　　〈p. 7〉
──『風俗と時代観──明清史論集 1』研文出版（研文選書），2012 年 a　〈p. 324〉
──『地域社会論再考──明清史論集 2』研文出版（研文選書），2012 年 b　〈p. 325〉
──「明末清初の市場構造──モデルと実態」古田和子編『中国の市場秩序──17 世紀から 20 世紀前半を中心に』慶應義塾大学出版会，2013 年　　　　　　　　〈p. 196〉
──編『岩波講座「帝国」日本の学知 3 東洋学の磁場』岩波書店，2006 年　〈p. 323〉
北田英人「8-13 世紀江南の潮と水利・農業」『東洋史研究』第 47 巻第 4 号，1989 年
　　　　　　　　　　　　　　　　　　　　　　　　　　　　　　　　　　〈p. 115〉
──「稲作の東アジア史」『岩波講座世界歴史 9 中華の分裂と再生』岩波書店，1999 年
　　　　　　　　　　　　　　　　　　　　　　　　　〈pp. 15, 17, 98, 138, 185〉
木田知生『司馬光とその時代』白帝社，1994 年　　　　　　　　　　　　　〈p. 170〉
清川雪彦『近代製糸技術とアジア──技術導入の比較経済史』名古屋大学出版会，2009 年　　　　　　　　　　　　　　　　　　　　　　　　　　　　　　　〈p. 245〉
草野靖「南宋行在会子の発展」上・下『東洋学報』第 49 巻第 1・2 号，1966 年　〈p. 172〉
久保亨『中国経済 100 年のあゆみ──統計資料で見る中国近現代経済史』第 2 版，創研出版，1995 年　　　　　　　　　　　　　　　　　　　　　　　　　　〈p. 261〉
──『戦間期中国〈自立への模索〉──関税通貨政策と経済発展』東京大学出版会，1999 年　　　　　　　　　　　　　　　　　　　　　　〈pp. 225, 248, 252, 281〉
──『戦間期中国の綿業と企業経営』汲古書院，2005 年　　　　　　　　　〈p. 245〉
──『20 世紀中国経済史の探究』信州大学人文学部，2009 年 a　　　　　　〈p. 4〉
──「統制と開放をめぐる経済史」飯島渉・久保亨・村田雄二郎編『シリーズ 20 世紀中国史 3 グローバル化と中国』東京大学出版会，2009 年 b　　　　　〈p. 254〉
──編『中国経済史入門』東京大学出版会，2012 年　　　　　　　　〈pp. 4, 275〉
黒田明伸『中華帝国の構造と世界経済』名古屋大学出版会，1994 年　〈pp. 165, 242〉
──『貨幣システムの世界史──〈非対称性〉をよむ』岩波書店，2003 年　〈pp. 216, 272〉
桑原隲蔵『桑原隲蔵全集 第 2 巻 東洋文明史論叢』岩波書店，1968 年 a（その一部が，同『東洋文明史論』平凡社〔東洋文庫〕，1988 年として再刊）　　　　　〈p. 323〉
──「蒲寿庚の事蹟」『桑原隲蔵全集 第 4 巻 蒲寿庚の事蹟・考史遊記』岩波書店，1968 年 b（平凡社〔東洋文庫〕，1989 年）　　　　　　　　　　〈pp. 151, 322〉
氣賀澤保規「均田制研究の展開」谷川道雄編著『戦後日本の中国史論争』河合文化教育研究所，1993 年　　　　　　　　　　　　　　　　　　　　　　　　　〈p. 123〉
──『府兵制の研究』同朋舎，1999 年　　　　　　　　　　　　　　　　　〈p. 321〉
厳善平「人民公社経済の構造と変容──江蘇省南部 X 生産隊の会計資料（1965-82 年）の整理と分析」I・II，『桃山学院大学経済経営論集』第 37 巻第 4 号，第 38 巻第 1 号，1996 年　　　　　　　　　　　　　　　　　　　　　　　　　　　　　〈p. 284〉
──『シリーズ現代中国経済 2 農民国家の課題』名古屋大学出版会，2002 年　〈p. 284〉
原州聯合考古隊編『唐史道洛墓』勉誠出版，1999 年　　　　　　　　　　　〈p. 333〉
小泉袈裟勝『度量衡の歴史』原書房，1977 年　　　　　　　　　　　　　　〈p. 81〉
──編著『図解 単位の歴史辞典』柏書房，1989 年　　　　　　　　　　　〈p. 81〉
甲元眞之『中国新石器時代の生業と文化』中国書店，2001 年　　　　　　　〈p. 52〉
後藤春美『アヘンとイギリス帝国──国際規制の高まり 1906-43 年』山川出版社，2005 年　　　　　　　　　　　　　　　　　　　　　　　　　　　　　　〈p. 231〉
齋藤勝「唐・回鶻絹馬交易再考」『史学雑誌』第 108 編第 10 号，1999 年　　〈p. 46〉
佐伯富『中国塩政史の研究』法律文化社，1987 年　　　　　　　　〈pp. 167, 209〉

――『王安石』中央公論社（中公文庫），1990年 ⟨p. 170⟩
佐川英治「北魏の編戸制と徴兵制度」『東洋学報』第81巻第1号，1999年a ⟨p. 102⟩
――「三長・均田両制の成立過程――『魏書』の批判的検討を通じて」『東方学』第97号，1999年b ⟨p. 102⟩
――「北魏均田制研究の動向」『中国史学』第11号，2001年 ⟨p. 122⟩
――「北魏均田制の目的と展開――奴婢給田を中心として」『史学雑誌』第110編第1号，2001年 ⟨p. 122⟩
佐久間重男「明代の商税制度」『社会経済史学』第13巻第3号，1943年 ⟨p. 224⟩
――『日明関係史の研究』吉川弘文館，1992年 ⟨p. 222⟩
笹川裕史『中華民国期農村土地行政史の研究――国家－農村社会間関係の構造と変容』汲古書院，2002年 ⟨p. 250⟩
――『中華人民共和国誕生の社会史』講談社（選書メチエ），2011年 ⟨p. 280⟩
――・奥村哲『銃後の中国社会――日中戦争下の総動員と農村』岩波書店，2007年 ⟨p. 278⟩
佐々木正哉「イギリスと中国――アヘン戦争への過程」榎一雄編『西欧文明と東アジア』東西文明の交流5，平凡社，1971年 ⟨p. 198⟩
佐藤武敏「漢代江南の水利開発」『三上次男博士喜寿記念論文集　歴史編』平凡社，1985年 ⟨p. 77⟩
佐原康夫『漢代都市機構の研究』汲古書院，2002年a ⟨pp. 72, 73, 85, 87, 90, 320⟩
――「中国古代の貨幣経済論と貨幣史認識をめぐって」第1回中国史学国際学会実行委員会編『中国の歴史世界――統合のシステムと多元的発展』東京都立大学出版会，2002年b ⟨p. 87⟩
――「貝貨小考」『奈良女子大学文学部研究年報』第45号，2002年c ⟨p. 87⟩
――「書評　五井直弘著『中国古代の城郭都市と地域支配』」『日本秦漢史学会会報』第5号，2004年 ⟨p. 320⟩
ジェルネ，ジャック（Jacques Gernet）著／栗本一男訳『中国近世の百万都市――モンゴル襲来前夜の杭州』平凡社，1990年 ⟨p. 323⟩
滋賀秀三『清代中国の法と裁判』創文社，1984年 ⟨p. 325⟩
――『中国法制史論集　法典と刑罰』創文社，2003年 ⟨p. 325⟩
――『続・清代中国の法と裁判』創文社，2009年 ⟨p. 325⟩
重田徳『清代社会経済史研究』岩波書店，1975年 ⟨p. 219⟩
重近啓樹『秦漢税役体系の研究』汲古書院，1999年 ⟨p. 83⟩
斯波義信『宋代商業史研究』風間書房，1968年 ⟨pp. 139, 149, 151, 224, 318⟩
――『宋代江南経済史の研究』汲古書院，1988年（訂正版，2001年） ⟨pp. 126, 138, 150, 318⟩
――『華僑』岩波書店（岩波新書），1995年 ⟨pp. 151, 234⟩
――『中国都市史』東京大学出版会，2002年 ⟨pp. 10, 24, 142, 150, 318⟩
澁谷由里『馬賊で見る「満洲」――張作霖のあゆんだ道』講談社（選書メチエ），2005年 ⟨p. 248⟩
嶋倉民生・中兼和津次編『人民公社制度の研究』アジア経済研究所，1980年 ⟨pp. 284, 287⟩
島居一康『宋代税政史研究』汲古書院，1993年a ⟨pp. 128, 136, 137⟩
――「中国における国家的土地所有と農民的土地所有」中村哲編『東アジア専制国家と社会・経済』青木書店，1993年b ⟨p. 180⟩
――『宋代財政構造の研究』汲古書院，2012年 ⟨pp. 136, 148, 167⟩

―――「唐宋時代の抽税」『唐宋変革研究通訊』第 4 輯，2013 年 ⟨p. 224⟩
『週刊中国悠悠紀行 44 南京と揚州』小学館（ウィークリーブック），2005 年 ⟨p. 333⟩
白川静「農事詩の研究」『白川静著作集 10 詩経 II』平凡社，2000 年 ⟨p. 62⟩
城山智子『大恐慌下の中国――市場・国家・世界経済』名古屋大学出版会，2011 年
 ⟨pp. 247, 251, 252, 258⟩
庄国土「グローバル経済の中の中国の国家戦略と華僑華人」『華僑華人研究』第 7 号，2010 年 ⟨p. 234⟩
杉原薫『アジア間貿易の形成と構造』ミネルヴァ書房，1996 年 ⟨p. 204⟩
杉山伸也『日本経済史 近世―近代』岩波書店，2012 年 ⟨p. 4⟩
杉山正明『クビライの挑戦――モンゴル海上帝国への道』朝日新聞社（朝日選書），1995 年（同『クビライの挑戦――モンゴルによる世界史の大転回』講談社（学術文庫），2010 年として再刊） ⟨p. 156⟩
―――『遊牧民から見た世界史――民族も国境も越えて』日本経済新聞社，1997 年（増補版，日本経済新聞出版社（日経ビジネス人文庫），2011 年） ⟨p. 49⟩
―――『モンゴル帝国と大元ウルス』京都大学学術出版会，2004 年 ⟨pp. 49, 155, 173⟩
―――・北川誠一『世界の歴史 9 大モンゴルの時代』中央公論社，1997 年（中央公論新社〔中公文庫〕，2008 年） ⟨p. 176⟩
鈴木智夫『洋務運動の研究――19 世紀後半の中国における工業化と外交の革新についての考察』汲古書院，1992 年 ⟨pp. 206, 273⟩
周藤吉之『中国土地制度史研究』東京大学出版会，1954 年 ⟨pp. 123, 136, 169⟩
―――『宋代経済史研究』東京大学出版会，1962 年 ⟨pp. 40, 160⟩
―――「宋代浙西地方の囲田の発展――土地所有制との関係」同『宋代史研究』東洋文庫，1969 年 ⟨p. 138⟩
―――・中嶋敏編『宋史食貨志訳注』全 6 巻，東洋文庫，1960～2006 年 ⟨p. 91⟩
隅谷三喜男・劉進慶・涂照彦『台湾の経済――典型 NIES の光と影』東京大学出版会，1992 年 ⟨p. 295⟩
妹尾達彦「唐代後半期における江淮塩税機関の立地と機能」『史学雑誌』第 91 編第 2 号，1982 年 ⟨pp. 113, 166⟩
―――「中華の分裂と再生」『岩波講座世界歴史 9 中華の分裂と再生』岩波書店，1999 年 ⟨p. 94⟩
―――『長安の都市計画』講談社（選書メチエ），2001 年 ⟨pp. 109, 117⟩
曽我部静雄「井田法と均田法」，同『中国律令史の研究』吉川弘文館，1971 年 ⟨p. 123⟩
―――「宋代の馬政」，同『宋代政経史の研究』吉川弘文館，1974 年 ⟨p. 46⟩
曽田三郎『中国近代製糸業史の研究』汲古書院，1994 年 ⟨p. 245⟩
高嶋航「近代江南の土地，徴税，国家――土地・徴税文書と田賦徴収機構」京都大学大学院文学研究科博士論文，2001 年 ⟨p. 219⟩
高橋継男「劉晏の巡院設置について」『集刊東洋学』第 28 号，1972 年 ⟨p. 115⟩
―――「新唐書食貨志記事の典拠史料覚書」(1)-(5)『東洋大学文学部紀要』第 40・44・46・49 号，1987～1995 年。(2)のみ『栗原益男先生古稀記念論集 中国古代の法と社会』汲古書院，1988 年，所収 ⟨p. 91⟩
高橋弘臣『元朝貨幣政策成立過程の研究』東洋書院，2000 年 ⟨p. 172⟩
高橋芳郎『宋―清身分法の研究』北海道大学図書刊行会，2001 年 ⟨pp. 137, 169, 324⟩
―――『宋代中国の法制と社会』汲古書院，2002 年 ⟨pp. 137, 324⟩
高村直助『近代日本綿業と中国』東京大学出版会，1982 年 ⟨p. 244⟩
田島俊雄「中国における中小鉄鋼企業の存立条件」『中国研究月報』第 369 号，1978 年

──「経済発展戦略と経済体制」野村浩一・高橋満・辻康吾編『もっと知りたい中国 I 政治・経済篇』弘文堂，1991 年 〈p. 282〉
──「巫宝三研究員の逝去を悼む」『中国研究月報』第 53 巻第 3 号，1999 年 〈p. 329〉
──「中国の財政金融制度改革——属地的経済システムの形成と変容」中兼和津次編『現代中国の構造変動 2 経済——構造変動と市場化』東京大学出版会，2000 年 〈pp. 258, 286〉
──「中華人民共和国　経済」松丸道雄ほか編『世界歴史大系　中国史 5——清末—現在』山川出版社，2002 年 〈pp. 260, 262, 264, 266, 287〉
──「中国の重工業化と地方産業」『産業学会研究年報』第 26 号，2011 年 〈pp. 282, 286, 287〉
──編著『20 世紀の中国化学工業——永利化学・天原電化とその時代』ISS Research Series No. 17, 東京大学社会科学研究所，2005 年 〈p. 281〉
──編著『現代中国の電力産業——「不足の経済」と産業組織』昭和堂，2008 年 〈pp. 281, 286〉
──・江小涓・丸川知雄著『中国の体制転換と産業発展』ISS Research Series No. 6, 東京大学社会科学研究所，2003 年 〈p. 287〉
──・朱蔭貴・加島潤編著『中国セメント産業の発展——産業組織と構造変化』御茶の水書房，2010 年 〈p. 281〉
──・朱蔭貴・加島潤・松村史穂編『海峡両岸近現代経済研究』現代中国研究拠点研究シリーズ No. 6, 東京大学社会科学研究所，2011 年 〈p. 281〉
田中明彦『日中関係 1945-1990』東京大学出版会，1991 年 〈p. 296〉
田中正俊『中国近代経済史研究序説』東京大学出版会，1973 年 〈p. 201〉
──『田中正俊歴史論集』汲古書院，2004 年 〈p. 169〉
谷光隆『明代馬政の研究』東洋史研究会，1972 年 〈p. 47〉
谷川道雄『隋唐帝国形成史論』筑摩書房，1971 年（増補版，1998 年） 〈p. 99〉
──編著『戦後日本の中国史論争』河合文化教育出版社，1993 年 〈p. 3〉
──・森正夫編『中国民衆叛乱史 4 明末—清 II』平凡社（東洋文庫），1983 年 〈p. 169〉
檀上寛『明朝専制支配の史的構造』汲古書院，1995 年 〈p. 182〉
──『明代海禁＝朝貢システムと華夷秩序』京都大学学術出版会，2013 年 〈pp. 222, 234〉
千葉正史『近代交通体系と清帝国の変貌——電信・鉄道ネットワークの形成と中国国家統合の変容』日本経済評論社，2006 年 〈p. 242〉
中国現代史研究会編『中国国民政府史の研究』汲古書院，1986 年 〈p. 327〉
陳高華著／佐竹靖彦訳『元の大都——マルコ・ポーロ時代の北京』中央公論社（中公新書），1984 年 〈p. 155〉
陳來幸「華僑・華人のネットワーク——中華総商会を中心に」遠藤乾編『グローバル・ガバナンスの最前線』東信堂，2008 年 〈p. 234〉
鄭肇経著／東亜研究所資料刊行会編／第二調査委員会訳『中国水利史——翻訳』覆刻版，岡本書店，1983 年 〈p. 37〉
鄭樑生『明・日関係史の研究』雄山閣，1995 年 〈p. 222〉
ディケーター，フランク（Frank Dikötter）著／中川治子訳『毛沢東の大飢饉——史上最も悲惨で破壊的な人災 1958-1962』草思社，2011 年 〈p. 263〉
寺田隆信『山西商人の研究——明代における商人および商業資本』東洋史研究会，1972 年 〈pp. 210, 325〉
凃照彦『日本帝国主義下の台湾』東京大学出版会，1975 年 〈p. 295〉

東洋史研究会編『雍正時代の研究』同朋舎出版，1986 年 〈p. 197〉
戸田裕司「黄震の広徳軍社倉改革──南宋社倉制度の再検討」『史林』第 73 巻第 1 号，
　1990 年 〈p. 44〉
礪波護『唐代政治社会史研究』同朋舎出版，1986 年 〈p. 115〉
富澤芳亜「近代的企業の発展」飯島渉・久保亨・村田雄二郎編『シリーズ 20 世紀中国史
　3　グローバル化と中国』東京大学出版会，2009 年 〈p. 274〉
──・久保亨・萩原充編『近代中国を生きた日系企業』大阪大学出版会，2011 年
〈p. 245〉
内藤湖南『支那論』文会堂書店，1914 年（『内藤湖南全集』第 5 巻，筑摩書房，1972 年に
　再録） 〈p. 318〉
──「概括的唐宋時代観」『歴史と地理』第 9 巻第 5 号，1922 年（同著／礪波護編『東洋
　文化史』中央公論新社〔中公クラシックス〕，2004 年に再録） 〈p. 318〉
中井英基『張謇と中国近代企業』北海道大学図書刊行会，1996 年 〈pp. 241, 273〉
長井千秋「南宋の補給体制試論」『愛大史学』第 17 号，2008 年 〈p. 148〉
中兼和津次『中国経済論──農工関係の政治経済学』東京大学出版会，1992 年 〈p. 284〉
──『開発経済学と現代中国』名古屋大学出版会，2012 年 〈pp. 2, 260〉
──編著『歴史的視野からみた現代中国経済』ミネルヴァ書房，2010 年 〈pp. 3, 4〉
中島楽章「元代社制の成立と展開」『九州大学東洋史論集』第 29 号，2001 年 〈p. 158〉
──『徽州商人と明清中国』山川出版社（世界史リブレット），2009 年 〈p. 210〉
中砂明徳『江南──中国文雅の源流』講談社（選書メチエ），2002 年 〈pp. 29, 152〉
──「付録」礪波護・岸本美緒・杉山正明編『中国歴史研究入門』名古屋大学出版会，
　2006 年 〈p. 8〉
長瀬守『宋元水利史研究』国書刊行会，1983 年 〈p. 36〉
永田英正・梅原郁訳注『漢書食貨志・地理志・溝洫志』平凡社（東洋文庫），1988 年
〈p. 91〉
中村圭爾「南朝国家論」『岩波講座世界歴史 9 中華の分裂と再生』岩波書店，1999 年
〈p. 97〉
──『六朝江南地域史研究』汲古書院，2006 年 〈pp. 98, 120〉
仁井田陞『唐令拾遺』東方文化学院東京研究所，1933 年（東京大学出版会，1964 年）
〈p. 106〉
──『中国の社会とギルド』岩波書店，1951 年 〈p. 212〉
新村容子『アヘン貿易論争──イギリスと中国』汲古書院，2000 年 〈pp. 228, 229〉
──「「王立アヘン委員会」とモリソンパンフレット」斯波義信編『モリソンパンフレット
　の世界』東洋文庫，2012 年 〈p. 229〉
西奥健生「宋代市糴制度の財政的背景──儲備の獲得を中心として」『社会経済史学』第
　70 巻第 3 号，2004 年 〈p. 125〉
西嶋定生訳注・中島敏編『晋書食貨志訳注』東洋文庫，2007 年 〈p. 91〉
西山武一『アジア的農法と農業社会』東京大学出版会，1969 年 〈p. 39〉
──・熊代幸雄『校訂訳注 斉民要術』アジア経済出版会，1969 年 〈p. 39〉
日本上海史研究会『上海──重層するネットワーク』汲古書院，2000 年 〈p. 276〉
根岸佶『支那ギルドの研究』斯文書院，1932 年 〈p. 212〉
──『商事に関する慣行調査報告書──合股の研究』東亜研究所，1943 年 〈p. 232〉
野澤豊編『中国国民革命史の研究』青木書店，1974 年 〈p. 327〉
──編『中国の幣制改革と国際関係』東京大学出版会，1981 年 〈p. 327〉
──編『日本の中華民国史研究』汲古書院，1995 年 〈p. 327〉

――・田中正俊編『講座中国近現代史』全7巻，東京大学出版会，1978年　〈p. 327〉
バーヂス（John Stewart Burgess）著／申鎮均訳『北京のギルド生活』生活社，1942年
〈p. 211〉
萩原充『中国の経済建設と日中関係――対日抗戦への序曲 1927～1937年』ミネルヴァ書房，2000年　〈p. 253〉
橋本万平『計測の文化史』朝日新聞社（朝日選書），1982年　〈p. 81〉
旗田巍『中国村落と共同体理論』岩波書店，1973年　〈p. 326〉
畑地正憲「北宋・遼間の貿易と歳贈について」『史淵』第111輯，1974年（同『宋代軍政史研究』北九州中国書店，2012年に再録）　〈p. 141〉
羽田正編『東アジア海域に漕ぎだす 1 海から見た歴史』東京大学出版会，2013年
〈pp. 149, 234〉
濱川栄『中国古代の社会と黄河』早稲田大学出版部，2009年　〈p. 35〉
濱口重國『秦漢隋唐史の研究』上・下，東京大学出版会，1966年 a　〈pp. 83, 321〉
――『唐代賤人制度の研究』東洋史研究会，1966年 b　〈p. 321〉
――「唐の白直と雑徭と諸々の特定の役務」『史学雑誌』第78編第2号，1969年　〈p. 321〉
濱下武志『中国近代経済史研究――清末海関財政と開港場市場圏』汲古書院，1989年
〈p. 325〉
――『近代中国の国際的契機――朝貢貿易システムと近代アジア』東京大学出版会，1990年
〈pp. 201, 204〉
――『香港――アジアのネットワーク都市』筑摩書房（ちくま新書），1996年　〈p. 293〉
原宗子「生産技術と環境」『岩波講座世界歴史 3 中華の形成と東方世界』岩波書店，1998年
〈p. 12〉
――『「農本」主義と「黄土」の発生――古代中国の開発と環境 2』研文出版，2005年
〈p. 34〉
范金民「把持と応差――巴県檔案から見た清代重慶の商貿訴訟」夫馬進編『中国訴訟社会史の研究』京都大学学術出版会，2011年　〈p. 213〉
坂野正高『近代中国政治外交史――ヴァスコ・ダ・ガマから五四運動まで』東京大学出版会，1973年　〈p. 193〉
――・田中正俊・衛藤瀋吉編『近代中国研究入門』東京大学出版会，1974年　〈p. 3〉
久末亮一『香港「帝国の時代」のゲートウェイ』名古屋大学出版会，2012年　〈p. 293〉
日野開三郎『日野開三郎東洋史学論集 1 唐代藩鎮の支配体制』三一書房，1980年
〈p. 321〉
――『日野開三郎東洋史学論集 5 唐・五代の貨幣と金融』三一書房，1982年
〈pp. 139, 172〉
――「北宋時代の塩鈔について 附交引鋪」『日野開三郎東洋史学論集 6 宋代の貨幣と金融（上）』三一書房，1983年 a　〈p. 166〉
――『日野開三郎東洋史学論集 6 宋代の貨幣と金融（上）』三一書房，1983年 b
〈pp. 140, 172〉
――『日野開三郎東洋史学論集 7 宋代の貨幣と金融（下）』三一書房，1983年 c　〈p. 172〉
――「銀絹の需給上より見た五代・北宋の歳幣・歳賜」『日野開三郎東洋史学論集 10 北東アジア国際交流史の研究（下）』三一書房，1984年　〈p. 141〉
――『日野開三郎東洋史学論集 11 戸口問題と糴買法』三一書房，1988年　〈p. 126〉
平野義太郎『大アジア主義の歴史的基礎』河出書房，1945年　〈p. 327〉
弘末雅士『東南アジアの港市世界――地域社会の形成と世界秩序』岩波書店，2004年
〈p. 234〉

深尾葉子・安冨歩編『黄土高原・緑を紡ぎだす人々——「緑聖」朱序弼をめぐる動きと語り』風響社, 2010 年 ⟨p. 34⟩
藤井律之「北朝皇帝の行幸」前川和也・岡村秀典編『国家形成の比較研究』学生社, 2005 年 ⟨p. 48⟩
藤井宏「明代塩商の一考察——辺商・内商・水商の研究」(1)～(3)『史学雑誌』第 54 編第 5～7 号, 1953～1954 年 a ⟨pp. 209, 325⟩
——「新安商人の研究」(1)～(4)『東洋学報』第 36 巻第 1～4 号, 1953～1954 年 b ⟨p. 324⟩
藤田豊八『東西交渉史の研究——南海篇』岡書院, 1932 年 ⟨p. 151⟩
船越泰次『唐代両税法研究』汲古書院, 1996 年 ⟨pp. 125, 128⟩
夫馬進『中国善会善堂史研究』同朋舎出版, 1997 年 ⟨p. 213⟩
星斌夫『明代漕運の研究』日本学術振興会, 1963 年 ⟨p. 42⟩
——『大運河——中国の漕運』近藤出版社, 1971 年 ⟨p. 42⟩
ホフマン, ワルター (Walther G. Hoffmann) 著／長洲一二・富山和夫共訳『近代産業発展段階論』日本評論社, 1967 年 ⟨p. 281⟩
堀和生編『東アジア資本主義史論 II——構造と特質』ミネルヴァ書房, 2008 年 ⟨p. 295⟩
堀敏一『均田制の研究』岩波書店, 1975 年 ⟨pp. 102, 119, 123⟩
堀地明『明清食糧騒擾研究』汲古書院, 2011 年 ⟨p. 44⟩
本田實信『モンゴル時代史研究』東京大学出版会, 1991 年 ⟨p. 156⟩
マカートニー (George Macartney) 著／坂野正高訳注『中国訪問使節日記』平凡社（東洋文庫）, 1975 年 ⟨p. 200⟩
前田直典『元朝史の研究』東京大学出版会, 1973 年 ⟨pp. 154, 155, 157, 172⟩
牧野修二「元朝中書省の成立」『東洋史研究』第 25 巻第 3 号, 1966 年（藤野彪・牧野修二『元朝史論集』汲古書院, 2012 年に再録） ⟨p. 174⟩
増淵龍夫「先秦時代の山林藪沢と秦の公田」中国古代史研究会編『中国古代の社会と文化』東京大学出版会, 1957 年（同『新版 中国古代の社会と国家』岩波書店, 1996 年に再録） ⟨pp. 65, 85⟩
——「春秋時代の貴族と農民」『一橋論叢』第 72 巻第 1 号, 1974 年（同『新版 中国古代の社会と国家』岩波書店, 1996 年に再録） ⟨p. 62⟩
松浦章「清代における沿岸貿易について——帆船と商品流通」小野和子編『明清時代の政治と社会』京都大学人文科学研究所, 1983 年 ⟨p. 200⟩
——『清代海外貿易史の研究』朋友書店, 2002 年 ⟨pp. 200, 222⟩
松田孝一「フラグ家の東方領」『東洋史研究』第 39 巻第 1 号, 1980 年 ⟨p. 174⟩
——「オゴデイ・カンの「丙申年分撥」再考(1)——「答里真官人位」の寧海州分地について」『西域歴史言語研究集刊』第 4 輯, 科学出版社, 2010 年 a ⟨p. 173⟩
——「モンゴル帝国の興亡と環境」白石典之編『チンギス・カンの戒め——モンゴル草原と地球環境問題』同成社, 2010 年 b ⟨p. 158⟩
松田壽男『松田壽男著作集 2 遊牧民の歴史』六興出版, 1986 年 ⟨p. 46⟩
松田吉郎「黄河の治水史」『月刊しにか』第 12 巻第 1 号, 2001 年 ⟨p. 11⟩
松村史穂「計画経済期中国における食糧配給制度の展開過程」『社会経済史学』第 75 巻第 4 号, 2009 年 ⟨p. 262⟩
松本俊郎『「満洲国」から新中国へ——鞍山鉄鋼業からみた中国東北の再編過程 1940-1954』名古屋大学出版会, 2000 年 ⟨pp. 236, 281⟩
丸川知雄「中国の『三線建設』」『アジア経済』第 34 巻第 2・3 号, 1993 年 ⟨p. 285⟩
——「中国の産業政策——清朝末期から 1990 年代まで」, 同編『移行期中国の産業政策』アジア経済研究所, 2000 年 ⟨p. 260⟩

——「中国の『三線建設』再論」『アジア経済』第43巻第12号，2002年 〈p. 285〉
丸橋充拓『唐代北辺財政の研究』岩波書店，2006年 〈pp. 115, 126〉
——「府兵制下の「軍事財政」」『唐代史研究』第13号，2010年 〈p. 111〉
三上次男『金史研究 一 金代女真社会の研究』中央公論美術出版，1972年 〈p. 145〉
三木聰『明清福建農村社会の研究』北海道大学図書刊行会，2002年 〈p. 169〉
三田村泰助『清朝前史の研究』同朋舎，1965年 〈p. 190〉
湊照宏『近代台湾の電力産業——植民地工業化と資本市場』御茶の水書房，2011年
〈pp. 281, 295〉
峰毅『中国に継承された「満洲国」の産業——化学工業を中心にみた継承の実態』御茶の水書房，2009年 〈p. 281〉
宮紀子「『農桑輯要』からみた大元ウルスの勧農政策」『人文学報』第93・95・96号，2006〜2008年 〈p. 159〉
宮川尚志「漢代の家畜（上・下）」『東洋史研究』第9巻第5・6号〜第10巻第1号，1947年 〈p. 46〉
宮宅潔「漢初の二十等爵制——制度史的考証」，同『中国古代刑制史の研究』京都大学学術出版会，2011年 〈p. 121〉
三宅俊彦『中国の埋められた銭貨』同成社，2005年 〈p. 165〉
宮崎市定「古代支那賦税制度」『史林』第18巻第2・3・4号，1933年（「中国古代賦税制度」として『宮崎市定全集 3 古代』岩波書店，1991年に再録）〈pp. 62, 64, 318, 321〉
——「晋武帝の戸調式に就て」『東亜経済研究』第19巻第4号，1935年（『宮崎市定全集 7 六朝』岩波書店，1992年に再録） 〈p. 321〉
——『五代宋初の通貨問題』星野書店，1943年（『宮崎市定全集 9 五代宋初』岩波書店，1992年に再録） 〈p. 318〉
——「胥吏の陪備を中心として——中国官吏生活の一面」『史林』第30巻第1号，1945年（『宮崎市定全集 10 宋』岩波書店，1992年に再録） 〈p. 322〉
——「宋代州県制度の由来とその特色——特に衙前の変遷について」『史林』第36巻第2号，1953年（『宮崎市定全集 10 宋』岩波書店，1992年に再録） 〈pp. 135, 322〉
——「唐代賦役制度新考」『東洋史研究』第14巻第4号，1956年（『宮崎市定全集 8 唐』岩波書店，1993年に再録） 〈p. 321〉
——「中国における村制の成立」『東洋史研究』第18巻第4号，1960年（『宮崎市定全集 7 六朝』岩波書店，1992年に再録） 〈p. 98〉
——「中国制度史の研究」『学術月報』第43巻第8号，1990年（『宮崎市定全集 17 中国文明』岩波書店，1993年に再録） 〈p. 321〉
——「六朝隋唐の社会」『宮崎市定全集 7 六朝』岩波書店，1992年 〈p. 320〉
——『宮崎市定全集 1 中国史』岩波書店，1993年 〈p. 318〉
——『九品官人法の研究——科挙前史』中央公論社（中公文庫），1997年 〈p. 26〉
——著／礪波護編『東洋的近世』中央公論新社（中公文庫），1999年 〈pp. 185, 318〉
宮澤知之「宋代農村社会史研究の展開」谷川道雄編著『戦後日本の中国史論争』河合文化教育研究所，1993年 〈p. 324〉
——『宋代中国の国家と経済——財政・市場・貨幣』創文社，1998年
〈pp. 139, 140, 157, 164, 172〉
——「中国専制国家財政の展開」『岩波講座世界歴史 9 中華の分裂と再生』岩波書店，1999年 〈pp. 104, 112〉
——「魏晋南北朝時代の貨幣経済」『鷹陵史学』第26号，2000年 〈p. 99〉
——『中国銅銭の世界——銭貨から経済史へ』思文閣出版，2007年 〈pp. 87, 148, 165〉

――「元朝の財政と鈔」『佛教大学歴史学部論集』第 2 号，2012 年　　　　　〈p. 157〉
宮田道昭『中国の開港と沿海市場――中国近代経済史に関する一視点』東方書店，2006 年
　　　　　　　　　　　　　　　　　　　　　　　　　　　　　　　　〈p. 239〉
宮本一夫『中国の歴史 01 神話から歴史へ』講談社，2005 年　　　　　　　〈p. 53〉
村岡倫「元代江南投下領とモンゴリアの遊牧集団」『龍谷紀要』第 18 巻第 2 号，1997 年
　　　　　　　　　　　　　　　　　　　　　　　　　　　　　　　　〈p. 173〉
村上正二「元朝に於ける投下の意義」『蒙古学報』第 1 号，1940 年（同『モンゴル帝国史研究』風間書房，1993 年に再録）　　　　　　　　　　　　　　　〈p. 174〉
村松弘一「秦漢帝国と黄土地帯」佐藤洋一郎・谷口真人編『イエローベルトの環境史』弘文堂，2013 年　　　　　　　　　　　　　　　　　　　　　　　　〈p. 34〉
村松祐次『中国経済の社会態制』東洋経済新報社，1949 年（復刊版 1975 年）〈p. 326〉
本野英一『伝統中国商業秩序の崩壊――不平等条約体制と「英語を話す中国人」』名古屋大学出版会，2004 年　　　　　　　　　　　　　　　　〈pp. 226, 227, 241〉
籾山明『秦の始皇帝 多元世界の統一者』白帝社，1994 年　　　　　　　　〈p. 69〉
森克己『続々 日宋貿易の研究』国書刊行会，1975 年　　　　　　　　　　〈p. 165〉
森時彦『中国近代綿業史の研究』京都大学学術出版会，2001 年　〈pp. 204, 205, 243, 244〉
――編『在華紡と中国社会』京都大学学術出版会，2005 年　　　　　　　〈p. 245〉
森正夫「16-18 世紀における荒政と地主佃戸関係」『東洋史研究』第 27 巻第 4 号，1968 年（『森正夫明清史論集』第 1 巻，汲古書院，2006 年に再録）　　　　〈p. 43〉
――『明代江南土地制度の研究』同朋舎出版，1988 年　　　　　　　　　〈p. 180〉
森田明『清代水利史研究』亜紀書房，1974 年　　　　　　　　　　　　　〈p. 37〉
森部豊『ソグド人の東方活動と東ユーラシア世界の歴史的展開』関西大学出版部，2010 年　　　　　　　　　　　　　　　　　　　　　　　　　　　　　〈p. 107〉
森安孝夫『興亡の世界史 5 シルクロードと唐帝国』講談社，2007 年　〈pp. 48, 107, 116〉
安冨歩『「満洲国」の金融』創文社，1997 年　　　　　　　　　　　〈pp. 216, 236〉
――『貨幣の複雑性――生成と崩壊の理論』創文社，2000 年　　　　　　〈p. 272〉
――・深尾葉子編『「満洲」の成立――森林の消尽と近代空間の形成』名古屋大学出版会，2009 年　　　　　　　　　　　　　　　　　　　　　〈pp. 216, 236〉
矢内原忠雄『帝国主義下の台湾』岩波書店，1929 年　　　　　　　　　　〈p. 295〉
柳田節子『宋元郷村制の研究』創文社，1986 年　　　　　　　　　　　　〈p. 137〉
山崎覚士『中国五代国家論』思文閣，2010 年　　　　　　　　　　　　　〈p. 117〉
山下将司「唐の監牧制と中国在住ソグド人の牧馬」『東洋史研究』第 66 巻第 4 号，2008 年　　　　　　　　　　　　　　　　　　　　　　　　　　　　　〈p. 46〉
山田勝芳『秦漢財政収入の研究』汲古書院，1993 年　　　　　　　　　　〈p. 83〉
――『貨幣の中国古代史』朝日新聞社（朝日選書），2000 年　　　　　　〈p. 87〉
山田憲太郎『南海香薬譜――スパイス・ルートの研究』法政大学出版局，1982 年
　　　　　　　　　　　　　　　　　　　　　　　　　　　　　　　　〈p. 151〉
山田豪一『満洲国の阿片専売――「わが満蒙の特殊権益」の研究』汲古書院，2002 年
　　　　　　　　　　　　　　　　　　　　　　　　　　　　　　　　〈p. 231〉
山田賢『移住民の秩序――清代四川地域社会史研究』名古屋大学出版会，1995 年
　　　　　　　　　　　　　　　　　　　　　　　　　　　　　　　　〈p. 202〉
山根直生「唐宋政治史研究に関する試論――政治過程論，国家統合の地理的様態から」『中国史研究』第 14 号，2004 年　　　　　　　　　　　　　　　〈p. 116〉
山本真「農村社会から見た土地改革」飯島渉・久保亨・村田雄二郎編『シリーズ 20 世紀中国史 3 グローバル化と中国』東京大学出版会，2009 年　　〈p. 280〉

横山裕男「唐代の捉銭戸について」『東洋史研究』第 17 巻第 2 号, 1958 年 〈p. 106〉
吉澤誠一郎「西北建設政策の始動——南京国民政府における開発の問題」『東洋文化研究所紀要』第 148 冊, 2005 年 〈p. 32〉
吉田寅『元代製鹽技術資料「熬波圖」の研究』汲古書院, 1983 年 〈p. 167〉
吉田豊「ソグド語資料から見たソグド人の活動」『岩波講座世界歴史 11 中央ユーラシアの統合』岩波書店, 1997 年 〈p. 130〉
吉本道雅「孟子小考——戦国中期の国家と社会」『立命館文学』第 551 号, 1997 年 〈p. 66〉
——「商君変法研究序説」『史林』第 83 巻第 4 号, 2000 年 〈p. 65〉
——「先秦」愛宕元・冨谷至編『中国の歴史（上）古代—中世』昭和堂, 2005 年 a 〈pp. 62, 320〉
——『中国先秦史の研究』京都大学学術出版会, 2005 年 b 〈pp. 63, 319〉
四日市康博「元朝斡脱政策にみる交易活動と宗教活動の諸相——附『元典章』斡脱関連条訳注」『東アジアと日本——交流と変容』第 3 号, 2006 年 〈p. 176〉
米田賢次郎『中国古代農業技術史研究』同朋舎, 1989 年 〈p. 40〉
李令福「華北平原における二年三熟制の成立時期」『日中文化研究』第 14 輯, 1999 年 〈p. 40〉
リード, アンソニー（Anthony Reid）著／平野秀秋・田中優子訳『大航海時代の東南アジア〈1〉貿易風の下で』法政大学出版局, 1997 年 〈p. 232〉
廖敏淑「清代の通商秩序と互市——清初から両次アヘン戦争へ」岡本隆司・川島真編『中国近代外交の胎動』東京大学出版会, 2009 年 〈p. 223〉
林満紅著／木越義則訳「清末における国産アヘンによる輸入アヘンの代替（1805-1906）」中村哲編著『近代東アジア経済の史的構造』日本評論社, 2007 年 〈p. 203〉
——著／木越義則訳「中国産アヘンの販売市場——1870 年代—1906 年」古田和子編『中国の市場秩序——17 世紀から 20 世紀前半を中心に』慶應義塾大学出版会, 2013 年 〈p. 203〉
和田清編『明史食貨志訳注』全 2 巻, 東洋文庫, 1957 年（山根幸夫編補訂版, 汲古書院, 1996 年） 〈p. 91〉
渡辺信一郎「仁孝——六朝隋唐期の社会救済論と国家」『史林』第 61 巻第 2 号, 1978 年（同『中国古代国家の思想構造——専制国家とイデオロギー』校倉書房, 1994 年に再録） 〈p. 43〉
——『中国古代社会論』青木書店, 1986 年 〈pp. 39, 66, 67, 75, 96, 97, 116, 121, 322〉
——「火耕水耨の背景——漢・六朝の江南農業」『日野開三郎博士頌壽記念論集 中国社会・制度・文化史の諸問題』中国書店, 1987 年 〈p. 40〉
——『中国古代国家の思想構造——専制国家とイデオロギー』校倉書房, 1994 年 〈p. 322〉
——『天空の玉座——中国古代帝国の朝政と儀礼』柏書房, 1996 年 〈p. 322〉
——『中国古代の王権と天下秩序——日中比較史の視点から』校倉書房, 2003 年 〈p. 322〉
——「北宋天聖令による唐開元二十五年令田令の復原並びに訳注」『京都府立大学学術報告（人文）』第 58 号, 2006 年 〈p. 123〉
——『『魏書』食貨志・『隋書』食貨志訳注』汲古書院, 2008 年 〈p. 91〉
——『中国古代の財政と国家』汲古書院, 2010 年
〈pp. 22, 72, 83, 89, 95, 96, 98, 101, 102, 105, 108, 111, 321, 322〉
——「百姓ノ腹ノ内——唐代後半期の会計と財務運営」『唐宋変革研究通訊』第 4 輯, 2013 年 a 〈p. 112〉
——「定額制の成立——唐代における財務運営の転換」『国立歴史民俗博物館研究報告』

第 179 集，2013 年 b 〈p. 114〉
渡部忠世・桜井由躬雄編『中国江南の稲作文化——その学際的研究』日本放送出版協会，1984 年 〈p. 36〉

曹錦清・張楽天・陳中亜『当代浙北郷村的社会文化変遷』上海遠東出版社，1995 年
〈p. 284〉
晁中辰『明代海禁与海外貿易』人民出版社，2004 年 〈p. 222〉
陳高華・史衛民『中国経済通史——元代経済巻』経済日報出版社，2000 年（上・下 2 冊，中国社会科学出版社，2007 年） 〈pp. 159, 176〉
陳明光『唐代財政史新編』中国財政経済出版社，1991 年 〈p. 114〉
戴裔煊『宋代鈔塩制度研究』中華書局，1981 年 〈p. 166〉
鄧広銘『北宋政治改革家王安石』人民出版社，1997 年 〈p. 170〉
傅楽煥『遼史叢考』中華書局，1984 年 〈p. 49〉
傅筑夫「中国工商業的"行"及其特点」，同『中国経済史論叢』下巻，生活・読書・新知三聯書店，1980 年 〈p. 212〉
高敏主編『魏晋南北朝経済史』（上）（下），上海人民出版社，1996 年 〈p. 119〉
高栄盛「元代江南官田」，同『元史浅識』鳳凰出版社，2010 年 〈p. 159〉
郭正忠主編『中国塩業史——古代編』人民出版社，1997 年 〈p. 167〉
国家計量総局『中国古代度量衡図集』文物出版社，1981 年 〈p. 81〉
国家統計局固定資産投資統計司編『中国固定資産投資統計資料 1950-1985』中国統計出版社，1987 年 〈p. 282〉
国家統計局国民経済核算司編『中国国内生産総値核算歴史資料 1952-2004』中国統計出版社，2007 年 〈p. 256〉
国家統計局国民経済綜合統計司編『新中国六十年統計資料彙編』中国統計出版社，2010 年 〈p. 256〉
何漢威「清季国産鴉片的統捐与統税」『薪火大集——伝統与近代変遷中的中国経済〈全漢昇教授九秩栄慶祝寿論文集〉』稲郷出版社，2001 年 〈p. 229〉
姜濤『中国近代人口史』浙江人民出版社，1993 年 〈p. 20〉
江蘇省六朝史研究会・江蘇省社科院歴史所編『古代長江下流的経済開発』三秦出版社，1989 年 〈p. 120〉
李伯重「有無"13, 14 世紀的転折"？——宋末至明初江南農業的変化」同『多視角看江南経済史（1250-1850）』生活・読書・新知三聯書店，2003 年 〈pp. 160, 161〉
李長傅『華僑』中華書局，1927 年 〈p. 234〉
李華瑞『王安石変法研究史』人民出版社，2004 年 〈p. 170〉
李恵村他『中国統計史』中国統計出版社，1993 年 〈p. 275〉
李錦繡『唐代財政史稿（上巻）』北京大学出版社，1995 年 〈pp. 111, 124〉
——『唐代財政史稿（下巻）』北京大学出版社，2001 年 〈p. 113〉
——『隋唐審計史略』崑崙出版社，2009 年 〈p. 124〉
李孝聡「偶然抑或必然——運河中的地理因素」『華夏地理』2009 年第 3 期 〈p. 16〉
梁方仲『中国歴代戸口・田地・田賦統計』上海人民出版社，1980 年 〈p. 80〉
林天蔚『宋代香薬貿易史』中国文化大学出版部，1986 年 〈p. 151〉
劉孝誠『中国財政通史 中華民国巻』中国財政経済出版社，2006 年 〈p. 249〉
楼継偉主編『新中国 50 年財政統計』経済科学出版社，2000 年 〈p. 264〉
路遇『中国人口通史（上）』山東人民出版社，2000 年 〈p. 20〉

馬泉山『新中国工業経済史（1966-1978）』経済管理出版社，1998年　　　　　〈p. 286〉
莫文秀主編，張李璽・宋勝菊・郭冬生副主編『中国婦女教育発展報告 NO. 1（1978-2008）改革開放30年』社会科学文献出版社，2008年　　　　　　　　　　　〈p. 289〉
寧夏回族自治区固原博物館・中日原州聯合考古隊編『原州古墓集成』文物出版社，1999年　　　　　　　　　　　　　　　　　　　　　　　　　　　　　　〈p. 333〉
潘翎『海外華人百科全書』生活・読書・新知三聯書店（香港），1998年　　　〈p. 234〉
彭信威『中国貨幣史』第3版，上海人民出版社，1988年　　　　　　　　　〈p. 172〉
漆俠『王安石変法（増訂本）』河北人民出版社，2001年　　　　　　　　　〈p. 170〉
栄新江「北朝隋唐粟特人之遷徙及其聚落」『国学研究』第6巻，1999年（同『中古中国与外来文明』生活・読書・新知三聯書店，2001年に再録）　　　　　　　　〈p. 130〉
史念海『漢唐長安与黄土高原』陝西師範大学中国歴史地理研究所，1998年　〈p. 115〉
──『漢唐長安与関中平原』陝西師範大学中国歴史地理研究所，1999年　　〈p. 115〉
孫機『漢代物質文化資料図説』文物出版社，1991年　　　　　　　　　　　〈p. 75〉
譚其驤「何以黄河在東漢以後会出現一個長期安流的局面──従歴史上論証黄河中游的土地合理利用是消弭下游水害的決定性因素」『学術月刊』1962年第2期　〈p. 76〉
唐長孺『三至六世紀江南大土地所有制的発展』上海人民出版社，1957年　〈p. 120〉
唐力行『商人与中国近世社会』浙江人民出版社，1993年　　　　　　　　〈p. 210〉
天一閣博物館・中国社会科学院歴史研究所天聖令整理課題組『天一閣蔵明鈔本天聖令校証』中華書局，2006年　　　　　　　　　　　　　　　　　　　〈pp. 105, 106〉
万国鼎「秦漢度量衡畝考」『農業遺産研究集刊』第2冊，1958年　　　　　　〈p. ii〉
万明『中国融入世界歩履──明与清前期海外政策比較研究』社会科学文献出版社，2000年　　　　　　　　　　　　　　　　　　　　　　　　　　　　〈p. 222〉
王友明『革命与郷村──解放区土地改革研究：1941-1948 以山東莒南県為個案』上海社会科学院出版社，2006年　　　　　　　　　　　　　　　　　　〈p. 279〉
王仲犖『魏晋南北朝史』上・下，上海人民出版社，1979〜1980年　　　　　〈p. 119〉
巫宝三主編『中国国民所得（1933年）』上・下，中華書局，1947年（商務印書館，2011年）　　　　　　　　　　　　　　　　　　　　　　　　　　　〈pp. 275, 328〉
呉承洛『中国度量衡史』商務印書館，1937年　　　　　　　　　　　　　〈p. ii〉
呉松弟『中国移民史 第4巻 遼宋金元時期』福建人民出版社，1997年　　　〈p. 147〉
謝成俠『中国養馬史』科学出版社，1959年　　　　　　　　　　　　　　〈p. 47〉
許輝・蔣福亜主編『六朝経済史』江蘇古籍出版社，1993年　　　　　　　〈p. 120〉
薛毅『国民政府資源委員会研究』社会科学文献出版社，2005年　　　　　〈p. 278〉
閻崇年「中国都城遷移的大十字形趨勢」，同『燕歩集』北京燕山出版社，1989年　〈p. 42〉
厳中平等編『中国近代経済史統計資料選輯』科学出版社，1955年　　　　〈p. 241〉
葉世昌他主編『中国歴代貨幣大系 5 元明貨幣』上海人民出版社，2009年　〈p. 333〉
張楽天『告別理想──人民公社制度研究』東方出版中心，1997年　　　　〈p. 284〉
鄭友揆・程麟蓀・張伝洪『旧中国的資源委員会──史実与評価』上海社会科学院出版社，1991年　　　　　　　　　　　　　　　　　　　　　　　　　〈p. 278〉
中国農業博物館『漢代農業画像磚石』中国農業出版社，1996年　　　　　〈p. 75〉
中国社会科学院婦女研究中心・孟憲範主編『女性的生存状況和社会心態』中国社会科学出版社，2010年　　　　　　　　　　　　　　　　　　　　　　　〈p. 290〉
『中国対外経済貿易年鑑』編輯委員会編『中国対外経済貿易年鑑 1984』中国対外経済貿易出版社，1984年　　　　　　　　　　　　　　　　　　　　　〈p. 266〉
中華全国婦女聯合会婦女研究所・陝西省婦女聯合会研究室『中国婦女統計資料（1949-1989）』中国統計出版社，1991年　　　　　　　　　　　　　　　〈p. 289〉

中華人民共和国国家経済貿易委員会編『中国工業五十年――新中国工業通鑑』中国経済出版社，2000 年 〈pp. 282, 287〉
中華人民共和国国家統計局編『中国統計年鑑 2003』中国統計出版社，2003 年 〈p. 288〉
中華人民共和国教育部発展規画司編『中国教育統計年鑑 2010』人民教育出版社，2011 年 〈p. 289〉
中華人民共和国教育部計画財務司編『中国教育成就 統計資料 1949-1983』人民教育出版社，1985 年 〈p. 289〉
竺可楨「中国近五千年来気候変遷的初歩研究」『考古学報』1972 年第 1 期 〈p. 57〉

Bello, David. "The Venomous Course of South-western Opium : Qing Prohibition in Yunnan, Sichuan, and Guizhou in the Early Nineteenth Century," *The Journal of Asian Studies*, Vol. 62, No. 4, 2003. 〈p. 228〉
De la Vaissière, Étienne. *Histoire des Marchands Sogdiens*. Paris : Collège de France, 2002 (trans. by James Ward, *Sogdian Traders : A History*, Leiden : Brill, 2005). 〈p. 130〉
Eckstein, Alexander. *The National Income of Communist China*, New York : Free Press of Glencoe, 1961. 〈p. 329〉
Elvin, Mark. *The Pattern of the Chinese Past*, Stanford : Stanford University Press, 1973. 〈pp. 20, 23, 25〉
Fairbank, John King, Martha Henderson Coolige, and Richard Joseph Smith. *H. B. Morse, Customs Commissioner and Historian of China*, Lexington : University Press of Kentucky, 1995. 〈p. 325〉
Gernet, Jacques. *La vie quotidienne en Chine à la veille de l'invasion mongole, 1250-1276*, Paris : Hachette, 1959. 〈p. 323〉
Huang, Ray.(黄仁宇) *Taxation and Governmental Finance in Sixteenth-Century Ming China*, Cambridge : Cambridge University Press, 1974. 〈p. 180〉
Kennedy, Scott. *The Business of Lobbying in China*, Cambridge, Mass., etc. : Harvard University Press, 2005. 〈p. 227〉
Kirby, William C. "Continuity and Change in Modern China : Economic Planning on the Mainland and on Taiwan, 1943-58," *The Australian Journal of Chinese Affairs*, No. 24, 1990. 〈p. 278〉
Kuroda, Akinobu.(黒田明伸) "The Eurasian Silver Century, 1276-1359 : Commensurability and Multiplicity," *Journal of Global History*, Vol. 4, Issue 2, 2009. 〈pp. 157, 176〉
Lim, Margaret Julia B. C. "Britain and the Termination of the India-China Opium Trade, 1905-1913," unpublished Ph. D. thesis, University of London, 1969. 〈p. 231〉
Liu, Ta-chung.(劉大中) *China's National Income, 1931-36 : An Exploratory Study*, Washington, D. C. : Brookings Institution, 1946. 〈p. 329〉
――, Kung-chia Yeh.(葉孔嘉) *The Economy of the Chinese Mainland : National Income and Economic Development, 1933-1959*, Princeton : Princeton University Press, 1965. 〈p. 329〉
Maddison, Angus. *Chinese Economic Performance in the Long Run*, Paris : Development Center of OECD, 2nd ed., 2007. 〈p. 5〉
Millward, James A., *et al.* eds. *New Qing Imperial History : The Making of Inner Asian Empire at Qing Chengde*, London : Routledge, 2004. 〈p. 49〉
Morse, Hosea Ballou. *The Trade and Administration of the Chinese Empire*, 1st ed., Shanghai, etc. : Kelly and Walsh, 1908. 〈pp. 193, 326, 333〉
――. *The Gilds of China, with an Account of the Guild Merchant or Co-hong of Canton*, London,

etc. : Longmans, Green & Co., 1909. 〈pp. 211, 326〉
──. *The International Relations of the Chinese Empire*, 3vols., Shanghai, etc. : Kelly and Walsh, 1910, 1918. 〈p. 325〉
Pearson, Margaret M. *China's New Business Elite : The Political Consequences of Economic Reform*, Berkeley, etc. : University of California Press, 1997. 〈p. 227〉
Pomeranz, Kenneth. *The Great Divergence : China, Europe, and the Making of the Modern World Economy*, Princeton and Oxford : Princeton University Press, 2000. 〈p. 5〉
Rosenthal, Jean-Laurent & R. Bin Wong,(王国斌) eds. *Before and Beyond Divergence : The Politics of Economic Change in China and Europe*, Cambridge, Mass. : Harvard University Press, 2011. 〈p. 5〉
Skinner, George William, ed. *The City in Late Imperial China*, Stanford : Stanford University Press, 1977. 〈p. 318〉
Slack, Edward R., Jr. *Opium, State, and Society : China's Narco-Economy and the Guomindang, 1924-1937*, Honolulu : University of Hawaii Press, 2001. 〈p. 231〉
So, Billy K. L.(蘇基朗) *Prosperity, Region, and Institutions in Maritime China : The South Fukien Pattern, 946-1368*, Cambridge, Mass., etc. : Harvard University Press, 2000. 〈p. 151〉
Twitchett, Denis C. *Financial Administration under the T'ang Dynasty*, Cambridge : Cambridge University Press, 1970. 〈p. 103〉
von Glahn, Richard. "Towns and Temples : Urban Growth and Decline in the Yangzi Delta, 1100-1400," Paul J. Smith and Richard von Glahn, ed., *The Song-Yuan-Ming Transition in Chinese History*, Cambridge, Mass., etc. : Harvard University Press, 2003. 〈p. 162〉
──. "Monies of Account and Monetary Transition in China, Twelfth to Fourteenth Centuries," *Journal of the Economic and Social History of the Orient*, Vol. 53, Issue 3, 2010. 〈p. 157〉
Wang, Yeh-chien.(王業鍵) *Land Taxation in Late Imperial China, 1750-1911*, Cambridge, Mass. : Harvard University Press, 1973. 〈p. 31〉
Weitzman, Martin L. and Xu Chenggang.(許成綱) "Chinese Township-Village Enterprises as Vaguely Defined Cooperatives," *Journal of Comparative Economics*, Vol. 18, Issue 2, 1994. 〈p. 288〉
Zheng, Yangwen.(鄭揚文) *The Social Life of Opium in China*, Cambridge : Cambridge University Press, 2005. 〈pp. 228, 229, 231〉

文献解題

　学問とは先達の批判継承にほかならない。そこに道を開くべく，先学の達成をコンパクトに紹介論評することが，本書を編んだ最大の目的であった。けれども以上の論述・注記・目録では，なお意をつくさないところもある。本論・テーマで注記，言及したかどうかを問わず，そのあたりを補足しておきたい。

　以下，各章別に本論の執筆者が関係の深い文献を精選して，数点づつあげる。注記は本論・テーマに準じており，そのくわしい書誌データは，文献目録を参照されたい。

序　章

▼加藤繁『支那経済史考証』東洋文庫論叢第 34, 全 2 巻, 東洋文庫, 1952〜1953 年。
　言行不一致で難解な中国史料を駆使して，経済事象を復原するには，記録の文章・術語の読み解きが何より重要である。本書はまさにそのことから着手し，「中国経済史」という学問分野を開拓した加藤繁（1880〜1946 年）の研究論文 56 篇を集大成した巨帙であり，索引も完備している。

　中国史全時代を通じた農産物・土地制度・戸口・聚落・定期市・行会・商業・専売・貨幣・財政など，研究するうえで問題となりうる主要なトピックを網羅的にとりあげ，当時は五里霧中の状態にあった史料読解の出発点かつ範例を提供し，研究の向かうべき指針をつぶさに示した。

　いわば日本の中国経済史研究の原点である。もちろん個別には，以後の研究で否定されたことやいっそう明らかになったことも少なくない。しかし中国経済史を総合的にせよ，専門的にせよ再検討するには，たえず本書の論述に立ちもどって，考えなおすことが必須である。

　歴史の学徒が読むべきなのは，いうまでもない。そして経済学あるいは現状分析の人も，せめてこれに目を通すくらいはして，中国史学の経済研究の論点と方法を知っておいてもらう必要がある。書名どおり「考証」が枢要なのであり，それが中国経済史全体の体系化に不可欠な礎にほかならない。その事情はおそらく，今でも

かわっていないだろう。
　なお同じ著者の経済史以外にわたる論文は，別のエッセイ集に収録されており（加藤 1944），こちらも示唆に富む。

▼宮崎市定著／礪波護編『東洋的近世』中央公論新社（中公文庫），**1999 年**
　初出は 1950 年。内藤湖南（1866～1934 年）の唐宋変革論・時代区分論（内藤 1914・1922）をリライトしたものだが，内藤がほとんど立ち入らなかった社会経済史を大いに重視したところに特徴がある。そうした社会経済史的な論点にもとづき，10 世紀までを「中世」，以後を「近世」と断じ，近年の歴史学界で通念となりつつある近代の前段階としての近世概念を先駆的に論じた。対置される「中世」の議論は，本解題の第 2 章に紹介がある。
　本書は前世紀の半ば，世界の最先端を走っていた日本の中国経済史研究の情況と水準を，誰にでもわかる筆致で描いてくれている。宋元時代と明清時代を同質の「近世」とみて，区別をしていないところは注意しなくてはならない。
　この著述にかぎらず，宮崎市定（1901～1995 年）の経済史研究は，加藤繁の研究成果を批判継承すべくとりくまれたものであり，とりわけ土地制度と貨幣制度に関して，異論を提出している（宮崎 1933・1943）。その両者をあわせみることで，日本の中国経済史研究全体の発想と発展の起点を知ることができよう。
　宮崎の著述は全集でも読むことができ，また 3 世紀以前もカヴァーする社会経済史的な概説・通史もある（宮崎 1993）。けれども，叙述の精彩では『東洋的近世』が勝っているし，論拠をなす実証論文をともに収めたこの中公文庫版が，学説のエッセンスを通覧するには最も簡便。詳密な索引がほしい。

▼斯波義信『中国都市史』東洋叢書 9，東京大学出版会，**2002 年**
　フィールド調査と地理学・人類学の理論にもとづいて，清代中国の都市農村関係・地域区分を理論化したスキナー説（Skinner 1977）を活用し，都市システムの計量的分析を中核にすえて，古代の「邑」から清末民国の「鎮」にいたるまでをみとおした通史。
　斯波義信（1930～）のみるところ，「社会」を対象として研究する場合，中国学・東洋学はその史料・方法において，自足的な学問体系ではない。本書はそうした立場からとりくんだ，かれ自身の研究のエッセンスであり，日本在来の中国史学・中国経済史研究に何が不足してきたのか，を指摘した著述でもある。その具体的な発想と分析については，斯波の個別研究（斯波 1968・1988）をあわせみるとよい。
　本文でも言及したように，日本と大きく異なる中国社会の特徴をなすのが，歴史

的な聚落形態であり，日本人が中国の社会経済を理解しにくいのは，そこに大きな原因がある。各時代の関連する個別研究は少なくないものの，それを通時的に論じて変遷を一目瞭然ならしめつつ，理論化を試みた点が貴重である。

第1章

▼岡村秀典『中国文明　農業と礼制の考古学』京都大学学術出版会，2008年
　中国における考古発掘の進展，および遺跡の土壌分析やDNA鑑定といった技術面での進歩は，中国古代人の生業やそれを取り巻く環境について，新たな知見をもたらした。たとえば遺跡の土壌からプラント・オパール（イネ科植物の葉がもつガラス質の細胞）を抽出し，それを分析することによって，イネ栽培の開始時期や栽培場所・方法について，より多くのことが知られるようになっている。
　本書はこうした農業考古学の成果や，著者が取り組んできた動物骨の分析などをふまえ，前3000～2000年紀（殷周時代まで）における環境や生活様式の変遷をたどり，さらにその土台の上に築き上げられていった王権の姿を，「礼制」の形成をひとつの軸として論じたものである。中国王朝の支配秩序を支える屋台骨として儀礼や祭祀に注目し，その萌芽と展開とを追う点はもとより，たんなる技術史・食物栽培史にとどまらず，古代人の生活の実態にまで迫ろうとする姿勢には，教えられるところが多い。第1章の先史時代に関わる記述は，おもにこの書に拠っている。
　一般向けに書かれた本なので，さほど大部な書物ではなく，文章は平易で読みやすいが，著者年来の研究成果（岡村1998・2003・2005など）をまとめたものでもあり，内容は豊富かつ十分に専門的。巻末には文献案内を備える。

▼吉本道雅『中国先秦史の研究』京都大学学術出版会，2005年
　西周〜戦国史の通時的な展開を追おうとすると，ただちに資料的な問題に突き当たる。西周期は青銅器銘文，春秋期は『春秋左氏伝』，戦国期は『史記』や簡牘史料が主要な手がかりとなるが，それらは記述の意図や重点が互いに異なり，かつ『史記』の戦国部分には深刻な編年の誤りがふくまれる。それゆえに研究が各時代に分断される傾向にあり，通時的な展開については，旧態依然とした唯物史観がなおも幅をきかせてきた。
　これにたいし著者は，徹底した史料批判を行ったうえで当該時期における政治史の推移を通時的に跡づけてゆく。さらにそうした政治史の展開をふまえて，春秋期の支配体制やそれを支えた社会構造の解明が試みられ，秦漢期の専制国家が形成さ

れるまでの道程が，より史料に即したかたちで示される。従来の「氏族制社会から専制国家へ」という枠組みの下では，たとえば氏族のなかから個人が析出され，君主との間で人格的関係を取り結ぶことが，官僚制形成の出発点とみなされてきた。だが本書はむしろ，統治機構の非人格化こそが官僚制への第一歩であることを説く。先秦史についての最新の研究成果を知るためには，まず手に取られるべき書物である。

　だが本書は専門的かつ難解であり，初学者にはいささか近づきにくい。一方で，著者の研究成果にもとづく春秋・戦国史の概説が，一般向けの中国通史（愛宕・冨谷編 2005）に収められており，初学者にはまずはこちらを参照することが勧められる。これは概説ではあるものの，「通説」に従って逸話を並べただけの概説とははっきりと一線を画し，示唆に富む。

▼佐原康夫『漢代都市機構の研究』汲古書院，2002 年

　本書で取り上げられるテーマは，城郭都市・官僚機構・市制・専売制，そして貨幣経済と多岐にわたるものの，いずれの論考も発掘調査や出土資料の包括的な検討の上に組み立てられている。

　考古資料の増加は，戦国・秦漢史の研究にも大きな影響を与え，著者自身のたとえを借りるなら「真空管ラジオの時代とハイビジョンの時代とでは，要求される細部の質がもともと異なるのである」（佐原 2004）というべき情況が生じている。当該時期の経済史における根本史料は『史記』貨殖列伝や『漢書』食貨志であり，その包括的な叙述が現在でも有用なのは疑いないが，あくまで知識人が机上で展開した経済論であるため，現代人の感覚に従って内容を読み誤ると，空論の上に空論を重ねてしまいかねない。考古資料の増加により，それらに依拠した通説が大きな修正を迫られる場合もある。

　本書で批判の対象となっているのは，漢代の「貨幣経済」をめぐる通説である。これまでは，戦国・秦漢時代には貨幣経済が発達し「好景気の時代」（宮崎 1992）であったが，やがて貨幣不足により自給自足的な荘園経済に退行したとされてきた。これにたいし著者は，銅銭が布帛などの実物貨幣とともに，複数あった貨幣的交換手段のひとつにすぎないことを説き，「貨幣経済」というレッテルが一人歩きすることを戒める。そのうえで，近代主義的な通念を離れ，非市場社会における経済をも視野に入れて古代経済史を再検討することが提唱されている。第 1 章で言及した「貨幣経済」への理解は，この主張に大きく影響されており，詳細については本書を参照されたい。

第 2 章

▼濱口重國『秦漢隋唐史の研究』上・下，東京大学出版会，1966 年

　本書には，中国制度史研究の先駆者のひとり濱口重國（1901～1981 年）の論文 33 点，および小編・書評など 7 点，おおむね 1930～1943 年に書かれたものが収録されている。テーマは軍制，役務労働，刑制，財政諸制度等にわたり，いずれも実証研究の王道として今日まで絶えることなく参照・引用されている。

　とりわけ著名なのは府兵制＝兵農一致説で，1990 年代以降になって氣賀澤保規（1943～）の兵民分離説や渡辺信一郎（1949～）の府兵・防人分立説が提起されるまで，日本では通説的位置をしめ続けた（氣賀澤 1999，渡辺 2010）。その他，経済史に関連する議論に限っても，漢代役務労働の基本的理解の定立，唐中期における雇役化の兆候の検出，唐の地税・漕運制度の解明など，実証的成果には枚挙にいとまがない。

　濱口には本書のほか，同じ 1966 年刊で学士院賞受賞作の『唐王朝の賤人制度』があり，こちらはおおむね戦後の論文で構成されている。さらに両書以降の重要作（濱口 1969 など）も忘れずに読んでおきたい。

　本書と同じ古典的な実証研究としては，濱口が取り組んだ時代の後，唐～宋代を網羅する日野開三郎（1908～1989 年）の業績がある（日野 1980 など）。この時期を扱う社会経済史の論文において研究史の回顧が行われるさい，最初に紹介されるのは大概この 2 人か，さもなければ一世代年長で本解題の冒頭でも紹介した加藤繁と相場が決まっている。この時期を学ぶ者にとって三者の併読は欠かせない。

▼宮崎市定　①「古代支那賦税制度」『史林』第 18 巻第 2・3・4 号，1933 年
　　　　　　②「晉武帝の戸調式に就て」『東亜経済研究』第 19 巻第 4 号，1935 年
　　　　　　③「唐代賦役制度新考」『東洋史研究』第 14 巻第 4 号，1956 年

　宮崎市定のこの 3 点はもともと別個に発表されている。しかし後年，かれが文化功労者に選ばれたさいに回顧しているように密接に関連するものであり（宮崎 1990），ここでもセットで示しておきたい。

　三者のテーマは①は賦と税，②は課田と占田，③は租調と徭役の関係であるが，いずれも堅牢な考証にもとづきながら，要所で繰り出される斬新で卓抜なアイディアが議論を新たな次元へと跳躍させている。発表当時，学界に与えた衝撃はいずれも甚大で，とりわけ唐代の人民負担が徭役一本で通計可能であることを発見した③などは，その直後から名だたる研究者たちが雪崩を打って独自の徭役換算に挑戦しはじめたほどであった。

①③が指摘したように唐以前は「人民負担のベースは徭役にあった」のであるが，唐中期を境に労働力の直接的徴発よりも財政的措置（税物を徴収しそれを財源に労働力を雇用する）による支弁の比重が増し，「財政的措置によって対応しきれない領域を徭役が補完する」という関係に転化していく。宮崎における宋代の衙前・胥吏関係の諸論考（宮崎 1945・1953），およびこの問題を明清時代において継承・深化した岩井茂樹（1955〜）の研究はその延長上に位置づけられる（岩井 2004a）。これらによって通時的な展望を得た財政と徭役の構造的関係は，中国経済史・財政史を学ぶ者にとっていまや必須の基礎知識である。

▼渡辺信一郎『中国古代の財政と国家』汲古書院，2010 年
　1970 年代後半，いわゆる時代区分論争が下火となるなか，中国史研究会というグループの共同研究が始められた。かれらは「封建制」など既存概念を再検証し，「専制国家」や「小農民」を軸とした論考を次々に世に問うて，注目を集めていく。本書はその中心メンバー渡辺信一郎の財政関係論文を集めたものである。
　個別的な実証の成果は大小数え切れない。一部を挙げれば，漢唐間における役務労働の追跡，「地方での徴税の次元」と「中央への上納の次元」の二層構造の発見，府兵・防人分立説，唐前期の財政的物流網の復原などである。
　手堅い実証のみならず，理論面での周密さでも本書は他の追随を許さない。たとえば財政主権（地方存留の財物にたいする中央政府の指揮権），社会的必要労働の編成（役務調達が徭役か雇役か），財政的物流（中央の指示により財物を地方間移送することで生まれる物流），オイコス財政（個人的な家計の需要充足方式を説明する概念としてウェーバーが提起したオイコス〔oikos〕を古代中国に応用したもの）といった独自の概念が全体をつらぬき，漢唐間の長いスパンに一貫した見通しが与えられているのである。
　渡辺の視野は本書で示される財政諸概念に留まらず，農業経営論や歴代王朝の社会編成・思想構造等にまで及んで，理論的提起も数多い（渡辺 1986・1994・1996・2003 など）。ただ学界において十分に消化されていない部分も多々あり，今後の深化が期待されるところである。

第 3 章

▼桑原隲蔵「蒲寿庚の事蹟」『桑原隲蔵全集 第 4 巻 蒲寿庚の事蹟・考史遊記』岩波書店，1968 年（再刊：平凡社〔東洋文庫〕，1989 年）

本論で述べてきたように，中国経済史の展開は歴代王朝政府の政治・軍事面の動向と密接に関わる。そうであるからには，中国社会の内部を観察した研究だけでなく，視野を広げて外部との関係，つまり中央ユーラシア史や海域史をふくめた交流史のアプローチにも目を向けて欲しい。

　そもそも日本独自の「東洋史学」という学問は，中国に留まらないアジア全域を対象とする壮大な構想をもって 20 世紀初頭に成立し，草創期には東西交渉史が重要な研究テーマだった（岸本編 2006）。その記念碑的な作品が，東洋史学の開祖のひとり桑原隲蔵（1871～1931 年）の代表作たる本書である。

　1923 年初出の本書は，13 世紀半ばの宋元交代期の福建泉州で活躍したムスリム海商蒲寿庚の事跡を中心に，唐代から元代にかけての広東・福建における南海交易と，交易を担った外来のムスリム集団の動向を体系的に解明した。当時のヨーロッパ東洋学の最新成果を取り入れつつ，漢学の素養を活かして漢籍史料を博捜した堅牢な考証に貫かれる。その後の研究の進展で補訂を要する部分もあるが，基本的な枠組はいまなお有効で色あせることがなく，宋元時代の南海交易の活況について知るための基本文献となっている。桑原は東西交渉史を中心に多彩な先駆的業績を残したが，中国経済史にかんしては，本論で再三言及した南北関係について論じた「歴史上より観たる南北支那」（桑原 1968a 所収）も必読。

▼ジャック・ジェルネ（栗本一男訳）『中国近世の百万都市――モンゴル襲来前夜の杭州』平凡社，1990 年（原著 Jacques Gernet, *La vie quotidienne en Chine à la veille de l'invasion mongole, 1250-1276*, Paris, 1959）

　宋・元代の商業発展と都市の活況は，中国経済史のなかでひとつの画期をなす現象である。これについては，フランス中国学の泰斗ジャック・ジェルネ（1921～）が南宋の国都臨安（杭州）を活写した本書を是非ひもときたい。アナール学派の影響のもと，衣食住や人の生涯，年中行事，宗教生活，娯楽といった日常生活を中心に取り上げた中国都市社会史の先駆的な著作。日中の研究で長らく見過ごされてきたテーマに光をあてた点が貴重で，南宋末の臨安を描いた『夢粱録』やマルコ・ポーロの記述を縦横に用いた叙述は具体的かつ精彩に富んで読みやすい。ただし，マルコ・ポーロやイブン・バットゥータといったモンゴル時代の旅行記を使って「モンゴル襲来前夜の杭州」を描くというのは明らかに不適切である。本論で論じたように，杭州を中心とする元代の江南沿海部では南宋以来の活況が続いたことが近年解明されつつあり，本書からは宋元交替をはさんでの杭州の繁栄を読み取ればよい。

　なお本書が依拠する『夢粱録』は，北宋の国都開封の都市繁盛記『東京夢華録』

と並んで当時世界最大級であった宋代大都市の息吹が感じられる貴重な漢籍文献である。いずれも京都大学人文科学研究所における共同研究の成果をもとに梅原郁（1934～）らがまとめた詳密な訳註が出版されており（入矢・梅原 1996，梅原 2000），難解な原文が日本語で読めるのはありがたい。

▼高橋芳郎『宋－清身分法の研究』北海道大学図書刊行会，2001年

中国社会の特質のひとつに，世襲身分制が存在せず社会階層の流動性が高いことが挙げられる。しかし，いうまでもなく君臣・士庶・良賤・尊卑などさまざまな上下関係にもとづく身分秩序じたいは常に厳然と存在しており，ある時代や地域の社会について知るためには身分制の理解がやはり欠かせない。

宋代以後の農村社会の身分制については，高橋芳郎（1949～2009年）の論考をまとめた本書にあたるのがよい。高橋は戦後の日本で活発な論争がくりひろげられた宋以後の地主と下層農民の関係をめぐる諸問題（宮澤 1993）に正面から取り組んで，関連史料の緻密な再解釈をつうじて独自の論点を提出し，研究史上に画期をもたらした。具体的には，身分法という法制史・制度史の視角から，地主に隷属し家内労働を担った「雇用人」身分，小作人たる「佃戸」の存在形態，隷属民が身分差別を受け入れる根拠などを明らかにした雄編を収め，宋元時代を起点・中核にすえつつ明清時代にまで説き及ぶ。明清時代の身分感覚にかんする岸本美緒（1952～）のユニークな論考（岸本 2012a）とあわせ読めば，いっそう理解が深まるだろう。宋代における主戸・客戸制や佃権（小作権），地域社会における共同体的関係の欠如などについて論じた諸論考を集めたもう1冊の論文集（高橋 2002）も必読で，本書とあわせ戦後日本における宋代社会経済史・法制史研究のひとつの到達点を示している。

第4章

▼藤井宏「新安商人の研究」(1)～(4)，『東洋学報』第36巻第1～4号，1953～1954年

世界に冠たる日本の明清史研究，その中核をなす社会経済史研究の口火を切った記念碑的著述のひとつ。新安は徽州歙県の古名で，「新安商人」とは本書でいう「徽州商人」にひとしい。

流行の研究動向・題目に惑わされず，土地生産・地主制ではなく，あえて商業問題をとりあげたこと，徽州商人に焦点をしぼり，しかも総合的に考察をくわえたことは，慧眼であった。たんに商人の様態を明らかにしたのみならず，明代後期の中

国全土の商品流通，ほかの産業とのつながり，権力との関係，ひいては自然環境など，徽州商人が勃興，活躍した時代とその方向性を全面的に説くものになっている。

藤井宏（1913〜1995年）のほかの，とりわけ塩政・塩商関係の論考（藤井 1953〜1954a）と密接に連関し，さらに後続の山西商人・徽州商人に関する重厚な研究（寺田 1972, 臼井 2005）を生み出す出発点にもなった。雑誌論文の体裁ながら，中国経済史を学ぶものにとって必読の古典でありつづけている。

▼滋賀秀三『清代中国の法と裁判』創文社，**1984 年**

題名の「清代」にはとどまらず，また「中国」で発達した「法」体系だけでもなく，中国そのものを知るために欠かせない文献である。もちろん滋賀秀三（1921〜2008年）には，関連する別の著述がおびただしくあって（滋賀 2003・2009），そちらも同じ意味で必読なのだが，明清時代として，まずは本書から入るのがよい。

刑罰・司法を中心に論述する法制史の研究書で，まったく畑違いにみえるかもしれない。けれども，法制がもとづく社会のありようが，やはり経済の根柢を規定しており，さらに法律と経済は現実の局面でも深く関わりあう以上，中国法の世界をひととおり理解せねば，中国経済もわかるはずはない。本書は清代を中心にしつつも，「長い歴史が基本的には一つの動かぬ型のなかで営まれていた」中国法制の本質を理解するために必読の文献であり，何度読み直しても，清新な刺激を与えてくれる。

その趣旨を具体的な経済史の論点と接続させるためには，たとえば岸本美緒の市場秩序にかかわる諸論考（岸本 2012b）をあわせ読むと，効果的かもしれない。

▼ **Morse, Hosea Ballou.** *The International Relations of the Chinese Empire*, 3 vols., Shanghai, etc., 1910, 1918.

100年以上前の，しかも題名からすれば「国際関係」の本のようなので，経済には関係ない，と見すごしてしまうかもしれない。けれどもこれは，清代中国の経済，とりわけ外との関わりを見るには，不可欠の文献。貿易・金融は随所で章を割いて詳述する。

著者のモース（1855〜1934年）はハーヴァード出身のアメリカ人で，中国海関に30年以上にわたって勤務し，その貿易と制度を実地に見つめつづけてきた（濱下 1989, Fairbank, *et al.* 1995）。この書物には，そうしたかれの見聞知識がふんだんにもりこまれており，いわゆる「国際関係」の著述にはとどまらない。むしろ経済史をふくめた全体史といった趣がある。またかれ自身が作製した，あるいはかれでなけ

れば知りえなかった資料・統計もあって，19世紀後半から20世紀初めの史料としても使える著述である。

　モースはその履歴もあって，貿易を合法か違法か，条約にもとづくか否かで弁別する傾向が強い。そのために必ずしも条約，あるいは当時の西洋的な基準にあわない「ギルド」など，当時の中国経済の実態・構造にも着眼した（Morse 1908・1909, 岡本 2007）。この慧眼は以後の中国研究の潮流を形づくったばかりでなく，現在あらためてみなおすべき論点をも提供している。

第5章

▼村松祐次『中国経済の社会態制』東洋経済新報社，1949年（復刊版1975年）

　20世紀初頭の中国では，民族資本を主体とした近代的工業の始動がみられたものの，その「黄金時代」は長続きせず，過剰供給がひきおこす価格低下により挫折を余儀なくされた。中国経済の「社会態制」，すなわち経済活動を支える制度の独自性に早くから注目していた村松祐次（1911〜1974年）は，このような中国における民族資本企業の「挫折」の原因を，その「安定なき停滞」ともいうべき独特の市場秩序のあり方に求めている。

　村松によれば，当時の中国経済では，政府およびギルドや同郷団体といった中間団体による市場への新規参入を規制する力が弱く，きわめて自由開放的かつ競争的であった。一方で，法による支配などのフォーマルな制度によって市場の運行が支えられておらず，実際の商取引にあたっては，二者間の契約関係に多くを頼らざるを得なかった。このような情況の下で，企業にとって新たな設備投資などのリスクは非常に高いものとなった。このため，企業の新規参入や商取引がきわめて活発に行われたにもかかわらず，持続的な資本蓄積を通じた大規模化や，生産性の向上をもたらすような技術革新は遅々として進まなかった，というのがかれの解釈である。

　本書は，当時支配的だった中国停滞論の制約を受けていたとはいえ，現代経済学でいう「制度の経済学」的な立場から中国経済の独自性を追求した先駆的な研究として，高く評価されるべきものである。

▼旗田巍『中国村落と共同体理論』岩波書店，1973年

　1940年から44年にかけて満鉄調査部が中心となって行った「中国農村慣行調査」は，華北農村を対象に法社会学的な方法論を用い，詳細な訪問調査を行ったものである。これをめぐり，調査に関わった平野義太郎（1897〜1980年）と戒能通孝

(1908～1975年)の間で論争がくりひろげられた。平野は，調査地農村に日本と共通する「アジア的」な村落共同体の存在をみいだし，そこから日本と中国が西洋とは異なる独自の発展をとげる可能性を強調した（平野 1945）。一方の戒能は，「封建制」と深い関わりをもつ村落共同体を，むしろ西洋的な近代化の基礎を準備するものととらえ，華北農村にはそのような共同体の存在はみいだしがたい，として平野を批判した（戒能 1943）のである。

旗田巍（1908～1994年）は，精緻な考察によってこの論争に検討をくわえている。たとえば，当時の中国の農村では，作物を盗む行為を防ぐために村人たちが共同で人を雇い，農地の監視にあたらせる「看青」という慣行があった。これは一見すると共同体における相互扶助行為のようでもある。しかし旗田は，看青は農民が自己の利益を守るために行うきわめて経済合理的な慣行であり，構成員を「身分」によって拘束する共同体的性格は希薄であることを示し，戒能の所説を支持したのである。

この調査・論争は，日本の大陸侵略という文脈の中で行われたものではあるが，中国が西洋とは異なる独自の発展を遂げる可能性，という重要かつ現代的な論点をふくむものだったといえよう。

▼野澤豊編『中国の幣制改革と国際関係』東京大学出版会，1981年

1935年に中華民国国民政府が行った幣制改革は，長きにわたり世界最大の銀本位制国として存在してきた中国が，紙幣を法貨とする管理通貨制へと移行した世界史的事件であった。本書はこうした中国の幣制改革を，中国史，日本史，アメリカ史，イギリス史など複数の専門分野から論じた論文集である。

本書の編者である野澤豊（1922～2010年）は，1950年代以降の日本の中国近現代史研究をリードしてきた1人である（野澤編 1974，野澤・田中編 1978）。本書序章において野澤は，第二次大戦後の日本の中国研究が，中国共産党の革命史観の影響を受け，革命の対象であった国民党政権による日中戦争以前の中国の「統一化」を否定的にのみ評価してきた点を指摘し，国民政府の経済建設の再検討を提唱している。こうした問題意識は後の多くの近現代史研究者に共有され，中華民国史あるいは国民政府史研究が積極的に進められることとなった（中国現代史研究会編 1986，野澤編 1995）。その意味で本書は，日本の中国近現代史研究のひとつの流れを代表する成果であるといえる。

また本書は，すぐれた共同研究としても評価されるべきである。本書の分析の焦点は，中国の政治経済情況，英米の東アジア政策，日中経済関係という3点に置かれているが，それぞれのトピックについて個々の専門性がよく活かされており，な

おかつ全体としての統一感もある。研究課題の一貫性とメンバーの多様性という共同研究を成功させる2つの要素がうまくミックスされた好例であり、読者にはぜひ通読をお勧めしたい。

▼石川滋『中国における資本蓄積機構』一橋大学経済研究叢書11，岩波書店，1960年

　1949年の中華人民共和国成立以後の中国経済は，中国政府が情報公開を制限していたこともあり，長い間謎のヴェールに包まれた存在であった。とくに1950年代後半以降は，中国政府自身がソ連とは異なる独自の社会主義モデルの構築をアピールしたため，中国国外の研究者の関心は大いに掻き立てられた。その結果，限られた情報から「社会主義の中国経済」の全体像を解明しようとする試みが積み重ねられることとなった。本書はその日本における代表的な成果のひとつである。

　その刊行年が示す通り，本書がカヴァーしているのは第1次五カ年計画期を中心とした1950年代のみである。しかしそのなかで，成長モデルの推定や労働，雇用，賃金，食糧需要といった社会主義経済の基礎となる重要なテーマについて，新聞・雑誌記事やわずかな公開統計資料をもとに経済学の枠組みによる分析が展開されている。また，ソ連や東欧などの社会主義国，インドなどの途上国との国際比較が随所でなされているのも印象的である。そのあくまで中国経済を構造的・比較的に捉えようとする姿勢は，はるかに豊富な資料にアクセスできるようになった現在においても，顧みるべき点が多い。

　なお本書の刊行後，石川滋（1918〜2014）はアジア経済研究所の共同研究グループを率いてより総括的な成果を刊行している（石川編 1960〜1962・1964〜1971）。これらもあわせて，当時の日本における同時代的な中国経済研究のひとつの象徴であるといえよう。

▼巫宝三主編『中国国民所得（1933年）』上・下，中華書局，1947年（復刻版，商務印書館，2011年）

　20世紀に入ると，西洋の制度や思想の流入にともない，中国でも伝統的な儒教経典にもとづく教育にかわり西洋式の教育がエリート養成の主流となっていく。本書はそうした新たな教育システムの下で生まれた知識人が，国民所得というマクロ経済学の概念で中国経済を把握しようと試みた成果である。それは当時進められていた中国における国民経済形成の歩みとも軌を一にしている（⇒テーマ47「経済統計」〈p.275〉）。

　主編者の巫宝三（1905〜1999年）は，おりしも科挙が廃止された年に江蘇省句容

県に生まれ，南京の中央大学などを経て 1933 年に北平社会調査所（1934 年に中央研究院社会科学研究所と合併）に助理研究員として入所した．また 1936 年から 38 年にかけてハーヴァード大学に留学して修士号を取得し，1947 年には同大より博士号を与えられている（田島 1999）．まさに新時代の知識人である．

　本書の推計は統計資料の制限もあり完全とはいえないが，中国経済のマクロ経済学的把握の第一歩という意味で，コーネル大学で学んだ劉大中の著作と並び記念碑的な業績といえるだろう（Liu 1946）．もっとも，本書が先鞭をつけた中国の国民所得推計は，1949 年以後の共産党政権下では十分発展させられることはなかった．巫自身も中国科学院社会科学研究所，同経済研究所にて研究を継続したものの，たび重なる政治闘争のなかで不遇の時を過ごすことになる（田島 1999）．むしろこれ以後の中国の国民所得推計作業は，中国大陸以外で展開されていったのである（Eckstein 1961, Liu and Yeh 1965）．

　なお，本書が近年商務印書館より復刻され手に入りやすくなったことは，非常に喜ばしい．

テーマ一覧

テーマ 1	黄　土	…………………………………………	〈村松弘一〉	33
テーマ 2	水利・治水	………………………………………	〈井黒忍〉	35
テーマ 3	農業技術	…………………………………………	〈大澤正昭〉	38
テーマ 4	漕　運	……………………………………………	〈新宮学〉	41
テーマ 5	救　荒	……………………………………………	〈伊藤正彦〉	43
テーマ 6	馬　政	……………………………………………	〈古松崇志〉	45
テーマ 7	遊牧国家の季節移動	………………………………	〈古松崇志〉	48
テーマ 8	戸　籍	……………………………………………	〈渡辺信一郎〉	79
テーマ 9	度量衡の統一とその展開	…………………………	〈冨谷至〉	81
テーマ 10	徭役（漢以前）	……………………………………	〈渡辺信一郎〉	82
テーマ 11	塩　鉄	……………………………………………	〈佐原康夫〉	84
テーマ 12	貨幣（漢以前）	……………………………………	〈佐原康夫〉	86
テーマ 13	均輸・平準	…………………………………………	〈渡辺信一郎〉	88
テーマ 14	貨殖列伝と平準書と食貨志	………………………	〈宮宅潔〉	90
テーマ 15	豪族と貴族	…………………………………………	〈中村圭爾〉	118
テーマ 16	江南の開発と経済発展	……………………………	〈中村圭爾〉	120
テーマ 17	田　制	……………………………………………	〈佐川英治〉	121
テーマ 18	唐代の会計	…………………………………………	〈大津透〉	124
テーマ 19	常　平	……………………………………………	〈丸橋充拓〉	125
テーマ 20	和　糴	……………………………………………	〈丸橋充拓〉	126
テーマ 21	両税法	……………………………………………	〈島居一康〉	127
テーマ 22	ソグド商人と東西交易	……………………………	〈荒川正晴〉	129
テーマ 23	銅銭（魏晋南北朝～清代）	………………………	〈宮澤知之〉	163
テーマ 24	塩政（唐～元）	……………………………………	〈古松崇志〉	166
テーマ 25	佃　戸	……………………………………………	〈三木聰〉	168
テーマ 26	新　法	……………………………………………	〈木田知生〉	170
テーマ 27	紙　幣	……………………………………………	〈高橋弘臣〉	171
テーマ 28	投下領	……………………………………………	〈松田孝一〉	173
テーマ 29	モンゴル時代の東西交易	…………………………	〈松井太〉	175
テーマ 30	塩政（明以降）	……………………………………	〈岡本隆司〉	209
テーマ 31	山西商人と徽州商人	………………………………	〈臼井佐知子〉	210
テーマ 32	行会（行）	…………………………………………	〈夫馬進〉	211

テーマ 33	銀銭二貨制………………………………………〈安冨歩〉	214
テーマ 34	税・役からみた中国の国家と社会………………〈岩井茂樹〉	217
テーマ 35	地丁銀……………………………………………〈高嶋航〉	218
テーマ 36	海禁と朝貢………………………………………〈檀上寛〉	220
テーマ 37	互　市……………………………………………〈岩井茂樹〉	223
テーマ 38	関税と海関………………………………………〈岡本隆司〉	224
テーマ 39	釐　金……………………………………………〈岡本隆司〉	226
テーマ 40	買　辦……………………………………………〈本野英一〉	227
テーマ 41	国産アヘン………………………………………〈新村容子〉	228
テーマ 42	アヘン禁止運動と国際問題……………………〈後藤春美〉	230
テーマ 43	移民と華僑………………………………………〈陳來幸〉	232
テーマ 44	満洲の経済開発…………………………………〈安冨歩〉	235
テーマ 45	金　融……………………………………………〈安冨歩〉	270
テーマ 46	近代的企業………………………………………〈富澤芳亜〉	273
テーマ 47	経済統計…………………………………………〈久保亨〉	275
テーマ 48	浙江財閥…………………………………………〈久保亨〉	276
テーマ 49	資源委員会と戦時動員…………………………〈奥村哲〉	277
テーマ 50	土地改革…………………………………………〈山本真〉	279
テーマ 51	重工業……………………………………………〈田島俊雄〉	281
テーマ 52	人民公社…………………………………………〈厳善平〉	283
テーマ 53	三線建設…………………………………………〈丸川知雄〉	285
テーマ 54	五小工業…………………………………………〈田島俊雄〉	286
テーマ 55	郷鎮企業…………………………………………〈加藤弘之〉	288
テーマ 56	女性の教育と就労………………………………〈新保敦子〉	289
テーマ 57	香　港……………………………………………〈久末亮一〉	291
テーマ 58	台湾の経済開発…………………………………〈やまだあつし〉	294
テーマ 59	日中経済関係の100年……………………………〈加藤弘之〉	296

図表一覧

表 1	歴代度量衡一覧	ii
表 2	漢〜五代における主要な人民負担	96
表 3	開元年間の諸制度改革	110
表 4	天宝財政統計	112
表 5	イギリス東インド会社の茶貿易統計	198
表 6	中国における綿糸自給率の推移	244
表 7	国民政府期の中央税収とその内訳	249
表 8	幣制改革前後の主要経済統計	252
図 1	中国の人口動態(上)と人口分布の南北比(下)	20
図 2	邑と県	24
図 3	市鎮の増殖(上海県附近)	25
図 4	良渚遺跡反山墳丘墓出土の玉器	53
図 5	二里頭一号宮殿址	55
図 6	玉璋の広がり	56
図 7	鄭州商城遺跡(上)と垣曲商城遺跡(下)	59
図 8	漢代の画像石に描かれた牛耕図(上,陝西省米脂県出土)と犂の構造(下)	75
図 9	北宋天聖令(巻21田令部分)	105
図 10	宋代の海塩生産	136
図 11	江南デルタ地帯での灌漑に用いられた龍骨車	160
図 12	「唐船之図」	188
図 13	江蘇の銀銭比価と綿糸輸入	205
図 14	清末〜民国初期における近代資本の構成(資本形態別)	241
図 15	1933〜1980年製造業生産額の業種別構成比	261
図 16	1953〜1978年中央・地方財政収入額と中央財政収支対国家財政収支比率	264
地図 1	主要な山系と水系	10
地図 2	黄河河道の変遷	11
地図 3	五胡十六国時代(4世紀末)の中原	13
地図 4	大運河関係図	16
地図 5	唐滅亡直後の形勢	17
地図 6	「西部大開発」と清代中国	31

地図 7	戦国時代の都市遺跡の分布	68
地図 8	北魏領域拡大図	101
地図 9	唐代前期の輸送路	108
地図 10	9世紀初頭の藩鎮と両税上供の情況	114
地図 11	11世紀のユーラシア東部	133
地図 12	12世紀のユーラシア東部	144
地図 13	モンゴル時代の東西交流	156
地図 14	江南デルタ	185

[章扉図版]

序　章　揚州市内を流れる大運河
　　　　出典）『週刊中国悠悠紀行』2005

第1章　古代の銅貨
　　　　出典）カン 1934

第2章　上：ビザンツ金貨（唐・史道洛墓出土）
　　　　出典）寧夏回族自治区固原博物館ほか編 1999
　　　　下：開元通宝（同上）
　　　　出典）原州聯合考古隊 1999

第3章　左：元代銀錠
　　　　出典）葉世昌他主編 2009
　　　　右：元代塩引（ハラホト遺跡出土）
　　　　出典）NHK取材班編 1992

第4章　左：大明宝鈔
　　　　出典）Morse 1908
　　　　右：ドル銀貨（上：スペインドル，下：メキシコドル）
　　　　出典）カン 1934

第5章　左：袁世凱銀元
　　　　出典）カン 1934
　　　　右：外貨兌換券

索　引

- 漢語は原則として，日本語の字音で排列した。たとえば，塩は「しお」ではなく「えん」である。慣用にしたがったものもある。
- 語句ではなく，意味でとったものも少なくない。関連の深い項目を「〜」で掲出した。
- 末尾に欧文索引を付した。

ア　行

斡脱　→オルトク
アナール　323
アヘン　200, 202, 203, 204, 228-229, 230-231
　　〜洋薬釐金
　──専売　229, 231, 251
　──貿易　203, 204
　中国──　203, 204, 228
安禄山　109, 116, 130　〜ソグド人
石川滋　328
イスラーム　→ムスリム
一条鞭法　128, 191, 218
一田両主　169　〜佃戸
一治一乱　21
囲田　36, 40, 120, 138, 160　〜江南デルタ
移民　77, 94, 96-97, 146-147, 199, 201, 206, 232, 235-236, 291
岩井茂樹　322
殷墟　56, 58, 59, 60
ウイグル人　156, 176
ウェーバー　322
請負　194-195, 217, 231, 267, 268, 284
圩田　36, 40, 138, 160　〜江南デルタ
梅原郁　324
永業田　103, 119, 122
役　96
　郷──　137
　歳──　96, 104, 105, 110, 111
　差──　128, 170, 217
　色──　82, 96, 105, 110
　職──　80, 82, 96, 135, 137, 154
　正──　180, 184　〜里甲
　兵──　22, 63, 64, 82, 83, 96, 101, 102, 105, 109-110, 111
　募──法　128, 135　〜王安石，新法

徭──　→徭役
力──　79, 82, 83
駅伝　107, 134, 155, 180
塩　84, 136, 166, 203
　──引　131, 157, 166, 167, 209
　──鈔　126, 140, 148, 166, 167
　──井　84
　──政　113, 166-167, 182, 192, 209, 210, 325
　──税　96, 113, 134, 135, 146, 157, 158, 166, 246, 249
　──池　84, 166, 167
　──鉄　→塩鉄
　──釐　209, 226　〜釐金
　私──　167, 202, 209
袁世凱銀元　→銀元
鉛銭　→銭
塩鉄　71, 74, 84-85, 88　〜専売
　──会議　83
　──転運使　114-115　〜三司
塩務稽核所　209
オイコス財政　322
王安石　36, 123, 124, 126, 128, 143, 170, 212
　〜新法
王景　37　〜治水
黄金時代　243, 245　〜民族資本
応差　213　〜行役
王莽　76, 87, 122
オルド　49, 175
オルトク　156, 161, 175
温暖化　22, 31, 56

カ　行

カアン　49, 155, 173　〜カガン，ハーン
海域　19, 323
海運　41, 157-158, 162　〜漕運
改革開放　i, 9, 19, 23, 28, 30, 213, 227, 236, 268,

269, 288
外貨兌換券　237　〜人民元
会館　210, 211, 234　〜行, 公所
　中華――　234　〜華僑
海関　196, 207, 209, 222, 224-225, 275
海禁　181, 182, 188, 195, 196, 197, 220-222, 232
開元通宝　93, 108, 164　〜開通元宝, 銅銭
外債　225, 251
会子　148-149, 165, 171　〜紙幣
会社法　→法
海上交易 (貿易)　→貿易
改兌法　42
開中法　126, 182, 184, 209, 210　〜塩政
開通元宝　81, 164　〜開元通宝, 銅銭
戒能通孝　327
開発経済学　→経済学
開封　141-142, 323
カガン　48, 129
科挙　26, 27, 109, 152, 191, 192, 210, 217, 234, 271, 329
華僑　232-234, 291, 292　〜移民
河渠志　12
礦騎　110
権場　→貿易
革命　27-28, 29, 30, 208
夥計　27
課口　103, 124
牙行　→行
火耕水耨　40
科差　128, 152
買譲　37　〜治水
貨殖列伝　90, 320
牙人　139
衛前　322　〜胥吏
合作社　→高級合作社, 初級合作社
課田　95, 121, 321
加藤繁　317-318, 321
株式会社　201, 205, 250, 273, 274
瓜分　238, 241
貨幣　2, 68, 69, 72, 81, 86-87, 117, 270-272, 317　〜金融, 通貨, 幣制
　――経済　22, 87, 117, 320
　計数――　163
　実物――　72, 86, 108-109, 163, 320
　秤量――　163, 242
　青銅――　51, 68, 73, 86, 164
課利　113, 132, 135, 140, 146, 224

カリフォルニア学派　5, 7
買魯　37　〜治水
灌漑　12-13, 21, 28, 34, 35, 65, 77, 83, 115, 159
官戸　→戸
還受　102-104　〜均田制
看青　327
関税　207, 224-225, 239, 246, 248, 249
　――自主権　225, 226, 281
　――特別会議　225
　保護――　248, 281
環大西洋革命　31
関中　12, 13, 14, 17, 34, 110, 115, 125, 126
圩堤　37
官田　159, 180, 183
官督商辦　240, 241, 273, 274
勧農　43, 158
監牧　46
官民一体　27
管理通貨制　→通貨
官僚制　27, 64, 192, 320
寒冷化　21, 22, 30, 31, 57, 94, 162
詭寄　191
気候変動　21, 22, 28, 57　〜温暖化, 寒冷化
岸本美緒　325
徽州商人　210, 324-325
技術革新　22, 30, 31, 160, 191, 326
義倉　43, 125, 158　〜救荒, 常平
　――穀　104, 110, 127
貴族　26, 98, 109, 118-119
棄民　234　〜華僑
客戸　→戸
客商　139, 140
救荒　13, 43-44, 104, 125, 158
牛耕　38-39, 75, 96　〜犂
『救荒活民書』　43
郷役　→役
郷紳　27, 194, 239
郷鎮企業　266, 267, 287, 288
匈奴　33, 45, 48, 69, 73
共同体　44, 324, 327
僑民　95, 97
玉　53-54, 55-56, 61
魚鱗図冊　180, 218
ギルド　139, 211-213, 326　〜行
銀　22, 146, 157, 165, 172, 175-176, 179, 181, 186, 188, 191, 192, 195, 197, 198, 214, 221, 228, 232, 242　〜秤量貨幣
　―圓　→銀元

索　引　337

―貨　108-109, 189, 205, 216　～ドル銀貨
―価　→金銀比価，銀銭比価
―買い上げ政策　251　～世界大恐慌
　金―比価　204, 207, 238, 243, 250-251
―元　→銀元
―差　184　～徭役
―錠　131, 146, 157, 172
―銭比価　165, 204, 205, 207, 247
　地―　191, 194, 218
　地丁―　→地丁銀
　丁―　→丁
　包―　152
金花銀　183, 192
銀元（圓）　165, 189, 247　～ドル銀貨
　袁世凱――　237, 247
銀行　172, 201, 205, 207, 216, 243, 248, 271, 276, 291
銀行券　172, 216, 248
銀銭二貨制　198-199, 204, 208, 214-216
均田制　102, 103-104, 111, 122, 123, 127
金肥　40, 185　～肥料
均賦制　102
金本位制　204, 250
金融　270-272, 291-292, 325
均輸平準　85, 88-89
均徭法　184
口分田　103, 127
クリーク　36
グローバル・ヒストリー　5
桑原隲蔵　323
郡県制　65
計画経済　255, 257, 259, 263, 268, 275, 278, 282, 284
涇恵渠　34, 35　～灌漑，関中
経済　4-5, 6, 7
経済界　9, 67
経済学　2, 3, 6, 7, 8, 288, 317, 328
　開発――　2
　――と歴史学　3, 9, 23, 317
　制度の――　326
　マクロ――　2, 328, 329
　マルクス――　3
経済史　4, 6, 7, 317-318
　社会――　5-6, 7, 318
　数量――　5
　日本――　4
形勢戸　→戸
経世済民　4, 121　～経済

計量分析　3　～数量化，定量化
氣賀澤保規　321
県　23, 24, 65, 73, 82-83
原額主義　193, 194
言行不一致　2-3, 317
権鈔銭　→銭
減租　168, 241
　二五――　168, 250
現物主義　178-180, 182-183, 184, 186, 188, 191, 192-193, 209
戸　67, 79
　官―　137
　客―　137
　形勢―　137
　―口　77, 80, 124, 294, 317
　―口簿　80
　―籍　→戸籍
　―調　→戸調
　―等　103, 128, 137, 170
　―主　137
　―税　137
　逃―　110
　兵―　101, 104
　編―　67, 75, 96, 97, 101, 102, 104, 110-111, 122
行　139, 150, 211-213
　牙―　194, 225
　―役　212　～免役法
　―会　194, 202, 203, 208, 211-213, 226, 239, 240, 260, 317
　―規　211, 212
交引　126, 140
行役　→行
黄河　10, 11
　――の氾濫　11, 12, 33, 36-37, 76
行会　→行
高級合作社　259, 261, 263, 283　～集団化，人民公社
工業　191, 206, 207, 262
　機械制――　23, 206
　重――　236, 253, 260-261, 262-263, 267, 277-278, 280, 281-282
　手――　185, 243
公共領域　213
溝洫志　12
孔僅　84-85　～塩鉄
合股　232, 250, 273
考古学　319

黄砂　33
公債　→内債
交子　139, 148, 171　〜紙幣
杭州　150, 161-162, 323
公所　210, 211, 234　〜行、会館
交鈔　146, 165, 171, 175　〜紙幣
荒政　43　〜救荒
抗租　→租
豪族　75, 77, 78, 95, 97, 118-119, 120
公田（〜唐）　61-62, 104, 106
公田（南宋）　159　〜官田
黄土　11-12, 33-34, 36, 56
江東　36
江南　14-15, 28, 29
　──デルタ　14, 15, 16, 17, 18, 22, 36, 37, 40, 160, 180, 185-186, 187-188, 191, 199, 206
　──の開発　15-17, 21, 29, 30, 40, 77, 97, 98, 115, 120, 138, 140, 147
口賦　→賦
更賦　→賦
綱法　192, 194, 209　〜塩政
ゴールドラッシュ　203, 233
国営企業（国有企業）　28, 240, 257, 259-260, 261, 267, 274, 278, 286, 288
国計　7, 112
国債　→内債
国際連盟　230
国進民退　28　〜国営企業
穀賤　195-196
国地財政割分　246, 248, 258, 268
国民　27, 234, 278
　──経済　30, 238, 239, 264, 268, 328
　──国家　2, 27, 32, 217, 268, 278, 291-292
　──所得　328-329　〜マクロ経済学
湖広熟すれば天下足る　185-186　〜江南デルタ
戸口簿　→戸
湖絲　187
互市　197, 220, 223　〜貿易
湖州　40, 185　〜江南デルタ、湖絲
五銖銭　74, 163, 164　〜上林五銖銭
五小工業　266, 282, 286-287
戸籍　2, 19, 64, 65, 67, 72, 76, 79-80, 82, 97, 103, 110-111, 113, 137, 262
戸調　95, 98, 100
国家　27, 58, 236
国家財政（漢代）　70, 71, 84
国家財政（中華人民共和国）　260, 264

個別人身支配　80
コモン・パース　193
子安貝　→タカラガイ
公司（ゴンス）　273
　──法　249, 274　〜会社法
　──律　240, 273　〜会社法

サ　行

歳役　→役
在華紡　244-245, 254, 296　〜紡績業
祭祀　53, 194, 232
財政的物流　89, 322
差役　→役
　雑泛──　154
雑徭　96, 105, 180-181, 184　〜徭役
三角貿易　→貿易
産業革命　32, 200-201
山区経済　199
三司　114-115, 135
山西商人　210, 325
三線建設　264-265, 266, 282, 285, 286
三長制　102, 121
算賦　→賦
三門峡ダム　37
山林藪沢　65, 66, 71, 84, 98-99
市　24, 72, 85, 109, 117, 142, 320
士　25-27, 28, 63, 118, 137, 324
支運法　42
市易法　170　〜新法
ジェルネ　323
私塩　→塩
滋賀秀三　3, 325
磁器　22, 149, 151, 176, 197
色役　→役
紫禁城　49
資源委員会　253, 257, 277-278　〜重工業
士大夫　26, 27, 44, 137, 228　〜士
私鋳銭　99, 117, 165, 187, 194, 214
市鎮　24, 28, 29, 142, 145, 150, 162, 318　〜定期市
　──の増殖　24-25, 27, 42
実物貨幣　→貨幣
シニョリッジ　242, 247
士農工商　25
市馬　45, 47
市舶司　151, 161, 220, 223, 224
司馬遷　90　〜貨殖列伝
斯波義信　318

索　引　339

紙幣　22, 146, 148, 157, 165, 171-172, 175, 176, 179, 181-182, 242, 247, 327　〜幣制
　　不換——　171, 172, 181, 186, 224
私法　→法
資本主義　23, 256
　　——萌芽　212
徙民　100
社会　3, 25, 318
　　——経済史　→経済史
　　——構成　5-6, 25, 319, 322, 325
　　——態制　326　〜村松祐次
社会主義　80, 256, 257-258, 328
　　——市場経済　2
　　——体制　258, 259-262
社会調査所　329
尺　8, 81
社倉　43-44　〜救荒
ジャムチ　155　〜駅伝
ジャンク　149, 291　〜唐船
上海　206, 243, 250-251
上海機器織布局　206, 240, 273
重工業　→工業
収支均衡　105-106, 112
十字軍　31
集団化　28, 259-260, 261, 280
17世紀の危機　195
14世紀の危機　22
聚落　23, 52, 53, 98, 142, 278, 317, 319　〜市鎮, 城郭, 村, 邑
主客戸制　137, 324　〜客戸, 主戸
朱元璋　176, 178-179, 220
主戸　→戸
手工業　→工業
出版業　152　〜福建
受田　100, 121, 122
庶　25-27, 28, 324　〜士
墅　119
荘園　76, 78, 96, 97, 119, 123　〜豪族
商鞅変法　64-65, 69, 121
商会　234, 240　〜行会
城郭　23-24, 28, 30, 52, 53
鈔関　224　〜常関
常関　225　〜海関, 鈔関, 洋関
上供　104, 114, 127, 135
　　——銭　148
　　——米　136
商業革命　190-191
上馴院　47

商税　135, 139, 142, 148, 157, 158, 224
小租主　27　〜佃戸
承徳　49
樟脳　294　〜台湾
少府　71, 84　〜帝室財政
常平　125, 126　〜救荒
　　——義倉　125　〜義倉
　　——倉　43, 125
　　提挙——　125
小平銭　→銭
商辦　240, 241
商法　→法
丈量　81, 180, 191
秤量貨幣　→貨幣
上林五銖銭　74, 87
初級合作社　259, 283　〜高級合作社
職役　→役
食貨志　90-91, 320
女性　268, 289-290
胥吏　27, 44, 322
白糸　187　〜湖糸
自力更生　265, 266
シルクロード　17
人口　19-23, 27, 191
　　——調節　23
　　——分布　19, 77, 138, 147, 262
　　——変動　19-21, 23, 25, 28, 138, 147, 153, 162, 199, 201, 262
紳士　26, 27, 191, 194, 239
紳商　194
任仁発　36, 160　〜水利
賑済　43
新法　36, 123, 125, 126, 128, 138, 143, 170, 212
人民元（幣）　257, 293
人民公社　236, 263, 266, 267, 278, 283-284　〜高級合作社
信用　249, 270-271
水学　36
水稲　14, 17, 22, 38, 52, 160, 185, 190
水利　12, 21, 28, 35-36, 65, 77, 83, 115, 159, 160, 185, 263　〜灌漑, 排水
　　——共同体　36, 37
　　——碑　37
数量化　8, 112　〜計量分析, 定量化
数量経済史　→経済史
スキナー　318
スペインドル　→ドル銀貨
税　71, 96

正役　→役
税役　79, 85, 96, 101, 111, 137, 146, 217, 218
生計　4-5
税戸　→戸
生産大隊　263, 266, 278, 283　～人民公社
製糸業　203, 206, 245, 260
盛世滋生人丁　80, 128, 218
制銭　→銭
井田制　61-62, 121, 122
青銅貨幣　→貨幣
青銅器　55-56, 58-59, 60-61, 319
青苗法　170　～新法
西部大開発　32
『斉民要術』　39, 118, 158
『聖諭広訓』　217
西洋中心主義　5, 7
世界経済　30, 31, 257, 268
世界大恐慌　250
石炭　22
浙江財閥　249, 276
浙西　18, 36, 159　～江南デルタ
折納　47, 111, 117, 127, 192
銭　163
　鉛―　117, 164
　銀―二貨制　→銀銭二貨制
　銀―比価　→銀
　権鈔―　165
　小平―　163, 165　～銅銭
　制―　163, 165, 194　～銅銭
　―引　148, 171　～紙幣
　―禁　164　～小平銭
　―糧　217
　鉄―　99, 117, 148, 164, 165, 171
　銅―　→銅銭
　便―　139, 171　～紙幣
善会・善堂　213　～行
戦車　45, 62
銭荘　205, 276
占田　95, 121, 321
専売　46, 71, 74, 84-85, 88, 113, 115, 116, 117, 126, 166, 182, 192, 209, 229, 231, 251, 317, 320
阡陌　65, 66-67, 121
租　62, 64, 70, 71, 88, 96, 104, 105, 106, 111, 124, 127, 168, 321
　減―　→減租
　抗―　169
　―調役　104-105, 110, 127

―調庸　110, 127
田　70, 71, 95, 96, 100, 168
漕運　14, 15-16, 17, 22, 29, 41-42, 110, 124, 126, 320　～大運河
草原　19, 31, 45, 48, 57
桑弘羊　88　～均輸平準
奏抄　124
総税務司　249, 275　～海関, 統計, 内債
曹操　35, 78, 94, 95　～戸調, 屯田
宗族　194, 203, 208, 210, 278, 279
倉儲　43, 44　～救荒
総動員　278
総領所　147-148
総力戦　253　～総動員
ソグド人　46, 100, 107, 108, 116, 129-130
蘇湖熟すれば天下足る　40, 185-186　～江南デルタ, 湖州, 蘇州
蘇州　40, 185, 206　～江南デルタ
租廠　245　～製糸業
染付　176　～磁器
村（邨）　23, 28, 29, 98, 288　～聚落
孫文　28, 250, 280

タ　行

大運河　1, 15-16, 17, 18, 41-42, 100, 106, 108, 136, 141, 150, 155, 183, 191　～漕運
大宛　46
大航海時代　30, 31, 188, 191, 257
大司農　71, 74, 88
大豆　199, 235-236
代田法　75
大土地　74-75, 78, 95, 96, 104, 119, 122
大農　84, 88　～大司農
太僕　45-47
大明宝鈔　→宝鈔
大躍進　35, 263, 264, 275, 286
大邑商　→邑
台湾　294-295
兌運法　42
高橋芳郎　324
タカラガイ　54, 60, 61
度支　114-115, 124　～三司
拓跋国家　48, 99, 100, 106
多毛作　40, 115, 161
短陌　117, 163, 164　～銅銭
断流　34　～黄河
団粒構造　38
地銀　→銀

索　引

治水　13, 35-37, 83
地丁銀　128, 194, 197, 207, 218-219, 246　〜田賦
チベット仏教　176
茶　22, 46, 113, 126, 149, 166, 203, 239, 294　〜専売, 貿易
　　権―　46
　　―引　126, 140
チャハル　47
中央ユーラシア　31, 45, 146, 323
中原　10-11, 15, 28, 29, 48
　　――の開発　11-13, 21, 28
　　――の牧畜　33, 37, 45-47, 57
中国　9-10
　　――本土　10
中国史学　3, 6, 7, 8-9, 44, 317, 318
中統鈔　157, 165, 172　〜紙幣
調　96, 104, 105, 106, 111, 124　〜租調役, 租調庸
張居正　192
長江　14, 149, 206
朝貢　181, 182, 220-221, 232
長行旨条　110, 112, 113, 124
張之洞　240, 242　〜銅元
長城　18, 33, 70, 73, 178, 182, 183, 188
長征健児　110
直道　33
地力　39-40
通貨　186-187, 198, 214-216, 247　〜幣制
　　管理――制　252, 327　〜法幣
　　現地――　214, 216　〜銀銭二貨制, 銅銭
　　国際――　215-216, 252, 257　〜ドル, ポンド
　　地域間決済――　214, 216　〜銀銭二貨制, 銀
　　――金融管理体制　258
丁　80, 82, 95, 104
　　―銀　128, 191, 194, 218
　　―兵　96, 102
鼎　60-61
定額　110-111, 112, 114, 136, 218
定期市　142, 272, 317　〜市鎮
提挙常平　→常平
鄭国渠　34, 35
帝室財政（漢代）　70, 71, 84
停滞　35
　　安定なき――　326　〜村松祐次
定量化　4, 8　〜計量分析

鉄　22, 66, 81, 84　〜塩鉄, 専売
鉄鋼業　277, 282, 287　〜重工業
鉄銭　→銭
鉄搭　38, 161　〜農具
鉄道　42, 235, 239, 242, 246
佃戸　43, 137, 168-169, 241, 324
田制　66-67, 121-123
天聖令　106, 123, 124　〜唐令
田租　→租
田底権　169　〜一田両主
伝統　30, 238, 239, 268
典当業　210
転搬法　41
田賦　128, 207, 219, 246, 248, 250, 252　〜地丁銀
田面権　169　〜一田両主
塘　35　〜水利
銅　60, 197, 199
　　青―器　→青銅器
　　―貨　→青銅貨幣
　　―禁　164　〜私鋳銭
　　―元　165, 242, 247　〜シニョリッジ, ドル銀貨
　　―銭　→銅銭
統捐　229
投下領　47, 153, 154, 155, 173-174
糖業　294
統計　8, 77, 111-112, 275, 326, 328, 329
『東京夢華録』　142, 323　〜開封
逃戸　→戸
投靠　191
陶磁器　→磁器
鄧小平　266, 267
統税　248, 249, 253　〜釐金
唐船　188, 223, 232
銅銭　22, 72, 74, 81, 86, 98, 99, 105, 108, 111, 117, 126, 130, 140, 142, 146, 163-165, 172, 179, 181, 186, 198, 214, 242, 320　〜私鋳銭
唐宋変革　22, 29, 30, 110
『僮約』　78
唐令　106, 123, 124
読書人　26, 44　〜士大夫
杜充　36-37　〜黄河
土断　97　〜僑民
土地改革　28, 168, 169, 279-280
トッド　35　〜灌漑, 水利
度量衡　ii, 8, 65, 69, 81

ドル　216, 251, 254, 257, 292　〜法幣
ドル銀貨　177, 189, 205, 215, 232
屯田　35, 95, 101, 115, 120, 121, 130, 159

ナ 行

内債　225, 248-249, 257
内藤湖南　318　〜唐宋変革
捺鉢　49
二五減租　→減租
日中貿易　→貿易
二里岡　58
　——インパクト　58
　——文化　56, 58-59
二里頭文化　55-56
農業革命　31
農具　38, 66, 115, 160, 161
『農書』　39, 139, 159, 160
『農桑輯要』　158-159
農民工　28, 80
野澤豊　327　〜幣制改革

ハ 行

ハーン　49
賠償金　225
排水　35, 36, 160-161, 185　〜水利
ハイパーインフレーション　255
買辦　205, 225, 226, 227, 239
廃両改元　249　〜幣制
バクトリア　129-130
『巴県檔案』　213
把持　213
覇者　62, 64
馬政　18, 45-47
旗田巍　327　〜共同体
客家　233　〜移民
八旗　47
パブリック・スフィア　→公共領域
濱口重國　321
礬　113, 166　〜専売
潘季馴　37　〜治水
班固　90　〜食貨志
范祥　166　〜塩政
版築　33
班田収授法　123
版図法　218
陂　35-36　〜水利
ビザンツ金貨　93
日野開三郎　321

秘密結社　202, 203, 208, 209, 226, 278
票号　205, 210　〜山西商人
平野義太郎　327
肥料　39, 160
賦　63-64, 70, 71, 72, 88, 321
　口——　70, 96
　更——　70, 83
　算——　70, 96
賦役黄冊　180, 218
賦役全書　218
不換紙幣　→紙幣
福建　18, 151-152
複合単位　111, 117
藤井宏　325　〜徽州商人
布帛　72, 86, 96, 105, 107, 108-109, 111, 117, 126, 163, 320
府兵　96, 105, 321
巫宝三　329
ブレトン・ウッズ体制　254
兵役　→役
兵戸　→戸
平準　→均輸平準
　——書　90
幣制　47, 249
　雑種——　247
　——改革　251-252, 327　〜法幣
ペスト　22, 31, 236
編戸　→戸
編審　180, 191, 218
便銭　→銭
法　325, 326　〜社会
　会社——　240, 274
　私——　194
　商——　240
　——社会学　326
　民——　211
貿易　19-20, 181, 186, 188, 194, 195, 200, 208, 292, 325, 326
　アヘン——　200-201, 203
　海上——　19, 116, 150-151, 152, 161, 162, 220, 224-225, 232, 323
　権場——　140-141, 146, 223　〜互市
　絹馬——　46, 116
　三角——　200
　茶馬——　46, 47, 189
　茶——　198
　日中——　296-297
　密——　141, 146, 188-189, 207, 220, 221,

　　　　292
包銀　　→銀
封建制　　25, 44, 322, 327
宝鈔　　172, 177, 181, 182, 186, 224　　〜不換紙幣
法人　　274, 287　　〜会社法
防人　　96, 104-105, 321
紡績業　　204, 206, 241, 243-245, 250, 260, 296
方田均税法　　123, 170　　〜新法
法幣　　251, 252, 254　　〜幣制
募役法　　→役
卜骨　　54
牧廠　　47
北虜南倭　　189, 221　　〜大航海時代
保護関税　　→関税
募兵制　　22, 96, 110, 111, 113, 126, 135, 147
ポメランツ　　5　　〜カリフォルニア学派
香港　　257, 291-293
ポンド　　251, 257　　〜法幣

　　　　マ　行

マクロ経済学　　→経済学
マディソン　　5　　〜GDP
マルクス　　5, 281
　──経済学　　→経済学
　──史学　　5, 7, 8
　──主義　　255
密貿易　　→貿易
身分　　25, 168, 324, 327
宮崎市定　　318, 321
明礬　　→礬
民生　　7
民族移動　　31
民族資本　　243, 245, 281, 326
民法　　→法
ムスリム　　154, 156, 161, 175, 176, 202, 227, 323
村松祐次　　326
『夢粱録』　　323
名田　　121, 122
メキシコドル　　→ドル銀貨
免役法　　170　　〜新法, 募役法
綿花　　203, 204, 243, 282, 295
綿業　　→紡績業
綿糸　　204, 205, 206, 242-244　　〜紡績業
猛安・謀克　　145, 146
毛沢東　　19, 28, 259, 260, 262
モース　　211, 325-326

モノカルチャー　　17, 138, 185
木綿　　161, 185, 188, 199　　〜綿花
モンスーン　　35

　　　　ヤ　行

ヤオトン（窰洞）　　33
唯物史観　　319　　〜マルクス史学
邑　　23, 24, 58, 62, 318　　〜城郭, 聚落
　大一商　　58
　──制国家　　23, 58
遊牧国家　　18, 31, 48, 100, 129, 132, 133
優免　　191　　〜紳士, 徭役
庸　　96, 110, 111, 124　　〜租調庸
徭役　　13, 79, 82-83, 96, 101, 102, 128, 180, 191, 193, 217, 321-322
洋関　　225　　〜海関, 総税務司
洋行　　201, 204, 205　　〜牙行
洋躍進　　266, 282, 296
洋薬釐金　　→釐金
養廉銀　　197, 219

　　　　ラ　行

耒耜　　38　　〜農具
犂　　38-39, 75, 96, 116　　〜牛耕, 農具
釐捐　　226　　〜釐金
力役　　→役
力差　　184　　〜徭役
李儀祉　　35　　〜灌漑, 水利
釐金　　203, 207, 225, 226, 239, 246, 248, 249
　洋薬──　　226, 228　　〜アヘン
里甲　　180, 184, 191, 218　　〜正役, 徭役
李鴻章　　240, 273　　〜官督商辦
利子　　272
律令　　103, 106, 110, 111
リヒトホーフェン　　33
劉晏　　41, 113　　〜塩政, 専売
龍骨車　　36, 160　　〜水利
領主経済　　106, 271
良渚文化　　52-53, 54, 57
両税　　80, 96, 113, 114, 115, 117, 123, 127-128, 135, 136, 146, 148, 159, 180, 184, 192, 218
量入為出　　104, 124
ローマ帝国　　31, 129

　　　　ワ　行

淮夷　　61, 62
倭寇　　41, 189, 220, 221, 232　　〜北虜南倭
渡辺信一郎　　321, 322　　〜オイコス財政

和糴　101, 107, 110-111, 115, 126, 135, 136, 148, 166　〜関中

欧　文

Chinese accuracy　8
common purse　193
company　273
compradore　227
economy　4-5　〜経済
GDP　2-5
Gernet, Jacques　323
Morse, Hosea B.　325
nankeen　188　〜木綿
nation　27-28
native opium　228
oikonomia　4
oikos　322　〜ウェーバー, オイコス財政
opium eating　230
opium smoking　230
regulated border trade　223　〜互市
Richthofen, Ferdinand F. von　33
shroff　227
Todd, O. J.　35
Township Village Enterprise（TVEs）　288　〜郷鎮企業
Wittfogel, Karl A.　35

執筆者紹介〈執筆順〉

【本　文】

岡本隆司（おかもと・たかし）〈序章，第4章，テーマ30，38，39〉
　⇒奥付参照

宮宅 潔（みやけ・きよし）〈第1章，テーマ14〉
　1969年生。京都大学人文科学研究所准教授。主著に『中国古代刑制史の研究』（京都大学学術出版会，2011年）。

丸橋充拓（まるはし・みつひろ）〈第2章，テーマ19，20〉
　1969年生。島根大学法文学部教授。主著に『唐代北辺財政の研究』（岩波書店，2006年）。

古松崇志（ふるまつ・たかし）〈第3章，テーマ6，7，24〉
　1972年生。岡山大学大学院社会文化科学研究科准教授。主要論文に「契丹・宋間の澶淵体制における国境」（『史林』第90巻第1号，2007年）。

梶谷懐（かじたに・かい）〈第5章1～3節〉
　1970年生。神戸大学大学院経済学研究科教授。主著に『現代中国の財政金融システム——グローバル化と中央−地方関係の経済学』（名古屋大学出版会，2011年）。

加島 潤（かじま・じゅん）〈第5章4～5節〉
　1976年生。横浜国立大学大学院国際社会科学研究院准教授。主要論文に「政権交代と上海市財政構造の変動（1945～56年）」（『アジア経済』第48巻第7号，2007年）。

【テーマ】

村松弘一（むらまつ・こういち）　　　学習院大学国際研究教育機構　〈テーマ1〉
井黒忍（いぐろ・しのぶ）　　　　　　大谷大学文学部　〈テーマ2〉
大澤正昭（おおさわ・まさあき）　　　上智大学文学部　〈テーマ3〉
新宮学（あらみや・まなぶ）　　　　　山形大学人文学部　〈テーマ4〉
伊藤正彦（いとう・まさひこ）　　　　熊本大学文学部　〈テーマ5〉
渡辺信一郎（わたなべ・しんいちろう）　京都府立大学名誉教授　〈テーマ8，10，13〉
冨谷至（とみや・いたる）　　　　　　京都大学人文科学研究所　〈テーマ9〉

佐原康夫（さはら・やすお）	奈良女子大学文学部	〈テーマ 11, 12〉
中村圭爾（なかむら・けいじ）	相愛大学人文学部	〈テーマ 15, 16〉
佐川英治（さがわ・えいじ）	東京大学大学院人文社会系研究科	〈テーマ 17〉
大津透（おおつ・とおる）	東京大学大学院人文社会系研究科	〈テーマ 18〉
島居一康（しますえ・かずやす）	大阪府立大学名誉教授	〈テーマ 21〉
荒川正晴（あらかわ・まさはる）	大阪大学大学院文学研究科	〈テーマ 22〉
宮澤知之（みやざわ・ともゆき）	佛教大学歴史学部	〈テーマ 23〉
三木聰（みき・さとし）	北海道大学大学院文学研究科	〈テーマ 25〉
木田知生（きだ・ともお）	龍谷大学文学部	〈テーマ 26〉
高橋弘臣（たかはし・ひろおみ）	愛媛大学文法学部	〈テーマ 27〉
松田孝一（まつだ・こういち）	大阪国際大学名誉教授	〈テーマ 28〉
松井太（まつい・だい）	大阪大学大学院文学研究科	〈テーマ 29〉
臼井佐知子（うすい・さちこ）	東京外国語大学名誉教授	〈テーマ 31〉
夫馬進（ふま・すすむ）	京都大学名誉教授	〈テーマ 32〉
安冨歩（やすとみ・あゆむ）	東京大学東洋文化研究所	〈テーマ 33, 44, 45〉
岩井茂樹（いわい・しげき）	京都大学人文科学研究所	〈テーマ 34, 37〉
高嶋航（たかしま・こう）	京都大学大学院文学研究科	〈テーマ 35〉
檀上寛（だんじょう・ひろし）	京都女子大学文学部	〈テーマ 36〉
本野英一（もとの・えいいち）	早稲田大学政治経済学術院	〈テーマ 40〉
新村容子（にいむら・ようこ）	岡山大学名誉教授	〈テーマ 41〉
後藤春美（ごとう・はるみ）	東京大学大学院総合文化研究科	〈テーマ 42〉
陳來幸（ちん・らいこう）	兵庫県立大学経済学部	〈テーマ 43〉
富澤芳亜（とみざわ・よしあ）	島根大学教育学部	〈テーマ 46〉
久保亨（くぼ・とおる）	信州大学人文学部	〈テーマ 47, 48〉
奥村哲（おくむら・さとし）	首都大学東京名誉教授	〈テーマ 49〉
山本真（やまもと・しん）	筑波大学大学院人文社会科学研究科	〈テーマ 50〉
田島俊雄（たじま・としお）	大阪産業大学経済学部	〈テーマ 51, 54〉
厳善平（げん・ぜんぺい）	同志社大学大学院グローバルスタディーズ研究科	〈テーマ 52〉
丸川知雄（まるかわ・ともお）	東京大学社会科学研究所	〈テーマ 53〉
加藤弘之（かとう・ひろゆき）	神戸大学大学院経済学研究科	〈テーマ 55, 59〉
新保敦子（しんぼう・あつこ）	早稲田大学教育学部	〈テーマ 56〉
久末亮一（ひさすえ・りょういち）	日本貿易振興機構アジア経済研究所	〈テーマ 57〉
やまだあつし	名古屋市立大学大学院人間文化研究科	〈テーマ 58〉

《編者紹介》

岡本隆司(おかもとたかし)

1965年　京都市に生まれる
1993年　宮崎大学教育学部講師
　　　　宮崎大学教育文化学部助教授などをへて，
現　在　京都府立大学文学部准教授
著　書　『近代中国と海関』（名古屋大学出版会，1999年，大平正芳記念賞）
　　　　『属国と自主のあいだ』（名古屋大学出版会，2004年，サントリー学芸賞）
　　　　『馬建忠の中国近代』（京都大学学術出版会，2007年）
　　　　『中国「反日」の源流』（講談社選書メチエ，2011年）
　　　　『李鴻章』（岩波新書，2011年）
　　　　『近代中国史』（ちくま新書，2013年）
　　　　『袁世凱』（岩波新書，2015年）ほか

中国経済史

2013 年 11 月 20 日　初版第 1 刷発行
2016 年 8 月 31 日　初版第 2 刷発行

定価はカバーに
表示しています

編　者　　岡　本　隆　司

発行者　　金　山　弥　平

発行所　一般財団法人 名古屋大学出版会
〒 464-0814　名古屋市千種区不老町 1 名古屋大学構内
　　　　　　電話(052)781-5027/ＦＡＸ(052)781-0697

Ⓒ Takashi OKAMOTO, et al., 2013　　　　　Printed in Japan
印刷・製本 ㈱太洋社　　　　　　　　　　ISBN978-4-8158-0751-1
乱丁・落丁はお取替えいたします。

Ⓡ〈日本複製権センター委託出版物〉
本書の全部または一部を無断で複写複製（コピー）することは，著作権法
上の例外を除き，禁じられています。本書からの複写を希望される場合は，
必ず事前に日本複製権センター（03-3401-2382）の許諾を受けてください。

岡本隆司著
近代中国と海関　　　　　　　　　　A5・700頁
　　　　　　　　　　　　　　　　　本体9,500円

礪波護／岸本美緒／杉山正明編
中国歴史研究入門　　　　　　　　　A5・476頁
　　　　　　　　　　　　　　　　　本体3,800円

冨谷　至著
文書行政の漢帝国　　　　　　　　　A5・494頁
―木簡・竹簡の時代―　　　　　　　本体8,400円

荒川正晴著
ユーラシアの交通・交易と唐帝国　　A5・638頁
　　　　　　　　　　　　　　　　　本体9,500円

黒田明伸著
中華帝国の構造と世界経済　　　　　A5・360頁
　　　　　　　　　　　　　　　　　本体6,000円

村上　衛著
海の近代中国　　　　　　　　　　　A5・692頁
―福建人の活動とイギリス・清朝―　本体8,400円

本野英一著
伝統中国商業秩序の崩壊　　　　　　A5・428頁
―不平等条約体制と「英語を話す中国人」―　本体6,000円

安冨歩／深尾葉子編
「満洲」の成立　　　　　　　　　　A5・586頁
―森林の消尽と近代空間の形成―　　本体7,400円

城山智子著
大恐慌下の中国　　　　　　　　　　A5・358頁
―市場・国家・世界経済―　　　　　本体5,800円

久末亮一著
香港「帝国の時代」のゲートウェイ　A5・312頁
　　　　　　　　　　　　　　　　　本体5,700円

加藤弘之著
中国の経済発展と市場化　　　　　　A5・338頁
―改革・開放時代の検証―　　　　　本体5,500円

梶谷　懐著
現代中国の財政金融システム　　　　A5・256頁
―グローバル化と中央‐地方関係の経済学―　本体4,800円

中兼和津次著
開発経済学と現代中国　　　　　　　A5・306頁
　　　　　　　　　　　　　　　　　本体3,800円